Management
Bibliothek

Philip B. Crosby

Qualitäts-management

Die aktualisierte Auflage des Welt-Bestsellers »Quality is free«

Die Deutsche Bibliothek – CIP-Einheitsaufnahme

Crosby B. Philip:
Qualitätsmanagement: die aktualisierte Auflage des Welt-Bestsellers
„Quality Is Free“ / Philip B. Crosby. [Aus dem Amerikanischen von Stephan Gebauer]. –
Wien : Wirtschaftsverlag Ueberreuter, 2000
(Management-Bibliothek)
ISBN 3-7064-0643-8

S 0545 2 3 / 2002 2001

Sonderausgabe Management-Bibliothek
Die deutschsprachige Erstausgabe erschien 1996 unter dem Titel
„Qualität ist und bleibt frei“
Übersetzung aus dem Amerikanischen: Stephan Gebauer und Annemarie Pumpernig
Originaltitel: “Quality Is Still Free”, erschienen bei McGraw-Hill, Inc., New York

Fachlektorat: Heinz Gaugler
Umschlag: INIT, Büro für Gestaltung
Printed in Austria

INHALT

QUALITÄT IST FREI

Ich habe mir angewöhnt, meine Schreibmaschine auf Reisen mitzunehmen. Ein Gerät auszuleihen ist ein Wagnis und außerdem umständlich. Die Maschine am Flugschalter einzuchecken ist nicht klug. Tragbare Schreibmaschinen sind einfach nicht dafür geeignet, als „Gepäck" behandelt zu werden. Geräte, die robust genug sind, um diese Behandlung zu überleben, sind kaum zu heben.

Natürlich fragen die Mitreisenden, ob man ein Autor ist. Ist man tatsächlich ein Autor, so braucht man lediglich ja zu sagen, und schon beginnt eine interessante Unterhaltung für die Dauer der Reise. Ich jedoch habe in mir nie einen Autor gesehen, sondern betrachte mich als professionellen Manager, der auf verschiedene Art und Weise kommuniziert. Eine dieser Kommunikationsmethoden besteht darin, Bücher zu verfassen.

Das mag lediglich als geringfügiger Definitionsunterschied erscheinen, aber es ist mehr als das. Bei dieser Art von Arbeit dreht sich alles um den Versuch, seine Vorstellungen so zu erklären, daß andere sie verstehen können. Mein Hauptanliegen besteht darin, Konzepte in so attraktiver Verpackung anzubieten, daß sich der Gesprächspartner einer Auseinandersetzung mit ihnen nicht entziehen kann. Einige meiner Konzepte wurden angenommen, oft jedoch erst einige Jahre nach ihrer Einführung. Das ist ganz richtig so, da es auch eine Reihe von Jahren dauerte, sie zu entwickeln.

Ich wurde nicht als Manager geboren. Meine Familie wollte immer einen Arzt aus mir machen. Mein Vater war Spezialist für Fußkrankheiten, mein Onkel war Arzt, und unser ganzes Leben kreiste irgendwie um die Medizin. Ich wuchs in dem Bewußtsein auf, eines Tages ebenfalls auf diesem Gebiet tätig zu sein.

Ich habe nicht die Absicht, hier die Geschichte meines Lebens zu erzählen: Sie würden sanft entschlummern, bevor Sie das Ende dieser Seite erreichten. Nein, keine Lebensgeschichte, es geht mir um etwas Bestimmtes: Ich begann ganz unten und arbeitete mich durch die verschiedensten Tätigkeiten empor: Inspektor, Prüfer, Stellvertretender Vorarbeiter, Technischer Assistent, Zuverlässigkeitstechniker, Gruppentechniker, Abteilungsleiter, Manager, Direktor, Bereichsleiter – ich kletterte Sprosse um Sprosse empor. So bekam ich in meiner Ausbildung jenen „Dreck unter die Fingernägel", den ich nicht bekommen hätte, wenn mir das Schicksal Verwandte beschieden hätte, die an den Gott der Technik oder des Rechnungswesens glaubten.

Aufgrund dieser Erfahrungen betrachte ich die Dinge eher mit den Augen derer, welche die eigentliche Arbeit machen müssen. Ich orientiere mich mit meinen Konzepten und mit meinen Implementierungsvorschlägen an den Bedürfnissen der Mitarbeiter. Hin und wieder eröffnet sich mir ein Blick in die Zukunft, genug, um zu wissen, was angenommen und was ignoriert werden wird. In der Vorbereitung dieses Buchs habe ich versucht, die Programme und Konzepte so praxisorientiert zu vermitteln, daß greifbare Resultate mit ihnen erzielt werden können.

Dieses Buch nahm enorm viel Zeit in Anspruch. Ein Großteil des Materials, das ich über Jahre hinweg gesammelt hatte, wurde ausgesondert. Sowohl das Maturity Grid als auch Eingewobene Qualität sind neue Entwicklungen. Beide Programme sind einzigartig, billig und bemerkenswert wirkungsvoll. Gelingt es Ihnen nicht, unter Einsatz des Maturity Grid mit dem Management und unter Verwendung von Eingewobene Qualität mit den Mitarbeitern zu kommunizieren – nun, dann stecken Sie zu tief in Schwierigkeiten, als daß Ihnen dieses kleine Buch helfen könnte. Dann handelt es sich nicht um Unternehmensschwierigkeiten, sondern um Verständnisschwierigkeiten.

Meine Mitarbeiter bewiesen bei der Vorbereitung dieses Materials große Geduld mit mir. Virginia Brauneck, meine Sekretärin, übersetzte unter größter Mühe mein unbeholfenes Geschreibsel in einen verständlichen Text. Abwechselnd grollend und kichernd leistete sie einen großen Beitrag zu diesem Buch. Ich danke ihr dafür.

Meine Vorgesetzten ermutigten mich durch ihre Anmerkungen und ihr Interesse. Nicht alle Unternehmen würden Verständnis dafür aufbringen, daß einer ihrer Spitzenmanager nachts allein in einem Hotelzimmer hockt und eine Schreibmaschine malträtiert. Mein Unternehmen betrachtet die Kommunikation als den Motor, dessen Funktionieren dafür verantwortlich ist, ob unsere Gesellschaft vorankommt oder steckenbleibt.

In diesen 25 Jahren haben mir mehr Menschen geholfen, als ich an dieser Stelle nennen kann. Drei dieser Menschen leben nicht mehr. Sie bedeuteten mir viel, und ich möchte an dieser Stelle an Tom Willey, Jim Halpin und Murray Hack erinnern.

Und selbstverständlich ist da die Crosby-Familie. Sie hat immer Verständnis, und sie liebt mich, was immer ich tue.

Ich hoffe, Sie werden die ersten drei Kapitel der Reihe nach lesen. So wird alles leichter verständlich. Danach können Sie soviel umherspringen, wie Sie möchten. Schließlich ist es Ihr Buch.

Philip B. Crosby
JOHN'S ISLAND, FLORIDA
1978

QUALITÄT IST UND BLEIBT FREI

Die Qualität wurde zu einem Problem, weil sie von jenen, die über sie nachdachten und schrieben, als eine von der Leitung des Unternehmens getrennte Angelegenheit betrachtet wurde. Man verlieh ihr einen sehr technischen Charakter und entwickelte statistische Instrumente und Analyseverfahren. Die ursprünglich für die Industrie entwickelten Techniken und Konzepte drangen in Verwaltung und Dienstleistungen vor. All dem lag ein als Qualitätskontrolle bezeichnetes System zugrunde, welches sehr gut funktionierte, was den Output von Maschinenwerkstätten und Fließbandabläufen anbelangte. Fehlerhafte Produkte wurden so früh wie möglich aufgespürt und überarbeitet. Allerdings war es sehr teuer und ineffizient, den gesamten Prozeß mit Qualitätskontrollmaßnahmen zu begleiten. Der Grundgedanke dieses Systems ist, daß es stets Abweichungen geben wird, die gemessen und unter Kontrolle gebracht werden müssen. Damit wird die Statistik sowohl zur Lösung als auch zum Ausgangspunkt. Jene, welche sich diesem Konzept anschließen, machen es zu einer sich selbst erfüllenden Prophezeiung. Sie vergeuden ihre Zeit mit der eifrigen Auswertung von Messungen, anstatt über Vorbeugungsmaßnahmen nachzudenken. Dieser Unvermeidlichkeitskomplex ist sehr schwer zu korrigieren.

Qualität ist frei zeigte, daß das Qualitätsergebnis nicht in der Hand der Qualitätskontrollabteilung, sondern in jener des Managements liegt. Das Buch verlagerte den Akzent von Fehleraufspürung und Disziplin auf Vorbeugung und Kooperation. Es machte deutlich, daß die Philosophie und die Politik des Unternehmens darüber entscheiden, was der Kunde erhält. Viele glaubten das erst, als sie sich mit sinkenden Marktanteilen und zunehmenden Kundenbeschwerden konfrontiert sahen. Da erst begannen sie zu erkennen, daß das, was sie lieferten, nicht ganz so wunderbar war. *Qualität ist frei* machte das deutlich, und viele waren dankbar für diese Erkenntnis.

Die Qualitätsreformation in den achtziger Jahren kann der großen Bereitschaft des Managements zugeschrieben werden, seine Aufgabe im

Qualitätsmanagement zu akzeptieren. Die Zahl der Fehler sank erheblich; die Qualitätsmessung anhand des Preises der Abweichung ermöglichte höhere Gewinne. Es herrschte allgemeine Zuversicht bezüglich der Zukunft der Qualität, nun, da sich das Management selbst dafür verantwortlich fühlte. Als jedoch die Glutherde der Beschwerden erstickt waren und die Kunden sich zufrieden über die Produkte und Dienstleistungen äußerten, änderten sich die Dinge bald wieder. Das Management schränkte sein Engagement in Sachen Qualität wieder ein und delegierte sie erneut an Qualitätsausschüsse und Qualitätsteams.

Nun sind wir erneut mit Systemen konfrontiert (die ISO 9000-Normen zählen ebenso dazu wie die Kriterien des Baldrige Award), die, in einem Unternehmen installiert, angeblich die Funktion des Qualitätsmanagements ersetzen. Die Situation ähnelt jener, die ich in meiner Zeit in der Luftfahrtindustrie in den fünfziger und sechziger Jahren erlebte. Alle Unternehmen und ihre Lieferanten mußten eine Zertifizierung nach der Norm Mil-Q-9858A durchführen, und ihre Konformität mit der Norm wurde vom Verteidigungsministerium streng überwacht. Wir alle führten zum Nachweis der Konformität Buch über unsere Verfahren. Doch ich erinnere mich nicht daran, daß in all den Jahren irgendwer „9858" oder dessen Verfahrensanweisungen in irgendeiner Weise auf die Führung des Unternehmens angewendet hätte. Es war stets schwer, ein Exemplar der Norm zu finden, wenn das Verteidigungsministerium einen Auditor schickte. Tatsächlich taten wir sogar mehr als das, was in dieser Spezifikation vorgeschrieben war. Die Norm reichte nicht aus, genauso, wie ISO 9000 nicht ausreicht. Ein System, anhand dessen tatsächlich irgendeine Funktion gemanagt werden könnte, gibt es nicht.

Wir können auch beobachten, daß der Erfolg jene, die für das Qualitätsmanagement zuständig sind, dazu bewegt hat, sich weniger Gedanken über Null-Fehler (Zero Defects) zu machen. Das Überhandnehmen von Fehlern (Abweichungen oder „Nichtkonformitäten"), mit dem sich die Halbleiterlieferanten in jüngster Zeit konfrontiert sahen, hatte seinen Ursprung in der Befolgung der Norm „Sechs Sigma". Diese Norm erlaubt 3,4 Fehler pro Million Komponenten. Wie jemand so etwas anstreben kann, entzieht sich meinem Verständnis. Aber jetzt bezahlen sie den Preis dafür. Wenn sogar normale Chips eine Million oder mehr Komponenten enthalten, führt eine solche Norm dazu, daß sämtliche Chips fehlerhaft sind. Jene, die glauben, die Variablen führten ihr eigenes Leben, werden sich eines Tages dazu herablassen müssen, sich der wirklichen

Welt zu stellen: Ebenso wie das Leben sind Produkte das, was man aus ihnen macht. Wenn das Management das Ziel vorgibt, daß weniger als Perfektion angestrebt werden soll, dann wird es genau das bekommen.

Zu der Zeit, als ich *Qualität ist frei* schrieb (1977–78), war ich seit 17 Jahren Qualitätsleiter in der ITT Corporation. In diesem Unternehmen hatte ich eine großartige Chance vorgefunden, an die ich in meinen Anfängen nie zu denken gewagt hatte. Ich war vor meiner Zeit bei ITT als Qualitätsexperte und Manager tätig gewesen und glaubte, wirklich zu wissen, was Qualität bedeutete. Aber erst als ich ins Spitzenmanagement aufstieg und mich unter anderen Führungskräften bewegte, war ich wirklich in der Lage, das Wesen der Qualität zu verstehen. In einigen Bereichen des Unternehmens war die Qualität sehr gut, in anderen sehr schlecht. Die Unternehmenspolitik, die Standards und die Aufsicht waren in allen Bereichen gleich. Das Qualitätsresultat der einzelnen Organisation hing jedoch vom individuellen Denken und Handeln der jeweiligen Führungskräfte ab. Es hatte wenig Sinn, ein System zu entwickeln, um für Qualität zu sorgen. Der Schlüssel zu besseren Resultaten lag vielmehr in einem Wandel der Führungskultur. Ausgehend von dieser Erkenntnis entwickelte ich meine Qualitätsphilosophie.

Lange vor dieser Erfahrung, im Jahr 1952 – ich hatte gerade den Dienst bei der Marine quittiert und begann, am Fließband zu arbeiten –, schien eine Position als Führungskraft in einem Unternehmen ein unerreichbares Ziel für mich zu sein. Ich erkannte bald, daß ich Spitzenmanager werden mußte, um etwas bewegen zu können, aber meine realistischen Lebensziele gingen zu jener Zeit nicht über die Position eines Vorarbeiters hinaus. Doch bald nach meinem Eintritt in die Unternehmenswelt erkannte ich, daß die Art und Weise, wie die Dinge dort abliefen, nicht wirklich praktisch war. Damals herrschte die Vorstellung, daß nichts jemals wirklich perfekt gemacht werden könnte. Also konzentrierte man sich darauf, die Resultate zu überprüfen und die Fehler zu korrigieren. Die Industrie orientierte sich an „akzeptablen Qualitätsniveaus"*, und die Dienstleistungen kopierten dieses Konzept. Alles wurde sehr förmlich abgewickelt: Es wurden Risikoberechnungen erstellt, und jedermann akzeptierte sie. Das vertrug sich nicht mit der Erfahrung im medizinischen Bereich, die ich in meiner Jugend gemacht hatte.

Also konzentrierte ich mich darauf, mich um eine Änderung der konventionellen Vorstellungen zu bemühen. Die Folge war, daß ich bessere Jobs bei Martin-Marietta in Orlando und dann bei ITT fand. In diesen Tätigkeiten erhielt ich die Chance, dem Management ein besseres Betriebskonzept nahezubringen. Anhand einer finanziellen Messung der Aktivitäten und Resultate (das heißt anhand des Preises der Abweichung) war es möglich, die Qualität in den Mittelpunkt des Organisationslebens zu rücken. Das weckte die Aufmerksamkeit des Managements. Ich wollte zeigen, wie Qualität verwirklicht werden konnte. Deshalb schrieb ich *Qualität ist frei*.

Als *Qualität ist frei* ein Bestseller wurde, verließ ich ITT, wo ich sehr viel gelernt hatte, und gründete die Firma Philip Crosby Associates Inc. (PCA), um anderen zu helfen. PCA entwickelte sich zu einer großen Aktiengesellschaft mit vielen Klienten in aller Welt, und wir machten in der Zeit, in der ich das Unternehmen leitete, keinen einzigen Akquisitionsanruf. Wir arbeiteten nur mit Unternehmen, die an uns herantraten. (Die Geschichte von PCA und die Entwicklung meiner Konzepte wird in den Kapiteln 6 bis 11 beschrieben.)

Qualität ist frei wurde rasch zu einem Standardwerk. Es wurde in 20 Sprachen übersetzt und war rund um den Erdball in fast jeder Buchhandlung zu finden. Ich weiß das, weil ich wie alle anderen Autoren nachsehen gehe. Ich habe seitdem acht weitere Bücher geschrieben. Einige davon behandelten die Qualität, aber die meisten beschäftigten sich mit dem allgemeinen Management. Mir ging es in all diesen Büchern darum, zu erklären, daß Qualität – das heißt: zu tun, was man zu tun versprochen hat – keine Ergänzung, sondern der wesentliche Bestandteil eines erfolgreichen Unternehmens ist.

Als McGraw-Hill mit dem Gedanken an mich herantrat, *Qualität ist frei* neu zu bearbeiten, schien mir dies eine gute Idee zu sein. Als ich das Buch erneut las, fand ich heraus, daß seine Konzepte und seine Sprache weiterhin Gültigkeit hatten, daß die Fallstudien und Geschichten jedoch eine Aktualisierung vertragen würden. Insbesondere wollte ich über den von mir entwickelten Ansatz des „robusten Unternehmens“ sprechen.

Aber mein eigentliches Ziel besteht darin, mich noch einmal mit den grundlegenden Konzepten zu beschäftigen und die Frage zu klären, inwieweit sie angenommen oder mißbraucht wurden. In den vergangenen 15 Jahren wurde viel über das Buch geschrieben und gesprochen. Es gilt als Auslöser der Qualitätsrevolution. Mehrere Millionen Exemplare davon wurden gedruckt und verkauft. Doch wie andere Autoren mußte ich die Erfahrung machen, daß nur wenige Leser den Inhalt wirklich verinnerlichten. Beispielsweise wird sogar der Titel immer noch mißverstanden, was leicht geschieht, wenn man meint, Qualität sei gleichbedeutend mit „Güte“. Das Management muß sich mit der Realität beschäftigen, nicht mit Meinungen. Güte ist nicht die Realität.

Das schmutzige kleine Geheimnis des Qualitätsmangements vor *Qualität ist frei* war, daß die Qualität eigentlich nicht gemanagt, sondern eingedämmt wurde. Man spielte „Tun wir so als ob“. Qualitätskontrolle, Qualitätssicherung und Zuverlässigkeit hatten keinerlei Wirkung außer der, den Kunden ein wenig in Sicherheit zu wiegen. Diese Bemühungen ähnelten – und ähneln – der Art und Weise, wie Drogenbehörden die Drogensucht bekämpfen. Es gibt viel Rauch und Feuer, aber kaum greifbare Ergebnisse. Weiterhin kamen täglich schlechte Produkte herein und gingen hinaus. Die einzige Lösung für das Qualitätsproblem besteht darin, sorgfältig zu untersuchen, wie man die Dinge richtig machen kann, und gleichzeitig Problemen vorzubeugen, um die Bedürfnisse des Kunden zu befriedigen. Die einzige Lösung für das Drogenproblem besteht darin, den Wunsch der Kunden nach Drogen zu beseitigen. Das tut man nicht, indem man Flugzeuge abschießt, Türen eintritt und Dealer einsperrt. Qualitätsmanagement hat nichts mit Inspektion, Materialprüfung, Systemzertifizierung und dergleichen unterhaltsamen Beschäftigungen zu tun. Mein Ziel ist es, *Qualität ist frei* für die neunziger Jahre und darüber hinaus neu zu positionieren. Vielleicht gelingt mir das diesmal so gut, daß das Buch nicht mißverstanden werden kann.

Ich würde mir wünschen, daß sich der Leser vor Augen hält, daß alles, worüber ich schreibe, auf meiner persönlichen Erfahrung beruht. Zu allen Zeiten wurde der Beweis erbracht, daß man am meisten von einem Lehrer lernt, der das, was er lehrt, tatsächlich selbst erlebt hat. Es wäre nicht sehr verantwortungsvoll, das eigene Schicksal und die eigene Karriere auf Konzepten und Anleitungen aufzubauen, die niemals an der Realität gemessen wurden. Stellen Sie stets die Frage, wo Ihre Lehrer das, was sie lehren, gelernt haben. Woher stammt das Wissen? Kann jemand, der nie verheiratet war, eine nützliche Eheberatung anbieten?

* Anm. d. Übersetzer: Im deutschen Qualitätsjargon wird auch der Begriff der „annehmbaren Qualitätsgrenzlagen“ verwendet.

Ich möchte meiner Frau Peggy für ihre Geduld und Unterstützung danken. Außerdem danke ich meiner Assistentin Debbie Eifert für ihre Beharrlichkeit und dem Verlagsteam von McGraw-Hill rund um Philip Ruppel und Lektoratsleiterin Jane Palmieri für ihre Anleitung und Hilfe.

Philip B. Crosby
PhilCros@aol.com
HIGHLANDS, NORTH CAROLINA
WINTER PARK, FLORIDA
1995

Wenn ich mir mit freundlicher Genehmigung des Verlags und des Autors ein Vorwort erlaube, so tue ich dies, weil ich glaube, Phil Crosby besser zu kennen als jeder andere im deutschen Sprachraum. Ich war fast 7 Jahre Teil des Unternehmens PCA, das er in diesem Buch als beispielhaft erwähnt und habe ihn genau so erlebt, wie er es auch beschreibt.

Dieses Buch ist kein Lehrbuch, sondern ein Erfahrungsbericht, und vor allem die Leser in Deutschland können davon profitieren. Was derzeit hierzulande unter TQM verstanden, angeboten, verkauft und praktiziert wird, ist überwiegend technisch orientiert, ganz abgesehen von dem grandiosen Mißverständnis um den Begriff „Qualitätsmanagement nach ISO 9000".

So sind wir überwiegend immer noch: Auf der Suche nach einem System, das für Qualität und zufriedene Kunden sorgt, einer Technik, die unsere Probleme löst. Jede neue Managementlehre wird gedankenlos appliziert, immer in der Hoffnung, das Böse möge verschwinden. Kein System, keine Technik und keine noch so komplizierte Lehre wird das je bewerkstelligen können, aber wir glauben fest daran.

Wohl auch deshalb, weil uns sonst die Einsicht dämmern könnte, daß wir selbst es sind, die alle Probleme verursachen und verantworten. Und das ist die Kernbotschaft Phil Crosby's: Erfolg oder Mißerfolg, zufriedene oder enttäuschte Kunden, demotivierte oder engagierte Mitarbeiter: es hängt alles an der persönlichen Integrität der Führungskräfte. Qualität im weitesten Sinne war für Crosby schon seit den siebziger Jahren Führungsaufgabe und -methode, und wenn dies mittlerweile in der ISO 8402-Definition von TQM nachvollzogen worden ist, so beweist das, daß Crosby seiner Zeit um 20 Jahre voraus war.

Wie arbeiten mit unseren Klienten heute noch weitestgehend nach der Lehre Crosby's und den Erfahrungen, die wir seit 1985 damit in Deutschland gemacht haben. Sie hat alle Management-Modeerscheinungen der letzten Jahre überlebt, weil sie kein System und keine Technik, sondern den Menschen in den Mittelpunkt stellt.

Diese Lehre sollte der Leser aus diesem Buch ziehen.

Heinz Gaugler
Geschäftsführender Gesellschafter
concito Gesellschaft fur Unternehmensentwicklung mbH, München

KAPITEL

I

EIN WIEDERSEHEN MIT „QUALITÄT IN DAS UNTERNEHMENSGEWEBE EINFLECHTEN"

Die Formulierung „Qualität in das Unternehmensgewebe einflechten" bedeutet, daß man eine Organisation schafft, in der die Tätigkeiten schon beim ersten Versuch richtig ausgeführt werden; eine Organisation, die ihren Mitarbeitern, Lieferanten und Kunden zum Erfolg verhilft; eine Organisation, mit der jeder gerne zusammenarbeitet. Keines dieser Charakteristika war Bestandteil der herkömmlichen Managementüberlegungen, als ich *Qualität ist frei* schrieb. Qualität war etwas, das sich einstellte – oder eben auch nicht einstellte. Das Gesetz der Wahrscheinlichkeit jedenfalls sprach gegen sie. Die Kunden bekamen, was ihnen in den Augen der Unternehmen zustand. Veränderungen wurden, wenn überhaupt, nur widerstrebend vorgenommen, und kaum ein Unternehmen war bei Mitarbeitern, Lieferanten oder Kunden beliebt. In der Vorstellung der Manager war die Unternehmenstätigkeit ein Kampf; die Mitarbeiter galten generell als unzuverlässig und ersetzbar. Diese Einstellung schadete nicht, da es ein unbegrenztes Angebot an Menschen gab. Natürlich hatte diese Denkweise zur Folge, daß normalerweise alles, was eine Abteilung innerhalb eines Unternehmens von einer anderen erhielt, unvollständig, verspätet und häufig fehlerhaft war. Man meinte, so sei eben das Leben.

Mir gefiel nicht, daß man sich ständig durchmogeln mußte, mir gefiel nicht, daß dem Schicksal Tag für Tag im Angesicht der drohenden Niederlage mit großem Erfindungsgeist Siege abgetrotzt werden mußten. Mir schwebte ein stetiger Fluß vor, in dem alle wußten, was sie zu tun hatten, und dies auch taten. Jene, die länger als ich im Geschäft waren, tolerierten meine kindlichen Vorstellungen; ihre Erfahrung, so meinten sie, hatte sie gelehrt, wie die wirkliche Welt aussah. Ein Unternehmen war nicht unbedingt der Ort, um ein harmonisches und erfülltes Leben zu führen.

Aber ich hatte eine Vision, und eine Vision ist manchmal besser als Erfahrung. Und meine Erfahrung bewies mir, daß diese Vision verwirklicht werden konnte. Ich erkannte, daß all diese Aktivitäten ersonnen wurden, weil jedermann glaubte, es sei unmöglich, alles richtig zu machen. In meinen Augen war das schlicht und einfach falsch. Vielmehr wollten die Menschen die Dinge richtig machen, und wenn man ihnen die entsprechenden Ziele und die richtigen Informationen gab und sie richtig führte, würden sie auch alles richtig machen. Die Manager meinten, es sei leichter, die Energien und Ressourcen des Unternehmens in die Bekämpfung von Problemen zu stecken, als Maßnahmen zur Vermeidung dieser Probleme zu ergreifen. Und sie hielten verbissen an der Vorstellung fest, der Mensch sei erblich nicht dafür prädestiniert, fehlerfreie Leistungen zu erbringen. Sie glaubten, man müsse die angeborene menschliche Fehlbarkeit dadurch überwinden, daß man sich bei allen Tätigkeiten an feststehende Regeln hielt. Diese bezeichnete man als Systeme. Anstatt in die Menschen setzten sie ihr Vertrauen in diese Systeme.

Diejenigen, welche die Managementmethoden entwickelten, diejenigen, die managten, und diejenigen, die spezialisierte Tätigkeiten in den Unternehmen ausführten, hatten eines gemeinsam: Sie alle glaubten, die Entwicklung und Anwendung des richtigen Systems werde für das geplante Ergebnis sorgen. Und selbstverständlich bestand das Ziel von all dem darin, der Perfektion nahe zu kommen. Also schrieben sie laufend Verfahrensanweisungen, hielten Kurse ab, entwickelten Software und führten Programme durch. Entsprachen die Ergebnisse nicht den Erwartungen, so konzipierte man das System noch ein wenig strikter, „motivierte" die Mitarbeiter neu und führte irgendwelche faszinierenden neuen Technologien oder Schlagworte ein.

Wenn alles nichts nützt, entdeckt das Management ein neues, angeblich fortschrittlicheres System, und stürzt sich auf das neueste Schlagwort aus der Feder eines „Qualitätsgurus". Diese unentwegte Suche nach dem Heiligen Gral wirkt auf das „mittlere" Management wie ein rotes Tuch. Die Manager der mittleren Ebene entdecken, daß sie andauernd damit beschäftigt sind, sich mit dem letzten Steckenpferd des Topmanagements herumzuschlagen, während dieses ein System nach dem anderen verwirft, so wie Balldebütantinnen einen Verehrer nach dem anderen ablehnen. Haben die mittleren Manager dieses Spiel einige Male durchgespielt, so haben sie gelernt, auf der Hut zu sein und sich nicht zu engagieren, bis der Chef echte Entschlossenheit beweist.

Die Wirklichkeit des Unternehmenslebens sieht so aus, daß die Systeme scheitern, weil das Unternehmensleben ebenso wie das persönliche Leben chaotisch ist – es reagiert nicht auf Systeme, sondern tut, was es will. Es ist wie mit dem Burschen, der jahrelang die asiatischen Selbstverteidigungskünste studiert hat und ein Experte darin geworden ist. Als er jedoch im Park von einem Raufbold attackiert wird, sinkt er auf die Knie und fleht: „Bitte nicht schlagen." Als der Zeitpunkt gekommen ist, das System in die Tat umzusetzen, fällt er wieder ins Chaos zurück. Das ist völlig normal. Man braucht nur irgendein Büro, eine Fabrik, eine militärische Einheit oder eine sonstige Organisation zu besuchen, um zu erkennen, daß sich alle verzweifelt bemühen, etwas voranzubringen. Aber es wird nie genau das geliefert, was geliefert werden sollte. Die Dinge kommen zu spät, zu früh oder fehlerhaft an, und die Arbeitsatmosphäre ist unkooperativ. Die Menschen müssen lernen, auf die Vorgänge zu reagieren; sie benötigen eine Grundlage, auf der sie „funktionieren" können. Sie haben keine Zeit, sich irgendwelche Systeme in Erinnerung zu rufen und sie anzuwenden. Diejenigen, die im Krieg waren, wissen sehr gut, daß sich der Feind nicht immer an den Plan hält. Wir müssen darauf vorbereitet sein, den richtigen Zug zu machen, wenn der Feind den falschen Zug macht. Auf diese Art bekämpfen wir nicht unsere eigenen Leute, sondern das Chaos in der Welt.

Ursprünglich schrieb ich das Kapitel „Qualität als Bestandteil des Unternehmensgewebes" in *Qualität ist frei*, um zu zeigen, daß sich Qualität nicht als Ergebnis irgendeines bestimmten Verfahrens einstellt. Vielmehr muß man den Menschen verständlich machen, daß sie Teil einer Kultur sind, in der richtiges Vorgehen und richtige Resultate erwünscht sind. „Qualität in das Unternehmensgewebe einflechten" bedeutet, daß die Grundlagen Teil des Gerüsts werden müssen. Der Notwendigkeit zur Brandbekämpfung beugt man vor, indem man dafür sorgt, daß keine Brände ausbrechen. Niemand, der sich professionell mit der Brandbekämpfung beschäftigt, verfolgt die Strategie, erst selbst ein Feuer zu verursachen und sich dann dadurch verdient zu machen, daß er es löscht. Eröffnet man den Menschen auch nur die geringste Chance, aus ihrem alten Trott auszubrechen, so werden sie sofort zum Angriff übergehen, anstatt ihr Leben in der Defensive zu verbringen.

Denn ein aktives Leben ist sehr viel erfüllender, und es macht mehr Freude.

Die Idee, Qualität zu einem normalen Bestandteil der Unternehmensabläufe zu machen, fiel nicht sofort auf fruchtbaren Boden. Es genügte nicht, nur etwas darüber zu lesen; vielmehr mußte das Management das Konzept wirklich verstehen. Aus diesem Grund gründete ich im Jahr 1979 Philip Crosby Associates (PCA) und rief das Quality College ins Leben. Wir boten mehrtägige Kurse für Manager an; in diesen Kursen hatten wir genügend Zeit, den Führungskräften zu erklären, warum ihre Qualitätskonzepte falsch waren. Es ging nicht einfach darum, ein System zu finden und dessen Funktionieren zu sichern. Es gibt kein System, anhand dessen man Qualität herstellen kann. Die Erfüllung der Baldrige-Kriterien, der ISO-Normen oder ähnlicher Richtlinien führt lediglich zum Entstehen dicker Bücher mit Verfahrensanweisungen und zu fruchtlosen Bemühungen, die Mitarbeiter zur Befolgung dieser Verfahren zu bewegen. Das ist Qualitätssicherung, kein Qualitätsmanagement. Wenn mich jemand fragt, ob er sich nach solchen Normen „zertifizieren" lassen soll, frage ich immer zurück, was er denn damit zu tun beabsichtigt. Sämtliche Autofahrer der Welt sind „zertifiziert", doch dieses Zertifikat sagt nichts über ihre Fahrtauglichkeit oder ihr Fahrsystem aus.

Qualität entspringt nicht irgendwelchen Systemen, sondern hängt davon ab, wie das Management Politik und Ausbildung handhabt und welches persönliche Beispiel es gibt. Der Qualitätsstandard richtet sich nach dem Standard des Managements. Die meisten Qualitätsexperten und ihre Lehrer teilen diese Auffassung nicht. Sie finden Gefallen an spezifischen Aktivitäten und offiziellen Programmen wie Qualitätszirkeln, Empowerment, Teambildung, Benchmarking und dergleichen. Und wenn sich die Dinge nicht zum Besseren wenden, können sie nach anderen Schlagworten Ausschau halten. Sie sind begeistert von „anerkannten" Systemen wie ISO 9000 und Mil-Q-9858, die man für den Mangel an Resultaten verantwortlich machen kann. Aus diesem Grund verfallen sie den „Qualitätsgurus", die ihnen Systeme anbieten können.

Die vom amerikanischen Verteidigungsministerium ersonnene Norm Mil-Q-9858 hat nun schon seit 40 Jahren Gültigkeit, und ich weiß von keinem einzigen Fall, in dem diese Norm dazu geführt hätte, daß ein Unternehmen regelmäßig fehlerfreie Produkte oder Dienstleistungen geliefert hätte. Tatsächlich fördert die Norm die entgegengesetzte Entwicklung, da sie Abweichungen von den Forderungen verzeiht und formale Möglichkeiten eröffnet, fehlerhaft ausgeführte Arbeiten zu akzeptieren. Dieses Erfolgsmuster bewegte das Verteidigungsministerium dazu, das sogenannte Total Quality Management (TQM) einzuführen, welches sich nach demselben Muster von Aktivitäten, Verfahren, Nachgiebigkeit und Verwirrung richtet. Ich bezeichne diese Art von TQM als „Trivializing Quality Management".

Das Bemühen um bessere Qualität wird von Unternehmen seit jeher so gehandhabt, als stellte es eine schwierige Aufgabe dar, gleichgültig, ob die Unternehmen nun im Dienstleistungs- oder im Produktionssektor tätig sind. Das Thema galt stets als ausgesprochen technisch, befrachtet mit statistischen Analysen, und man meinte, nur erfahrene Experten auf dem Gebiet der Qualitätssicherung könnten damit umgehen. Diese sprachen eine eigene Sprache und orientierten sich in erster Linie am Grundsatz der Unvermeidlichkeit von Fehlern. Ich hatte die Hoffnung, das mit *Qualität ist frei* zu ändern, indem ich zeigte, daß die Chance auf echten Fortschritt darin bestand, Probleme zu vermeiden, anstatt sie aufzuspüren und zu korrigieren.

Fehlervermeidung als Arbeitseinstellung und Arbeitspraxis muß bewußt in die Betriebskultur eines Unternehmens eingebaut werden, wenn sie eine Wirkung haben soll. Das wußte ich aus meiner 25jährigen Erfahrung als Qualitätsverantwortlicher in einer Reihe von Unternehmen. Traditionell wurde in der Qualität das Spiel „Räuber und Gendarm" gespielt. Das änderte ich, indem ich die operativen Abteilungen so behandelte, als versuchten dort verantwortungsbewußte Menschen, das Richtige zu tun. Die Mitarbeiter reagierten durchwegs mit echter Unterstützung. Es wurde zu einem Vergnügen, Qualität durchzusetzen. Doch viele meiner Kollegen teilten diese positive Einstellung nicht. Der Gedanke, sich mit dem Feind zu arrangieren, trieb sie auf die Barrikaden. Sie forderten größere Gefängnisse, mehr Autorität und die Todesstrafe. Eine „Lizenz zum Töten" hätte ihren Vorstellungen entsprochen. Wenn sich dann irgendein Abteilungsleiter weigerte, die Regeln für die Qualitätskontrolle zu befolgen, sollte er still und leise ausgelöscht werden, was allen anderen als Lehre dienen würde.

Die Auseinandersetzung zwischen der konventionellen Ausrichtung des Qualitätsdenkens und meiner Auffassung begann, als ich im Jahr 1961 den Leistungsstandard „Null-Fehler" (Zero Defects) vorschlug. Ich sah mich mit meinem Konzept bald heftigen Attacken von seiten der führenden Köpfe auf dem Gebiet der Qualitätskontrolle ausgesetzt. Es war, als versuchte ich, den Mississippi stromaufwärts fließen zu lassen. Die „annehmbaren Qualitätsniveaus" oder „Qualitätsgrenzlagen" (Acceptable Quality Level, AQL) hatten Gesetzesrang und waren nicht zu umgehen. Das „Abwägen" zwischen gut und schlecht galt als unverzichtbarer Teil des Wirtschaftslebens. Alle Unternehmen verfügten über Bereiche, in denen unter verschiedenen Bezeichnungen fehlerhafte Produkte nachgearbeitet wurden – die Chemieunternehmen beispielsweise pflegten zu „mischen". Die Produktion von Ausschuß war übliche Praxis. Automobilhersteller gaben mindestens 2.000 Dollar pro Fahrzeug für Reparaturen während der Montage aus; dazu kamen Gewährleistungs- und Rückholkosten nach dem Verkauf. Dienstleistungsunternehmen waren stolz auf ihren Kundendienst, der durchwegs aus Nachbesserungsarbeiten bestand. Die Spitzenmanager waren nicht bereit einzugestehen, daß das Problem in ihrem Betriebskonzept lag. Ihrer Meinung nach brauchte man einfach bessere Arbeitskräfte. Die Folge war, daß zwischen Management und Belegschaft Mißtrauen herrschte. Mein Ziel war es, diese tief verwurzelte Überzeugung zu ändern. Wir mußten einfach nur lernen, die richtigen Dinge von Anfang an richtig zu tun.

Für mich war das einfach gesunder Menschenverstand. Andere sahen das nicht so. Sie waren der Meinung, mein Ansatz sei zu vereinfachend, aber das lag daran, daß bis dahin noch niemand ein Buch über Qualität geschrieben hatte, in dem es nicht von Diagrammen wimmelte. Ich hatte nicht einmal ein wasserdichtes System anzubieten. Als die Spitzenmanager im Jahr 1979 *Qualität ist frei* gelesen hatten, erhielt ich viele Anrufe von Führungskräften, die mich baten, ihnen zu helfen, die Qualität in das Unternehmensgewebe einzuflechten.

Sobald die Leute ein paar Tage bei uns im Quality College gesessen hatten, begannen sie, den Gedanken zu verstehen, daß Qualität nicht durch eine vom übrigen Betrieb losgelöste Kampagne zu erreichen ist. Tausende Manager sind seither in ihre Betriebe zurückgekehrt und haben die Qualität erfolgreich zu einem Bestandteil ihrer Tätigkeit gemacht. Hunderte Unternehmen haben von den Bemühungen dieser Manager profitiert. Ihre Einsicht beruhte darauf, daß wir uns Zeit nahmen, um die Konzepte zu entkräften, die tief in ihrem Denken verankert waren. Das war keine leichte Aufgabe: die Menschen sind nicht bereit, sich zu ändern, nur weil sie etwas lesen, das vernünftig klingt. Als

General MacArthurs Gruppe Homer Sarasohn aufforderte, nach Japan zu kommen und ihrem Topmanagement Qualitätsunterricht zu erteilen, sperrte Sarasohn die Leute wochenlang ein, um die alten Vorstellungen aus ihrem Bewußtsein zu tilgen. Als diese Führungskräfte einsahen, daß Arbeit immer ein Prozeß ist, begann die Verwandlung Japans. Zu diesem Zeitpunkt setzte sich Dr. Ishikawa von der Joint Union of Scientists and Engineers an die Spitze der Qualitätsrevolution. Andere haben sich in den Vordergrund gedrängt, um den Ruhm einzuheimsen, aber diese Männer waren die eigentlichen Pioniere.

Die meisten Unternehmensführungen kämpfen heute noch mit der Qualität; sie investieren viel Mühe in Systeme und Aktivitäten, doch die Resultate bleiben bescheiden. Meine Schätzung lautet, daß sie 25 Prozent jener Erträge erwirtschaften, die möglich wären, würden sie die richtigen Schritte unternehmen. Aber sie kommen immer wieder vom Weg ab, weil sie Illusionen nachlaufen.

Die Manager hegen die Illusion, Qualität könne mit Hilfe eines Systems wie TQM oder Schlagworten wie „ständiger Verbesserung“ erreicht werden. Sie glauben, Qualität durchsetzen zu können, indem sie einen Qualitätsausschuß ins Leben rufen. Niemand käme je auf die Idee, auf diese Art mit den Finanzen umzugehen.

Die mit der Durchsetzung von Qualität betrauten Fachleute hegen die Illusion, Qualität könne mit Hilfe von Aktivitäten und Programmen wie Benchmarking, Empowerment, statistischer Prozeßregelung, Teambildung und ähnlichem erreicht werden. Sie verwechseln Aktivität mit Veränderung – mit dem Ergebnis, daß sich kaum Veränderungen einstellen.

Immer wieder wenden sich Qualitätspraktiker an mich und erzählen mir, daß sie meine Konzepte für realistisch und richtig halten. Sie erklären, vollkommen meiner Meinung zu sein. Doch üblicherweise fördern schon einige beiläufige Fragen zutage, daß sie diese Einstellung nicht in die Praxis umsetzen. Es ist schwer, in aller Öffentlichkeit gegen den Strom zu schwimmen.

Regierungen und Verbände hegen die Illusion, man könne die Qualität „sichern“, indem man eine Spezifikation wie ISO 9000 durchsetzt oder eine Auszeichnung wie den Baldrige Award verleiht. Diese Regelwerke enthalten angeblich sämtliche Informationen und Verfahren, die erforderlich sind, um Qualität durchzusetzen. Das ist der Gipfel der Naivität. Niemand würde derartiges im Rechnungswesen, im Marketing, in der Verwaltung oder in irgendeiner anderen Funktion akzeptieren. Allerdings sichern solche Regelwerke den Beratern, die den Unternehmen zur Zertifizierung nach Qualitätsnormen oder zur Qualifikation für Qualitätspreise verhelfen, stattliche Gehälter.

Die Vermeidung von Fehlern ist eine Lebenseinstellung, die auf Managementgrundsätzen und Führung beruht. Diese wiederum beruhen darauf, daß man versteht, was erforderlich ist, um das Geschäft rentabel und das Unternehmen robust zu machen.

Die Ausführungen und Fallbeispiele im ursprünglichen ersten Kapitel von *Qualität ist frei* haben auch heute noch Gültigkeit. Aus diesem Grund drucken wir das erste Kapitel aus diesem Buch, „Qualität in das Unternehmensgewebe einflechten", noch einmal ungekürzt ab. Alle Bezugnahmen auf den Inhalt des Buches im folgenden Kapitel sind Bezugnahmen auf den Inhalt von *Qualität ist frei*.

KAPITEL

2

QUALITÄT IN DAS UNTERNEHMENSGEWEBE EINFLECHTEN

Was bedeutet „Qualität in das Unternehmensgewebe einflechten"? Eine annehmbare Definition lautet: „Die Menschen dazu bewegen, alle wichtigen Dinge, die sie ohnehin tun sollten, besser zu machen." Mit „Menschen" sind die Spitzenmanager ebenso gemeint wie die Mitarbeiter der unteren Ebenen. Schließlich gehört es zu den Aufgaben der Führungskräfte, dafür zu sorgen, daß alle Managementfunktionen die Möglichkeit haben, ihren Verpflichtungen nachzukommen. Das Problem besteht natürlich darin, daß jeder, der in eine Position im Topmanagement aufsteigt, dorthin gelangt, indem er sich in einem bestimmten Bereich (etwa Finanzen oder Entwicklung) mit einer spezifischen, beschränkten Funktion emporarbeitet und im Zuge dessen möglicherweise eine Vorstellung von der umfassenden Qualität entwickelt – möglicherweise aber auch nicht. Möglicherweise wissen Spitzenmanager, was zu tun ist, um Qualität zu erreichen; möglicherweise wissen sie es auch nicht. Vielleicht sind sie auch, was noch schlimmer ist, irrtümlich der Meinung zu wissen, was zu tun ist. Der letzte Typus kann den größten Schaden anrichten.

Es ist die Aufgabe des Qualitätsmanagers, dem Topmanagement diesen Aspekt seiner Tätigkeit nahezubringen. Man muß nicht außergewöhnlich klug oder mutig sein, um das zu bewerkstelligen; man muß lediglich in der Lage sein, Qualität mit Worten zu erklären, die nicht falsch verstanden werden können. Fachleute, die nicht zu verständlichen Erklärungen fähig sind, weil sie eine mysteriöse Terminologie verwenden, leisten sich selbst und ihrer Sache einen schlechten Dienst. Es mag ihnen eine gewisse Befriedigung verschaffen, die offensichtliche Verwirrung in den Gesichtern ihrer Vorgesetzten zu sehen, aber diese Verwirrung erschwert nur allen die Arbeit.

Ich begann meine Laufbahn im Qualitätsbereich als untergeordneter Techniker, der die Brandschutzsysteme für B-47-Bomber testete. Ohne jegliche Ausbildung und Einschulung erlernte ich einfache Einstellungs- und Messungstätigkeiten, ohne mir jemals wirklich die Frage zu stellen, warum das alles überhaupt getan wurde.

Tatsächlich kam es mir in den ersten vier oder fünf Jahren in Tätigkeiten wie dieser nie in den Sinn, Fragen zu stellen. Aber dann erhielt ich Gelegenheit, mich mit Zuverlässigkeitskonzepten und -praktiken auseinanderzusetzen. Die meisten dieser Konzepte waren eher trocken und mathematisch, aber sie lenkten meine Aufmerksamkeit auf etwas völlig Neues: auf die Vorbeugung.

Ich stieß auf eine Frage, die mir bis dahin nie in den Sinn gekommen war: Warum verbrachten wir all diese Zeit damit, Probleme aufzuspüren, um sie dann zu beheben und zu bekämpfen, wenn wir ihr Auftreten von vornherein vermeiden konnten?

Die ganze Welt schien davon überzeugt zu sein, daß Fehlervermeidung – zumindest im großen und ganzen – zwar erstrebenswert, aber völlig unerreichbar und undurchführbar war. Sie war ein Traum, man sprach von ihr wie von König Salomons verlorenem Schatz. Ich führte viele lange und ernste Gespräche mit aufrichtigen Menschen, die vollkommen davon überzeugt waren, daß es keinen Weg gab, um durch Vorbeugung vollkommene Qualität zu erreichen. „Die Techniker werden da nicht mitspielen“, hieß es. „Die Verkäufer sind dafür nicht zu haben und ein wenig unberechenbar.“ „Das Topmanagement will mit solchen Vorstellungen nichts zu tun haben.“ „Die Qualitätsexperten glauben selbst nicht daran.“

Ich erkannte sofort, daß dies hier die Chance war, nach der ich gesucht hatte. Hier gab es ein Problem, das zwar alle lösen wollten, für das sich jedoch niemand verantwortlich fühlte. Ich mußte nur einen Weg finden, um alle Beteiligten für Verbesserungen zu gewinnen, ohne sie mit der Nase darauf zu stoßen, daß sie die ganze Zeit in die falsche Richtung marschiert waren.

Je mehr ich in den folgenden Jahren über den Umgang mit der Qualität lernte, desto klarer wurde mir, daß der konventionelle Zugang wirkungslos war. Die Qualitätsmanager standen voller Stolz auf und erklärten, persönlich für die Qualität in einem bestimmten Tätigkeitsbereich verantwortlich zu sein. Ebenso oft und unter eher unrühmlichen Umständen wurden sie ins Fegefeuer geschickt, wenn sie sich als unfähig erwiesen hatten, sämtliche „Qualitätsprobleme“ ihres Unternehmens zu lösen.

Als Qualitätsmanager eines Projekts wurde ich einmal in der Woche vom Leiter des Programms und seinen Mitarbeitern zur Rechenschaft gezogen, weil ich die angestrebten Qualitätsziele nicht erreicht hatte. Die wirklichen Schuldigen aus den Abteilungen Entwicklung, Fertigung und Verkauf verbargen mit Mühe ihr Gähnen und wünschten, die Debatte möge ein Ende finden, damit sie endlich zu den wichtigen Dingen zurückkehren konnten, die sie beschäftigten.

Es war nur allzu deutlich, daß einige Überzeugungen derart tief in den Köpfen der Leute verankert waren, daß man sie unmöglich ändern konnte, indem man einfach darauf hinwies, daß sie falsch waren. (Ich sollte hinzufügen, daß ich mich nicht zuletzt aufgrund dieser Einsicht entschieden für die Emanzipationsbestrebungen von Minderheiten und Frauen einsetze, die versuchen, sich von den ihnen zugeteilten und zugeschriebenen Rollen zu lösen.) Doch meine aktive Revolution als Qualitätsmanager begann eigentlich erst an dem Tag, an dem mir eine Führungskraft aus der Rechtsabteilung allen Ernstes eröffnete, sie könne eigentlich nicht verstehen, was ein „intelligenter junger Mann“ wie ich in einer Sackgasse wie der Qualitätsabteilung mache. Wenn ich je daran gedacht hatte, den Qualitätsbereich zu verlassen, so machte diese Aussage derartigen Überlegungen ein Ende. Es mußte sich etwas ändern.

Also begann ich, mich auf die wirklichen Probleme zu konzentrieren. Erstens mußte das Topmanagement – und als Vorbedingung das untergeordnete Management – dazu bewegt werden, Qualität als einen wichtigen Bestandteil der Unternehmenstätigkeit anzuerkennen, als einen Bestandteil, der ebenso wichtig war wie alle anderen. Zweitens mußte ich einen Weg finden, um zu erklären, worum es bei der Qualität eigentlich ging, damit jeder sie verstehen und sich entschlossen darum bemühen würde. Und drittens mußte ich eine Position anstreben, von der aus ich die Qualität in der Welt verbreiten konnte.

Ich glaube, alle diese Ziele sind erreicht. Als Mitglied des Führungsteams eines der größten Industriekonzerne der Welt verdiene ich ebensoviel Geld und habe ebenso viele Rechte wie andere Mitglieder dieses Kreises. Wir haben wirksame Routineverfahren entwickelt, um ein Qualitätsbewußtsein zu schaffen und es von der Unternehmensspitze bis hinunter in die Werkshallen zu vermitteln. Seit einigen Jahren wird mir nicht mehr vorgeworfen, irgendein „Qualitätsproblem" zu haben, gegen das ich etwas unternehmen müßte.

Auch Sie können das schaffen. Sie müssen sich lediglich etwas Zeit nehmen, um die Konzepte zu verstehen, sie anderen zu vermitteln und den Druck zur Fehlervermeidung aufrechtzuerhalten. Es ist hilfreich, wenn Sie Ihre Ausdrucksfähigkeit trainieren, und es ist von Vorteil, wenn Sie sich nicht emotionell in die Probleme anderer verwickeln lassen. Jedenfalls ist Qualität erreichbar.

Dieses Buch ist so angelegt, daß es Sie Schritt für Schritt mit allem vertraut macht, was Sie für ein erfolgreiches Qualitätsmanagementprogramm benötigen. Fallbeispiele, die allesamt auf meinen persönlichen Erfahrungen beruhen, verdeutlichen die einzelnen Punkte, so daß Sie beobachten können, wie sich andere in realen Situationen verhielten. Zu den interessantesten Fallbeispielen zählt die Geschichte der Einführung eines Qualitätsmanagementprogramms bei ITT. Ich erzähle diese Geschichte in diesem Buch, ohne die Namen aller Beteiligten zu nennen, weil es einfach zu viele waren. ITT beschäftigt gegenwärtig 350.000 Menschen, sein Jahresumsatz beträgt mehr als 15 Milliarden Dollar. Der Konzern hat etwa 2.500 Führungskräfte und mehr als 200 Spitzenmanager. Sie werden mir glauben müssen, daß sich all diese Leute an der Durchsetzung der Qualität beteiligten. Würde ich alle Namen auflisten, so ähnelte dieses Buch eher dem Telefonbuch von San Francisco.

Ich erzähle diese Geschichte in erster Linie, um die zentrale Aussage dieses Buches auf eine solide Grundlage zu stellen. Qualität ist erreichbar, sie ist meßbar, sie ist rentabel, und Sie können sie durchsetzen, wenn Sie sich zu ihr bekennen, sie verstehen und zu harter Arbeit bereit sind. Der Fall ITT ist kein persönlicher Tätigkeitsbericht, sondern ein Bericht über Strategie und harte Arbeit.

Im Jahr 1965 entschied das Topmanagement von ITT, sich konzernweit um Qualität zu bemühen. Es war offensichtlich, daß Qualität bis dahin nicht zu den Dingen gehört hatte, denen das Unternehmen Aufmerksamkeit schenkte. Es war nicht so, daß die Qualität ausdrücklich als unwichtig galt; niemand hatte etwas gegen Qualität. Aber sie galt nicht als Bestandteil der industriellen Aktivität wie Arbeitskräfte, Fertigung, Entwicklung und dergleichen. In meinen Augen jedoch war Qualität der entscheidende Katalysator, der über Erfolg und Mißerfolg eines Unternehmens entschied. Daher bestand mein vorrangiges Ziel darin, den gesamten Konzern auf Qualität auszurichten. Es galt, absolut exakte Forderungen aufzustellen und genau zu erfüllen; dann würde jedermann alles beim ersten Mal richtig machen wollen. Dieses Denken mußte das Alltagsleben des Unternehmens erobern.

Für das Qualitätsprogramm von ITT wurden vier Ziele festgelegt. Diese Zielsetzungen haben sich über die Jahre hinweg als nützlich erwiesen, und ich empfehle sie jedem, der ein Qualitätskonzept formuliert:

1. Es wird ein geeignetes Qualitätsmanagementprogramm in sämtlichen Tätigkeitsbereichen in Produktion und Dienstleistungen durchgesetzt.
2. Überraschend auftretende Abweichungen (Nichtkonformitäten) werden beseitigt.
3. Die Qualitätskosten werden gesenkt.
4. ITT wird als weltweiter Qualitätsmaßstab etabliert.

Zur Erreichung dieser Ziele konnte ich keinen riesigen Mitarbeiterstab in der Zentrale zusammenziehen, um jedes potentielle Problem im Keim zu ersticken. Es gab nur mich und die Sekretärin, die ich mir mit zwei anderen Leuten teilte. Es war etwa so, als bastelte man sich ein Floß mit dem im Wasser vorbeitreibenden Material, während man die Stromschnellen hinabgespült wurde.

Also verfolgte ich eine gezielte Strategie, um eine Kulturrevolution herbeizuführen – eine Kulturrevolution, deren Errungenschaften von Dauer sein und Teil des Unternehmensgerüsts werden würden. An die Stelle der Bekämpfung der Brandherde mußte die Vermeidung von Fehlern treten; Qualität mußte eine vorrangige Stellung in der Unternehmenstätigkeit erhalten; es mußte zu einer Gewohnheit werden, die Dinge von Anfang an richtig zu machen; und, was am wichtigsten war: Diese Revolution mußte in den Einheiten (so wurden bei ITT die Tochtergesellschaften oder andere verbundene Unternehmen bezeichnet) stattfinden, denn diese wollten, daß sie stattfand.

Für mich ist ein unternehmensumspannendes Qualitätsprogramm seit jeher ein „Gebäude“, das sämtliche „Integritäts“-Systeme beinhaltet: Qualitätslenkung, Zuverlässigkeit, Qualitätsengineering, Lieferantenqualität, Inspektion, Produktqualifizierung, Schulung, Tests, Konsumentenangelegenheiten, Qualitätsverbesserung, Meßwesen und all die anderen Qualitätssysteme und -konzepte sind Bauteile dieses Gebäudes.

Das Management wählt aus, was es aus jedem dieser Bereiche braucht, und wendet diese Instrumente auf sein Gesamtproblem an. Es ist weder notwendig noch klug, in allen Betriebsbereichen genau dasselbe Qualitätsprogramm zu verfolgen. Bei ITT beispielsweise bestehen zwischen den Einheiten möglicherweise große Unterschiede in Beschaffenheit und Bedürfnissen. Dennoch brauchen sie natürlich alle Programme, die sowohl ihren speziellen Erfordernissen entsprechen als auch für den Gesamtkonzern von Nutzen sind.

Das für die Durchsetzung eines solchen Programms erforderliche Wissen und Engagement geht weit über eine bloße Auflistung der in unserem Sortiment verfügbaren Instrumente hinaus. Damit ein solches Programm funktionieren kann, muß das sämtliche Systeme umfassende Gebäude auf vier „Säulen" oder Beinen ruhen, die einander alle ergänzen. Obwohl sie tatsächlich im Rahmen desselben Betriebs errichtet wurden, werden wir sie einzeln behandeln. Diese vier Säulen sind:

- Beteiligung und Einstellung des Managements
- Professionelles Qualitätsmanagement
- Die ursprünglichen 14 Schritte
- Anerkennung

BETEILIGUNG DES MANAGEMENTS

„Beteiligung" ist eine bessere Bezeichnung für diese Säule als „Unterstützung". Das Management muß sich entschlossen zur Qualität bekennen und einen aktiven Beitrag zu ihrer Durchsetzung leisten. Diejenigen von uns, die für andere arbeiten, sind gezwungen, diese ständig zu beobachten und zu beurteilen. Wir untersuchen sie laufend, um festzustellen, welche Einstellungen und Überzeugungen bei ihnen vorherrschen. Wir wollen wissen, was ihnen gefällt, oder, vielleicht zutreffender, was ihnen mißfällt. Und wir werden sehr gut darin, diese Informationen zu sammeln und auszuwerten. Dem Management auf allen Ebenen zur richtigen Qualitätseinstellung und zum richtigen Qualitätsverständnis zu verhelfen ist nicht nur notwendig – es ist einfach eine Grundbedingung für Qualität.

Im wichtigsten Kampf, der im übrigen niemals endet, geht es darum, das „herkömmliche Wissen" über die Qualität zu überwinden. Auf irgendeine geheimnisvolle Art wird jeder neue Manager von diesem konventionellen Wissen durchdrungen. Dieser herkömmlichen Auffassung zufolge bedeutet Qualität, daß etwas gut ist; Qualität ist nicht meßbar, Fehler sind unvermeidbar, und die Mitarbeiter sind nicht im geringsten daran interessiert, gute Arbeit zu leisten. Gleichgültig, in welcher Art von Unternehmen Manager arbeiten oder wo sie ausgebildet wurden – sie alle teilen diesen Irrglauben. Im wirklichen Leben ist Qualität etwas ganz anderes: Qualität bedeutet, die Forderungen zu erfüllen; sie kann exakt gemessen werden; Fehlerhaftigkeit ist kein Naturgesetz; und die Mitarbeiter arbeiten heute ebenso hart wie eh und je. Diese Grundsätze werden in den folgenden Kapiteln im einzelnen dargelegt. Über eines müssen wir uns grundsätzlich klar sein: Die Mitarbeiter orientieren sich stets an den Standards, die ihre Vorgesetzten vorgeben. Wenn das Management davon ausgeht, daß den Leuten ihre Arbeit gleichgültig ist, wird den Leuten ihre Arbeit tatsächlich gleichgültig sein.

Bei ITT zielten die meisten unserer Aktivitäten in den ersten Jahren darauf, die falschen Überzeugungen aus den Köpfen zu verbannen und durch solche zu ersetzen, die sich als Bausteine für das vollständige Gebäude eigneten. Wir hielten im gesamten Konzern regelmäßig Seminare ab. Die geschäftsführenden Direktoren und Werksleiter, die an unseren Programmen teilgenommen und gelernt hatten, Qualität richtig zu verstehen, gaben ihre Einsicht an die übrigen weiter. Sie wurden in unseren Bekehrungskreuzzug eingebunden, und die Botschaft verbreitete sich: „Die Programme funktionieren tatsächlich, du kannst dem Burschen von der Qualität vertrauen." Im Jahr 1967 stieg ein weiterer Qualitätsmanager in die Unternehmensführung auf, und ein Jahr später wurde eine eigene Konzernabteilung für Qualität ins Leben gerufen. Diese wurde durch drei erfahrene Qualitätsmanager aus den Einheiten ergänzt.

Wir gingen Gruppe für Gruppe und Einheit für Einheit vor und bahnten uns unseren Weg durch den Konzern. Wir gaben Orientierungshilfen, führten Gespräche, gaben Anleitung, belästigten die Leute – mit einem Wort: Wir machten Druck. Managern, die neu in den Konzern kamen, wurde das Gefühl vermittelt, daß eine Beteiligung am Qualitätsprogramm die Regel war und erwartet wurde. Daher schlugen sie gleich den richtigen Weg ein. Heute hätte man Schwierigkeiten, auf der Führungsebene irgend jemanden zu finden, dem der wahre Glaube nicht gepredigt worden wäre.

PROFESSIONELLES QUALITÄTSMANAGEMENT

In den frühen Tagen fand man in den ITT-Einheiten kaum Qualitätsexperten, da diese, sofern es sie überhaupt gab, alle in den Bereichen Technik und Fertigung versteckt waren. Spürte man doch einen von ihnen auf, so waren ihm keine Dienstreisen erlaubt. Daher bildeten wir Quality Councils auf regionaler Basis. Sowohl in den Vereinigten Staaten als auch in Europa taten sich die Qualitätsfachleute zusammen, um einander zu unterstützen und gemeinsam festzulegen, welche Art von Programmen die Konzernabteilung erwartete. Heute gibt es 27 derartige Gruppen, die nach Produktlinien oder Dienstleistungen zusammengesetzt sind; darüber hinaus bestehen weiterhin einige nach Ländern zusammengesetzte Gruppen. Dazu kommt eine Leitungsgruppe auf jedem Kontinent, die sich aus den Vorsitzenden der einzelnen Quality Councils zusammensetzt. Die Kommunikation zwischen den Bereichen ist gut und fruchtbar.

Um die Councils und Programme zu unterstützen, richteten wir das ITT Quality College ein. Das College veranstaltet Kurse über Qualitätsmanagement und Produktqualifizierung und hat seit seiner Gründung 24.000 Mitarbeitern ein Diplom verliehen. Es bildet das Rückgrat der Qualitätsbestrebungen. Jedesmal, wenn wir glauben, daß es niemanden mehr gibt, der unterrichtet werden muß, finden wir erneut volle Aufnahmelisten vor. Das Programm ist ausgesprochen wirkungsvoll. Alle Qualitätsfachleute bei ITT sind bezüglich der Programme einer Meinung. Sie sind von ihrer Organisation freigestellt und befinden sich in der Hierarchie zumindest auf derselben Ebene wie diejenigen, die sie bewerten. Das erhöht die Wahrscheinlichkeit, daß die Programme richtig umgesetzt werden.

DIE URSPRÜNGLICHEN SCHRITTE

Die herkömmlichen Programme zur Qualitätskontrolle sind wenig hilfreich und sehr beschränkt, und bei ITT war das nicht anders. Diese Programme, die in erster Linie auf die Produktleistung ausgerichtet waren, stießen das Management, dem sie gefallen sollten, häufig ab. Um das zu ändern, entwickelten wir zahlreiche Programme, die praktische Aktivitäten beinhalteten, welche auf der Ebene der Einheiten durchgeführt werden konnten.

„Qualitätsverbesserung durch Fehlervermeidung“, ein Verbesserungsprogramm in 14 Schritten, bildete die Grundlage für alle Qualitätsprogramme bei ITT. Dieses Programm, das später noch im Detail beschrieben wird, wurde in jedem Tätigkeitsbereich des Konzerns durchgeführt. Einige dieser Bereiche waren sehr erfolgreich, andere machten geringere Fortschritte. Aber nirgendwo kam es je zu einer Verschlechterung.

Es dauerte vier bis fünf Jahre, die Mitarbeiter von der Notwendigkeit eines solchen Verbesserungsprogramms zu überzeugen. Zuerst schickte ich jeder Einheit eine 16seitige Broschüre und ein Tonband mit einer Erklärung des Null-Fehler-Konzepts. Die Reaktion war verblüffend: Niemand schenkte dem Konzept die geringste Aufmerksamkeit. Es wurde klar, daß die Überzeugungsarbeit und die Qualitätsschulung Einheit für Einheit erfolgen mußte. Nur so konnten wir einige Erfolgsgeschichten sammeln, die wir in den Seminaren verwenden konnten.

Weitere ursprüngliche Seminare waren: Buck a Day (BAD), ein Programm zur Entwicklung von Kostensenkungsideen; Zero Defects 30 (ein 30-Tage-Programm, dessen Paket genug Material für eine/n Vorgesetzte/n und acht bis zehn Mitarbeiter enthielt); Consumer Affairs (Konsumentenfragen); Environmental Quality Self-Audit (Selbstprüfung zur Umweltqualität), Quality Management Maturity Grid (anhand dieses Gitters konnte man feststellen, in welcher Entwicklungsphase sich das eigene Qualitätsmanagement befand); Model Quality (ein System für die Fertigung von gedruckten Schaltkreisen); Service Company Quality Improvement; Make Certain; und viele andere.

ANERKENNUNG

Diese unverzichtbare Komponente jedes Qualitätsprogramms wird häufig übersehen oder nicht richtig gehandhabt. Richtig eingesetzt, wird die Anerkennung zum Prunkstück des gesamten Integritätssystems. Im Jahr 1971 führten wir das Programm „Ring of Quality“ ein. Der Grundgedanke war, daß jene Leute ausgezeichnet werden sollten, die das Qualitätsprogramm fünf Jahre lang besonders nachdrücklich unterstützt hatten oder eine außergewöhnliche Leistung erbracht hatten. „Ring of Quality“ entwickelte sich rasch zu einem Programm, bei dem die Gewinner von ihren Kollegen nominiert wurden. Mittlerweile haben wir Tausende Nominierungen beurteilt und 182 Gewinner mit Goldringen ausgezeichnet. Und mehrere hundert weitere Nominierte haben silberne Anstecker und lobende Erwähnungen erhalten. Durchwegs unberücksichtigt blieben jene Anwärter, die von ihren Untergebenen nominiert worden waren. Die Nominierung durch Kollegen hat sich gut bewährt.

Das Qualitätsring-Programm wird sehr ernst genommen. Die Auszeichnungen werden bei einem offiziellen Dinner vom Konzernpräsidenten oder vom Chairman überreicht. Für viele Gewinner ist dies der größte Augenblick in ihrem Leben. Würde und Respekt kennzeichnen die Überreichung der Auszeichnungen ebenso wie alle anderen Bestandteile des Programms. Die Reaktionen auf die Ringe und Anstecker haben vor allem eines gezeigt: Bargeld oder finanzielle Vergünstigungen sind nicht persönlich genug, um eine wirkungsvolle Anerkennung zu signalisieren.

Um die vier Säulen des Gebäudes aufzurichten, mußten wir Millionen Meilen reisen, Tausende Stunden diskutieren und Unmengen essen. Es war die Mühe wert, wie der folgende Vergleich zwischen den erzielten Ergebnissen und den ursprünglichen Zielen zeigt.

WIR WERDEN EIN GEEIGNETES QUALITÄTSMANAGEMENTPROGRAMM IN SÄMTLICHEN TÄTIGKEITSBEREICHEN IN PRODUKTION UND DIENSTLEISTUNGEN DURCHSETZEN. Als wir anfingen, arbeiteten etwa 5 Prozent unserer Einheiten mit Qualitätsprogrammen, die als akzeptabel gelten konnten. Im Jahr 1977 gehörten mehr als 85 Prozent unserer Unternehmen dieser Kategorie an. In den Bereichen Hotellerie, Versicherungen, Autovermietung sowie in anderen Dienstleistungsbranchen wurden erstmals Programme eingeführt, die Pioniercharakter erhielten. Die Zahl kompetenter Qualitätsmanager und -experten ist mittlerweile so stark gewachsen, daß ihre Verfügbarkeit kein Problem mehr darstellt.

WIR WERDEN ÜBERRASCHENDE ABWEICHUNGEN BESEITIGEN. Überraschende Probleme mit von den Forderungen abweichenden Ergebnissen sind verschwunden. Wir haben immer noch Probleme, und einige von ihnen sind Kinderkrankheiten. Aber nie entwickelt sich eines dieser Probleme zu seiner vollen Größe, bevor wir es finden.

WIR WERDEN DIE QUALITÄTSKOSTEN SENKEN. Die Qualitätskosten (der Preis der Abweichung von den Forderungen) entsprechen den Ausgaben, die dadurch entstehen, daß man Dinge falsch macht. Die Qualitätskosten entsprechen den Aufwendungen für Ausschuß, Nacharbeiten, Nachbetreuung, Garantieleistungen, Inspektionen, Tests und ähnliche Aktivitäten, die aufgrund von mangelnder Konformität mit den Forderungen erforderlich werden. In den Jahren 1967 bis 1977 konnten bei ITT die Qualitätskosten in der Fertigung um einen Betrag gesenkt werden, der 5 Prozent des Umsatzes entsprach. Das ist sehr viel Geld. Nach Schätzung des Controllers betrugen die Einsparungen 30 Millionen Dollar im Jahr 1968, 157 Millionen im Jahr 1971, 328 Millionen im Jahr 1973 – und 530 Millionen im Jahr 1976! Wir hatten durch die Vermeidung von Fehlern Kosten in dieser Höhe eingespart.

Nun liegt es auf der Hand, daß nicht alle diese Einsparungen auf das Konto der Qualitätsexperten in den Einheiten gingen. Als keine Nacharbeiten mehr erforderlich waren, verschwanden die für Nacharbeiten zuständigen Mitarbeiter. Als die als fehlerfrei eingestuften Produkte nicht länger in der Anwendung versagten, entfielen die Kosten für Gewährleistungen. Die Beiträge waren und sind zahlreich.

Aber es ist eine Tatsache, daß die Herstellungskosten jedes Jahr schneller steigen als die Preise. Das bedeutet, daß man Kosten beseitigen oder senken muß, um einen Gewinn zu erzielen. Die beste Möglichkeit, das zu erreichen, besteht in der Vermeidung von Fehlern.

Ergebnisse wie diese führen mich zu dem Schluß, daß Qualität nichts kostet. Und nicht nur, daß sie nichts kostet – sie erhöht auch die Rentabilität des Unternehmens erheblich.

WIR WERDEN ITT ZUM WELTWEITEN QUALITÄTSMASSSTAB MACHEN. Das letzte der ursprünglichen Ziele bestand darin, ITT weltweit zum Qualitätsmaßstab zu machen. Um festzustellen, wo wir wirklich stehen, müssen wir die Frage stellen: „Wer sagt das?“ Es liegt auf der Hand, daß wir dieses Ziel längst noch nicht endgültig erreicht haben. Aber wir sind ihm beträchtlich näher gekommen.

In Europa sind die Kunden für Telekommunikationseinrichtungen durchwegs staatliche Verwaltungen. Im Jahr 1965 war es noch üblich, daß sie jeden unserer Schritte inspizierten. Sie hatten in jeder unserer europäischen Niederlassungen eigene Qualitätsprüfer. Heute lassen sie uns überall die abschließenden Inspektionen und Tests selbst durchführen. In vielen Ländern haben sie uns sogar die Inspektionsstempel ausgehändigt und kommen nur hin und wieder vorbei, um einen Audit durchzuführen. Diese Behörden verlangen von unseren Konkurrenten, ihren Betrieb auf das Niveau von ITT zu bringen.

- Das russische Elektronikministerium untersuchte westliche Qualitätsmanagementsysteme und wandte sich dann mit der Bitte an ITT, zu zeigen, wie wir unser System aufgebaut hatten.
- Als der Verlag McGraw-Hill eine neue Management-Enzyklopädie erarbeitete, bat er ITT, das Kapitel über Qualitätsmanagement zu schreiben.
- American Express erklärte vor fünf Jahren, Sheraton sei in bezug auf die Qualität die schlechteste Hotelkette. In diesem Jahr stuften sie Sheraton an erster Stelle ein.
- Andere Unternehmen bitten uns laufend um Informationen. Jedes Jahr gehen in unserer Konzernzentrale mehr als 400 Anfragen ein.

All diese Erfolge sind das Ergebnis umfangreicher Planungen und ganz altmodischer harter Arbeit. Aber es gab noch weitere Erfolgskomponenten. Dazu zählt unser Erfolg bei der Errichtung der ersten Säule des Integritätsgebäudes: Wir gewannen das Engagement der Unternehmensleitung.

Einer der Gründe dafür, daß ich diese Programme bereitwillig anderen Unternehmen zur Verfügung stelle, liegt darin, daß ich weiß, daß es vielen von ihnen wahrscheinlich nicht gelingen wird, sie auch umzusetzen. Das liegt nicht daran, daß sie nicht dazu in der Lage wären, sondern daran, daß sie nicht über ein Führungsteam verfügen, welches bereit ist, sich in Geduld zu üben, während das Programm Schritt für Schritt umgesetzt wird. Es waren mehrere Jahre unermüdlichen Einsatzes erforderlich, um der Kulturrevolution bei ITT zum Erfolg zu verhelfen – und ich bezweifle sehr, daß es jemals möglich sein wird, diese Umwälzung wieder rückgängig zu machen.

Wir sind uns darüber im klaren, daß unser Topmanagement etwas Besonderes ist. Denn als es einmal das Wesen der Qualität verstanden hatte, unterstützte es die Projekte, beteiligte sich an ihnen und ermutigte uns die ganze Zeit hindurch weiterzumachen.

Die Einzelheiten des Wie, Was und Warum werden in den folgenden Kapiteln beschrieben. Dieser sehr kurze Überblick über die Strategie, auf der das ITT-Programm beruhte, dient nur dazu, ein wenig zu verdeutlichen, wie sich das ganze Programm zusammensetzte. Ich weiß, daß die Arbeit schneller hätte getan werden können, wenn ich das Quality Management Maturity Grid schon einige Jahre früher gehabt hätte. Ich weiß, daß es leichter gewesen wäre, die Aufmerksamkeit des Unternehmens zu gewinnen, wenn schon am Anfang das Beispiel von ITT zur Verfügung gestanden hätte, um die notwendigen Schritte zu erläutern.

Ihnen steht dieses Beispiel zur Verfügung. Nutzen Sie die Erfahrung, die andere gesammelt haben. Warum sollten Sie nicht aus der Vergangenheit lernen?

KAPITEL

3

EIN WIEDERSEHEN MIT „QUALITÄT IST MÖGLICHERWEISE NICHT, WAS SIE DENKEN"

Die Unternehmenstätigkeit besteht, wie bereits gesagt, aus Transaktionen und Beziehungen. Ziel des Qualitätsmanagements ist es, daß alle Transaktionen vollständig und richtig durchgeführt werden und daß alle Beziehungen erfolgreich sind. Wenn wir diese beiden Aussagen verstehen, wissen wir alles, was wir über das Qualitätsmanagement wissen müssen. Dies bringt uns zu einem weiteren Punkt, der leicht zu verstehen sein sollte: Man kann ein Pferd zum Wasser führen, aber man kann es nicht zwingen zu trinken.

Im ursprünglichen Kapitel in *Qualität ist frei* wurde gleich zu Beginn darauf hingewiesen, daß das Problem nicht darin lag, was die Leute über das Qualitätsmanagement wußten, sondern vielmehr in dem, was sie darüber zu wissen glaubten. In jenen Tagen herrschte allgemein die Auffassung, die Arbeiter seien schlampig und gleichgültig, die Kunden seien unvernünftig, strengere Prüfungen würden Probleme früher zutage fördern, und Qualität habe ihren Preis (womit gemeint war, daß man sich nur ein bestimmtes Maß an Qualität leisten könne). Nach einer vorübergehenden Besserung hat sich die Situation mittlerweile wieder verschlechtert, und das altbekannte Denken greift wieder um sich. Qualität ist ein unwiderstehliches Thema für Leute auf allen Erfahrungsebenen. Rund um dieses Thema ist eine ganze Medienbranche entstanden: Regelmäßig erscheinen neue Zeitschriften zu dem Thema, jeden Monat kommen Bücher auf den Markt. Traditionelle Wirtschaftsmagazine verfechten in Titelgeschichten die falschen Annahmen und verleihen ihnen Glaubwürdigkeit. Einige Autoren eignen sich genug Fachwissen an, um Bücher über das Thema Qualität zu schreiben, ohne auch nur einen einzigen Tag als Qualitätsfachleute gearbeitet zu haben. Sie beschäftigen sich so lang aus zweiter Hand mit der Materie, bis sie glauben, sie verstanden zu haben. Haben sie diesen Punkt erreicht, so sind sie nie mehr in der Lage, sich von ihren falschen Vorstellungen zu lösen. Jeder weitere Artikel über Qualität greift die überkommenen Mythen wieder auf. Beispielsweise sieht kaum ein Autor einen Unterschied zwischen Qualitätskontrolle, Qualitätssicherung, Zuverlässigkeit und Qualitätsmanagement. Diejenigen jedoch, die ihren Lebensunterhalt in einem Unternehmen verdienen, kennen den Unterschied.

Die Leute halten an ihren Überzeugungen fest, obwohl diese zum Großteil falsch sind. Eine kürzlich in Kalifornien durchgeführte Studie über unverheiratete, minderjährige Schwangere zeigte, daß die Väter in über 70 Prozent der Fälle volljährig waren. Die verbreitete Vorstellung vom Minderjährigen, der eine Minderjährige schwängert, ist einfach falsch. Wenn wir das Problem minderjähriger Schwangerschaft bewältigen wollen, müssen wir uns nicht mit den vorgeblichen, sondern mit den wirklichen Verantwortlichen beschäftigen. Ein anderes Beispiel: Magengeschwüre wurden lange Zeit als eine Erkrankung behandelt, die durch Streß und schlechte Eßgewohnheiten verursacht sei. Als zwei Ärzte erkannten, daß die Geschwüre in Wirklichkeit durch Bakterien ausgelöst werden und durch eine zweiwöchige Therapie mit Antibiotika geheilt werden können, ernteten sie nur Hohn und Spott. Aber das Establishment hatte all die Jahre hindurch unrecht und gab Informationen über die Behandlung von Geschwüren weiter, die etwa so zutreffend waren wie die Informationen, die kleine Kinder über die Sexualität austauschen. Dieses Muster ist überall zu beobachten und hat seinen Ursprung stets darin, daß es den Menschen an geistiger Offenheit mangelt.

Als Philip Crosby Associates (PCA) den Betrieb aufnahm, erhielten wir einen Anruf von der Leiterin eines Unternehmens, das Backprodukte in großen Mengen herstellte. Sie teilte uns mit, ihr größter Kunde sei unzufrieden mit ihren Produkten. Die Kuchen hatten einen zu lockeren Teig und enthielten zu wenig Früchte. Dazu kam, daß die Lieferungen nicht immer pünktlich eintrafen und die Rechnungen häufig Fehler aufwiesen. Sie hatte gerade erst die Leitung des Unternehmens von ihrem Vater übernommen, der sich aus dem Berufsleben zurückgezogen hatte. Genau zu diesem Zeitpunkt suchte sie der Vertreter des Kunden auf. Zu allem Überfluß war sie gerade schwanger.

Auf dem Heimweg von ihrem ersten Tag als unumschränkte Herrscherin machte sie in einem Buchladen halt, wo sie auf der Suche nach Hilfe auf *Qualität ist frei* stieß. Nach der Lektüre einiger Kapitel rief sie PCA in Winter Park an und bat uns um Hilfe. Wir vereinbarten einen Gesprächstermin noch in derselben Woche. Es wurde sehr rasch offenkundig, daß der Qualitätsbegriff ihres Managementteams das Problem war. Sie hatten sämtliche in Kapitel 2 von *Qualität ist frei* beschriebenen falschen Vorstellungen verinnerlicht und führten das Unternehmen seit Jahren ausgehend von der Annahme, Fehler seien unvermeidlich. Wir holten die Manager zu einem einwöchigen Kurs über Qualitätsmanagement ins Quality College, aber sie sträubten sich verbissen gegen unsere Erkenntnisse. An den ersten beiden Tagen saßen sie mit verschränkten Armen im Kurs. Aber dann begannen sie langsam zu verstehen. (Diese Reaktion zeigten die meisten Kursteilnehmer, die wir im Lauf der Jahre betreuten.) Die Unternehmenschefin besuchte den Kurs gemeinsam mit ihren Leuten und erhielt nebenbei zusätzliche Beratung. In der Zwischenzeit bereiteten wir einige ihrer Leute darauf vor, die Botschaft an die Mitarbeiter weiterzuvermitteln. Die Chefin ging durch ihr offensichtliches Engagement mit gutem Beispiel voran.

Der Kunde willigte ein, sich noch eine Weile zu gedulden und zu beobachten, ob diese Qualitätsinitiative Früchte tragen würde – zumindest bei den Kuchen. Als die Manager an ihren Arbeitsplatz zurückkehrten, machte die Chefin noch einmal deutlich, daß sie lernen mußten, Produkte herzustellen und Dienstleistungen zu erbringen, die genau dem entsprachen, was man dem Kunden zugesagt hatte. Daraufhin baten die Manager ihre Mitarbeiter um Zusammenarbeit, um Kuchen zu erzeugen, welche genau den Forderungen entsprachen. Da erfuhren sie, daß gar keine Qualitätsforderungen existierten. Die Kuchen wurden nach alten Gewohnheiten gemischt und gebacken, die sich im Lauf der Jahre herausgebildet hatten. Und das galt nicht nur für die Fabrik. Dasselbe Muster wiederholte sich in der Debitoren- und Kreditorenabteilung.

Das Qualitätsprogramm begann also damit, daß sich das Management hinsetzen mußte, um zu beschreiben, wie ein Kuchen aussehen sollte und wie er gebacken werden mußte. Dann wurden die Forderungen für die übrige Produktlinie aufgestellt. Mit bereitwilliger Unterstützung der Belegschaft legte das Management den Produktionsprozeß fest, erklärte jedermann seine Tätigkeit und sorgte dafür, daß alles ins

Rollen kam. Innerhalb weniger Wochen funktionierte alles besser; in wenigen Monaten waren die Abläufe fast perfekt. Der Kunde war so glücklich, daß er andere Lieferanten (von Dienstleistungen und Produkten, welche die Qualitätsforderungen nicht erfüllten) zu Besuch mit in das Unternehmen brachte, um ihnen zu zeigen, wie man es richtig machte. Die Besucher stellten verblüfft fest, daß es keine komplexen statistischen Diagramme, kein Nacharbeiten, keine Strafen, keine formalen Teammeetings, kein teures Qualitätsprogramm gab. Alles was sie sahen, war, daß in diesem Betrieb Management und Belegschaft unter tatkräftiger Anleitung der Unternehmensleiterin zusammenarbeiteten, um die angestrebten Ergebnisse zu erreichen. Als das Unternehmen zu expandieren begann, wurde jeder neue Mitarbeiter sorgfältig mit dieser Arbeitsweise vertraut gemacht. Das größte Problem der Unternehmensleiterin bestand von nun an darin, all die Vortragseinladungen zu bewältigen, die an sie herangetragen wurden.

Sehen wir uns an, wie es den ursprünglichen „falschen Annahmen" seit 1979 ergangen ist. Zu schade, daß es nicht zehn sind – dann könnte ich wie David Letterman eine „Top 10"-Liste der Gründe aufstellen, warum das Qualitätsmangement nicht verstanden wird. So kann ich hier nur die fünf wichtigsten Gründe anführen:

1. Die Überzeugung, Qualität bedeute Güte oder Luxus oder Glanz oder Gewicht. Das Fehlen einer allgemein anerkannten Definition ist eines der größten Hindernisse für die Durchsetzung des Qualitätsmanagements. Das Qualitätsmanagement ist der einzige Managementbereich, der dieses Problem hat; die meisten Bücher zu dem Thema enthalten nicht einmal eine Definition. Wird der Begriff doch definiert, so nimmt die Definition einen ganzen Absatz oder sogar zwei in Anspruch. Dieses Defizit ist scheinbar nicht zu beheben. Gegenwärtig werden Definitionen wie „den Kunden glücklich machen" und „Zufriedenheit" in die Diskussion gebracht. Die Tatsache, daß diese Definitionen nicht gemessen oder erweitert werden und daß sie unmöglich vermittelt werden können, hat kaum zu einem Meinungsumschwung geführt. Es gilt als vollkommen akzeptabel, der Entwicklungsabteilung zu erzählen, das Ziel bestehe darin, „den Kunden zufriedenzustellen"; die Techniker dürfen sich in ihrer Forschungs- und Entwicklungsarbeit an diesem Ziel orientieren. Haben sie einmal entwickelt, was den Kunden zufrieden-

stellt, müssen sie darauf bestehen, daß alle anderen auch dieser Forderung entsprechen, damit der Kunde erhält, was man ihm versprochen hat.

Die Unternehmen, die ihre Kultur erfolgreich verändert haben, sind sich darüber im klaren, daß Qualität bedeutet, „die Forderungen zu erfüllen". Sie erkennen an, daß die Forderungen die Details der Unternehmenstätigkeit sind und daß ihre Erfüllung dazu führt, daß Kunden und Kollegen erhalten, was sie erwarten durften. Sie erkennen an, daß das Management dafür verantwortlich ist, klare Forderungen aufzustellen, zu vermitteln und laufend zu verbessern. Das ist der Sinn des Satzes (der im ursprünglichen Buch steht). Viele deuten ihn dahingehend, die Forderung laute, den Leistungsstandard Schritt für Schritt zu erhöhen, als ginge es darum, jeden Tag ein Baby weniger fallenzulassen.

Viele Autoren haben meine Definition „Erfüllung der Forderungen“ genommen und in „Erfüllung der Spezifikationen“ umgedeutet. Damit entsteht ein begrenzter, ausgesprochen technischer, fertigungsorientierter Begriff. Nachdem sie mich falsch zitiert haben, fahren sie mit der Feststellung fort, wie dumm diese Definition doch sei. Das Problem liegt darin, daß ihr Unverständnis sie nicht dazu führt, meine Auffassung zu hinterfragen, um herauszufinden, was ich wirklich meine. Statt dessen nehmen sie einfach an, ich hätte unrecht, und schlagen eine andere Richtung ein. Auf diese Art wird sichergestellt, daß die Diskussionen über „gute“ und „schlechte“ Qualität sowie über „akzeptable Qualitätsniveaus“ fortgesetzt werden können. So dürfen die Leute weiter dumme Definitionen wie „Der Kunde sagt, was Qualität ist“ verkünden. Wie soll man auf dieser Basis ein Unternehmen führen? Eine unpräzise Definition verwandelt die Prozesse des Qualitätsmanagements in Ereignisse anstatt in eine solide Managementpraxis.

Der einzige Zweck des Qualitätsmanagements besteht darin, Mitarbeiter und Lieferanten dazu zu bewegen, es sich zu einer festen Gewohnheit zu machen, das zu tun, was sie zu tun behaupten, das heißt: den vereinbarten Forderungen zu entsprechen. Wenn wir dann gelernt haben, bessere Produkte, Prozesse und Dienstleistungen für unsere Kunden und uns selbst zu definieren, werden wir auch in der Lage sein, die angepeilten Leistungen regelmäßig zu erbringen. Und das Unternehmen wird in der Lage sein, das chaotische Geschäftsleben zu bewältigen, da es sich darauf verlassen kann, daß alles geschieht wie geplant.

2. Die Überzeugung, Qualität sei nicht greifbar und daher auch nicht meßbar. Wenn ich ein Seminar halte, auf dem Flughafen mit anderen Reisenden plaudere oder im Flur ein kurzes Gespräch führe, höre ich vor allem Klagen über die mangelnde Beteiligung des Managements am Qualitätsprozeß. Ich frage meine Gesprächspartner stets, ob in den finanziellen Kalkulationen ihres Unternehmens der „Preis der Abweichung" berücksichtigt wird. Die Antwort ist durchwegs: nein. Das Management interessiert sich nicht für etwas, das nicht in Geld gemessen wird. Die persönliche Leistung der Manager wird in Geld gemessen, also messen sie auch alles andere auf diese Art. Aber die wenigsten Unternehmen tragen dem Rechnung.

   Vor kurzem (im August 1994) beschäftigte sich *Business Week* in einer Titelgeschichte mit der „Qualitätsrendite". Dabei ging es um die Erträge, die man erwirtschaftet, indem man Qualitätsmanagement betreibt. Die Argumentation war sehr plausibel. Ich bemerkte, daß sie sich im wesentlichen auf mein Material stützten, ohne zu erwähnen, woher sie es hatten. Autoren sind empfindlich, was solche Dinge anbelangt. Ich entschloß mich, es als Kompliment und als Beweis dafür zu nehmen, daß sich meine Vorstellungen allgemein durchsetzen. Doch die tatsächliche Messung der Kosten von Fehlern und Nacharbeiten hat sich noch nicht in den Unternehmen durchgesetzt. Das ist ein folgenschwerer Fehler. Meine Schätzung, daß ein Viertel der Ausgaben der Unternehmen auf diesen Bereich entfallen, hat sich im Lauf der Jahre als sehr konservativ erwiesen. Jeder Klient von PCA mußte lernen, wie man die Qualität finanziell mißt. In Dienstleistungs- und Verwaltungsorganisationen fließen mindestens 40 Prozent des Verwaltungsaufwands in Ausschuß; Produktionsunternehmen wenden 25 Prozent des Umsatzes für unbrauchbare Produkte auf. Wenn der Controller diese Zahlen im monatlichen Managementmeeting vorlegt, sollte dem Preis der Abweichung (PdA) die gebührende Aufmerksamkeit gewidmet werden. So wird dafür gesorgt, daß sich das Management auf das Wesentliche konzentriert.

   Aber der wichtigste Grund für die Feststellung des PdA liegt darin, daß man dadurch erfährt, worauf man sich bei der Vorbeugung konzentrieren muß. Unter meinen Klienten war ein Computerunternehmen, das vor allem darauf stolz war, daß sein Kundendienst jedes Problem beheben konnte. Ein Drittel der Personalkosten entfiel auf den Kundendienst. Wir machten deutlich, daß es sich bei ihrem Service in Wirklichkeit ausschließlich um Nacharbeiten handelte, und zeigten ihnen, daß die Reparaturen deshalb erforderlich wurden, weil die Produkte nicht vollkommen fertig waren, wenn sie die Fabriken verließen. Den Kunden bereitete es kein Vergnügen, sich damit herumschlagen zu müssen.

Ein ähnliches Bild zeigte sich bei einem Hotel. Dort konnte man sich im Fall von mangelhaftem Zimmerservice an einen Manager wenden, der das Problem unverzüglich behob. Diese Ausgabe entfiel, als man dem Personal beibrachte, die Zimmer schon beim ersten Mal richtig vorzubereiten. Aber das Management war solange überzeugt, alles richtig zu machen, bis es erfuhr, welche Kosten die Nacharbeiten verursachten. Im Jahr 1984 schrieb ich *Quality Without Tears*, um zu erläutern, wie man den Preis der Abweichung leicht bestimmen konnte.

3. Die Überzeugung, es gäbe so etwas wie eine „Wirtschaftlichkeit der Qualität“. Die herkömmliche Qualitätsauffassung geht davon aus, daß man es sich nicht leisten kann, zu gut zu werden. Diese Auffassung fußt auf der Vorstellung, Qualität beruhe auf nachträglicher Bewertung. Diejenigen, welche Qualitätskontrolle lehrten, stützten sich auf Statistiken, und da ist nichts jemals hundertprozentig „fertig“. Daher glaubte das Management, man müsse zwischen Kosten und Nutzen der Qualität „abwägen“. Sie schüttelten den Kopf über mich und hielten mir empört entgegen, es würde „ein Vermögen kosten“, alles richtig zu machen. Mit derart dummen Aussagen wollten sie sich nur darum drücken, die Vorgänge in ihrem Unternehmen zu verstehen. Auch konnten sie auf diese Art mit reinem Gewissen die Schulungsausgaben kürzen.

   Die Enttäuschung darüber, daß diese Vorstellung nicht zu überwinden war, bewegte mich dazu, im Jahr 1961 das Null-Fehler-Konzept zu entwickeln. Die Lieferanten wandten sich an mich in meiner Funktion als Qualitätsmanager des Projekts „Waffensysteme“ und fragten nach den „akzeptablen Qualitätsniveaus“ (Acceptable

Quality Level, AQL)*. Die akzeptablen Qualitätsniveaus waren das übliche Instrument, um zu berechnen, wieviel Prozent der Produkte oder Dienstleistungen, die sie uns lieferten, die festgelegten Forderungen nicht zu erfüllen brauchten. Üblicherweise betrug dieser Anteil 1 Prozent, 1,5 Prozent, 2,0 Prozent usw. Ursprünglich wurden AQLs eingeführt, um die Durchführung von Stichproben zu ermöglichen, da man nicht die gesamten Lieferungen überprüfen wollte. Doch das Konzept, das seinen Ursprung in der Welt der Standardhardware hatte, eroberte bald auch andere Bereiche. Beispielsweise wollten Software-Entwickler wissen, wie viele Fehler pro Programmierungszeile ihnen erlaubt seien. Es wurde sehr viel Zeit und Mühe darauf verwendet, derartige Dinge auszuhandeln.

Meine Antwort lautete, daß sie uns bei der Auftragserteilung zugesichert hatten, uns diese Dienstleistung oder jenes Produkt zu liefern. Ich erwartete also, daß wir auch genau das erhalten würden, was uns versprochen worden war. Es würde kein akzeptables Qualitätsniveau geben. Die Lieferanten murrten, nun müßten sie die Lieferungen wieder und wieder überprüfen; sie erklärten, das Programmieren sei keine Wissenschaft, sondern eine Kunst, und sie würden sich an die Geschäftsleitung wenden. Wir hielten Seminare ab, um ihnen verständlich zu machen, wie sie ihre Prozesse nach dem Prinzip der Vorbeugung gestalten konnten. Wenn sie alles richtig machten, würde auch das Endergebnis fehlerfrei sein. Ich erzählte ihnen von dem Hotel, in dem der für den Zimmerservice zuständige Manager ein perfektes Zimmer einrichtete, von dem die Zimmermädchen Photos machen mußten. Auf diese Art wurden die zusätzlichen Ausgaben für die Überprüfung der Zimmer eingespart. Ich erzählte ihnen von Lieferanten elektronischer Komponenten, die bei Millionen von Teilen nicht einen einzigen Fehler gefunden hatten. Und das nur, weil die Unternehmensleitung daran interessiert war, die richtigen Prozesse zu erklären und durchzusetzen.

Wir hören nicht mehr sehr viel über „wirtschaftliche“ Qualität. Ich denke, das liegt daran, daß die Kunden deutlich gemacht haben, daß sie sich nicht mit den Dingen herumschlagen wollen, nachdem sie sie gekauft haben.

* Auch als „annehmbare Qualitätsgrenzlagen“ bezeichnet.

4. Die Überzeugung, die Qualitätsprobleme würden von den Arbeitern verursacht. Einmal erzählte mir der Leiter eines amerikanischen Autowerks, er würde sich nicht mit acht Defekten pro Fahrzeug abfinden müssen, hätte er japanische Fließbandarbeiter zur Verfügung. Ich erklärte ihm, daß er mit Japanern genau das gleiche Resultat erzielen würde, denn auch deren Leistungen würden sich stets an dem Standard orientieren, den er persönlich vorgab. Er wollte das nicht wahrhaben. Die Manager in der Automobilindustrie waren davon überzeugt, ihre Arbeiter verursachten sämtliche Schwierigkeiten. In den vergangenen zwölf Jahren haben sie ihre Meinung geändert und gelernt, mit ihren Belegschaften zu arbeiten. Ich führte eine Kampagne zur Abschaffung der Direktionskantinen, des Anzug- und Krawattenzwangs, der zahlreichen Aufsichtsebenen und anderer Bräuche, die verhinderten, daß eine Beziehung zwischen den Mitgliedern eines Unternehmens entstand. Im Produktionsbereich haben die meisten dieser Veränderungen mittlerweile stattgefunden; die Dienstleistungsunternehmen sind auf dem Weg dorthin.
   Doch Dienstleistungsunternehmen und Verwaltungen sind immer noch damit beschäftigt, diese Aufgabe zu bewältigen. In den Banken liegt die Personalfluktuation auf den unteren Ebenen generell bei 40 Prozent. Hotels, Versicherungsgesellschaften, Restaurants, Einzelhandel und ähnliche Wirtschaftszweige teilen dieses Schicksal. Das liegt in erster Linie daran, daß man diesen Angestellten keine Orientierung gibt, daß man sie nicht schult und ihnen keinen Karrierefahrplan anbietet. Man schickt sie mit dem Gedanken an die Arbeit, daß sie ohnehin nicht lange bleiben werden. Es fällt schwer zu glauben, daß Führungskräfte immer noch so denken. Sie müssen sich darauf konzentrieren, „Mitarbeiterveteranen“ heranzuziehen.

5. Die Überzeugung, für Qualität werde in der Qualitätsabteilung gesorgt. Die Situation entspricht nicht mehr genau jener, die ich in *Qualität ist frei* beschrieben habe. Sowohl Management als auch Qualitätsexperten sind zu der Einsicht gelangt, daß Qualität nicht vom Qualitätspolizisten allein sichergestellt werden kann, sondern vielmehr das Ergebnis sämtlicher Vorgänge im Unternehmen ist. Aber heute wird allgemein die Auffassung vertreten, für die Qua-

lität sei ein Ausschuß oder ein Team verantwortlich, der oder das sich aus Mitgliedern aller Abteilungen zusammensetzt. Die Arbeit solcher Gruppen stützt sich auf ISO 9000, Mil-Q-9858, die Kriterien des Baldrige Award oder die Anweisungen eines Qualitätsgurus. Würden die Finanzen auf diese Art gehandhabt, so würde man die Spitzenmanager wegen Inkompetenz einsperren. Als ich kürzlich nach Europa und Indien reiste, stieß ich auf eine unglaubliche Zahl von Unternehmen, die versuchten, sich unter den Schutz von ISO 9000 zu begeben. Es wäre komisch, wenn da nicht die traurige Wahrheit wäre, daß ihnen eine große Enttäuschung bevorsteht. Es werden keine Verbesserungen eintreten, und es wird ihnen auch nicht gelingen, einen Schutzwall zu errichten. Beim nächsten Mal wird es sogar noch schwieriger sein, die Belegschaft davon zu überzeugen, daß es das Management mit der Qualität ernst meint.

Den Unternehmen, die mit Erfolg eine Qualitätskultur aufgebaut haben, ist dies unter der Führung von Managern gelungen, die von jemandem unterstützt werden, der wußte, was sie taten. Eine Gruppe wohlmeinender Amateure mit dieser Aufgabe zu betrauen ist so, als übertrüge man die Verantwortung für den Operationssaal eines Krankenhauses den Praktikanten.

Trotz all der hektischen Aktivität in Sachen Qualität, die seit dem Erscheinen von *Qualität ist frei* stattgefunden hat, besteht noch immer keine allgemeine Übereinkunft bezüglich dessen, was Qualität ist und wie man sie erreichen kann. Da diese Frage anscheinend einfach und subjektiv zu beantworten ist, haben sich viele Leute darauf gestürzt. Diese Entwicklung wird eingehender beschrieben, wenn wir das neue Quality Management Process Maturity Grid behandeln.

KAPITEL

4

DAS MATURITY GRID FÜR DEN QUALITÄTSMANAGEMENTPROZESS

In *Qualität ist frei* wurde das Quality Management Maturity Grid (siehe Abb. 4.1) vorgestellt. Anhand dieses Gitters kann beurteilt werden, in welcher „Reifungsphase" sich ein Unternehmen in bezug auf die Qualität befindet. Das Maturity Grid hat sich als ein nützliches Kommunikations- und Analyseinstrument erwiesen. Aber die Zeit ist nicht stehengeblieben. Daher bedarf es eines neuen Evaluierungsinstruments. Das Quality Management Process Maturity Grid (Abb. 4.2) befaßt sich zum einen mit den Managementmaßnahmen, welche Unternehmen in ihrem Bemühen um Verbesserung ergreifen, zum anderen mit den Problemen, auf die sie dabei stoßen. Das ursprüngliche Gitter entwickelte ich, um die Manager mit den für ein erfolgreiches Qualitätsmanagement erforderlichen Maßnahmen vertraut zu machen. Die meisten Manager waren mit diesen Maßnahmen nicht vertraut, daher mußte ich sie in einer leicht verständlichen Art und Weise darlegen. Die „Reise von der Unsicherheit zur Sicherheit" diente dazu, den Prozeß Schritt für Schritt zu verdeutlichen. Aber vor allem sollte sie zeigen, daß Qualität mehr erforderte als das, was die Unternehmen zu jener Zeit taten. Das Gitter machte die Führungskräfte empfänglicher für die Notwendigkeit, sich eine andere Einstellung gegenüber der Qualität anzueignen: man durfte sie nicht länger als technische Aktivität betrachten, sondern mußte erkennen, daß sie ein Managementproblem war.

KATEGORIEN ZUR MESSUNG DER QUALITÄT	STADIUM I: UNSICHERHEIT	STADIUM II: ERWACHEN
Qualitätsverständnis	Kein Verständnis des Managements für Qualität als Managementinstrument. Tendenz, für „Qualitätsprobleme" die Qualitätsabteilung verantwortlich zu machen.	Einsicht, Qualitätsmanagement könne möglicherweise von Nutzen sein; aber keine Bereitschaft, Geld oder Zeit zu investieren.
Status der Qualitätsorganisation	Qualität wird in der Fertigungs- oder in der Entwicklungsabteilung versteckt. Inspektionen sind nicht in die Prozesse integriert. Betonung liegt auf Bewerten und Sortieren.	Ernennung eines stärkeren Qualitätsleiters; Betonung liegt jedoch weiterhin auf Bewertung und Produktausstoß. Qualität wird immer noch der Fertigung oder einer anderen Abteilung zugeordnet.
Problembehandlung	Probleme werden erst bei ihrem Auftreten bekämpft; keine endgültige Lösung; ungeeignete Definitionen; ständige gegenseitige Anschuldigungen.	Zur Bewältigung vorrangiger Probleme werden Teams gebildet. Langfristigere Lösungen werden nicht angestrebt.
Qualitätskosten in % des Umsatzes	Laut Berichten: Unbekannt Tatsächlich: 20%	Laut Berichten: 3% Tatsächlich: 18%
Maßnahmen zur Qualitätsverbesserung	Keine geordneten Aktivitäten. Kein Verständnis für solche Aktivitäten.	Oberflächliche, kurzfristige „Motivationsprogramme".
Zusammenfassung der Qualitätseinstellung des Unternehmens	„Wir wissen nicht, warum wir Probleme mit der Qualität haben."	„Sind ständige Probleme mit der Qualität absolut unvermeidlich?"

Abbildung 4.1. Quality Management Maturity Grid. (Abdruck aus Quality Is Free, Copyright 1979 Philip B. Crosby, Abdruck mit freundlicher Genehmigung.)

STADIUM III: ERKENNTNIS	STADIUM IV: VERSTÄNDNIS	STADIUM V: SICHERHEIT
Absolviert Programme zur Qualitätsverbesserung, lernt mehr über Qualitätsmanagement; Einstellung, man müsse den Leuten Unterstützung und Hilfe zukommen lassen.	Beteiligung. Versteht die Gebote des Qualitätsmanagements. Akzeptiert persönliche Verpflichtung zur Durchsetzung von Qualität durch ständiges Engagement.	Qualitätsmanagement wird als unverzichtbarer Bestandteil des Unternehmenssystems betrachtet.
Qualitätsabteilung wird der Unternehmensleitung unterstellt; sämtliche Beurteilungsmethoden werden integriert; der Qualitätsleiter wird in die Unternehmensführung einbezogen.	Qualitätsmanager auf der Führungsebene; effektive Statusberichte und Vorbeugungsmaßnahmen. Mit Konsumentenangelegenheiten und Sonderaufgaben befaßt.	Qualitätsmanager in der Geschäftsleitung. Vorbeugung als wichtigstes Anliegen. Das Denken orientiert sich an der Qualität.
Kommunikation über Korrekturmaßnahmen. Probleme werden offen angesprochen und systematisch gelöst.	Probleme werden in einem frühen Stadium der Entwicklung identifiziert. Alle Funktionen sind offen für Vorschläge und Verbesserungen.	Mit Ausnahme weniger außergewöhnlicher Ausnahmen wird Problemen vorgebeugt.
Laut Berichten: 8% Tatsächlich: 12%	Laut Berichten: 6,5% Tatsächlich: 8%	Laut Berichten: 2,5% Tatsächlich: 2,5%
Implementierung des 14-Schritte-Programms, eingehendes Verständnis und Verwirklichung der einzelnen Schritte.	Fortsetzung des 14-Schritte-Programms. Man beginnt, Qualität ins Unternehmensgewebe einzuflechten.	Qualitätsverbesserung ist eine normale und kontinuierliche Aktivität.
„Durch Engagement seitens des Managements und Qualitätsverbesserung gelingt es uns, unsere Probleme zu identifizieren und zu lösen.“	„Fehlervermeidung ist ein fester Bestandteil unserer Tätigkeit.“	„Wir wissen, warum wir keine Probleme mit der Qualität haben.“

	UNSICHERHEIT	RÜCKFALL
MANAGEMENT-KONZEPTE	„Lassen wir uns zertifizieren."	„Bewerben wir uns um den Qualitätspreis."
DEFINITION	Güte	Den Kunden glücklich machen
SYSTEM	Kriterien der Qualitätspreise	Ein paar Videos von Gurus kaufen und vorführen
LEISTUNGS-STANDARD	Was der Markt hinnimmt	Akzeptables Qualitätsniveau (AQL)
MASSSTAB	Meinung	Benchmarking

Abbildung 4.2. Quality Management Process Maturity Grid. (Copyright 1994 Philip B. Crosby.)

In den vergangenen 15 Jahren haben die meisten Unternehmen erkannt, daß sie systematische Schritte zur Qualitätsverbesserung ergreifen müssen. Das Maturity Grid ist in Hunderten Unternehmenspapieren sowie in Zeitschriften und Büchern abgedruckt worden. Das Management wurde dazu bewegt, Qualitätsverbesserungs- und Qualitätsmanagementprozesse zu installieren. Einige Unternehmen hatten Erfolg mit diesen Bemühungen; die meisten jedoch erzielten die erhofften Ergebnisse nicht. Die Manager waren zwar mit ganzer Seele bei der Sache, aber sie zogen an Hebeln, die nichts bewegten. Aus diesem Grund habe ich das Quality Management Process Maturity Grid entwickelt. Auch in diesem Gitter bewegt sich das Management von der Unsicherheit zur Sicherheit. Zweck des Gitters ist es, dem Management rasch zu zeigen, wo es vom rechten Weg abgekommen ist. Der Qualitätsprozeß ist nicht komplex, aber alles kann unverständlich werden, wenn man sich mit den falschen Dingen beschäftigt. Die von den Qualitätsgurus angebotenen Mantras sollten an der Realität gemessen werden. Halten Sie sich an das, was funktioniert, nicht an das, was angeblich Ergebnisse bringt. Ich beobachte, wie zahlreiche Unternehmen gewissenhaft einen ausgetretenen Pfad entlang pilgern, nur um am Ende enttäuscht zu werden. Sie

Bitte schicken Sie Ihre Informationen an meine Adresse:

Firma

Name

Abteilung/Position

Straße

Land / PLZ, Ort

Telefon / Telefax

e-mail

Ja, ich möchte Ihre Information auch per ☐ e-mail / per ☐ Fax erhalten.

Postkarte

Bitte freimachen, falls Marke zur Hand

An den

WIRTSCHAFTSVERLAG
CARL UEBERREUTER
z. H. Frau Melanie Michelbrink

Lurgiallee 6–8
D-60439 Frankfurt

Tel.: 069 / 58 09 05 – 12
Fax: 069 / 58 09 05 – 10
e-mail:michelbrink@ueberreuter.de

ERWACHEN	ERKENNTNIS	SICHERHEIT
„Wir müssen besser werden.“	„Machen wir Ernst mit der Qualität.“	„Es gibt keinen Grund, die Dinge nicht richtig zu machen.“
Ständige Verbesserung	Den Kunden zufriedenstellen	Erfüllung der Forderungen
ISO 9000, Mil-Q-9858	Was müssen wir wirklich wissen?	Vorbeugung
Ständige Verbesserung	Sechs Sigma	Null-Fehler
Kundenbeschwerden	Complete Transaction Rating	Preis der Abweichung (PdA)

versuchen, die Abzweigungen und Kurven der Straße zu erkunden, während sie eigentlich lernen sollten, wie man fährt.

Wenn das Management beginnt, sich Gedanken darüber zu machen, daß sich nichts ändert, werde ich häufig gebeten, doch einmal „vorbeizukommen“, um den Entwicklungsstand des Unternehmens im Qualitätsverbesserungsprozeß festzustellen und die Ergebnisse, sofern vorhanden, zu beurteilen. Die Manager, die mich engagieren, können davon ausgehen, daß ich die Situation und den Fortschritt ihres Unternehmens tatsächlich objektiv beurteilen werde, da ich keine Qualitätsmanagementausbildung mehr verkaufe. Ich habe wirklich Vergnügen an diesen Aufträgen und kann den Managern pragmatisches Feedback liefern, obwohl sie häufig nicht darauf vorbereitet sind. Üblicherweise dauert die Evaluierung nur einige Tage, je nachdem, wie weit die Aktivitäten des Unternehmens gestreut sind. In erster Linie geht es darum herauszufinden, wie die Lage nach Auffassung des Managements ist, wie sie nach Auffassung der für die Implementierung zuständigen Personen ist und wie sie tatsächlich ist. Das Management nimmt meine Ergebnisse im allgemeinen sehr ernst und macht sich umgehend an die erforderlichen Veränderungen. Ich würde sagen, daß sich von einem

Dutzend nach dem Zufallsprinzip ausgewählten Unternehmen wahrscheinlich zehn im Kreis drehen, während bei zweien bescheidene – im wesentlichen verbale – Fortschritte zu beobachten sein dürften. All diese Unternehmen arbeiten hart und meinen es ernst mit ihren Bemühungen, aber, wie die Kids sagen: „Sie bringen es einfach nicht." Im Fußball sind nicht unbedingt jene Spielzüge erfolgreich, die brillant konzipiert sind, sondern einfach jene, welche die Verteidigung überwinden. Wenn der Trainer die gegnerische Verteidigung versteht, kann er seiner Mannschaft eine bestimmte Offensivtaktik mitgeben. Diese Strategie erfordert, daß die Spieler das Ziel des Spiels verstehen – und daß sie verstehen, welche Rolle ihnen in dem Bemühen zukommt, dieses Ziel ohne Fehler und Strafen zu erreichen.

Der typische Anruf, in dem ich um einen Besuch gebeten werde, kommt aus dem Büro eines Geschäftsführers. Ich vereinbare einen Termin für ein lockeres Gespräch, üblicherweise bei einem Mittagessen. Meistens findet das Treffen in seiner Zentrale oder in der Nähe statt, da ich fernab der Hauptverkehrsrouten lebe, aber manchmal kommt auch ein Unternehmensleiter nach Florida oder North Carolina hinunter. Hin und wieder verbinden wir dieses Treffen mit einer Partie Golf. Wenn man jemanden bei einem Golfspiel nicht kennenlernt, dann wird man ihn wohl nie kennenlernen. Der Unternehmensleiter beginnt das Gespräch stets mit einer Zusammenfassung der wundervollen Entwicklung, die das Unternehmen seit der Einleitung des Qualitätsprozesses genommen hat. Wenn er von „TQM" spricht, werde ich mißtrauisch, was sein Verständnis von Qualität angeht. Anhand einiger Fragen stelle ich fest, in welchem Stadium zwischen Unsicherheit und Sicherheit sich das Unternehmen befindet. Der Entwicklungsstand kann in der entsprechenden Spalte im Gitter markiert werden. Üblicherweise kommt das Kreuz in eine andere Spalte, als man den Unternehmensleiter glauben gemacht hat.

Aber der Zweck der Begegnung besteht für mich darin, die Sorgen des Unternehmensleiters zu verstehen und klar zu definieren. Das Treffen würde nicht stattfinden, wenn alle mit der Entwicklung zufrieden wären. Üblicherweise werden mir diese Sorgen gleich zu Beginn des Gesprächs geschildert, ähnlich wie bei einem Eheberater. So wie in der Eheberatung weiß jede beteiligte Person mehr über das Verhalten der anderen als über ihr eigenes. Der Gedanke, daß möglicherweise sie selbst das Problem ist, taucht bei der befragten Person üblicherweise nicht gleich zu Beginn auf. Also erzählt sie, wie großartig sich alles entwickelt. Es wurden Teams zusammengestellt, die nützliche Schritte unternehmen, es werden Preise verteilt, ständig hört man Berichte über herausragende individuelle Leistungen. Andere Unternehmen kommen zu Besuch, um die Vorgänge zu begutachten, und äußern sich lobend über das, was sie zu sehen und zu hören bekommen.

Und dennoch regen sich Zweifel beim Chef. Es kommt weiterhin die gewohnte Zahl von Problemberichten auf seinen Schreibtisch, die Anstrengungen scheinen sich nicht auf das Endergebnis auszuwirken, die Zuversicht, daß all diese Veränderungen weitergehen, ist weiterhin gering. Normalerweise sind diese Bedenken berechtigt. Die einzige Person in einem Unternehmen, die das Gesamtbild sieht, ist der Unternehmensleiter. Alle anderen verfolgen ihre eigenen Ziele, die sie möglicherweise nicht jedermann anvertrauen. Wenn der Chef denkt, daß die Dinge nicht so gut laufen, wie verkündet wird, dann kann man darauf wetten, daß das tatsächlich der Fall ist.

Das Maturity Grid für den Qualitätsmanagementprozeß dient dazu, allen Mitarbeitern, die sich entschlossen haben, etwas für die Verbesserung der Qualität zu tun, „auf die Sprünge zu helfen", indem man ihnen zeigt, was innerhalb einer Organisation vor sich geht. Die meisten dieser Versuche scheitern, und die Matrix wird uns helfen zu erkennen, warum Mißerfolge häufiger sind als Erfolge. Diejenigen, die für die Dynamik des Prozesses verantwortlich sind, können das Gitter als Maßstab verwenden.

Das Gitter funktioniert nur, wenn man es buchstäblich nimmt, ohne es den eigenen Bedürfnissen anzupassen oder umzustellen. Einige meiner Freunde, die vor ihrer Zeit starben, erzählten die Geschichte von dem Onkel, der übergewichtig war, trank, fette Speisen und allerlei andere schädliche Genüsse liebte, drei Packungen Zigaretten am Tag rauchte und dennoch 95 Jahre alt wurde. Dieser Onkel war ein statistischer Fehler, wie das Schicksal der Freunde bewies. Es gibt eine Geschichte von Damon Runyon über eine Gruppe von Schildkröten, welche die Fabel über den Wettlauf zwischen Hase und Igel lasen. Sie schlossen mit jedermann Wetten ab und freuten sich auf das Geschäft ihres Lebens. Der Hase war über die Ziellinie, als die Schildkröte noch nicht einmal zur Gänze die Startlinie überquert hatte. Die Moral von der Geschichte? „Nicht immer gewinnt der Schnellste den Wettlauf. Dennoch sollte man nicht darauf wetten, daß er ihn verliert."

Zu der Zeit, als *Qualität ist frei* herauskam, gab es nur in sehr wenigen Unternehmen formale Bestrebungen zur Qualitätsverbesserung. Mit „formal" meine ich etwas, das die Rückendeckung des Managements hat, etwas, für das es einen vereinbarten Plan gibt, etwas, das sich an klar definierten Zielen orientiert und für das es ein vereinbartes Verfahren gibt. Was zählt, ist der „Prozeß". Qualität galt seit jeher als „Programm", und wir haben gelernt, daß die beiläufige Verwendung dieses Wortes die Leute in die falsche Richtung losschickt.

In jenen Tagen herrschte große Verwirrung darüber, wie man die Qualität weiterbringen konnte. Die Unternehmen mit Qualitätssicherungsabteilungen bemühten sich darum, besser zu werden, aber die Verantwortung für die Verbesserung wurde zur Gänze der Qualitätsabteilung überlassen. Das war so, als hätte man der Hausverwaltung die Verantwortung dafür übertragen, daß die Leute ihre Autos auf dem Parkplatz genau zwischen den weißen Begrenzungslinien parkten, und hätte sie angewiesen, auf der vorhandenen Fläche von einem Tag auf den anderen die doppelte Anzahl von Autos unterzubringen. Nun ist es leicht, neue Linien auf den Parkplatz zu malen, die Größe der Parkflächen zu halbieren und auf diese Art die Platzvorgabe zu erfüllen. Auf diese Art könnte dann den Angestellten die Schuld dafür zugeschoben werden, daß sie nicht in der Lage sind, das Programm umzusetzen. Dies ist ein sehr einfaches Beispiel, aber es stellt eine korrekte Analogie zu den damaligen Qualitätsverbesserungsprozessen dar. Kaum jemand war sich darüber im klaren, daß das gesamte Unternehmen für die Qualitätssituation verantwortlich war. Aber im Jahr 1979 begann sich diese Erkenntnis langsam durchzusetzen.

Ich beklagte mich bereits seit zwei Jahrzehnten über die amerikanische Einstellung zur Qualität, aber bis dahin hatten meine Klagen kaum Gehör gefunden. Erst als die Kunden begannen, Qualität zu fordern, begann man mir Aufmerksamkeit zu schenken. Japanische und deutsche Produkte funktionierten besser und waren zuverlässiger, als es sich die Konsumenten je hätten träumen lassen. Die amerikanischen Manager und ihre Qualitätsexperten hatten sich an die Vorstellung geklammert, es verursache höhere Kosten, die Dinge richtig zu machen. Das ist einer der Gründe dafür, daß ich dem Buch den Titel *Qualität ist frei* – im Sinn von kostenlos – gab. Wie schon gesagt, fand niemand Gefallen an dem Titel. Der Satz stammte von Harold Geneen, dem Impresario des beeindruckenden Wachstums von ITT.

Bei ITT installierten wir weltweit einen erfolgreichen Qualitätsmanagementprozeß (kein System!); die Geschichte dieser Entwicklung wurde im ersten Kapitel des Buchs erzählt. Die Lieferanten von ITT waren aufgefordert worden, den Prozeß ebenfalls einzuführen, und hatten begeistert reagiert. In den meisten Fällen waren sie die ersten in ihrer Branche, die systematisch an das Qualitätsmanagement herangingen. Heute tun alle etwas. Das ist selbstverständlich ein Fortschritt, aber es ist ein großer Unterschied, ob man etwas tut, nur um etwas zu tun, oder ob man etwas tut, das positive und dauerhafte Veränderungen bewirkt.

Heute hören wir Unternehmen über ihre Qualitätsmanagementprozesse und deren Erfolg oder Mißerfolg sprechen. Es werden Preise verliehen, Artikel geschrieben, Besichtigungstouren veranstaltet – es hat den Anschein, als liefe alles bestens. Leider verwechseln viele Leute Aktivität mit Ergebnissen. Alles in allem herrschen Ernüchterung und Unordnung: Viele Leute sind von den Ergebnissen enttäuscht. Die Konzepte des Qualitätsmanagements haben nichts Kompliziertes an sich. Es ist weder schwierig noch teuer, sie zu einem Teil der Unternehmenskultur zu machen. Aber es ist schwierig, den eigenen Standort zu einem gegebenen Zeitpunkt zu beurteilen. Das Gitter wird Ihnen verraten, wo Sie stehen, wenn niemand sonst dazu in der Lage ist. Es sollte möglich sein, zu jedem beliebigen Zeitpunkt festzustellen, wie weit ein Unternehmen gekommen ist, und von diesem Punkt aus weiterzugehen. Es ist nicht notwendig, dabei ganz exakt vorzugehen; man muß nur herausfinden, wo schlechte Arbeit gemacht wird, und diese dann durch gute Arbeit ersetzen.

Ich könnte auch das Wellness-Grid aus *The Eternally Successful Organization* empfehlen, anhand dessen man den aktuellen Status der Betriebspraktiken beurteilen kann. Dieses Beurteilungsgitter ist eine Weiterentwicklung des Maturity Grid.

UNSICHERHEIT

Unsicherheit durchleben Studienanfänger, wenn sie sich auf das College vorbereiten. Da sie über keinerlei diesbezügliche Erfahrung verfügen, jedoch aus vielen verschiedenen Quellen viel über das Studieren gehört haben, machen sie sich ein Bild, das nichts mit der Realität zu tun hat. Sie wissen nicht, worum es auf dem College wirklich geht. Das zeigt sich in ihrem zweiten Jahr auf dem College, wenn sie das Hauptfach wechseln, sich eine andere Unterkunft suchen, ihre Eßgewohnheiten ändern und sogar die Universität wechseln. Die Unsicherheit kann genauer untersucht werden, indem man feststellt, wie sich die Menschen in einem Unternehmen in bezug auf die Gebote des Qualitätsmanagements verhalten, und indem man die Einstellung des Managements einstuft.

EINSTELLUNG DES MANAGEMENTS: „LASST ES UNS AUCH VERSUCHEN."

Diese Mentalität erinnert an Initiativen wie „Idee des Monats". Die Führungskräfte sehen nur die oberflächliche Idee und starten eine Kampagne, um zu zeigen, daß sie auf der Höhe der Entwicklung sind. Sie verhalten sich wie ein Student, der sich in Rechtswissenschaften einschreibt, um seinen Vettern zu zeigen, wie schlau er ist. Nachdem er ein paar Wochen in den Kursen gehockt hat, kommt er zu dem Schluß, daß „Kommunikation" eher seine Richtung wäre, und macht einen unbeholfenen Rückzieher. Niemand wird den Plänen dieser Person jemals wieder wirklich trauen. Dem Management geht es bei der Qualität so, daß es sich völlig dem Material ausliefert, in dem Autoren, die keine Ahnung von der Realität haben, denen, die unbedingt modern sein wollen, erklären, wie Qualität angeblich funktioniert. Viele Manager verbinden ihr Schicksal mit den Lehren eines einzigen „Gurus", dem sie blind vertrauen. Das einzige, was ein Guru wirklich lehren kann, ist etwas, das er selbst erfahren hat. Aber die meisten Gurus haben niemals irgendeine praktische Führungsaufgabe erfüllt. Das „japanische Qualitätsmodell" beispielsweise existiert eigentlich nur in der Vorstellung der Medien.

DEFINITION

Im Stadium der Unsicherheit wird Qualität mit „Güte" gleichgesetzt – womit sie zu einer Auffassungsfrage wird. In diesem Stadium herrscht im allgemeinen die Überzeugung, etwas richtig zu machen bedeute, es langsam zu machen und umfangreiche Prüfungen vorzunehmen. Das bedingt eine Einschränkung von Innovation, Produktivität und Kreativität. Unsicherheit verhindert stets eine sorgfältige Auseinandersetzung mit der Frage der Qualität.

Als ich im Jahr 1967 zum ersten Mal mit einem amerikanischen Automobilhersteller zu tun hatte, waren wir bei der Verbesserung der Qualität in der Automobilproduktion nicht über diese Stufe hinausgelangt. Das Management war fest davon überzeugt, in der Produktion von Autos gehe es vor allem um Geschwindigkeit. Die Fehler konnte man dann später reparieren. Man war bemüht, den Tätigkeitsbereich der einzelnen Arbeiter auf ein Mindestmaß zu reduzieren. Und man glaubte, Qualität sei teuer.

Das Hotel, in dem ich während dieses Aufenthalts untergebracht war, vertrat dieselbe Auffassung. Qualität bedeutete dort, daß sie einen Prüfer hatten, der unangemeldet auftauchte und die Arbeit inspizierte. War etwas nicht „gut“, so wurde Bericht darüber erstattet, und der betroffene Mitarbeiter mußte mit einer Zurechtweisung rechnen. In ihrer Werbung bezeichneten sie sich als „Qualitätshotel“. Sie hätten besser von einem „Korrekturmaßnahmenhotel“ gesprochen.

SYSTEM: „KRITERIEN DER QUALITÄTSPREISE“

Der Unternehmensleiter beschafft sich die Kriterien für den Baldrige-Award oder einen ähnlichen Qualitätspreis und reicht sie mit der Anweisung „Setzen Sie das um!“ an einen Manager weiter. Auf mehreren Dutzend Seiten dargelegt, vermitteln die vernünftig klingenden Kriterien den Eindruck, als enthielten sie alles, was erforderlich ist, um ein echtes Qualitätsmanagement durchzusetzen. Tatsächlich enthält dieses Material lediglich das, was in den sechziger und siebziger Jahren, in den Tagen der Qualitätskontrolle, getan wurde. Das waren die goldenen Tage, als man sich nach AQLs richtete und nichts wirklich richtig funktionierte. Diese Systeme funktionierten schon damals nicht, und es gibt keinen Grund für die Annahme, sie könnten heute funktionieren. Das einzige Resultat werden einige Handbücher voller Verfahrensanweisungen sein, die in den Regalen ausgewählter Manager herumstehen werden.

LEISTUNGSSTANDARD: „WAS WIRD DER MARKT HINNEHMEN?“

Diese Gruppe reagiert nur auf Kundenbeschwerden und bedrohliche Probleme. Solange keine Klagen oder anderen Unannehmlichkeiten drohen, geht man davon aus, daß alles in bester Ordnung ist. Die Mitarbeiter geben einander die Leistungsstandards vor, da sie wissen, daß die Unternehmensleitung keine hat. Diese Mentalität brachte den Gemeinplatz „Gut genug für Regierungsaufträge“ hervor. Aufgefordert, ihren Leistungstandard zu definieren, machen die Mitarbeiter ein verdutztes Gesicht.

MASSTAB: „MEINUNG“

Verwenden Sie um keinen Preis Maßstäbe, in denen Zahlen vorkommen. Die täglichen Aktivitäten werden von Auseinandersetzungen zwischen denen unterbrochen, die über die laufenden Arbeiten zu entscheiden haben. Auf jedem Schritt des Weges herrschen Meinungsverschiedenheiten über den Status des Materials oder der Dienstleistung. Üblicherweise setzen sich diejenigen durch, die am lautesten schreien und am starrköpfigsten sind. Der Grund dafür, daß die Dinge weiterhin so laufen, liegt darin, daß das Management nicht an Zahlen interessiert ist, vor denen keine Dollarzeichen stehen.

RÜCKFALL

Nachdem der erste halbherzige Anlauf zur Qualitätsverbesserung ins Niemandsland geführt hat, entschließt sich das Management, sich nach externer Hilfe umzusehen, die etwas bewirken wird. Die Manager halten Ausschau nach Aktivitäten und Initiativen, welche die Aufmerksamkeit jener gewinnen sollen, die sich beschweren. Diese Manager möchte ich mit Leuten auf Diät vergleichen, die nach einem Weg suchen, wie sie essen können, was sie wollen, nicht trainieren müssen und trotzdem Gewicht verlieren. Die einzige Methode, um das zu bewerkstelligen, besteht in einer Fälschung der Bücher.

EINSTELLUNG DES MANAGEMENTS: „BEWERBEN WIR UNS UM DEN PREIS“

Der Zauberer von Oz löste das Problem der Vogelscheuche, die kein Gehirn hatte, indem er ihr ein Diplom verlieh. Der Blechmann bekam ein Herz, das er um den Hals tragen konnte, und der ängstliche Löwe erhielt eine Tapferkeitsmedaille. Zufrieden gingen sie ihres Weges. Ähnlich verhält es sich mit dieser Managementeinstellung. Können die Manager einen Weg finden, einen Qualitätspreis zu gewinnen, so werden sich alle Qualitätsprobleme in nichts auflösen. Das Management engagiert einen Berater, der die Formulare ausfüllt, schreibt Verfahrensanweisungen, um die Erfüllung der Qualitätsforderungen zu demonstrieren, und druckt dann eine Broschüre für die Bewerbung um die Qualitätsauszeichnung. Das alles sieht sehr gut aus. Es ist, als fände man einen Arzt, der die Röntgenaufnahmen korrigiert, anstatt den Patienten zu operieren.

DEFINITION: „DEN KUNDEN GLÜCKLICH MACHEN“

Ich kenne kaum eine Definition, die nutzloser ist als diese. Stellen Sie sich vor, Sie stehen 500 Mitarbeitern gegenüber und weisen diese an, loszugehen und „die Kunden glücklich zu machen“. Würden die Leute Sie beim Wort nehmen, wäre das Resultat wahrscheinlich eine Reihe von Klagen wegen sexueller Belästigung. Man macht den Kunden glücklich, indem man seine Bedürfnisse feststellt und dann hart daran arbeitet, diese Bedürfnisse entsprechend genau definierten Forderungen zu befriedigen. Das ist keine schlechte Anregung für die Kreativabteilung, denn dort denken sie abstrakt genug, um ihre Bedeutung zu verstehen.

SYSTEM: „KAUFEN WIR EIN PAAR VIDEOS UND FÜHREN SIE VOR“

Es gibt unzählige Qualitätsvideos, von denen einige wirklich nützlich sind. Aber man ändert nichts, indem man die Mitarbeiter in einem Konferenzraum versammelt und ihnen einige Stunden Videos vorführt. Stellen Sie sich vor, Sie versuchen, anhand einer solchen Methode einigen Mädchen die Jungen oder einigen Jungen die Mädchen zu erklären. Es bedarf eines sehr viel größeren persönlichen Engagements. Ein Unternehmen kaufte Tausende Taschenbuchexemplare von *Qualität ist frei* und verteilte sie unter seinen Mitarbeitern. Dann war das Management enttäuscht, als diese Aktion keine allgemeine Qualitätsbestrebung auslöste. Ich sagte ihnen, sie hätten statt Taschenbüchern gebundene Ausgaben kaufen sollen.

LEISTUNGSSTANDARD: „AKZEPTABLE QUALITÄTSNIVEAUS“

Als ich im Jahr 1952 zum ersten Mal mit der Welt der Qualität in Berührung kam, lernte ich als erste Lektion etwas über akzeptable Qualitätsniveaus (AQLs). Es war wissenschaftlich bewiesen, daß es sehr viel weniger kostete, fehlerhafte Arbeitsergebnisse einzuplanen. „Es würde ein Vermögen kosten, alles beim ersten Mal richtig zu machen“, lautete die übliche Erklärung. Also wurden alle Prozesse rund um diese Statistiken geplant. Es war ein großartiger Leistungsstandard, denn man erwartete nicht von uns, daß wir die Dinge richtig machten; und wenn wir sie nicht richtig machten, so war das kein Problem. Es gab AQLs in den Aufträgen an die Lieferanten, so daß sie sich eine Fehlerrate von einem, zwei oder mehr Prozent erlauben durften. Schlampige Manager lieben akzeptable Qualitätsniveaus.

MASSSTAB: „BENCHMARKING“

Man wird immer jemanden finden, der noch fetter, häßlicher oder dümmer ist als man selbst. Aus diesem Grund ist Benchmarking zumeist unaufrichtig. Benchmarking ist ein Beispiel für eine gute Idee, die falsch verstanden wurde. Natürlich müssen wir uns darüber auf dem laufenden halten, was die Konkurrenz tut. Aber das bedeutet nicht, daß wir uns auf ihr Niveau hinabbegeben dürfen.

ERWACHEN

Nach zahlreichen entmutigenden Erfahrungen und Ausgaben erkennt das Management langsam, daß sich nichts ändert – abgesehen davon, daß die Mitarbeiter wahrscheinlich immer zynischer werden. Nachdem sie sich anhören durften, wie wunderbar alles werden würde, und nachdem sie Zeugen einer andauernden vorgetäuschten Bemühung geworden sind, verlieren sie langsam das Vertrauen. Oft ist dies der Zeitpunkt, da ein neues Managementteam in das Unternehmen kommt. Aber es ist auch in Ordnung, wenn das alte Team die Augen öffnet: Die Aufgabe ist zu bewältigen. Meine Erfahrung mit großen Unternehmen sowohl im Produktions- als auch im Dienstleistungssektor ist, daß sie viele Traditionen und Gewohnheiten entwickeln, welche die gegenwärtige Führung einfach nicht ändern kann. Sie haben tief verankerte Überzeugungen, und zu ihrer Ehre muß gesagt werden, daß es vielen gelingt, sie über Bord zu werfen, aber das ist schwierig. Es ist so, als hätte man in der Kirche eine Offenbarung und ginge zum Altar vor, um vor der versammelten Gemeinde zu bekennen, daß man nicht realisiert hat, das ganze Jahr über in die falsche Richtung gegangen zu sein.

EINSTELLUNG DES MANAGEMENTS: „WIR MÜSSEN BESSER WERDEN“

Was können wir also tun? In diesem Stadium siegt normalerweise die Begeisterung über das Lernbedürfnis. Es wird ein Teamleiter ernannt, und alle beginnen, Arbeiten über Qualitätsmanagement zu lesen. Das ist so, als begänne man mit einer Selbstbehandlung und nähme täglich ein Dutzend Medikamente, in der Hoffnung, auf dieser Art alle möglichen Krankheiten zu heilen. Wenn eine Organisation Probleme mit der Qualität hat, gibt es viele Ursachen, aber im Grunde nur eine Therapie für ihre Krankheit. Das leitende Management sollte ein anerkanntes Unternehmen finden, dessen Erfolg bei den Bemühungen zur Qualitätsverbesserung sich an seinem Marktanteil und seiner Rentabilität zeigt. Dann sollte der Leiter des einen Unternehmens den Leiter des anderen Unternehmens besuchen, um herauszufinden, was dort getan wurde. Verzichten Sie darauf, den Leiter ihres Qualitätsausschusses zum Leiter eines anderen Qualitätsausschusses zu schicken. Diese Leute haben üblicherweise keine Ahnung, warum die Dinge tatsächlich funktionieren.

DEFINITION: „STÄNDIGE VERBESSERUNG"

Ein engelsgleiches Lächeln erhellt die Gesichter der Manager, wenn sie über ständige Verbesserung sprechen. Diese besteht aus zwei verschiedenen Konzepten. Das erste ist allgemein bekannt und lautet: Wir können diese Woche ruhig sechs Babys fallen lassen, solange wir uns vornehmen, in der nächsten Woche nur noch fünf fallen zu lassen. Das zweite Konzept geht davon aus, daß wir, wenn wir einmal gelernt haben, die Dinge richtig zu machen, auch lernen werden, ständig besser zu werden. Kaum jemand findet Gefallen an dem zweiten Konzept, denn es bedeutet viel Arbeit. Das erste Konzept erlaubt es, sich durchzumogeln und Vorgehensweisen zu wählen, die keine großen Schmerzen oder Unannehmlichkeiten mit sich bringen. Man kann voll Überzeugung über sein hochgestecktes Ziel reden. Aber damit verhält man sich wie ein Golfer, der Trainerstunden nimmt, Lehrvideos kauft, sich neue Schläger zulegt und sehr viel spielt – und doch niemals besser wird. Das Problem ist nicht die Ausrüstung, sondern die Einstellung.

SYSTEM: „ISO 9000; MIL-Q-9858; BALDRIGE-KRITERIEN"

Wäre es nicht wundervoll, wenn es ein System für den persönlichen Erfolg gäbe, das einem in einem vierzigseitigen Package mit Notizbüchern und Anleitungen nach Hause geliefert würde? Wir bräuchten nichts weiter zu tun, als das Programm zu absolvieren, um am Ende mit einem tollen Job, einem großen Haus, einer reizenden Familie und tonnenweise Geld dazustehen. Wir wissen alle, daß es im wirklichen Leben nicht so funktioniert. Das gilt auch für das Qualitätsleben. Es gibt keine gute Fee, die ein weichliches in ein robustes Unternehmen verwandeln wird. Es ist mir unbegreiflich, warum ansonsten vernünftige Menschen glauben, daß irgendeine „Expertengruppe" einen Prozeß gestalten kann, der ihr Unternehmen von allen Problemen befreien wird. Die meisten

Führungskräfte, die ihre Mitarbeiter anhalten, diesen Spezifikationen zu entsprechen, haben sie selbst nie gelesen.

Heutzutage verlangen die Kunden häufig von ihren Lieferanten eine Zertifizierung nach ISO 9000 (diese Norm wurde von einer europäischen Gruppe entwickelt, deren Erfahrung sich auf Standardhardware konzentrierte). Wer über einen richtig durchgeführten Qualitätsmanagementprozeß verfügt, wird keine Schwierigkeit haben, die Forderungen von ISO 9000 zu erfüllen. Bei der Norm handelt es sich in Wirklichkeit lediglich um eine ganz altmodische Variante der Qualitätssicherung. Aber sie entspricht weder den Erfordernissen der Gegenwart noch jenen des nächsten Jahrhunderts. Ihr einziger Zweck besteht darin, den Beratern, welche die Unternehmen zertifizieren, und den Qualitätsexperten, die nicht selber nachdenken wollen, einen Lebensunterhalt zu sichern.

LEISTUNGSSTANDARD: „STÄNDIGE VERBESSERUNG“

Wie bereits an anderer Stelle erwähnt, bedeutet dieser Standard im Stadium des „Erwachens“, daß man sich nie wirklich verbessern muß. Man muß sich lediglich bemühen. Dies ist ein Beispiel für einen außer Kontrolle geratenen Gemeinplatz.

MASSSTAB: „KUNDENBESCHWERDEN“

Den letzten Anstoß zum Erwachen geben strenge Kunden, die erklären, sie hätten es satt, die gelieferten Produkte reparieren zu müssen; sie wollen keine fehlerhafte Software mehr korrigieren, keine Kratzer mehr von Metalloberflächen polieren, die Kartoffeln nicht mehr nachsalzen. Die mit dem Kunden vereinbarten Qualitätsforderungen wurden nicht erfüllt. Hektische Aktivität führt zu besseren Resultaten, und die Zahl der Kundenbeschwerden sinkt erheblich. An diesem Punkt stößt das Management häufig einen Seufzer der Erleichterung aus und wendet sich anderen Dingen zu. Das bedeutet natürlich, daß bald wieder Klagen kommen werden.

ERKENNTNIS

Wenn wir unsere Ausbildung abgeschlossen haben, heiraten und ein eigenes Haus bauen, wird uns endgültig klar, daß wir für unser Leben selbst verantwortlich sind. Es liegt an uns, das Geld nach Hause zu bringen, den Rasen zu mähen, die Kinder zu erziehen und all die Entscheidungen zu fällen, die uns ein selbständiges Leben abverlangt. Das bezeichne ich als Stadium der Erkenntnis. Bei Unternehmensmanagern bedeutet es, daß sie erkennen, daß Qualität nur durch ihren persönlichen Einsatz zu erreichen ist. Sie haben diese Erfahrung bereits bezüglich der Rentabilität gemacht und vielleicht auch bezüglich des Marketings. Aber man hat ihnen weisgemacht, es sei möglich, „jemanden zu engagieren, der für Qualität sorgen wird“. Sie sollten aus eigener Erfahrung wissen, daß man nie jemanden findet, der den Rasen so schön mähen kann wie der Hausvorstand. Das liegt daran, daß der Hausvorstand der einzige ist, der das Gesamtbild sieht. Alle anderen haben einen sehr viel engeren Blickwinkel.

EINSTELLUNG DES MANAGEMENTS: „MACHEN WIR ERNST MIT DER QUALITÄT“

Als ich im Jahr 1979 das Quality College gründete, bestand sein Zweck darin, den Managern ihre Rolle im Qualitätsprozeß nahezubringen. Ich wollte nur mit solchen Managern zu tun haben, die für den Eintritt ins Stadium der Erkenntnis bereit waren. Also wurden keine Verkaufsanrufe gemacht. Wir arbeiteten bewußt nur mit Klienten, die aus eigenem Antrieb zu uns kamen. Diese Leute hatten bereits erkannt, daß sie selbst die Arbeit würden machen müssen, nachdem wir sie ihnen einmal erklärt hätten. Es würden keine Herzen verteilt werden, die man sich um den Hals hängen konnte. Allerdings gaben wir ihnen eine Plakette für ihren Schreibtisch mit, die sie einem Besucher erklären konnten; aber das war nur eine Marketingidee von mir.

„Ernst machen“ bedeutet, die Hoffnung aufzugeben, daß es möglicherweise irgendein fertiges Rezept oder irgendwelche vorgezeichneten Schritte zur Erneuerung der Arbeitskultur eines Unternehmens gibt. Ernst zu machen bedeutet, sich der Realität zu stellen. In diesem Zusammenhang erinnere ich mich immer wieder daran, wie ich Ehemann und Vater wurde. Meine Familie stellte mich vor einige Probleme. Bald erkannte ich, daß weder meine Eltern noch meine Nachbarn, weder der Staat noch das Unternehmen oder sonst irgend jemand meine Probleme für mich lösen würde. Ich selbst würde etwas unternehmen müssen – ansonsten würden meine Problem unbewältigt bleiben. Als mir diese Erkenntnis dämmerte, schritt ich entschlossen zur Tat. Ob es nun darum ging, ein Loch im Dach zu reparieren, mich mit einem Nachbarskind auseinanderzusetzen, das meinen Sohn schikanierte, einen Satz neuer Reifen zu besorgen, ein gekränktes Kind aufzurichten, mehr Geld zu verdienen oder Millionen andere Dinge zu bewältigen: Entscheidend war die Erkenntnis, daß nichts geschehen würde, solange ich es nicht selbst in Angriff nahm. Wir alle durchlaufen auf unsere eigene Art einen Reifungsprozeß. Die bei PCA eingehenden Anrufe von Führungskräften begannen alle mit den gleichen Worten: „Wir kommen allein einfach nicht weiter. Können Sie uns helfen?" Wenn es einen für das Stadium der Erkenntnis typischen Schritt gibt, dann ist es das Eingeständnis, daß es richtig ist, um Hilfe zu bitten.

DEFINITION: „DEN KUNDEN ZUFRIEDENSTELLEN"

Diese Zielsetzung ist nicht vollständig, aber sie ist ein guter Anfang. Das Wort „zufriedenstellen" ist nicht spezifisch genug, um den Leuten eine Richtung vorzugeben, aber es erleichtert ihnen das Verständnis der Idee, daß man von uns erwartet, das zu liefern, was der Kunde will. Es ist eine schnelle Antwort, die impliziert, daß alle wissen, was nötig ist, um den Kunden glücklich zu machen. Die Betreiber von Qualitätsprogrammen mögen diese Definition. Diejenigen, die an den Ergebnissen gemessen werden, mögen sie nicht. Ich ziehe das Wort „erfolgreich" vor.

SYSTEM: „WAS MÜSSEN WIR WIRKLICH WISSEN?"

Nachdem es Abschied von den vorgefertigten Lösungen genommen hat, ist das Unternehmen nunmehr in der Lage, die Situation mit Fragen anstatt mit Antworten in Angriff zu nehmen. Die Liste beginnt etwa folgendermaßen:

„Was ist unser Problem?"
„Wo liegen die Ursachen?"
„Wo liegen die Ursachen für die Ursachen?"
„Wie können wir lernen, diesen Ursachen vorzubeugen?"

LEISTUNGSSTANDARD: „SECHS SIGMA"

An diesem Punkt sind wir zwar nicht glücklich über Fehler, aber wir sehen ein (was natürlich ein Irrtum ist), daß sie eben hin und wieder vorkommen. Aus diesem Grund wird das Unternehmen Spezialisten für Nacharbeiten in den Betrieb integrieren, etwa einen Managementassistenten, der in der Hotellobby an einem Tisch sitzt und die Gästebeschwerden bearbeitet. Der große Sprung zu der Einsicht, daß man Fehler überhaupt nicht akzeptieren darf, läßt noch auf sich warten, aber ein Anfang ist gemacht. Wer die kleinen Sprünge wagt, glaubt, etwas Großartiges vollbracht zu haben, und weiß meine übliche Relativierung nicht zu schätzen. Eine Gruppe von Managern wies auf ihre Verwandlung hin, worauf ich spontan antwortete, sie seien nunmehr „die Einäugigen unter den Blinden". Das schrieben sie auf ein riesiges Transparent, welches sie in ihrem Konferenzzimmer aufhängten. Auch nachdem sie ins Stadium der Sicherheit eingetreten waren, ließen sie es dort hängen, als stete Warnung vor einem möglichen Rückfall.

MASSTAB: „COMPLETE TRANSACTION RATING"

Der Tachometer eines Autos ist ein Instrument zur statistischen Analyse. Sein Zweck besteht darin, dem Fahrer mitzuteilen, was vor sich geht; zur Förderung des Fahrkönnens ist der Tacho nicht geeignet. Diese Unterscheidung scheint auf der Hand zu liegen, aber sie wird von denen, die mit Begeisterung Zahlen produzieren, nur selten vorgenommen. Vielmehr gewöhnen sie sich bald daran, die Zahlen zu ihrem eigenen Vorteil zu manipulieren. Wenn die Mindestgeschwindigkeit 40 Meilen und die Höchstgeschwindigkeit 65 Meilen pro Stunde beträgt, haben wir die Grenzwerte für unser SPR-Diagramm* festgelegt. Wenn es

* Statistische Prozeßregelung (Statistical Process Controll, SPC)

jedoch notwendig wird, rechtzeitig zum Flughafen zu gelangen, entscheidet der Manager möglicherweise, diesen Grenzwert zu überschreiten. Es hängt immer von der jeweiligen Situation ab. Dasselbe geschieht mit den Unternehmensstatistiken, wenn diese mit einem unmittelbaren Ziel in Konflikt geraten. Im nächsten Kapitel werde ich das Complete Transaction Rating (CTR) als Meßinstrument vorstellen. Das CTR ist neben dem Geld der beste Maßstab und stellt eine ausgezeichnete Ergänzung zum Preis der Abweichung dar.

SICHERHEIT

Sicher zu sein bedeutet zu wissen, was geschehen wird; das ist nicht üblich im Leben. Wir könnten uns auch damit zufriedengeben zu wissen, was alles nicht geschehen wird. In diesem Stadium wird dafür gesorgt, daß die Mitglieder einer Organisation ausreichend engagiert sind und richtig ausgebildet, geschult und geführt werden. Die Aufgabe des Managements besteht nunmehr darin, diese Situation aufrechtzuerhalten und zu verbessern. In zwei aufeinanderfolgenden Jahren eine Fußballmeisterschaft zu gewinnen ist deshalb schwierig, weil das Management zumeist nicht die geeigneten Maßnahmen ergreift, um das Niveau der Mannschaft zu halten. Der Erfolg scheint dazu zu führen, daß die Menschen die wirklich wichtigen Dinge aus den Augen verlieren. Aus diesem Grund ist es notwendig, die Maßnahmen, welche das Unternehmen in das Stadium der Sicherheit gebracht haben, zu überdenken und vielleicht neu zu definieren. Man kann nie davon ausgehen, das Ziel erreicht zu haben. Allerdings erreichen nur die wenigsten jemals das Stadium der Sicherheit; die meisten sind nicht bereit, hart genug dafür zu arbeiten. Im Stadium der Sicherheit liegt das Complete Transaction Rating konstant bei 1,0; die Mitarbeiter nehmen ihre Arbeit sehr ernst und sind stolz, Teil des Unternehmens zu sein.

EINSTELLUNG DES MANAGEMENTS: „ES GIBT KEINEN GRUND, NICHT ALLES RICHTIG ZU MACHEN“

Es gibt keine akzeptable Entschuldigung für Fehler. Jedermann hat die Chance, sich an der Festlegung der Anforderungen für seine Tätigkeit zu beteiligen. Die Kommunikationskanäle sind jederzeit offen, und es wird kein Druck ausgeübt.

DEFINITION: „ERFÜLLUNG DER FORDERUNGEN“

Die Zeiten, in denen Qualität ein vage definiertes Konzept war, sind vorüber. Sämtliche Mitglieder des Unternehmens sowie die Lieferanten, die mit ihm Geschäfte machen, sind sich darüber im klaren, daß das Management Klarheit und die Erfüllung klarer Forderungen erwartet. Alle sprechen die gleiche Sprache.

SYSTEM: „VORBEUGUNG“

Hier handelt es sich eher um eine Ausrichtung als um ein System. Der Grundgedanke ist, daß man sich richtig vorbereitet, bevor man etwas in Angriff nimmt. Anstatt sich mit einer Handtasche und 10 Dollar im Portemonnaie auf eine Weltreise zu begeben, planen wir die gesamte Unternehmung sorgfältig. Wir wollen nicht in einen Canyon hineinfliegen, der eine Sackgasse ist, wir wollen nicht auf gut Glück ins Death Valley hinauswandern. Der Aufbau einer Vorbeugungskultur hebt das intellektuelle Niveau des Unternehmens. Diese Kultur bringt Ideen und Aktivitäten hervor und beseitigt das Gefühl der Unterdrückung, da sie alles auf die Zukunft ausrichtet. Ist der Gewehrlauf nach vorne gerichtet, so läuft man nicht Gefahr, sich in den Fuß zu schießen.

LEISTUNGSSTANDARD: „NULL-FEHLER“

Um ein CTR von 1,0 zu erreichen, muß man alles von Anfang an richtig machen. Um dafür zu sorgen, daß das geschieht, muß das Management deutlich machen, daß es ein derartiges Verhalten zu schätzen weiß.

Sportmannschaften siegen häufiger aufgrund der Fehler ihrer Gegner als aufgrund ihrer eigenen Bemühungen. Die Mannschaft, deren Zusammensetzung sich am häufigsten ändert, verliert normalerweise. In Wirtschaft, Sport oder Privatleben kommt jener individuelle Leistungsträger voran, der sich den Ruf erwirbt, Transaktionen vollständig abzuschließen. Wer Erfolge ständig der drohenden Niederlage abringen muß, wird nicht mehr geschätzt.

MASSSTAB: PREIS DER ABWEICHUNG (PDA)

Es kostet uns riesige Summen, daß wir die Dinge falsch machen. Vielen Unternehmen fällt es schwer, den Preis der Fehler als Maßstab anzuwenden. Die Qualitätsexperten haben häufig das Gefühl, dieser Maßstab rücke sie in ein schlechtes Licht. Die Buchhalter können ihn nicht in ihren Büchern finden, und das Management pocht nicht häufig genug darauf. Aber der Preis der Abweichung wird sich als Maßstab durchsetzen, sobald die Manager einmal erkannt haben, wieviel Geld tatsächlich durch Fehler verlorengeht.

Aus diesem Grund gefällt mir die Idee des CTR. Wenn man sein Augenmerk auf die Transaktionen richtet, treten die Kosten der Nacharbeiten offen zutage. Die Funktionsweise eines Complete Transaction Rating kann man sich am besten vor Augen führen, indem man feststellt, wieviel die Durchführung einer Tätigkeit insgesamt kostet. Paßt man beispielsweise einem Kunden die falsche Schuhgröße an, so bedeutet das, daß er zurückkommen wird, um die falsche gegen die richtige Größe einzutauschen. Wenn es 20 Minuten dauert, Schuhe anzupassen und zu verkaufen und wenn wir diesen Arbeitsgang wiederholen und zusätzlich den Umtausch abwickeln müssen, dann müssen wir uns mehr als 40 Minuten in Rechnung stellen. Die zusätzlichen 20 Minuten entsprechen dem verlorenen Umsatz. Der CTR-Wert jeder einzelnen Person ist einfach zu bestimmen, wenn wir mit dem Konzept vertraut sind.

DIE ANWENDUNG DES MATURITY GRID: EIN FALLBEISPIEL

Die Smedley Corporation ist ein Unternehmen mit 220 Mitarbeitern, einem Umsatz von etwa 24 Millionen Dollar und einem Gewinn nach Steuern von 1,2 Millionen. Ihr Produkt gilt als Massenware, und die ausschlaggebenden Kaufkriterien für ihre Kunden sind Preis und Service. Smedley ist eine Gesellschaft in Privatbesitz, die an die Börse gehen will. Aber die Rentabilität war nie ausreichend, um einen Börsengang zu ermöglichen.

„Wenn wir unsere Gewinnspannen so erhöhen könnten, daß unsere Rentabilität 20 Prozent höher läge, könnten wir sofort an die Börse", erklärte mir die Geschäftsführerin Nancy Robinson in unserem ersten Gespräch. „Aber in der derzeitigen Wettbewerbssituation und angesichts des Eindringens lateinamerikanischer Unternehmen stehen die Chancen dafür nicht allzu gut."

„Was würden Sie mit dem Geld aus einem Börsengang tun?" fragte ich. „Würden Sie durch die Kapitalaufstockung wettbewerbsfähiger werden?"

Sie nickte.

„Hätten wir mehr Kapital, so erhielten wir Zugang zu einer ganz neuen Generation von Fertigungstechnologie. Und wir könnten uns in einige der lateinamerikanischen Unternehmen einkaufen, die uns in Zukunft Konkurrenz machen werden. Mit einer größeren und breiteren Produktlinie könnten wir uns auf die Märkte in Ostasien begeben, wo der Wettbewerb gegenwärtig noch sehr gering ist."

„Haben Sie Prognosen erstellt und den ganzen Bewertungskram erledigt?" fragte ich. „Ich habe einmal den Börsengang eines Unternehmens betreut, das Umsätze in Ihrer Größenordnung hatte. Ich habe mich nie von dem Papierkram erholt."

„Das bekommen wir in den Griff", sagte sie. „Wir müssen vor allem unsere Kosten senken. Deshalb habe ich Sie gebeten vorbeizukommen."

„Sie haben vor, diese Kostensenkungen durch eine Qualitätsverbesserung zu erzielen?"

„Nicht direkt, aber ich bin mir sicher, daß wir sehr viel Geld verschwenden. Unsere Fertigungskosten sind derart gestiegen, daß sie nicht mehr durch unsere Effizienzverbesserungen ausgeglichen werden können. Wir haben ein Qualitätssicherungsprogramm auf die Beine gestellt und erzielen tolle Ergebnisse damit. Aber ich frage mich, warum das nicht mehr Geld bringt."

„Was erwarten Sie von mir?" fragte ich.

„Vielleicht könnten Sie sich einmal unsere Prozesse ansehen und uns einige Anregungen geben, wie wir bessere Ergebnisse erzielen können. Die Zahl der Kundenbeschwerden ist gegenüber dem Vorjahr etwas gesunken, und unsere Leute im Außendienst berichten, daß die Kunden uns glauben, daß wir uns um sie kümmern werden."

Ich nickte und blätterte ein wenig in den Unterlagen, die sie mir gegeben hatte.

„Hatten Sie schon Gelegenheit, einen Blick auf das Quality Management Maturity Grid zu werfen, das ich Ihnen geschickt habe?"

„Ja, ich habe es hier. Ich habe es an meine wichtigsten Führungskräfte weitergereicht, mit der Bitte, es auszufüllen und ohne weitere Diskussion an mich zurückzuschicken."

Sie überreichte mir sieben Blätter.

„Ist Ihres auch dabei?" fragte ich.

„Ich habe keines", antwortete sie. „Ich dachte, das beträfe die Spitzenmanager, daher habe ich es mir gar nicht angesehen. Aber geben Sie mir ein Formular, und ich werde es gleich hier ausfüllen." Sie schien ein wenig unangenehm berührt.

„Das ist nicht notwendig", sagte ich. „Sprechen wir nur über den Qualitätsprozeß, den Sie eingeleitet haben. Wie denken Sie grundsätzlich darüber? Wie haben Sie ihn beispielsweise Ihrem Vorstand beschrieben?"

„Ich kann mich nicht erinnern, mit dem Vorstand darüber gesprochen zu haben. Das schien mir nichts zu sein, was die Leitung betrifft. Aber vielleicht hätte ich mit ihnen darüber sprechen sollen. Wenn ich dem Vorstand unseren Qualitätsprozeß erklären müßte, würde ich sagen: ‚Wir müssen ein geregeltes Qualitätsmanagement betreiben, um im Wettbewerb zu bestehen.' Sie lächelte und nickte mir zu.

„Welches System würden Sie verwenden?" fragte ich.

Sie überlegte kurz.

„Nun, wir haben eine Menge schriftliches Material über TQM und Qualität im allgemeinen. Wir haben folgendes getan: Wir haben Charles Opten zum Qualitätsverantwortlichen ernannt. Er hat, ausgehend von den Erfahrungen anderer, unser eigenes System auf die Beine gestellt.

Erst letzte Woche hat er einige Unterlagen über die Unternehmen herumgereicht, die den Baldrige Award gewonnen haben."

„Haben Sie die gelesen?" fragte ich.

„Noch nicht, aber sie gehören zu den Papieren, die ich ins Wochenende mitnehme."

Ich wandte mich wieder den Gittern zu, die sie mir gegeben hatte. Mit einer Ausnahme befanden sich die Kreuze alle in den Spalten ‚Unsicherheit' und ‚Rückfall'. Die Ausnahme war eine durchgehende Linie in der Spalte ‚Erwachen'. Dieses Formular trug die Unterschrift des Qualitätsmanagers.

„Ihr Management scheint der Auffassung zu sein, daß Ihr Unternehmen, was die Qualität anbelangt, in schlechter Verfassung ist", bemerkte ich. „Vielleicht sollten wir damit beginnen, eine Liste Ihrer Probleme zu erstellen, bevor wir mit der Arbeit an Systemen beginnen, welche die Probleme lösen sollen."

Sie lächelte.

„Das klingt vernünftig. Vielleicht sind wir losgeritten, ohne zuvor das Pferd gesattelt zu haben. Was wird Ihrer Meinung nach zu den wichtigsten Punkten auf unserer Liste gehören?"

„Wenn Sie mich um einen Blick in die Zukunft bitten, würde ich sagen, daß es wahrscheinlich fünf Bereiche gibt, denen wir uns unverzüglich zuwenden müssen. Dies sind auch die Bereiche, in denen am meisten Verschwendung betrieben wird."

„Ich wollte Sie mit dieser Frage nur ein wenig necken", sagte sie. „Aber wenn Sie das wirklich tun wollen, warum warten wir dann nicht bis nach dem Mittagessen und versammeln das gesamte Management? Auf diese Art können Sie gleich erfahren, ob Sie richtig vermutet haben."

„Klingt gut", antwortete ich. „Allerdings hat es nur wenig mit Vermutung zu tun. Sie alle haben bereits die Antworten gegeben."

Nach dem Mittagessen versammelte sich das Management wie versprochen, und Nancy stellte mich jedem einzelnen Manager vor, wobei sie kurz seinen Verantwortungsbereich erläuterte. Sie berichtete über unser Gespräch und sagte, ich hätte versprochen, ihnen die fünf wichtigsten Bereiche zu nennen, in denen Verbesserungen erforderlich seien.

„Müssen wir nicht unser Qualitätsprogramm formulieren und implementieren, bevor wir uns spezifischen Aufgaben zuwenden können?" fragte der Finanzchef. „Ich habe gelesen, daß es mehrere Jahre dauert, den Weg für echte Verbesserungen zu bereiten."

Ich lächelte ihn an und schüttelte den Kopf.

„Das Schöne ist, daß üblicherweise gerade das Management die Ursache der Probleme ist und daher die nötigen Veränderungen in kürzester Zeit bewerkstelligen kann. Sie, meine Herren, können dieses Unternehmen in wenigen Monaten völlig umkrempeln. Ich schätze, daß der Preis der Abweichung in Ihrem Unternehmen bei etwa sechs Millionen Dollar liegt. Würde es Ihnen gelingen, ihn um 50 Prozent zu verringern, so müßten Sie nicht all das Geld und all die Zeit für einen Börsengang aufwenden. Sie könnten mit Ihrem eigenen Kapital expandieren und sogar einen geeigneten Fusionspartner finden, wenn Sie wollten.

Hier haben Sie jedenfalls meine Liste:

Erstens: Da Sie nicht über eine Qualitätsdefinition oder eine Qualitätspolitik verfügen, gibt es ständige Auseinandersetzungen über die Produkte und darüber, ob sie gut genug sind, um an die Kunden ausgeliefert zu werden.

Zweitens: Ihre Leute im Außendienst verbringen ihre gesamte Zeit mit Reparaturen und Erklärungen für Fehler anstatt damit, neue Kunden zu gewinnen.

Drittens: Die meisten Zulieferungen, die Sie erhalten, entsprechen nicht den Forderungen in den Aufträgen; daher müssen Sie die gelieferten Produkte reparieren oder zurückschicken. Sie haben eine Vielzahl von Lieferanten, da alle Aufträge an die Anbieter mit dem niedrigsten Preis gehen.

Viertens: Die Mitarbeiterfluktuation ist insbesondere auf den unteren Ebenen sehr hoch und beträgt wahrscheinlich 25 Prozent im Jahr. Dazu kommt, daß viele Mitarbeiter regelmäßig abwesend sind oder zu spät kommen.

Fünftens: Sie haben sich mit Konkurrenzunternehmen verglichen und herausgefunden, daß diese sich in der gleichen Situation befinden. Daher meinen Sie, eigentlich in relativ guter Verfassung zu sein."

Es trat eine lange Pause ein. Jeder Manager hatte diese Punkte auf seinem Notizblock angeführt, aber jetzt saßen sie da und starrten mich an.

„Sie haben uns ausspioniert", sagte der Fertigungsleiter lächelnd.

„Was können wir tun?" fragte die Unternehmensleiterin. „Sind diese Probleme mit TQM zu lösen?"

„Das würde wahrscheinlich alles noch schlimmer machen", antwortete ich. „Sie müssen lediglich die Art und Weise ändern, wie Sie Ihr Unternehmen führen. Geschäftlicher Erfolg beruht auf rundum vollständigen Transaktionen und erfolgreichen Beziehungen. Diese sind nur möglich, wenn das Management wirklich will, daß sie zur Gewohnheit werden. Sehen Sie sich zur Orientierung an, was im Gitter unter ‚Sicherheit' steht.

Wenn Sie als Management deutlich machen, daß das Unternehmen entschlossen ist zu lernen, wie man die Dinge richtig macht, wenn Sie eine entsprechende Politik formulieren und dann die Mitarbeiter entsprechend schulen – dann wird sich die Veränderung einstellen.

Wenn Sie Qualität als Erfüllung der Forderungen definieren, beenden Sie ein für alle Mal die Diskussion über die Frage „Ist das gut genug?" Damit befreien Sie den Außendienst endgültig von der Aufgabe, Reparaturen vorzunehmen und Entschuldigungen zu erfinden. In Zukunft kann er sich darauf konzentrieren, Kunden zu gewinnen.

Die Beziehungen zu den Lieferanten entwickeln sich über einen langen Zeitraum hinweg, in dem man Geschäfte miteinander macht. Sie brauchen nicht derart viele Lieferanten. Wählen Sie einige wenige aus, von denen Sie gut betreut werden, und entwickeln Sie eine feste Beziehung zu ihnen. Das wird sich auf den gesamten Betriebsprozeß auswirken. Dies ist Teil der Vorbeugung.

Die Mitarbeiter bleiben nicht in einem Unternehmen, in dem Konfusion herrscht und wenig Wert auf die Ausbildung gelegt wird. Niemand kommt gerne zur Arbeit, wenn sich nie etwas zum Besseren ändert. Die Mitarbeiter nehmen das Unternehmen nicht ernst, wenn sie das Gefühl haben, daß das Management es auch nicht tut. Wenn sie jedoch sehen, daß das Management Schritte unternimmt, um Probleme zu vermeiden, werden sie ihre Einstellung ändern.

Es ist eine gute Idee, Benchmarking zu betreiben, um zu erfahren, was in der Umwelt vorgeht, aber es ist keine gute Idee, Vergleiche anzustellen, um zu erfahren, ob jemand besser ist als man selbst. Auf diese Art und Weise ist es leicht, mit sich zufrieden zu sein. Nehmen Sie statt dessen einfach an, Sie lägen weit zurück, und lernen Sie, besser zu werden. Was Sie brauchen, ist Zero Defects, insbesondere dann, wenn die Konkurrenz AQLs verwendet.

Beginnen Sie, Ihre Prozesse zu messen, indem Sie ein Complete Transaction Rating einführen, und messen Sie Ihr Unternehmen anhand des Preises der Abweichung. Dies sind Instrumente, die Ihnen wirklich bei der Leitung des Unternehmens helfen werden."

Nancy sah mich argwöhnisch an.

„Das alles haben Sie daraus abgeleitet, in welcher Spalte im Gitter wir die Kreuze gemacht haben? Sie waren nirgendwo außer in meinem Büro."

„Das ist wahr", sagte ich, „aber Sie zeigten mir einige Zahlen, und ich konnte mich in der Empfangshalle mit drei Angestellten unterhalten.

Aber das Wesentliche ist aus dem Gitter abzulesen. Sie alle haben Ihr Unternehmen dem Stadium des Rückfalls zugeordnet. In diesem Stadium fehlen klare Definitionen, die Qualität wird nicht ernstgenommen, bei der Ausbildung liegt einiges im argen, und die Unternehmen vergleichen sich untereinander, anstatt sich mit dem Kunden zu beschäftigen. Zum Teil habe ich geraten, aber das beruht auf Erfahrungswerten. Sie werden alles richtig machen, wenn Sie sich den richtigen Aufgaben zuwenden."

Ich werde dem Leser die übrige Unterhaltung ersparen. Nur soviel: Dieses Managementteam nahm sich meine Ratschläge zu Herzen. Es machte Ernst mit der Qualität, verfaßte klare Richtlinien, rief ein Ausbildungs- und Schulungsprogramm ins Leben und gab den Mitarbeitern ein gutes Beispiel dafür, wie man die Dinge richtig macht. Die Beziehungen zu Mitarbeitern, Lieferanten und Kunden wurden rasch besser, als die Manager begannen, diesen Gruppen Aufmerksamkeit zu schenken. Die Erträge des Unternehmens wuchsen um 20 Prozent, ohne daß zusätzliche Mitarbeiter aufgenommen werden mußten. Die Gewinne stiegen um 8,2 Prozent nach Steuern, und die Mitarbeiterfluktuation sank auf einen Bruchteil der früheren Werte. Und all das innerhalb von sechs Monaten.

Diese Leute hatten auf Rettung durch eine Wunderkur gehofft, die ihnen eine eigens für diesen Zweck engagierte Person verschreiben sollte. Dabei hielten sie alles, was sie brauchten, selbst in der Hand: sie mußten lediglich die Dinge aus dem richtigen Blickwinkel betrachten. Dabei hilft das Maturity Grid.

KAPITEL

5

DAS COMPLETE TRANSACTION RATING (CTR)

The bigger bugs have smaller bugs,
To sit on their backs and bite 'em
The smaller bugs have smaller bugs,
And so on ad infinitum*

(unbekannter Dichter)

Wie ich in einem der vorhergehenden Kapitel bemerkt habe, besteht die Unternehmenstätigkeit aus Transaktionen und Beziehungen. Das ist nicht einfach nur dahingesagt: Es ist tatsächlich so, daß unser so komplexes Wirtschaftsleben ausschließlich aus diesen beiden Komponenten besteht. Wenn wir Transaktionen für andere Menschen durchführen und Beziehungen zu ihnen unterhalten, hängt unser Erfolg davon ab, wie gut wir unsere vereinbarten Aufgaben erfüllen. Die Leute machen keine Geschäfte mit Organisationen oder Personen, die sie als unzuverlässig betrachten – es sei denn, sie haben keine andere Wahl. Doch die moderne Welt bietet in fast jedem Bereich eine große Auswahl. Es ist zwar nicht möglich, sich andere biologische Eltern auszusuchen, aber abgesehen davon, scheint heute fast nichts mehr unmöglich. Die Scheidungsrate liegt mittlerweile in den meisten Ländern bei rund 50 Prozent, weil die Menschen zu der Auffassung gelangen, sich ursprünglich für das falsche Produkt entschieden zu haben. Wenn wir uns die Geschichten anhören, die Ehepaare über die Probleme erzählen, die zum Scheitern der Beziehung führten, so erkennen wir, daß sie alle in mißlungene Transaktionen und Beziehungen verwickelt sind. Daß die

* Den großen Tieren sitzen kleinere Tiere im Nacken, um sie zu beißen. Den kleineren Tieren sitzen wiederum kleinere Tiere im Nacken, und so weiter ad infinitum.

Mehrzahl der Kleinunternehmen scheitert, hat dieselben Gründe: unvollständige oder mißlungene Transaktionen und gescheiterte Beziehungen. Es liegt nicht am Geld, sondern am Verhalten.

Heute kann man Konzepte wie Transaktionen und Beziehungen kaum noch anhand eines einzelnen Unternehmensbeispiels erklären, denn die Vorstellungswelt der Leute ist normalerweise auf ihren eigenen Produkt- oder Dienstleistungsbereich beschränkt. Ein Beispiel aus einem anderen Tätigkeitsbereich kann sie nicht fesseln. Also lehnen sie es ab, sich damit auseinanderzusetzen. Ich muß sehr vorsichtig sein, wenn ich einen Vortrag halte oder mit einer Gruppe über etwas diskutiere. Wenn ich irgend etwas anspreche, was nach einem Produkt klingt, hören die Dienstleister automatisch nicht mehr zu. Produktionsfachleute akzeptieren kein Beispiel, das nicht um etwas Technisches kreist. Anscheinend glauben sie alle, daß nichts mit ihrer speziellen Tätigkeit vergleichbar ist. In Wirklichkeit sind alle unternehmerischen Tätigkeiten im wesentlichen gleich. In den Dienstleistungsbranchen werden Produkte verkauft: Versicherungspolicen, Omelettes, Leihwagen, Hotelzimmer usw. Die Produktionsbranchen beinhalten auch Dienstleistungen: Verkauf, Vertragsvereinbarungen, Buchhaltung, Finanzierung, Werbung und dergleichen mehr.

Stellen wir uns ein Unternehmen vor, das etwa sieben Komponenten nimmt, sie in einem Produktionsprozeß Hitze und Druck aussetzt, sie in einen Karton verpackt und das fertige Produkt dann an den Kunden ausliefert. Die meisten Leute würden sagen, hier handelt es sich um Produktion. Das ist selbstverständlich richtig, und das Unternehmen, das diesen Prozeß milliardenfach durchführt, ist McDonald's. Genau jenes Unternehmen also, das meine Gesprächspartner am häufigsten anführen, wenn ich sie bitte, mir ein typisches Dienstleistungsunternehmen zu nennen.

Wir könnten eine Transaktion auswählen, die alle Unternehmen durchführen. Bei dieser Transaktion handelt es sich um die Entgegennahme eines Telefonanrufs, einer Fax-Mitteilung oder einer E-mail-Botschaft sowie um die Beschäftigung mit der Anfrage des Anrufers. Ein erfolgreiches Unternehmen ist in der Lage, diese Transaktion jederzeit beim ersten Mal zu bewältigen. Aber die wenigsten Unternehmen werden tatsächlich mit dieser Aufgabe fertig. Die Anrufer müssen üblicherweise große Geduld und Nachsicht aufbringen, wenn sie zufriedenstellende Antworten erhalten wollen. Und es kann bereits eine echte Herausforderung darstellen, überhaupt in das E-mail-System vorzudringen.

Vor kurzem rief ich ein Unternehmen an, um einen Anruf seines Präsidenten zu beantworten. Es meldete sich ein Tonband, das mir erklärte, ich hätte mehrere Optionen: Sofern ich seine Durchwahl wußte, konnte ich diese wählen; wenn nicht, so konnte ich die ersten drei Buchstaben seines Nachnamens nennen und auf eine bestimmte Taste drücken; es folgte eine Reihe weiterer derartiger Anweisungen. Also legte ich auf. Als ich es erneut versuchte, kam ich durch – und zwar zu seiner Voicemail-Box. Wofür soll all das gut sein? Spart dieses Unternehmen damit Geld, etwa das Gehalt von ein oder zwei Telephonistinnen? Jeder, der die Wahl hat, wird sich dorthin wenden, wo er mit jemandem sprechen kann. Eine Erfahrung wie diese verstümmelt die Beziehungen. Es gibt schon genug Ärgernisse im Leben, man muß nicht noch zusätzlich welche erfinden.

Und wenn man in einem Unternehmen wirkliche Menschen erreicht – wissen diese dann, wie sie dem Anrufer weiterhelfen können? Niemand weiß alles über ein Unternehmen, aber diejenigen, die das Gespräch entgegennehmen, sollten zumindest imstande sein, dem Anrufer zu helfen, indem sie ihn mit jemandem verbinden, der ihm weiterhelfen kann. Sie sollten dazu imstande sein und zugleich eine Beziehung herstellen. Jeder, der glaubt, sein Unternehmen sei in guter Verfassung, sollte einmal als Kunde oder Lieferant bei sich anrufen und feststellen, ob die Telefonvermittlung den Bestrebungen des Unternehmens dient oder schadet.

Um dafür zu sorgen, daß die Anrufe prompt und richtig entgegengenommen werden, genügt es nicht, die Mitarbeiter zusammenzutrommeln und ihnen einen Motivationsvortrag zu halten. Diese Aktivität ist die Spitze der Pyramide, da sie die Einstellung des Unternehmens seinen Anrufern gegenüber widerspiegelt und sehr viel über das Selbstwertgefühl der Firma aussagt. Die Abwicklung der Anrufe will sorgfältig durchdacht sein. Ich erklärte meinen Kunden stets, ich garantiere dafür, daß das Telefon vor dem dritten Klingeln abgehoben werde und daß die Person, die den Anruf entgegennehme, für eine prompte und richtige Beantwortung der Kundenanfrage sorgen werde. Unsere Mitarbeiter bemühten sich ernsthaft darum, dieses Versprechen zu halten.

Die Transaktionen sind das Fundament, auf dem die Beziehungen aufgebaut werden können. Vor einiger Zeit entschloß ich mich, mein altes Auto für ein neues in Zahlung zu geben. Ich hatte mich bereits für mein Wunschauto entschieden, und um dieses zu bekommen, mußte ich das Geschäft mit einem Autohändler machen, mit dem ich noch nie zu tun gehabt hatte. Ich kannte den Besitzer des Geschäfts, weil ich gemeinsam mit ihm im Aufsichtsrat einer Bank gesessen hatte. Als ich in seiner Firma anrief und nach ihm fragte, stellte mich die Telefonistin zu seiner Sekretärin durch, die mir erklärte, er sei im Urlaub. Sie fragte mich, ob sie mir weiterhelfen könne. Ich sagte, ich wolle ein Auto kaufen und würde nächste Woche vorbeikommen, da ich im Augenblick nicht in der Stadt sei. Sie schlug vor, mich mit dem Verkaufsmanager zu verbinden, und tat das auch sofort. Der Manager fragte mich, welches Auto mir vorschwebe, und erklärte mir, das betreffende Modell werde gerade modifiziert. Er hatte eines der neuen Modelle sowie drei aus der laufenden Serie im Geschäft. Auf meine Bitte hin beschrieb er sie mir, und das neue Modell entsprach meinen Vorstellungen.

Wir vereinbarten, daß meine Sekretärin meinen Wagen hinüberbringen würde, damit sein Wert geschätzt werden konnte. Am nächsten Tag rief er mich an und erläuterte mir die geplante Geschäftsabwicklung. Ich sagte, sein Angebot klinge vernünftig. Ich würde am folgenden Freitag vorbeikommen, um mir den neuen Wagen abzuholen. Wir vereinbarten, daß meine Sekretärin ihm die Papiere vorbeibringen würde. Als ich wieder in der Stadt war, räumte ich meinen Wagen aus, holte den Fahrzeugbrief aus dem Tresor, steckte das Scheckheft ein und fuhr hinüber zu dem Autohändler. Er zeigte mir den Wagen und bestand darauf, gemeinsam mit mir zur Tankstelle zu fahren, um ihn aufzutanken. Er wollte sichergehen, daß dies auch wirklich das Auto war, das mir vorgeschwebt hatte, und daß ich mit seiner Funktionsweise vertraut war. Ich versicherte ihm, daß alles in Ordnung sei. Dann fuhren wir zurück zu seinem Büro, wo ich einen Scheck über den vereinbarten Differenzbetrag zwischen dem Preis dieses Wagens und dem meines alten Autos ausstellte und genug Formulare unterschrieb, um ein Haus zu kaufen. Nachher saß ich noch 25 Minuten mit einem anderen Verkäufer zusammen, der mir das Fahrzeug in allen Einzelheiten erklärte. Er ließ mich jeden Punkt abhaken, um sicherzugehen, daß ich alles verstanden hatte. Er stellte mir den Serviceleiter vor, der mich seiner ewigen Ergebenheit versicherte. Als ich losfuhr, kamen sie alle auf den Parkplatz, um mir alles Gute zu wünschen und mich daran zu erinnern, daß alle ihre Kunden jeden Samstag morgen Anspruch darauf hatten, ihren Wagen von Hand waschen zu lassen. Auf dieses Angebot bin ich zurückgekommen, aber ansonsten mußte nie etwas an dem Auto gemacht werden.

Damit ich all das in Anspruch nehmen konnte, waren Hunderte Transaktionen erforderlich – oder gar Tausende, wenn man hinzuzählt, wie viele Schritte erforderlich sind, um ein Auto zu entwickeln und zu bauen, das so funktioniert, wie es funktionieren soll. Die Entwicklung von Forderungen bezüglich der Tätigkeit der Mitarbeiter, das begleitende Instruktionsmaterial und die Schulung aller Beteiligten für ein perfektes Ergebnis weisen auf ein entschiedenes Qualitätsbekenntnis des Managements hin. Die Kunden erwarten mittlerweile einen derartigen Service. Früher war der Kauf eines Autos – ich zumindest èmpfand es so – mit einem Besuch beim Zahnarzt vergleichbar. Das Ergebnis gefiel mir, aber die Beziehung war quälend. In beiden Fällen weiß man nicht, was sie mit einem anstellen.

Wir müssen lernen, den Punkt, an dem wir unserem Kunden die Gesamtheit unserer Transaktionsergebnisse aushändigen, als Spitze der Geschäftspyramide zu betrachten. Die kleine scharfe Spitze dieser Pyramide entspricht dem Punkt, an dem wir den Scheck des Kunden auf unserem Konto gutschreiben lassen. Die große Gesteinsmasse unterhalb dieser Spitze besteht aus Tausenden von Tätigkeiten, die ausgeführt werden müssen, um eine Bezahlung und möglicherweise Dank zu erhalten. Der Versuch, all diese Transaktionen Punkt für Punkt zu kontrollieren, hat die Qualitätsprobleme in unserer Wirtschaft verursacht. Die Vorbeugung wird zu einer Ganztagsaufgabe, will man jedermann klarmachen, was er tut, um ihm dann zu helfen, auch tatsächlich das Richtige zu tun. Messungen, Prüfungen und ähnliche Dinge sind durchaus nützlich, aber im allgemeinen dienen sie nur dazu, den Prozeß zu verlangsamen, während sie Mitarbeiter und Lieferanten gleichermaßen ihres Interesses an der Sache berauben.

Der Zweck des Qualitätsmanagements besteht darin, eine Unternehmenskultur aufzubauen, in der die Transaktionen vollständig, effizient und auf Anhieb richtig durchgeführt werden. Transaktionen umfassen alles, vom Abheben des Telefonhörers vor dem dritten Klingeln über die Erfüllung der Wünsche des Anrufers bis zum Konzept für ein neues Produkt oder eine neue Dienstleistung. Selbst im kleinsten Unternehmen gibt es Hunderttausende Transaktionen, die alle auf Millionen spezifischen Forderungen beruhen. Sehen wir uns an, wie das in der Realität funktioniert.

TRANSAKTIONEN: EIN FALLBEISPIEL

Helen Trant holte ihre Handtasche aus der Schublade, räumte den Schreibtisch ein wenig auf, zog ihren Mantel an, schaltete das Licht aus und verließ ihr Büro, wobei sie die Tür hinter sich abschloß. Als sie durch die Eingangshalle ging, sah sie noch einmal nach, ob sie ihre Kundenkarte im Portemonnaie hatte. Sie hatte vor, auf dem Weg nach Hause in einem kleinen Buchladen haltzumachen und zwei bestellte Bücher abzuholen. Die Buchhandlung hatte am Morgen angerufen, um ihr mitzuteilen, daß die Bücher eingetroffen waren. Sie hatte sie erst vor zwei Tagen bestellt. Der Buchladen, in dem sie früher eingekauft hatte, hätte drei Wochen gebraucht, um die Bücher zu beschaffen. Aber solange konnte sie nicht auf die benötigten Informationen warten.

Bevor Helen das Gebäude verließ, warf sie durch das Fenster noch einen Blick in den Medienraum und bemerkte, daß Carl Turnburry am Konferenztisch saß und arbeitete. Sie winkte ihm zu, um sich zu verabschieden, aber Carl forderte sie wild gestikulierend auf, zu ihm hereinzukommen. Helen warf einen gehetzten Blick auf ihre Uhr und eilte zum Tisch hinüber. Carl starrte hilflos auf einen Stapel von Diagrammen und Ausdrucken. Er deutete darauf und sagte:

„Das sind sämtliche Informationen, die wir über unsere Lieferanten haben. Ich habe einige der Diagramme ausgedruckt. Wußten Sie, daß wir mit mehr als 2500 verschiedenen Zulieferunternehmen zu tun haben? Wir kaufen Computersoftware, wir kaufen Toilettenpapier, Chemikalien, Versicherungen, Fahrkarten – die Liste ist endlos."

„Das ist mir durchaus bekannt", antwortete Helen mit einem Nicken. „Haben Sie mich hereingeholt, um mir das zu sagen? Wir geben die Hälfte unseres Geldes für Einkäufe aus. Die meisten Unternehmen tun das."

Carl schüttelte den Kopf.

„Ich weiß, daß Sie das wissen. Mein Problem ist, daß George mich gebeten hat herauszufinden, wer die guten Lieferanten sind. Die Firmenleitung will die Liste auf ein Mindestmaß kürzen."

„Ich dachte, Sie würden mit einem TQM-Team daran arbeiten. Was ist daraus geworden?"

„Nun ja, sie sind immer noch an der Sache dran, aber sie haben sich verzettelt. Sie wollen losgehen und die Lieferanten anhand irgendwelcher Qualitätssicherungsverfahren untersuchen und eine statistische Auswertung vornehmen. Auf die Art würden wir nie damit fertig werden – jedenfalls nicht, solange ich lebe. Dieser ganze Qualitätskram hat sich als nutzlos erwiesen; er verzögert nur die Entscheidungen."

Helen sah sich einige der Diagramme an.

„Diese hier zeigen die Probleme und die Maßnahmen, die ergriffen wurden, um die Probleme zu beheben. Und neben jedem Lieferantennamen steht irgendeine Einstufungsnummer."

Carl griff nach einigen Papieren und fuchtelte Helen damit vor dem Gesicht herum.

„Wir haben Bewertungen und Berechnungen, die bis zum jüngsten Gericht reichen", knurrte er. „Über jeden einzelnen Lieferanten gibt es einen Leistungsbericht. Das Problem ist, daß uns das nicht weiterhilft. Man kann jedes Problem wegdiskutieren. Den Leuten aus der Einkaufsabteilung fehlt eine Grundlage für die Entscheidung, wem sie kündigen sollen. Wir haben diese Ergebnisse von drei Beratungsfirmen untersuchen lassen, und die haben auch nichts Besseres anzubieten. Alles wird im nachhinein festgestellt, und wir beschränken uns darauf, die Lieferanten anzuflehen, sich zu bessern."

Helen warf erneut einen Blick auf ihre Uhr.

„Also haben Sie nach mir gerufen, damit ich Sie rette. Ich habe nur noch fünf Minuten Zeit. Meine Buchhandlung schließt in Kürze. Wenn ich Ihnen in den verbleibenden vier Minuten eine Lösung liefere, werden Sie dann glücklich sein?"

„Ich werde entzückt sein", murmelte Carl. „Was wissen Sie, was all die anderen Leute nicht wissen?"

„Sie wissen es ebenfalls, nur verdecken es all diese Daten. Sie machen es zu kompliziert. Schreiben Sie ein paar Dinge auf die Flipchart:

Aus welchen Bestandteilen setzt sich die Einkaufstransaktion zusammen? Da haben wir den Preis, den Zeitplan und die Qualität. Diese Komponenten haben wiederum mehrere Komponenten. Was wir brauchen, sind Lieferanten, welche die Forderungen bezüglich dieser Komponenten genau wie vereinbart erfüllen. Ihre Leistung sollte vollständig sein, sie sollte als Ganzes stimmen. Um einen Lieferanten beurteilen zu können, müssen wir also ein Complete Transaction Rating durchführen, um festzustellen, wie er die Transaktion in ihrer Gesamtheit durchführt. Nennen Sie es CTR, wenn Sie wollen. Erledigt ein Lieferant eine Transaktion vollständig und richtig, so erhält er die Einstufung 1.0 und bleibt im Geschäft mit uns. Erreicht er diese Bewertung nicht, so kann er sich andere Kunden suchen."

Carl legte die Papiere zurück auf den Tisch.

„Aber das von der Qualitätsgruppe entwickelte Bewertungssystem umfaßt zwölf Seiten. Sie sprechen von einer einzigen Kennzahl. Genügt uns die?"

Helen lächelte und holte ein Buch aus ihrer Tasche.

„Ich habe die Buchhandlung aufgrund dieser einen Kennzahl gewechselt, und ich verfahre mit all meinen persönlichen Lieferanten so. Ich habe weder die Zeit noch das Fachwissen, um das, was sie mir liefern, umfassend zu untersuchen, bevor ich es in Verwendung nehme; ich habe keine Zeit, sie anzutreiben, wenn der Liefertermin gekommen ist. Ich erwarte von ihnen, daß sie ihr Geschäft kennen und an der Beziehung zu mir interessiert sind. Das scheint mir ein vernünftiger Ansatz zu sein. Im Gegenzug bezahle ich prompt und empfehle sie an meine Bekannten weiter. So sind wir gegenseitig von Nutzen füreinander."

„Der Gedanke ist also", murmelte Carl, „die Abweichungen zu verringern. Richten wir uns lediglich nach den kalten, harten Fakten der vollständigen Transaktionen und der guten Beziehungen, die daraus entspringen, daß man seine Aufgabe vollständig erfüllt."

„Und nach den Fakten der schlechten Beziehungen, die aus unvollständigen Transaktionen resultieren", ergänzte Helen. „Ich kaufe jeden Monat drei oder vier Bücher. Die Buchhandlung, mit der ich früher zu tun hatte, nahm meine Forderungen einfach nicht ernst; es gab immer irgendein Problem. In dem Laden, in den ich jetzt gehe, können sie einfach nicht ruhig schlafen, solange ich meine Bücher nicht habe."

Carl ging die Liste der Lieferanten durch, die er auf dem Bildschirm hatte.

„Wenn ich nun jene Lieferanten auf den Bildschirm hole, an die wir niemals etwas zurückgehen ließen oder über die es nie eine Beschwerde seitens unserer Leute gab – wie viele wird der Computer dann Ihrer Meinung nach ausspucken?"

Helen zuckte die Schultern.

„Schätzungsweise 25 Prozent, würde ich sagen. Können Sie das tatsächlich herausfiltern?"

„Sicher", antwortete Carl lächelnd, „anhand dieses neuen Softwareprogramms kann ich die Liste nach jedem beliebigen Kriterium sortieren."

„Sie könnten diejenigen aufrufen, bei denen zwei, drei oder mehr Probleme aufgetreten sind."

„Wird gemacht", sagte Carl. „Klingelt da Ihr Telefon?"

Helen kramte in ihrer Handtasche herum, fischte ein Mobiltelefon heraus und meldete sich. Sie bejahte mehrere Fragen und beendete das Gespräch lächelnd.

„Das war meine Buchhandlung", erklärte sie. „Sie haben sich gedacht, daß ich es nicht mehr bis zum Geschäftsschluß schaffen werde. Daher hat die Dame angeboten, mir das Buch auf dem Heimweg zu Hause vorbeizubringen. Ist das eine vollständige Transaktion?"

„Es wäre ein gutes Beispiel für unsere Lieferanten. Wir haben etwa ein Drittel, bei dem keinerlei Probleme aufgetreten sind, ein Drittel, das ein oder zweimal Schwierigkeiten gemacht hat, und ein Drittel, bei dem es ständig Probleme gibt. Sieht so aus, als könnten wir auf diese Art einige rasche Fortschritte machen. Diese 30 Prozent dürften für den meisten Zeitaufwand verantwortlich sein, der unserem Einkauf durch Korrekturmaßnahmen entsteht."

Er wandte sich vom Bildschirm ab und streckte Helen die Hand entgegen.

„George hat mich gebeten, jemanden zu finden, der gerne die Aufgabe übernehmen würde, die Lieferantenbeziehungen zu managen. Wie denken Sie darüber? Es wäre eine Beförderung."

Helen dachte einen kurzen Augenblick nach und nickte dann begeistert. Sie war bereit für eine neue Herausforderung, und das hier war genau, wonach sie gesucht hatte.

„Das würde mir gefallen, Carl", sagte sie lächelnd. „Aber ich würde mich gerne auf das Complete-Transaction-Konzept konzentrieren. Man könnte untersuchen, ob es sich auch eignet, um die Leistungen unserer Mitarbeiter zu bewerten. Wenn das funktioniert, können wir unsere Lieferanten und unsere Mitarbeiter – die ja ebenfalls Lieferanten sind – anhand derselben Maßstäbe beurteilen. Das Ziel bestünde darin, herauszufinden, wer Hilfe braucht, und sie ihm zu geben. Dann wären wir auf dem richtigen Weg zu stabilen Beziehungen zu Mitarbeitern und Lieferanten."

„Das hört sich gut an, aber Sie werden noch mit George über all das sprechen müssen. Ich werde ihm sagen, daß Sie meine Wunschkandidatin für die Lieferantenbeziehungen sind, und Sie können ihn dann von ihren übrigen Vorstellungen überzeugen. Lassen Sie mich morgen früh kurz mit ihm reden, bevor Sie zu ihm gehen. Ich wünsche Ihnen alles Gute für Ihr Vorhaben. Vielleicht sind Sie in der Lage, die ganze Welt vollständig zu machen. Vielleicht wird mit Ihrer Hilfe sogar unser Baseballverein in der Lage sein, hin und wieder ein Spiel zu gewinnen. Schließlich sind das auch irgendwo Lieferanten."

Ein Jahr später führte Helen bei der monatlichen Versammlung des Managements eine Präsentation durch, in der sie über den Stand des CTR-Projekts berichtete. Sie hatte ihren Bericht mit den Abteilungen Beschaffung, Personal und Qualitätsmanagement koordiniert. Sie erklärte, wie alle Abteilungen zusammengearbeitet hatten, um CTR zu einem festen Bestandteil der Unternehmenstätigkeit zu machen.

„Zunächst möchte ich sagen, daß wir im vergangenen Jahr mit der Einführung des Complete Transaction Rating die Zahl unserer Lieferanten von 2500 auf 675 verringert haben. Wir haben unsere Beschaffungskosten um ein Drittel gesenkt. Es ist uns gelungen, Probleme mit der Qualität der beschafften Produkte und Dienstleistungen praktisch völlig zu eliminieren. Bezüglich der Personalbeurteilung ist die Beteiligung der Mitarbeiter sehr positiv. Und wir haben die Kundenbeschwerden auf einen Bruchteil reduziert. Jetzt haben wir diesem kleinen Rest ebenfalls den Kampf angesagt. All das ist uns gelungen, ohne auch nur einen einzigen neuen Mitarbeiter einzustellen oder irgendwelches Kapital zu investieren. Wir mußten lediglich ein neues Softwareprogramm entwickeln und einige Schulungen für das Management durchführen.

Daß die Wirtschaft aus Transaktionen und Beziehungen besteht, ist leicht gesagt. Aber es zu sagen bedeutet nicht zwangsläufig, es auch wirklich zu verstehen. Der Schlüssel zu erfolgreichem Management liegt darin, unsere Mitarbeiter und Lieferanten aufzufordern, bestimmte Transaktionen für uns durchzuführen. Das Gesamtergebnis all dieser Transaktionen sind die Struktur des Unternehmens und sein Output.

All die Verbesserungsprogramme und Unternehmensphilosophien, die wir untersucht haben, kreisen um die Kommunikation zwischen Mitarbeitern, Management, Lieferanten und Kunden. Doch diese Theorien werden nie wirklich spezifisch. Spezifisch bedeutet, daß jedermann genau weiß, welche Leistungen von jedermann erwartet werden und welches das Resultat sein wird, wenn diese Leistungen nicht zufriedenstellend erbracht werden. Auf diese Art kennen alle Mitarbeiter und alle Lieferanten die Bedeutung ihrer Funktion. Niemand wird sie unter die Lupe nehmen, bevor nicht das Resultat der Transaktion feststeht.

Wenn wir uns die Unternehmenstätigkeit als Abfolge von Transaktionen denken, dann benötigen wir klare Forderungen, die beschreiben, was geschehen muß, damit die Transaktion vollständig wird. Wir brauchen verständliche Schulungen, damit die einzelnen Mitarbeiter diese Forderungen verstehen und sich nach ihnen richten können. Wir brauchen eine klar definierte Methode, mit deren Hilfe wir die Möglichkeit und Notwendigkeit von Verbesserungen erkennen können. Anhand dieser Methode beschreiben wir die Tätigkeit des Unternehmens so einfach bis ins kleinste Detail, daß alle zufrieden sind, anstatt sich über die Fesselung durch die Verfahren zu beklagen. In den meisten Fällen wird die Beschreibung der Transaktion von der Person vorgenommen, die sie durchführen wird. Ob das Ergebnis vollständig erreicht wird oder nicht, kann derjenige, der das Ergebnis erhält, leicht feststellen.

Nebenbei gesagt, möchte ich vermeiden, daß Sie den Eindruck gewinnen, wir hätten das Unternehmen mit Papierkram und Verfahren überhäuft. Tatsächlich haben wir gelernt, ein Computerprogramm als eine Art E-mail einzusetzen. Will jemand beispielsweise etwas nach London schicken, so kann er diese Transaktion an seinem Bildschirm aufrufen und feststellen, was wir bereits über die richtige Methode zur Bewältigung dieser Aufgabe gelernt haben. Auf diese Art schaffen wir ‚Erfahrungsdateien' und verbessern sie mit jedem weiteren Lernschritt. Neuen Mitarbeitern wird im Verlauf ihrer Einführung und Einschulung gezeigt, was wir über die Transaktionen wissen, die sie durchführen werden.

Lassen Sie mich zwei Beispiele anführen:

Erstens die Lieferanten. Wir hatten den Lieferanten nie klargemacht, daß wir von ihnen erwarteten, uns genau das zu liefern, was wir bestellt hatten. Um das zu erreichen, hatten wir eine Reihe von Transaktionen durchzuführen: Zunächst mußten wir festlegen, was wir brauchten, beispielsweise ein Softwareprogramm. Zweitens mußten wir, möglicherweise mit Unterstützung des Lieferanten, beschreiben, was das Programm, das Produkt oder die Dienstleistung zu leisten hatte. Diese Information wird in das Computersystem eingespeist, zu dem der Lieferant Zugang erhält. Dann kann eine konstante Kommunikation stattfinden, solange, bis Einigkeit über den Inhalt erzielt ist. Dann beginnt der Lieferant seine Arbeit, um uns genau das zu liefern, was wir bestellt haben.

Als wir diesen Zugang wählten, setzten wir alle unsere Lieferanten davon in Kenntnis, daß wir nichts mehr akzeptieren würden, was nicht genau den im Auftrag vereinbarten Forderungen entsprach. Wir sagten ihnen auch, daß wir nur einen Lieferanten für jedes Produkt und jede Dienstleistungen haben würden. Etwa ein Drittel von ihnen sprangen in diesem Augenblick ab. Sie antworteten nie auf unsere Botschaft. Zu jenen Lieferanten, die uns geantwortet haben, entwickeln wir stabile Beziehungen.

Wir stufen die Lieferanten entsprechend der von ihnen erbrachten Leistung ein. Preis, Pünktlichkeit und Qualität haben alle dasselbe Gewicht im CTR. Wir haben gelernt, daß es nichts beweist, wenn man herumgeht und Inspektionen durchführt. Jedermann kann ein oder zwei Tage einen guten Eindruck machen. Und die Dinge ändern sich rasant: Eine neue Führungskraft oder ein mißlungenes Angebot, und das Lieferantenunternehmen ist nicht mehr dasselbe. Also beschäftigen wir uns ausschließlich mit dem Ergebnis, und das gilt für die gesamte Lebensdauer des gelieferten Produkts. Früher einmal wurde jede Lieferung, die ein Unternehmen erhielt, beim Eingang überprüft; bestand die Lieferung diese Prüfung, war der Lieferant aus dem Schneider. Sämtliche Mängel, die später zutage traten, galten als vom Käufer verursacht. Heute jedoch beobachten wir alles in unserem gesamten Prozeß, wenn möglich bis in die Werkstatt unseres Kunden. Computereingaben können an jedem Punkt vorgenommen werden. Damit erhalten wir jede Menge Informationen über den Lieferanten und seine Zuverlässigkeit. Das ist eine große Hilfe bei Korrekturmaßnahmen.

Zweites Beispiel: Personal. Wie Sie wissen, ist die Mitarbeiterbeurteilung seit jeher schwierig, da hier derart viele subjektive Informationen einfließen. Ich hatte nie ein gutes Gefühl dabei, Personalbeurteilungen abzugeben oder zu verwenden. Die Leute werden nicht immer richtig und fair beurteilt, einfach weil noch kein System entwickelt worden ist, das sich an die Fakten hält. Mit dem CTR-Konzept sind wir jedoch in der Lage, die Mitarbeiterleistung direkt einzustufen, und zwar auf dieselbe Art und Weise wie bei den Lieferanten. Wenn wir es genauer betrachten, sind die Mitarbeiter ebenfalls Lieferanten, und damit haben wir eine Möglichkeit, die tatsächlichen Resultate zu beurteilen.

Wir alle haben Kunden innerhalb des Unternehmens, so wie wir alle interne und externe Lieferanten haben. Wir müssen feststellen, was unsere Kunden von uns erwarten und was wir von unseren Lieferanten brauchen. Wenn ich zum Beispiel beauftragt werde, den wöchentlichen

Absatzbericht zu erstellen, dann muß ich das vorgeschriebene Format und den erwarteten Inhalt kennen. Sodann muß ich wissen, wo ich die Daten sammeln soll, die eine vollständige Transaktion ermöglichen. Wird mein Bericht rechtzeitig abgeliefert und enthält er die richtige Information, dann erhält die Transaktion das Rating 1.0. Da der Bericht per Computer übermittelt wird, wird automatisch der Abgabezeitpunkt festgehalten. Diejenigen, die den Bericht erhalten, können feststellen, ob er vollständig ist oder nicht. Ich kann dieses Resultat überprüfen, um festzustellen, ob ich bei mir selbst oder bei meinen Lieferanten Korrekturen vornehmen muß. Im Lauf eines bestimmten Zeitraums kristallisiert sich ein Ergebnismuster heraus. Wird der Bericht jedesmal pünktlich abgeliefert – na großartig! Wird er in 30 Prozent der Fälle verspätet abgeliefert, so zeigt dies, daß ich möglicherweise Hilfe brauche.

Zweck des CTR ist es, dazu beizutragen, daß Mitarbeiter und Arbeitsfluß des Unternehmens exakt, effizient und kontinuierlich funktionieren. Auch kann das Management anhand des CTR feststellen, wer die besten Mitarbeiter sind. Bei den alten Systemen war die Mitarbeiterbeurteilung im wesentlichen ein Beliebtheitswettbewerb. Aber die besten Mitarbeiter gehören nicht unbedingt in die Kategorie ‚beliebt'.

Bisher haben wir die Erfahrung gemacht, daß den Mitarbeitern diese Methode der Echtzeit-Beurteilung wirklich gefällt. Man kann die Ergebnisse seiner Leistung überprüfen, wann immer man will. Kundenbeschwerden werden beispielsweise sofort registriert. Ich kann mich vor den Bildschirm dort in der Ecke setzen und einen Live-Bericht über das heutige Geschehen oder Daten aus der Vergangenheit abrufen. Niemand hat Grund, hinter der Entwicklung herzuhinken."

Einer der Manager hob die Hand.

„Schaffen wir hier eine Umgebung, in der ein ‚großer Bruder' wacht, Helen? Haben die Leute nicht das Gefühl, von uns ausspioniert zu werden?"

Helen schien einen Augenblick lang verwirrt.

„Das Informationssystem ist für jedermann zugänglich, um Daten einzugeben oder abzurufen. Gewinnt einer unserer Mitarbeiter irgendwann den Eindruck, etwas sei nicht korrekt, so muß er das nur auf seinem eigenen Computer eingeben, um eine Neubewertung zu erreichen. Oder er kann sich direkt an mich wenden. Derartige Beschwerden sind sehr selten, und wir nehmen sie sehr ernst. Das hat dazu geführt, daß die Leute Vertrauen zur Integrität des Systems gewonnen haben.

Es fällt uns möglicherweise schwer zu akzeptieren, daß die Unternehmen ihre Mitarbeiter bisher nie wirklich an der Führung des Unternehmens teilnehmen ließen. Nun sind die Mitarbeiter aktiv geworden, und wir beobachten laufende Verbesserungen in den Transaktionen. Unsere Produktivität wächst rasant."

Sie wandte sich an den Geschäftsführer.

„Möchten Sie etwas dazu sagen, Otis?"

Otis erklärte sich lächelnd dazu bereit.

„Heute herrscht eine Offenheit im Betrieb, wie ich sie nie zuvor gesehen habe. Die Leute wissen, daß sie Anerkennung für die von ihnen geleistete Arbeit erhalten werden. Früher hing das von ihrem Vorgesetzten ab, und das verursachte zahlreiche persönliche Probleme. Jetzt liegt alles für jedermann sichtbar auf dem Tisch. Die Produktivität ist um rund 20 Prozent gestiegen, ohne daß wir irgend etwas geändert hätten. Ich muß sagen, daß Helen sehr darauf achtete, daß jedermann verstand, was geschah und was es für ihn bedeutete. Sie hat alle Gedanken an den ‚großen Bruder' verscheucht.

Dennoch müssen wir wachsam sein und dafür sorgen, daß niemand das System in eine falsche Richtung lenkt. Aus diesem Grund habe ich vorgeschlagen, eine Gruppe mit Vertretern aller Unternehmensbereiche zu bilden, welche den Einsatz des CTR-Systems laufend überwacht. Das CTR ist eine großartige Waffe im Wettbewerb, und ich möchte vermeiden, daß wir diese Waffe falsch einsetzen."

Der Geschäftsführer dankte Helen für ihre Ausführungen und forderte sie auf, über die Bildung einer solchen Gruppe nachzudenken. Er schlug vor, jedes Mitglied der Unternehmensleitung für einen bestimmten Zeitraum in diese Gruppe zu entsenden. Helen wurde gebeten, dem Vorstand einmal pro Quartal Bericht zu erstatten und sich an die Unternehmensleitung zu wenden, wann immer sie etwas auf dem Herzen hatte.

BEZIEHUNGEN

Die Beziehungen zu Mitarbeitern, Lieferanten und Kunden sind die andere Seite der Unternehmensgleichung. Ihr Erfolg ist ebenfalls meßbar. Auch in persönlichen Angelegenheiten sind die Beziehungen davon abhängig, wieviel Aufmerksamkeit die Partner einander schenken. Aber es darf keine erzwungene Aufmerksamkeit sein; sie muß echt und hilfreich sein.

Nehmen wir die Mitarbeiter, deren Zahl die der Manager um ein Vielfaches übersteigt und die in großen Organisationen möglicherweise nie einen wirklich hochrangigen Manager zu Gesicht bekommen. Die Beziehungen zu ihnen beruhen weniger auf dem persönlichen Kontakt als auf der Art und Weise, wie sie behandelt werden. Es gibt einen General der Marine, dem ich mich sehr verbunden fühle, obwohl ich ihm nie begegnet bin. Er erließ die Anordnung, daß jeder von uns eine warme Mahlzeit am Tag erhalten mußte, gleichgültig, welche Umstände gerade herrschten. Das war etwas schwierig, wenn wir uns an der Front befanden oder weite Strecken zurücklegen mußten. Aber diese Richtlinie bewies, daß seine Sorge um das Wohl seiner Truppe weit über markige Reden oder einen Salut für die in den Kampf ziehenden Soldaten hinausging. Unser Wohl lag ihm am Herzen.

Dasselbe gilt für das Wirtschaftsleben. Wenn man den Mitarbeitern, sei es in einem Büro oder in einer Fabrik, das Gefühl vermittelt, lediglich kleine Rädchen zu sein, dann werden sie sich auch wie kleine Rädchen verhalten. Eine der Möglichkeiten, dieses Gefühl zu beseitigen, besteht darin, kleine Gruppen vollständige Tätigkeiten ausführen zu lassen. Formale Empowerment-Programme dienen lediglich dazu, den Mitarbeitern zu zeigen, daß sie dem Management egal sind. Das ist so, als schickte man seinen Kindern zu Weihnachten einen Katalog, anstatt persönlich loszugehen und ein Geschenk für sie auszusuchen. Kataloge sind nicht persönlich. Die Menschen brauchen die Gelegenheit zur Kommunikation, sie brauchen Information. Daran ist nichts Kompliziertes. Ich würde sorgfältig darauf achten, daß nur Menschen, die über ausreichendes Gespür verfügen, mit solchen Aufgaben betraut werden. Wählen Sie nicht den dafür aus, der immer den Geburtstag seiner Frau vergißt oder nie jemandem anbietet, etwas mit ihm zu teilen.

Erfolgreiche Kundenbeziehungen beruhen auf klaren Leistungsrichtlinien und auf Möglichkeiten zur Kommunikation. Regelmäßige Seminare für die Lieferanten und die Mitarbeiter der Einkaufsabteilung werden deren Einsicht in die Notwendigkeit wechselseitiger Prosperität fördern.

Erfolgreiche Kundenbeziehungen beruhen auf Leistung und Kommunikation. Jedermann weiß das, aber die wenigsten richten sich danach, solange kein schwerwiegendes Problem auftritt. Das Unternehmen muß klare Richtlinien für den Umgang mit den Kunden festlegen und Schulungen durchführen, um diese Richtlinien durchzusetzen. Es ist keine zuverlässige Methode, derartige Dinge dem guten Willen des einzelnen Mitarbeiters zu überlassen.

Das Management muß den Entwicklungsstand der Beziehungen laufend überprüfen und dabei ebenso ernsthaft vorgehen wie bei der Prüfung der Finanzberichte. Unternehmen können finanzielle Probleme und sogar Qualitätsprobleme überleben. Schlechte Beziehungen hingegen sind das Todesurteil für jedes Unternehmen. Aus diesem Grund müssen die Führungskräfte unbedingt einsehen, daß die Beziehungen nicht dem Zufall oder dem Geschäftsfluß überlassen werden dürfen. Wie Arthur Miller schrieb: „Aufmerksamkeit tut not.“

KAPITEL

6

WIE KONZEPTE ENTSTEHEN

Wenn Ihnen jemand seine Auffassung von der Wahrheit darlegt, haben Sie das Recht und die Pflicht, die Frage zu stellen, wie er zu dieser Auffassung gelangt ist. Haben wir es mit der Meinung eines Berufsredners zu tun, der seit jeher nur sich selbst reden hört? Sind seine ‚Wahrheiten' wissenschaftlich bewiesen? Sir Francis Bacon sprach in diesem Zusammenhang von Ameisen, Spinnen und Bienen.

Ameisen sammeln Informationen, bearbeiten sie, speichern und verwenden sie. Sie leisten keinerlei Beitrag zum Inhalt der Informationen und verstehen sie möglicherweise nicht einmal.

Spinnen entwickeln selbst Information und spinnen ein sehr authentisch wirkendes Gewebe daraus. Doch sie haben wenig wirkliche Erfahrung mit dem, was sie entwickeln, und sind nicht daran interessiert, was andere anhand kontrollierter Experimente bewiesen haben.

Bienen sammeln überall Informationen, bearbeiten sie, um genau festzustellen, woraus sie bestehen, und ordnen sie dann zu etwas wissenschaftlich Nachvollziehbarem und Nützlichem.

Ich hoffe, Sie sehen eine Biene in mir. Alles, was ich über das Management der Qualität und des Unternehmens sage, stammt aus meiner eigenen Erfahrung und Messung. Ich möchte sicherstellen, daß der Leser weiß, worauf meine Erkenntnisse beruhen. Das ist wichtig für den Erfolg.

Wenn ich erkläre, daß Managementsysteme so real sind wie die gute Fee, der Osterhase und der Weihnachtsmann, stellt man mir natürlich die Frage: „Worauf sollen wir uns denn dann im Management stützen?" Die Antwort lautet selbstverständlich: Auf Konzepte. Auf Konzepte, nicht auf Techniken und vorgefertigte Verfahren. Wir gestalten unser Leben, ausgehend von Konzepten: Kein Computerprogramm kann eine Ehe managen, keine Verfahrensanleitung kann unser Budget regeln.

Wir brauchen verständliche Grundlagen, an die wir glauben und auf denen wir alle unsere Handlungen aufbauen können. Schon früh in unserem Leben lernen wir, daß es dumm ist, unter Wasser Luft zu holen, denn dafür sind wir nicht gemacht. Gleichgültig, wie liberal, konservativ, halsstarrig oder gar dumm wir sind: Dieses Konzept bleibt fest in unserem Bewußtsein verankert. Wir lernen, daß wir in Schwierigkeiten geraten, wenn wir mehr Geld ausgeben als wir verdienen. Unser Wissen um Fehler hält uns nicht immer davon ab, Fehler zu begehen – aber wir wissen zumindest, wo das Problem liegt. Daß etwas richtig ist, bedeutet noch nicht, daß die Leute sich auch danach richten werden. Diejenigen unter uns, die schon einmal einen Verkehrsunfall hatten, sind sich darüber im klaren, daß sie dabei meist irgendein Konzept mißachteten, über das ein allgemeiner Konsens herrscht; im allgemeinen wurden wir genau vor dem gewarnt, was wir dann taten. Gute Ratschläge führen nicht zwangsläufig zu einem guten Management. Die Liste der 14 Grundsätze erweist sich als bloße Unterhaltung; sie findet nicht wirklich Eingang in unsere Managementpraxis. Mein Freund Bob Vincent pflegte zu sagen: „Schönheit ist oberflächlich, während Häßlichkeit in den Knochen steckt." Das trifft es ungefähr.

Wir können nicht alles behalten und anwenden, was wir an guten Ratschlägen über vernünftiges Management hören oder sehen, aber wir können einige wesentliche Grundsätze in unserem Denken verankern. Konzepte sind Wahrheiten, die allgemeine Gültigkeit haben und als Beurteilungsgrundlage dienen können. Im Qualitätsmanagement gelten folgende unanfechtbare Grundsätze:

Qualität bedeutet Erfüllung der Forderungen.
Qualität wird durch Vorbeugung erreicht.
Qualität hat den Leistungsstandard „Null Fehler".
Qualität wird anhand des Preises der Abweichung gemessen.

Dieses Kapitel dient der Auseinandersetzung mit den persönlichen Erfahrungen, die mich zur Formulierung dieser in all den Jahren erfolgreichen Konzepte des Qualitätsmanagements führten. Gleichzeitig stellt es eine Einführung in die Beschreibung und Diskussion des Fallbeispiels von PCA dar. In diesem Fall wurden diese Konzepte und die Vorstellung von Transaktionen und Beziehungen bewußt angewendet, um ein Unternehmen zu gründen und zu managen, welches sich dann als sehr erfolgreich erwies. Wir sprechen hier über die wirkliche Welt, und auf die Gefahr hin, mich zu wiederholen, möchte ich erneut betonen, daß wir lernen müssen, den Unterschied zwischen bloßen Vermutungen, falschen Dogmen und der Realität zu erkennen. Diese Unterscheidung ist nicht immer leicht. Alles, was im Wirtschaftsleben von Nutzen ist, ist meßbar; Meinungen sind zwar interessant, aber die Wahrheit muß einer Messung standhalten. Als ich die traditionellen Qualitätsvorstellungen einer Prüfung unterzog, fand ich heraus, daß all das, was man mir da predigte, keinen Bezug zur Realität hatte. Also begab ich mich auf die Suche nach dem wirklichen Leben.

Lassen Sie mich rasch die Lernerfahrungen skizzieren, die mich zu meinen Erkenntnissen führten. Ich kämpfte im Zweiten Weltkrieg und meldete mich nach meiner Entlassung aus dem aktiven Dienst als Reservist zur Marine. Dies war keine meiner klügeren Entscheidungen, denn nach meinem Abschluß am Ohio College of Podriatic Medicine im Jahr 1950 wurde ich zum Kriegsdienst in Korea eingezogen. Als ich zwei Jahre später aus der Marine entlassen wurde, war ich mittellos und konnte mir keine eigene Praxis leisten. Also ging ich nach Richmond in Indiana, wo ich als Prüftechniker in der Qualitätsabteilung von Crosley arbeitete. Das war mein erster Kontakt mit dem Unternehmensleben. Ich fand so großen Gefallen daran, daß ich nicht einmal bemerkte, daß ich auf der untersten Ebene in der Organisation arbeitete. Ich hatte eine medizinische Ausbildung genossen, und in der Navy hatte sich meine Tätigkeit darauf beschränkt, Sprechstunden für Kranke zu halten und im Kampf verwundete Marines zu behandeln. Ich hatte keine Erfahrung mit Elektrizität, Elektronik oder Maschinenteilen. Aber genau mit diesen Dingen mußte ich mich in der Montagehalle beschäftigen. Die Leute hatten viel Geduld mit mir, aber es war nicht zu übersehen, daß sie mich für jemanden hielten, der sich zwar bemühte, jedoch nichts von der Sache verstand. Als ich im Lauf der Zeit begann, die Vorgänge zu verstehen, hatte ich immer wieder Ideen, wie man bestimmte Probleme möglicherweise verhindern konnte. Man begegnete meinen Vorstellungen mit dem toleranten Lächeln, das man gegenüber Kindern zeigt – und ignorierte mich.

Eines Tages wurde der Aufseher, der mit einem neuen Verfahren experimentierte, von einer wirbelnden Antenne am Unterarm schwer verletzt. Überall war Blut. Alle Anwesenden erstarrten vor Schreck, um dann in Panik zu geraten. Schreiend und kreischend liefen sie durcheinander. Ich jedoch hatte in zwei Kriegen mit derartigen Situationen umzugehen gelernt. Ich packte den Mann und legte ihn auf eine Werkbank, stoppte den Blutstrom, schickte jemanden, um einen Krankenwagen zu rufen, beruhigte den Verletzten und verband seinen Arm mit einem improvisierten Preßverband. Er fiel nicht in Schock, da er rasch begriff, daß alles wieder in Ordnung kommen würde. Der Krankenwagen kam, brachte ihn fort, und wir gingen wieder an die Arbeit. Schon nach einigen Tagen kehrte er an seinen Arbeitsplatz zurück. Die ganze Episode war für mich nichts Außergewöhnliches, da ich derartige Situationen schon oft erlebt hatte. Aber die Leute im Unternehmen änderten ihre Einstellung mir gegenüber vollkommen. Von diesem Tag an hielten sie mich für intelligent und nützlich.

Erfahrungsgemäß wird einem Menschen, der in einem Bereich als kompetent gilt, auch Kompetenz in anderen Bereichen zugestanden. Auf einmal wurden meine Ideen zur Verbesserung der Abläufe oder zur Vermeidung von Problemen ernst genommen. Und zu meiner eigenen Überraschung funktionierten meine Vorschläge oft wirklich. Ich begann mich an den Gedanken zu gewöhnen, daß mir möglicherweise eine Karriere in dieser mir nicht vertrauten Unternehmenswelt offenstand. In meinen Augen war klar, daß die Art und Weise, wie man in den Unternehmen arbeitete, nicht sehr effizient war. Eine Gruppe fertigte etwas, eine andere prüfte und testete es, und eine dritte behob die Mängel. Für Qualität versuchte man zu sorgen, indem man das Konzept der Qualitätskontrolle anwandte. Diesem Konzept zufolge waren Fehler unvermeidlich und mußten daher in die Abläufe eingeplant werden. Dieses Denkschema hatte die Einführung akzeptabler Qualitätsniveaus (AQLs) zur Folge, womit gewissermaßen ein Freiraum für Fehler geschaffen wurde. All das widersprach dem, was ich in meiner medizinischen Ausbildung und Praxis gelernt hatte. Der von der Antenne verletzte Mann war nur einer unter Tausenden möglichen Fehlern. Nach dem Konzept der Qualitätskontrolle hätten wir ihn also einfach verbluten lassen sollen, da er statistisch nicht relevant war. So dumm klang dieses Qualitätskonzept für mich.

Ich trat der American Society for Quality Control bei, um mich weiterzubilden. Die örtliche Sektion war sehr aktiv, und alle meine Freunde waren dort tätig. Eines Abends war ein bekannter Experte als Vortragender zu Gast. Nachdem er seine Ausführungen beendet hatte, fragte ich ihn unter vier Augen, warum diese Berufsgruppe all ihre

Bemühungen darauf ausrichtete, die falsche Ausführung der Aufgaben zu rechtfertigen. Er antwortete, wir müßten uns der Realität anpassen. Ich sagte ihm, daß wir meiner Meinung nach mit den Konzepten der Qualitätskontrolle eine falsche Realität schufen. Er legte mir die Hand auf die Schulter und meinte in verständnisvollem Ton, eines Tages würde ich es verstehen. Da wurde mir bewußt, daß ich mit der guten Fee sprach. Das Leben wird sehr viel leichter, wenn man sich in der Mythologie bewegt. Ich ging mit der Überzeugung nach Hause, daß die Dinge sehr viel besser funktionieren würden, wenn es gelänge, das Aufspüren von Fehlern durch das Vermeiden von Fehlern zu ersetzen.

Zu jener Zeit schloß ich mich einer Rednervereinigung an, um mich in der Vortragskunst zu üben. Und ich begann darüber nachzudenken, aus der Qualität einen Beruf zu machen. Dies war ein hochgradig technischer Bereich, und ich war kein technischer Mensch. Qualität hatte mit Statistik zu tun, und Statistik langweilte mich. Ich würde nie eine Beziehung zu diesen Dingen entwickeln können, aber es schien mir, als böten sich genügend Chancen im Qualitätsmanagement – Chancen, Qualität zu verwirklichen, anstatt nur den Fehlern hinterherzuschnüffeln, die bereits begangen waren. Und langsam wurde mir klar, daß ein Fließband nicht der geeignete Ort war, um die Unternehmensphilosophie zu verändern. Ich mußte dort weg.

Das Werk in Richmond war ein Ableger des Stammwerks in Cincinnati; die örtliche Belegschaft bestand aus Arbeitern und einigen wenigen Managern. Hin und wieder stattete uns ein Abgesandter der Unternehmensleitung einen Besuch ab. Diese Führungskräfte waren alle gut gekleidet und drückten sich gewählt aus, und soweit ich feststellen konnte, taten sie, was sie wollten. In meiner Abteilung hatten wir pro Stunde fünf Minuten Zeit, um auf die Toilette zu gehen oder eine Zigarette zu rauchen. Wir hatten 30 Minuten Mittagspause und wurden zurechtgewiesen, wenn wir dem Arbeitsplatz zu lange fernblieben. Einmal ging ich nicht sofort in die Mittagspause, sondern blieb ein wenig länger am Arbeitsplatz, um einige Informationen zu sammeln, die der Abteilungsleiter brauchte. Als ich meine Essenspause um den entsprechenden Zeitraum verlängerte, erteilte man mir eine Verwarnung. Mir wurde klar, daß der Respekt, der einem Menschen entgegengebracht wird, von dessen Stellung in der Hierarchie abhängt. Sollte ich einmal in eine Führungsposition aufsteigen, so schwor ich mir, würde ich jedermann gleich behandeln. Unseren Managern hatte man nie eine solche Einstellung nahegelegt. Also entschloß ich mich zu tun, was nötig war, um ins Topmanagement aufzusteigen. Ich mußte mich vorbereiten und auf meine Chance warten. Mein Erfolgsrezept bestand darin, anderen zum Erfolg zu verhelfen.

Da wir in Richmond am langen Arm verhungerten (wir verdienten 315 Dollar im Monat) und nicht die geringsten Aufstiegsmöglichkeiten hatten, begab ich mich auf die Suche nach einem neuen Arbeitsplatz und landete bei der Bendix Corporation in Mishawaka (im Bundesstaat Indiana). In der Fabrik in Mishawaka wurde die TALOS-Missile für die Marine produziert, eine Boden-Luft-Rakete, die vom Schiff aus abgeschossen wurde. Bei Bendix war ich in der Fertigung für die Zuverlässigkeit zuständig. Auch dort glaubten sie an die herkömmliche Qualitätskontrolle und konnten deren Wert anhand der Zuverlässigkeitsstatistiken belegen. Ich hatte gelernt, meine radikalen Vorstellungen für mich zu behalten und meinen Plan zum Umsturz des herrschenden Qualitätssystems in aller Stille voranzutreiben.

Bei Bendix hatte ich die Möglichkeit, mich in der Anlage zu bewegen und dem Fertigungspersonal sowie den Technikern dabei zu helfen, Raketen zu bauen, welche die Kunden tatsächlich verwenden konnten. Die TALOS steckte noch in der Entwicklungsphase. Meine Aufgabe bestand im wesentlichen darin, die von den Inspektoren und Prüfern identifizierten fehlerhaften Erzeugnisse zu begutachten und dann nach Grad der Fehlerhaftigkeit, Ursache und Verantwortlichkeit einzuordnen. Die Klassifizierung erfolgte anhand eines Formulars, das an das IBM-Center weitergeleitet wurde. Wir müssen uns vor Augen halten, daß wir hier vom Jahr 1956 sprechen. IBM war damals im Lochkartengeschäft. Der Computer schickte sich gerade erst an, in die Unternehmen vorzudringen, und Rechner von der Größe eines Einfamilienhauses waren etwa so leistungsstark wie die heutigen Taschencomputer. Das IBM-Center erstellte Ausdrucke aller Abweichungen; anhand dieser Ausdrucke wurden dann Diagramme angefertigt, welche den Qualitätsstatus zeigten. Für jeden Bereich wurden AQLs festgelegt, und solange die entsprechende Kurve im Diagramm das geforderte Niveau nicht unterschritt, war alles in bester Ordnung. Eines Tages stellte ich fest, daß einer Nichtkonformität ein Entwicklungsfehler zugrundelag. Also machte ich mich auf den Weg in die entsprechende Abteilung und suchte den für das betreffende System zuständigen Techniker auf. Er zeigte großes Interesse an meinem Fehlerformular und an der Tatsache, daß es mich überhaupt gab. Am Ende eines ausführlichen Gesprächs enthüllte er mir, daß die Entwicklungsabteilung überhaupt nicht wußte, daß all diese Fehler klassifiziert und aufgezeichnet wurden. Sie hatten zwar von einer Zuverlässigkeitsabteilung gehört, hatten jedoch nicht die geringste Vorstellung davon, was diese tat. Sie hatten keine Ahnung, daß sich die Fertigung Tag für Tag abmühte, diese Raketen richtig zusammenzusetzen, da die Zeichnungen häufig unklar waren und sich laufend änderten. Ich marschierte hinunter ins IBM-Center, entwendete einen der gut behüteten Ausdrucke, der mindestens zehn Kilo wog, und schleppte ihn zu meinem neuen Freund hinauf. Binnen kurzem hatte er seine Kollegen versammelt, und gemeinsam machten sie sich über die Daten her. Das Ergebnis war, daß Techniker aus allen Gruppen abgestellt wurden, um auf meine Forderungen zu reagieren. Die Idee stammte von ihnen; sie meinten, möglicherweise könnten sie einigen gegenwärtigen Problemen auf den Grund gehen und die gewonnene Information nutzen, um in der Zukunft Fehler zu vermeiden. Im Rahmen der neuen Zusammenarbeit stellte ich einen Kontakt zur Produktionsleitung her, und zwischen den beiden Abteilungen entwickelte sich ein echter Dialog.

Durch diesen Erfolg ermutigt, marschierte ich hinüber in den Einkauf. Dort glaubten sie, eher im Dienstleistungssektor als in der Produktion tätig zu sein. Genau das erklärte mir der Abteilungsleiter. Sie bestellten einfach, was man ihnen zu bestellen auftrug. Sofern dies erforderlich war, erhielten sie von der Qualitätskontrolle ein AQL als Vorgabe; im übrigen war es nicht ihr Bier, wenn irgend etwas schieflief. Sie hatten ein System, anhand dessen sie fehlerhafte Lieferungen an die Lieferanten zurückschickten, aber der Abteilungsleiter erklärte mir, seines Wissens sei seit Monaten nichts mehr zurückgeschickt worden. Auf meine Bitte hin machte er einen Anruf, um festzustellen, ob dem tatsächlich so war. Ich wies darauf hin, daß es laut dem Ausdruck, den ich mitgebracht hatte, Hunderte von fehlerhaften Komponenten gab, die auf die Kappe der Lieferanten gingen. Fühlte er sich nicht in einem gewissen Maß für all das verantwortlich? Er stellte mir die Gegenfrage, ob ich nichts anderes zu tun hätte. Ich hinterließ den Ausdruck auf seinem Tisch und machte mich daran herauszufinden, was mit den Zulieferungen geschah, die den Forderungen des Unternehmens nicht entsprachen. Es stellte sich heraus, daß wir eine große und sehr fähige Reparaturmannschaft hatten, die praktisch alles instand setzen konnte. Wenn also etwas zurückgewiesen wurde, wanderte es dorthin. Diese Leute waren

Teil der Materialprüfung, die alles beseitigen konnte, solange die Papiere in Ordnung waren. Der Zulieferer erfuhr nie, daß etwas fehlerhaft gewesen war, und produzierte weiterhin wie gewohnt fehlerhafte Komponenten. Und die Einkaufsabteilung hörte nie etwas davon. Wir befanden uns hier im Reich des Osterhasen. Das alles führte mich zu der Erkenntnis, daß das ganze System darauf beruhte, daß niemand den Qualitätsforderungen und Spezifikationen echte Bedeutung beimaß. Alles wurde so zurechtgeschustert, daß man es irgendwie verwenden konnte. Das kostete sehr viel Arbeit, und die Leute waren stolz auf ihren Erfindungsreichtum. Es gab nicht zwei gleiche Raketen. Es gab keinen Lernprozeß, sondern nur einen ständigen Kampf ums Überleben. Die Vorstellung, Fehler seien unvermeidlich und man müsse mit dem auskommen, was man bekomme, machte einen reibungslosen Betriebsablauf unmöglich. Es wurde mir klar, daß wir zunächst genau festlegen mußten, was das Wort „Qualität" eigentlich bedeutete, wenn wir unsere Aufgaben richtig erfüllen wollten. Wir mußten ein neues Konzept entwickeln, wenn wir einen reibungslosen, effizienten Arbeitsfluß herstellen wollten. Wir mußten lernen, daß Qualität „Erfüllung der Forderungen" bedeutete. Wenn jeder seine eigene Definition schrieb, war keine Verständigung möglich. Aber alle waren zufrieden: Wir hatten die Zertifizierung nach Mil-Q-9858 und waren für Regierungsaufträge zugelassen. Die Tatsache, daß nur wenig richtig funktionierte, war kaum von Bedeutung.

Eines Tages wurde mein Aufseher befördert. Sein Büro war in einem Glaskasten untergebracht, und die Tische der Zuverlässigkeitsprüfer standen in einer Reihe vor diesem Kasten. Der Techniker am ersten Tisch zog in den Glaskasten ein, und wir anderen rückten jeweils einen Platz auf. Nun war ich noch drei Tische vom Posten des Aufsehers entfernt. Es war zweifellos höchste Zeit, daß ich in eine Stellung aufrückte, in der ich eine Zukunft hatte. Ich begann, mich nach einem anderen Job umzusehen, und während eines Besuchs in Boston im Februar 1957 sah ich eine Anzeige in der Lokalzeitung. In Orlando in Florida wurde eine neue Organisation aufgebaut, und sie suchten nach Zuverlässigkeitsexperten. Die Einstellungsgespräche wurden in meinem Hotel durchgeführt. Dies war einer der Momente, in denen sich meine Gewohnheit auszahlte, einfach alles zu lesen. Sie machten mir ein Angebot, und ich sollte meinen zukünftigen Chef im folgenden Monat in Chicago treffen. Im Mai packten meine Familie und ich unsere Siebensachen und zogen nach Orlando um. Mein neuer Arbeitgeber hieß Martin, ich war leitender Qualitätsbeauftragter und verdiente 640 Dollar im Monat.

Die Belegschaft von Martin wuchs in den folgenden acht Jahren auf 10.000 Mitarbeiter, und mir bot sich dort eine großartige Gelegenheit zu lernen. Einige Jahre später leitete ich als Abteilungschef das Qualitätsprogramm für die Pershing; für dieses Projekt waren tausend Mitarbeiter in den Bereichen Qualität und Tests tätig. In dieser Zeit entwickelte ich das Null-Fehler-Konzept (Zero Defects). Da es einfach ausgeschlossen war, alle möglichen Fehler in einem Waffensystem aufzuspüren, mußten wir die Fehler nicht im nachhinein aussortieren, sondern von vornherein vermeiden. Wie ich schon an anderer Stelle beschrieben habe, wurde Null-Fehler von der Regierung und großen Teilen der Raketenindustrie eher als Motivationsprogramm denn als Leistungsstandard für das Management betrachtet. Die Mächte der Qualitätskontrolle brachen über mich herein, aber ich konnte sehen, was mit der Pershing geschah. Später, als ich für die Lieferantenqualität zuständig war, waren wir in der Lage, den Lieferanten dabei zu helfen, uns das richtige Material zur richtigen Zeit zu liefern.

Aber vor allem lernte ich bei Martin etwas über die Beziehungen. Als das Unternehmen seine Belegschaft rasch vergrößerte, war es meine Aufgabe, all diesen neuen Mitarbeitern die Qualität nahezubringen. Die meisten von ihnen waren Ortsansässige und hatten keine Erfahrungen in der Branche. Einige von ihnen meinten, ihr Mangel an Erfahrung sei ein Problem. Ich jedoch hielt ihn für einen Vorteil. In späteren Jahren suchte ich bewußt nach Mitarbeitern, die keine Erfahrung besaßen, denn ich ging davon aus, daß es leichter war, ihnen die richtige Arbeitsweise beizubringen als ihnen ihre falschen Gewohnheiten abzugewöhnen.

Einer meiner Car-Pool-Freunde, der in der Personalabteilung arbeitete, erzählte mir, daß sie dort ein Orientierungsprogramm für neue Mitarbeiter einführten. Er fragte sich, ob die Qualitätsabteilung an etwas Ähnlichem interessiert sei. Ich fragte beim Direktor nach und besprach die Anregung mit einigen Managern, aber sie meinten, wir sollten damit warten, bis die Leute tatsächlich mit der Arbeit begännen. Ich war anderer Meinung. Also begann ich, mich mit jeder neuen Gruppe zu unterhalten, sobald sie in das Unternehmen kam. Es dauert nur 15 Minuten, den Neuankömmlingen zu erklären, daß eine erfolgreiche und befriedigende Arbeit darauf beruht, daß man alles auf Anhieb richtig macht. Die Sicherheitsabteilung wendete acht Stunden für ihren Teil des einigermaßen langweiligen und quälenden Orientierungsprogramms auf. Meine kurzen Auftritte stellten eine angenehme Abwechslung dar. Das Ganze hatte zur Folge, daß den Mitarbeitern ein Mindestmaß an Qualitätsbewußtsein mitgegeben wurde, was sich bezahlt machte, wenn sie ihre Arbeit in Buchhaltung, Fertigung, Marketing, Entwicklung, Wartung und den Dutzenden anderen Abteilungen dieser komplexen Anlage aufnahmen. Beispielsweise erkannten die Leute, welche die Bedienungsanleitungen für die Kunden schrieben, daß sie erst einmal verstehen mußten, was die Techniker eigentlich wollten. Ein nicht eingeplanter Nebeneffekt des Orientierungskurses bestand darin, daß die meisten Leute im Unternehmen mich später bei meinen Rundgängen erkannten. Überall in der Fabrik sprachen mich die Leute an und unterhielten sich mit mir über Qualitätsprobleme. Das half ihnen, erfolgreich zu sein.

Die Niederlassung in Orlando war erst wenige Jahre alt, als es wegen der Qualität Ärger mit den Kunden gab. Der Fabrikleiter hatte entschieden, die Kosten zu senken. Also strich er die Inspektorenposten in den Werkhallen und überließ die Abnahmeprüfung der Fertigung. All das geschah ohne Schulungen oder Kontrolle. Inspektoren sind nicht moralischer oder ehrlicher als Produktionsarbeiter, aber sie werden ausgebildet, um Prüfungen durchzuführen, und haben Vorgesetzte, die ihre Arbeit überwachen. Es dauerte nicht lange, da hatte fehlerhaftes Material die Fabrik überschwemmt und wurde in Massen an die Kunden ausgeliefert. Der Fabrikleiter und der Qualitätschef wurden entlassen, und Tom Willey, eine altgediente Führungskraft von Martin, wurde zum Leiter der Niederlassung ernannt. Er berief einen neuen Qualitätsleiter namens Jim Dunlop Jr., der keine Erfahrung auf diesem Gebiet besaß, jedoch als Projektmanager sehr erfolgreich gewesen war. Jim bat mich, ihm bei der Umstrukturierung des Qualitätsbereichs zu helfen. Das war eine großartige Gelegenheit, die Fehlervermeidung in einer großen Organisation durchzusetzen.

Willey verbrachte seine Zeit in der Fabrik mit den Mitarbeitern, um herauszufinden, wo die Probleme lagen, und um die Moral der Belegschaft zu heben. Dazu gehörte, daß er die Mitarbeiter in Gruppen zu je 400 einteilte und aufforderte, ihre Ehefrauen in die Fabrik mitzubringen, um ihnen ihren Arbeitsplatz zu zeigen. Im Rahmen eines Abendprogramms gab es eine Führung, ein Abendessen und einen kurzen Vortrag. Alle wurden mit dem gleichen Respekt behandelt. Vielen Führungskräften war ein derart enger Kontakt zu ihren Untergebenen unangenehm.

Damals erkannte ich, daß ich meine Karriere vorantreiben könnte, indem ich als Mittler zwischen Management und Belegschaft fungierte. Je größer die Büros und die Privilegien der Manager werden, desto schwächer wird ihre Beziehung zur Realität. In den Mittelpunkt meines Plans für den Weg ins Topmanagement rückten die Fehlentwicklungen, die anscheinend mit dem Aufstieg in eine Führungsposition einhergingen. Aus irgendeinem Grund begaben sich jene, die in eine Autoritätsposition aufstiegen, in einen Gegensatz zu den Leuten auf jenen Hierachieebenen, denen sie zuvor angehört hatten. Sie schrieben den Untergebenen kategorisch negative Wesenszüge zu. Man bekam überall in den Managementetagen die gleichen Aussagen zu hören:

> „Die Leute wollen nicht wirklich hart arbeiten."
> „Sie interessieren sich nicht für ihre Arbeit."
> „Das einzige, woran sie denken, ist Geld."
> „Kaufe nie ein Auto, das am Montag oder am Freitag gebaut wurde – an diesen Tagen sind die Arbeiter nicht bei der Sache."
> „Man muß ihnen alles langsam erklären, weil sie es sonst nie verstehen."

Die Arbeiter hegten ihrerseits Klischeevorstellungen bezüglich des Managements, dem sie generell vorwarfen, es sei nicht bereit, ihnen zuzuhören und Respekt entgegenzubringen. Diese gedankenlosen Verallgemeinerungen rissen eine tiefe Kluft zwischen den beiden Gruppen auf. Ich entschloß mich, mir weder das eine noch das andere Vorurteil zu eigen zu machen. Ich würde die Leute danach beurteilen, wer sie waren und was sie leisteten. Das Konzept, alle Menschen gleich zu behandeln, ist sehr hilfreich. Es ist der beste Schutz gegen die Versuchung, arrogant zu werden, und Arroganz ist die tödliche Krankheit der Führungskräfte.

Als Jim Dunlop wieder ins Projektmanagement zurückkehren wollte, wurde Jim Halpin Qualitätsleiter. Wir machten Dunlop zum Ehrenqualitätsexperten. Er hatte gute Arbeit geleistet. Halpin war in meinen Augen ein Organisationsgenie. Er wußte wirklich, wie man etwas voranbrachte, und genoß das volle Vertrauen Tom Willeys. Wir starteten eine Kundenoffensive, um unsere Abnehmer davon zu überzeugen, daß wir unsere Fehler erkannt hatten und unsere Organisation nunmehr richtig führten. Jim hatte große Geduld mit mir und lehrte mich, mein Sakko anzubehalten, keine weißen Socken zu tragen und mich präzise auszudrücken. Und er ließ mich Innovationen durchsetzen. Die Pershing war zu unserem größten Projekt geworden, das auf drei verschiedene Abteilungen verteilt war: Boden, Luft und Erprobung. Ich leitete die Abteilung Bodenausrüstung. Als alle Abteilungen in einem Projekt zusammengefaßt wurden, ernannte Halpin mich zum Projektleiter. Die übrigen Manager waren konsterniert, aber Jims Rat entsprechend, suchte ich jeden einzelnen von ihnen in seinem Büro auf und fragte höflich, ob er ein Problem mit meiner Ernennung habe. Allesamt versicherten sie mir das Gegenteil, und ich nahm sie beim Wort. Die Qualitätsabteilung für die Pershing umfaßte über tausend Mitarbeiter; wir hatten also nicht viel Zeit für politische Ränke. Nach einiger Zeit erkannten sie, daß ich wußte, was ich tat, und es gab tatsächlich keinerlei Schwierigkeiten.

Die Entwicklung des Raketensystems kam voran, aber als wir mit dem Abschußprogramm in Cape Canaveral begannen, geriet die Produktion ins Stocken. Das Problem lag bei den Abschlußtests. Diese wurden von den Technikern durchgeführt. Der Grund dafür war, daß das Unternehmen die Tests nicht den gewerblichen Mitarbeitern überlassen wollte, da das zu Konflikten mit der Gewerkschaft führen konnte, die möglicherweise Unterbrechungen verursachen würden. Aus diesem Grund führten Testingenieure und Techniker die Systemtests durch, die zwei bis drei Wochen dauerten. Ich wies mehrfach darauf hin, daß in anderen Bereichen, wo das Testpersonal der unteren Ebenen am Werk war, keine Unterbrechungen auftraten, während die Ingenieure die Systeme jeden Tag neu erfanden. Diese Bemerkung kam beim Topmanagement nicht gut an. Ich war der Meinung, daß man mich als Manager der oberen Führungsebene betrachten und zu den wichtigen Meetings hinzuziehen sollte, da ich eine große Abteilung leitete und ständig in Kontakt mit dem Kunden stand. Doch die meisten Führungskräfte betrachteten die Qualität als etwas, für das wir allein zuständig waren.

Eines Tages begab sich Tom Willey selbst an den Schauplatz der Tests, um herauszufinden, warum die Arbeit steckenblieb. Er erhielt die gewünschten klaren Antworten nicht, also kehrte er in sein Büro zurück und machte einige Telefonanrufe. Das Ergebnis war, daß die abschließenden Tests meiner Abteilung übertragen wurden – der einzigen, die keinen Anspruch darauf erhoben hatte. Wer brauchte all diese Leute und ihre Probleme? Ich zog sämtliche Testingenieure aus der Werkhalle ab und versetzte sie auf die „Galerie“. Wir setzten stundenweise bezahltes Testpersonal ein und sorgten dafür, daß die Testverfahren auf den neuesten Stand gebracht wurden. Dann wies ich die Aufsicht an, die Tests solange laufen zu lassen, bis irgendwo ein rotes Licht aufleuchtete. Darauf stellten wir fest, ob die Rakete selbst nicht in Ordnung war, ob es ein Problem mit den Testeinrichtungen gab oder ob das Verfahren fehlerhaft war. Wir arbeiteten solange an jedem Problem, bis es behoben war. Dann nahmen wir das nächste Problem in Angriff. Dieses Verfahren dauerte seine Zeit, und die Leute wurden sehr ungeduldig – insbesondere in bezug auf meine Person. Aber hier entstand ein weiteres Konzept: Es ist völlig nutzlos zu lernen, wie man das Falsche schnell machen kann. Man ist immer noch gut beraten, wenn man Erfolg durch langsame und stetige Fortschritte anstrebt. Tom Willey und Jim Halpin gaben mir Rückendeckung für meine Strategie, und die ganze Aufregung ließ mich kalt. Das Marine Corps lehrt dich Konzentration auf das Wesentliche; das tut es nicht offiziell, aber es tut es. Nach einer Weile waren wir imstande, innerhalb von 45 Minuten eine Rakete zu testen und festzustellen, ob alle ihre elektronischen Systeme richtig funktionierten. Bald lief der Betrieb reibungslos, die Ingenieure kooperierten bereitwillig und alle waren einigermaßen verblüfft darüber, daß sich die pro Stunde bezahlten Prüfer als verantwortungsbewußt und zuverlässig erwiesen hatten. Das Problem lag darin, daß jene, die sich Sorgen bezüglich der Arbeiter der unteren Ebene machten, niemals selbst auf dieser Organisationsebene gearbeitet hatten. Das war für sie eine fremde Welt.

Doch die Fertigung hatte immer noch ihre eigene Art, mit den Dingen umzugehen. Einmal nahm sie an der Telemetrieausrüstung einige Modifikationen vor, die erst für den nächsten Produktionsgang geplant waren, und schickte diese Ausrüstung dann einer Rakete nach Cape Canaveral nach. Dadurch wurden die gesamten Abnahmeprüfungen sinnlos. Ich rief die Rakete und die Telemetrie zurück, obwohl sie bereits auf dem Weg nach Cape Canaveral war. Das verzögerte alles und trug mir eine Reihe von Verwünschungen ein. Wir testeten das System erneut, nahmen die Korrekturen vor und schickten es mit eintägiger Verspätung auf den Weg. Die Leute, die sich in der Raketenbasis versammelt hatten, um den Flugtest durchzuführen, mußten einen weiteren Tag im Surf Club verbringen. Der Zweck der Übung bestand darin, ein für allemal klarzumachen, daß es uns Ernst mit der Qualität war. Wir hatten

nie wieder ein derartiges Problem. Tom und Jim schützten mich vor der aufgebrachten Menge, die meinen Kopf forderte.
Ich habe mich bereits in *Quality Without Tears* und anderen Büchern eingehend mit dem Null-Fehler-Konzept auseinandergesetzt, daher ist es nicht mehr erforderlich, an dieser Stelle genau darauf einzugehen. Aber der oben beschriebene Vorfall zeigt, warum Null-Fehler notwendig ist. Jene Leute aus der Produktion, welche die Telemetrie auf den neuesten Stand brachten und so dafür sorgten, daß sie nicht mehr zu der Rakete paßte, hatten nie einen Augenblick über die Auswirkungen ihres Handelns nachgedacht. Sie machten einfach ihre Arbeit, so wie sie ihrer Meinung nach sein sollte. Die Einkäufer, die Material und Dienstleistungen beschafften, waren nicht dafür geschult, darüber nachzudenken, daß irgend jemand tatsächlich verwenden mußte, was sie da kauften. Bei unserer Arbeit mit dieser Abteilung begannen wir, die Lieferanten zu Seminaren in die Fabrik einzuladen, um sie dazu zu bewegen, die Dinge richtig zu machen. Diese Seminare wurden regelmäßig durchgeführt, denn wir hatten eine Vielzahl von Lieferanten. Als ich im Jahr 1963 die Leitung der Abteilung Lieferantenqualität übernahm, steckten wir uns das Ziel, Eingangsinspektionen und -tests überflüssig zu machen. Das gelang uns nie zur Gänze, aber wir senkten die Zurückweisungen auf eine geringe Zahl und schickten fast 100 Prozent aller Zulieferungen, die den Qualitätsforderungen nicht entsprachen, zurück. Innerhalb eines Jahres verwandelte sich die Qualität der Zulieferungen von einem großen in ein kleines Problem. Das wurde möglich, weil das Null-Fehler-Konzept tatsächlich Eingang in die Arbeitspraxis des Einkaufs und in das Qualitätsmanagement gefunden hatte.

Etwa zur selben Zeit hatte ich mit den leitenden Personen in der Personalabteilung eine Unterhaltung über meine Zukunft. Sie waren zufrieden mit meinen Leistungen, und ich hatte in kurzer Zeit eine Reihe von Beförderungen erlebt. Doch auf diesem Weg konnte ich nicht mehr weiterkommen. Da ich kein Techniker war und, um es vorsichtig auszudrücken, über keine besonders nützliche Ausbildung verfügte, waren meine Aussichten, eines Tages in die Konzernzentrale zu wechseln, eher trüb. Meine Zukunft lag in einer Funktion als Abteilungsleiter. Ich führe diese Prognose auf die konventionellen Denkmuster in großen Unternehmen zurück. Man ordnet dich stets jener Ebene zu, für die du eingestellt wurdest. Man sah in mir einen „intelligenten jungen Qualitätsexperten", obwohl ich schon sehr viel weiter war. Es war undenkbar, daß ich Direktor werden oder in die Zentrale gehen könnte. Dieses beschränkte Denken gehörte ebenfalls zu den Dingen, die es in einem von mir geführten Unternehmen niemals geben sollte.

Die Folge dieser Zurückweisung war, daß ich begann, mich nach etwas anderem umzusehen. Innerhalb eines Jahres landete ich bei der ITT Corporation in New York. Dort suchte man nach einem Qualitätsleiter, und der Chef eines Zulieferbetriebs empfahl mich. ITT war vor allem im kommerziellen Bereich tätig und operierte im Ausland. Chairman und CEO war Harold Geneen, der das erste Firmenkonglomerat der Welt aufbaute. Mit Eigenkapital kaufte er 500 Unternehmen oder fusionierte mit ihnen. Als ich im Jahr 1965 in das Unternehmen eintrat, betrug sein Umsatz nicht ganz 2 Milliarden Dollar; als ich es 14 Jahre später verließ, war er auf 20 Milliarden gestiegen. Es war ein aufregendes Unternehmen, das mir eine großartige Chance eröffnete. Ihre Besorgnis bezüglich meiner Person betraf, wie ich einige Jahre später erfuhr, zwei Fragen. Erstens: Warum versuchte man bei Martin nicht, mich zu halten, indem man mir eine bessere Stelle anbot? Zweitens: Würde ich nicht zu unflexibel für den freien Wettbewerb sein, wo ich doch aus der Rüstungsindustrie kam? Beide Bedenken wurden ausgeräumt, und im Mai 1965 traf ich in New York ein. Meine Familie und ich fanden ein Haus in Greenwich in Connecticut, das wir uns kaum leisten konnten, und zogen um. Vor allem erinnert sich die Familie daran, wie wir an unserer Kirche in Maitland vorbeifuhren, wobei unsere sechsjährige Tochter Phylis sagte: „Auf Wiedersehen, Gott, wir ziehen nach Connecticut."

ITT war in einer Reihe von Geschäftsfeldern tätig: Telekommunikation, Rüstung, Autovermietung, Halbleiter, Backwaren. Dazu kamen Automobilzubehör, Versicherungen, Hotels, Holzprodukte, Finanzdienstleistungen, Tiefkühlkost und vieles mehr. Es wurde mir sehr bald klar, daß ich niemals alle diese Geschäftsbereiche verstehen würde. Es war ebenfalls klar, daß ein Qualitätssicherungssystem in der Art von Mil-Q-9858 ebenso unwirksam sein würde wie beim Verteidigungsministerium. Meine Aufgabe konnte nur darin bestehen, eine Unternehmenskultur zu schaffen, in der die Konzepte des Qualitätsmanagements so verstanden und praktiziert wurden, wie ich sie im Lauf der Jahre entwickelt hatte. Es schien niemanden zu geben, der gegen Qualität war; vielmehr erwarteten offensichtlich sämtliche Führungskräfte, denen ich begegnete, von mir, daß ich das eine oder andere Wunder bewirkte. Ich besuchte einige Bereiche und gewann den Eindruck, daß ihre Ergebnisse so gut waren wie die anderer Unternehmen. Sie gaben sich im großen und ganzen damit zufrieden, und die Kunden hatten ihre Ansprüche entsprechend angepaßt. Dies war ein frühes Beispiel für das, was man heutzutage als „Benchmarking" bezeichnet. Es hatte nichts damit zu tun, welches Maß an Effektivität und Produktivität tatsächlich möglich war. Wir hatten nicht auffällig viele schwerwiegende Probleme, nur jene, die in jenen Tagen als normal hingenommen wurden. Man kämpfte laufend darum, die Probleme zu finden und zu lösen; jede Einheit hatte ihre Liste von „Qualitätsproblemen". Mein Vorgesetzter dachte, es sei meine Aufgabe, loszugehen und all diese Probleme zu lösen. Ich dachte, unsere Aufgabe bestünde darin zu verhindern, daß diese Probleme überhaupt auftraten. Da ich das einzige Mitglied der Konzernqualität war, war es unmöglich, gleichzeitig in allen Bereichen zugegen zu sein. Also ließ er mich widerstrebend tun, was er ohnehin nicht verhindern konnte.

Ich durchforstete die Organigramme nach Qualitätsexperten in den Produktionsbereichen (in den Dienstleistungen gab es keine). Im Gespräch mit diesen Leuten stellte sich heraus, daß sie alle vom traditionellen Konzept der Fehleraufspürung durchdrungen waren. Es machte sie nervös, daß ich darauf bestand, alles müsse entsprechend den vereinbarten Forderungen getan werden. Sie hatten recht. Sie wurden mit Geld überschüttet dafür, daß sie zuerst all diese Dinge fehlerhaft machten und dann in der Problemlösung Großartiges leisteten.

Um die Aufgabe in Angriff zu nehmen, entschloß ich mich, mein Augenmerk zunächst auf die Unternehmenspolitik und die Ausbildung zu richten. Zuerst mußten wir ein geeignetes Umfeld schaffen, indem wir klare Richtlinien und Verfahren festlegten. Dann mußten die Qualitätsexperten, die Konzernmanager und die Bereichsmanager entsprechend geschult werden. Wir mußten ihnen klarmachen, daß ihr persönlicher Einsatz erforderlich war, um diese neue Kultur zu schaffen. Die meisten Leute, denen ich begegnete, waren sehr interessiert daran, daß ich den anderen den richtigen Weg wies.

KAPITEL

7

ITT – QUALITÄT WIRD BESTANDTEIL DES UNTERNEHMENSGEWEBES

Als ich die Richtlinien und Verfahrenshandbücher durchblätterte (eines dieser Handbücher erklärte auf 85 Seiten die richtige Verwendung des ITT-Logos), stieß ich auf eine Sammlung von Organigrammen. Darin waren sämtliche Tochtergesellschaften in aller Welt samt den Namen ihrer Manager und den Adressen und Telefonnummern aller Standorte aufgelistet. In dem gesamten Kompendium fanden sich nicht eine Qualitätsabteilung und kein einziger Qualitätsmanager. Doch die Informationen genügten, um mir eine telefonische Rundreise durch die amerikanischen Konzernunternehmen zu ermöglichen und meine Qualitätsmanager aufzuspüren. Allesamt waren sie überglücklich zu hören, daß es in der Zentrale jemanden gab, der ihnen helfen wollte. Allesamt ließen sie mich höflich wissen, daß es unmöglich sei, sie zu retten oder zu ihren Chefs durchzudringen. Kaum einer von ihnen war in der Hierarchie auch nur in der Nähe der Führungsspitze angesiedelt; die einzige Ausnahme bildeten ein paar Leute im Rüstungsbereich. Keiner meiner Gesprächspartner hatte auch nur die geringste Vorstellung davon, wie die finanziellen Ergebnisse seines Geschäftsbereichs aussahen. Sie hatten Probleme im Übermaß und waren nicht sicher, ob man ihnen erlauben würde, zu einem Meeting nach New York zu kommen. Die allgemeine Einschätzung lautete, das würde sie zu lange vom Betrieb fernhalten.

Nach dieser ernüchternden Erfahrung untersuchte ich die Unterlagen über die Unternehmenspolitik und die Verfahrensanweisungen genauer auf irgend etwas, auf dem ich aufbauen konnte. Das Unternehmen brauchte eine echte konzertierte Qualitätsinitiative, die auf einer klaren Qualitätspolitik beruhen mußte. Es bedurfte eines klaren Corporate

Statement, welches Diskussionen und Konfrontationen von vornherein ausschließen würde. Ich verfaßte einen solchen Leitsatz:

> Die Qualitätspolitik der ITT Corporation zielt darauf ab, unseren Kunden und Kollegen Produkte und Dienstleistungen zu liefern, welche die vereinbarten Forderungen erfüllen. Gelingt dies nicht, werden wir die Forderungen offiziell ändern und den wirklichen Bedürfnissen unseres Unternehmens und unserer Kunden anpassen.

Ich fügte einige Absätze hinzu, die jede Einheit zur Einrichtung einer Qualitätsmanagementabteilung verpflichteten, welche der Geschäftsführung unterstellt sein sollte und jene Aufgaben erfüllen würde, die der Geschäftsführer und der Qualitätsleiter des Konzerns (also ich) vereinbaren würden. Ich formulierte auch das grundlegende Ziel, „ITT zum weltweiten Qualitätsmaßstab" zu machen. Die für die Ausgabe von Richtlinien und Verfahrensanweisungen zuständige Abteilung befand sich ein Stockwerk unterhalb, also brachte ich meine Notizen hinunter und forderte die Leute auf, meine Qualitätsrichtlinie in Umlauf zu bringen. Bei dieser Gelegenheit erfuhr ich, daß man in den New Yorker Bürogebäuden vom Treppenhaus aus keinen Zugang zu den einzelnen Etagen hatte. Man konnte in das Treppenhaus hinausgehen, aber die Türen zu den Stockwerken ließen sich nicht von außen öffnen. Ich mußte bis in die Eingangshalle hinunterlaufen und von dort mit dem Aufzug ins achte Stockwerk hinauffahren, um in die für die Verfahren zuständige Abteilung zu gelangen. Solche Dinge lehren dich Demut.

Die Leute in der Verfahrensabteilung waren ausgesprochen kooperativ. Sie meinten, daß ich diese neuen Richtlinien zwar formulieren könne, daß diese jedoch der endgültigen Bewilligung durch den CEO Harold (Hal) Geneen bedürften. Ich wollte ihm die Richtlinie persönlich in den zwölften Stock hinaufbringen, aber sie bestanden darauf, ihm das fertige Papier hinaufzuschicken. Also ließ ich sie gewähren, sie taten es, er stimmte sofort zu und ließ mich für die Gesellschaft unterschreiben. Dies war eine gute Strategie. Später erkannte ich, daß diese rasche Reaktion unüblich gewesen war – er hinkte im Schriftverkehr üblicherweise etwa eine Woche nach.

Ich erwartete mir keine Revolution von dieser Richtlinie, aber sie war ein Anfang. Ich sorgte dafür, daß weltweit an alle Qualitätsmanager sowie an ihre Vorgesetzten Kopien geschickt wurden. Die meisten von ihnen hätten das Papier sonst nie gesehen. Es ist interessant, daß die

Unternehmensgrundsätze normalerweise keine große Verbreitung finden, was wahrscheinlich daran liegt, daß sie für gewöhnlich in teure Ledereinbände gefaßt werden.

In dieser großen Konzernzentrale anderen etwas zur Kenntnis zu bringen war nicht annähernd so leicht wie die Aufgaben in meinem bisherigen Leben. Ich hatte kaum Hilfe durch das Sekretariat, und alles dauerte seine Zeit. In einem der Lagerräume stieß ich auf eine alte elektrische Schreibmaschine, die nach einer halbherzigen Suche nach ihrem Besitzer auf meinen Schreibtisch wanderte. Nun konnte ich meine eigenen Memos und Briefe schreiben. Ich schleppte diese Maschine in all den Jahren, die ich bei ITT arbeitete, von einem Büro ins nächste mit. Jeder, der einmal versucht hatte, meine Handschrift zu entschlüsseln, war dankbar für die getippten Briefe. Als einzige Führungskraft, die sich selbst an die Schreibmaschine setzte, galt ich als ein etwas schräger Typ, aber in einer Organisation, in der die Leute alles taten, um nicht aufzufallen, war das durchaus ein Vorteil. Als ich einige Memos und Reiseberichte verfaßt hatte, entdeckte ich zu meiner Verblüffung, daß ihre Adressaten sie tatsächlich lasen. In der Rüstungsindustrie hatte es als schlechter Stil gegolten, Memos zur allgemeinen Kenntnisnahme zu verschicken. Bei ITT hingegen beklagten sich die Leute, wenn sie nicht alles zu Gesicht bekamen, was irgendwer geschrieben hatte. So erhielt ich beispielsweise jeden Tag einen Stapel von mindestens 90 Telexkopien, das heißt sämtliche, die im System verschickt wurden. Als ich versuchte, mich von der Verteilungsliste streichen zu lassen, reagierten die Leute, an die ich mich gewandt hatte, als hätte ich mich in einen Kommunisten verwandelt. Schließlich ging ich dazu über, einfach alle Botschaften wegzuwerfen, die nicht persönlich an mich gerichtet waren.

Als ich mich einmal in dem Materiallager umsah, in dem die Schreibblöcke und Stifte aufbewahrt wurden, entdeckte ich eine kleine Broschüre, die der Konzernchef verfaßt hatte. Sie enthielt eine Anleitung zur Abfassung eines Memos und trug den Titel „Eherne Fakten“. Darin hieß es, man solle die aus einer Geschäftsreise resultierenden Empfehlungen zuerst der Reihe nach auflisten. (Ich erkläre es normalerweise anhand des folgenden Beispiels: 1. Anlage niederbrennen. 2. Das gesamte Management feuern. 3. Den Boden mit Salz durchpflügen, so daß von der alten Flora nichts mehr übrig bleibt.) Dann sollte jede dieser Empfehlungen anhand eines Absatzes näher erläutert werden. In diesem Absatz sollte der Grund für den Vorschlag enthalten sein. (1. Hier wurde noch nie etwas Gewinnbringendes produziert.) Zuletzt sollte der Verfasser seine Meinung offen darlegen. Die Ergebnisse und Empfehlungen können Anlaß zu Diskussionen geben und auch abgelehnt werden, aber deine Meinung kann man dir nicht nehmen. Ob er nun recht oder unrecht hat, der Verfasser des Memos hat das Recht zu sagen, was er denkt.

Ich begann sofort, diese Empfehlung in die Tat umzusetzen, und schrieb von diesem Tag an bei ITT alle meine Berichte in dieser Form. Soweit ich weiß, tat dies außer mir nie jemand. Das gab mir immer wieder zu denken. Wenn der Oberboß ein sinnvolles Berichtschema anbietet, warum sollte man es dann nicht verwenden? Als mir endlich ein Mitarbeiterteam zugeteilt wurde, kostete es mich große Mühe, die Leute von diesem Verfahren zu überzeugen, obwohl sie meine Berichte gern lasen. Nach ein paar Jahren gab ich schließlich den Versuch auf, die Menschen zu ändern. (Eines Tages werde ich ein Buch über die Nutzlosigkeit von Management-Development-Programmen schreiben.)

Meine erste Reise als Qualitätsleiter von ITT führte mich in eine Fabrik im Mittleren Westen der Vereinigten Staaten. Bevor ich mich aus der Zentrale hinauswagte, hatte ich versucht, einen Einblick in die Beziehungen zwischen den Einheiten (so nannte man die Tochtergesellschaften) und der Belegschaft der Zentrale zu gewinnen. Ich hatte die Erfahrung gemacht, daß bei Martin alle die Konzernzentrale in Baltimore haßten. Vielleicht hatte das mit dem Verhalten der Leute in der Zentrale zu tun, vielleicht auch nicht – ich kannte kaum jemanden dort. Bei ITT standen die Mitarbeiter der Zentrale in dem Ruf, sehr hart gegenüber den Leuten in den Einheiten zu sein. Ich zitiere seit Jahren die alte Geschichte, die ich irgendwo gestohlen habe: Die Leute aus der Zentrale sind „wie Möwen – sie kommen angeflogen, kreischen herum, klauen dir dein Essen, scheißen dich voll und fliegen weiter.“ Es schien mir, als würde ein „Experte“ aus der Zentrale, der hilfreich war und keinen Ärger machte, in einer solchen Umgebung herausragen.

Ich verabredete mich telefonisch mit dem Werksleiter, um die Anlage gemeinsam mit ihm zu besichtigen. Ich lehnte sein Angebot ab, mich vom Flughafen abzuholen, und machte mich allein auf den Weg. Ich ging davon aus, daß ich eine bessere Beziehung zu ihnen aufbauen würde, wenn ich mich so verhielt, als arbeitete ich für sie. Ich würde keine Sonderbehandlung beanspruchen. Der Werksleiter war sehr freundlich, und als wir eine Weile zusammengesessen hatten, fragte ich ihn, ob es irgend etwas gäbe, wobei er meine Unterstützung brauchen könne. Was war sein größtes Problem? Nach einigem Zögern entschloß er sich, mir anzuvertrauen, daß in letzter Zeit die Beschwerden von Kunden zugenommen hatten, denen Produkte geliefert worden waren, die nicht ihren Bestellungen entsprochen hatten. Ich bot an, mir die Sache anzusehen. Wir sprachen darüber, welche Funktion ich in der Organisation übernehmen wollte, und diskutierten über die Frage, ob es möglich sei, die Qualitätsphilosophie eines weltweiten Unternehmenskonglomerats zu beeinflussen. Nach einer Weile ließ er den Qualitätsmanager holen und bat ihn, mich durch die Anlage zu begleiten.

Ich verbrachte den Vormittag damit, mich mit den Betriebsabläufen vertraut zu machen. Es handelte sich um einen typischen Fertigungsbetrieb. Es gab ein paar Diagramme zur statistischen Prozeßregelung, aber im Grunde taten sie nichts anderes, als aus kleinen Kästen große zusammenzusetzen. Die Produkte waren gut konzipiert, seit Jahren bewährt und galten als sehr zuverlässig. Der Qualitätsmanager Harry Walters faßte nach einer Weile Vertrauen zu mir und begann, über seine Probleme zu plaudern. Sie hatten eine sehr starke Marketingabteilung, die ständig Druck auf die Fertigung ausübte, die Lieferfristen zu unterschreiten. Die Folge war ein hohes Maß an unnötiger Konfusion. Dazu kam, daß die Marketingabteilung laufend die Konfigurationen änderte, um den Anschein zu erwecken, den Kunden die neueste Technologie anzubieten.

Nach einer gewissen Zeit rief der Werksleiter an, um mich zum Mittagessen in sein Büro einzuladen. Harry brachte mich hinauf, und ich wurde in den Speiseraum für die Führungskräfte geführt, wo mich die Leiter der Abteilungen Marketing, Fertigung und Rechnungswesen erwarteten. Wir wurden einander vorgestellt und begannen eine lockere Unterhaltung, während das Essen aufgetischt wurde. Ich sah mich in dem Raum um, und als mich der Marketingleiter fragte, wonach ich suche, sagte ich, ich fragte mich, wo Harry sei. Er gehöre nicht zu den Führungskräften, erklärte man mir, aber sie könnten ihn heraufbitten. Sie machten ein paar Anrufe, und kurze Zeit später trat Harry ein und krempelte seine Ärmel hinunter. Er wirkte sehr angespannt.

Ich entfachte einen Sturm, während ich mein Essen zu mir nahm und die Manager in ihren Tellern herumstocherten. In solchen Situationen wurde mir klar, was im Konzern und in der betreffenden Branche wirklich vorging. Schließlich kam das Gespräch auf die Qualität, und ich lenkte die Aufmerksamkeit auf das Problem der falschen Produkte, die an die Kunden geliefert wurden. Der Marketingleiter fällte ein vernichtendes Urteil über die Fertigung, deren auf der anderen Seite des Tisches sitzender Leiter die Vorwürfe augenblicklich zurückgab. Schließlich richtete ich an Harry die Frage, worin er die Ursache des Problems sehe. Er zuckte mit den Schultern und sagte, er habe seine Einschätzung in seinem letzten Bericht dargelegt: Das Problem liege darin, daß die Marketingabteilung den Verkaufskatalog geändert habe, ohne die Fertigung davon in Kenntnis zu setzen. Die Folge war, daß sie die richtige Teilenummer lieferten, die sich jedoch auf das falsche Teil bezog. Harry war nicht imstande gewesen, den falschen Ablauf zu stoppen oder irgend jemanden für das Problem zu interessieren. Er wurde nicht zu den Prozeßprüfungsmeetings eingeladen, und niemand las seine Berichte. Er konnte nichts daran ändern, daß sich anscheinend niemand für die Qualität interessierte. Wir beendeten das Essen schweigend. Der Werksleiter kochte innerlich und wartete nur darauf, daß das Mittagessen endete und daß ich mich verabschiedete, damit er den Marketingmann umbringen konnte. Von diesem Tag an wurden Harrys Berichte sorgfältig gelesen, er wurde zu zahlreichen langweiligen Meetings eingeladen und mußte sein Essensgeld im Speiseraum des Topmanagements ausgeben. Anerkennung hat ihren Preis. Harry und ich erkannten beide, daß er mehr über Management und Kommunikation lernen mußte. Das bewegte mich zu der Entscheidung, das ITT Quality College ins Leben zu rufen.

In allen Fabriken schien der Ablauf derselbe zu sein. In der „Geschäftswelt" schenkte niemand dem Qualitätsmanager große Aufmerksamkeit, es sei denn, dieser hatte die richtige Persönlichkeit, was nie der Fall war. (Hatte er viel Persönlichkeit oder war er ehrgeizig, so verließ er die Qualitätsabteilung sofort wieder, denn diese galt als Sackgasse.) Daher brauchten die Qualitätsmanager Hilfe, und zwar sowohl in der Organisation als auch in der Ausbildung. Bei Regierungsaufträgen war vorgeschrieben, daß die Qualitätsabteilung direkt der Organisationsleitung unterstellt war; das führte dazu, daß das Management zumindest vorgab, seiner Qualitätsabteilung zuzuhören. Unsere neue Qualitätspolitik würde dasselbe bei ITT durchsetzen. Doch es lag auf der Hand, daß wir die Qualitätsmanager organisieren mußten, damit sie zu einer einflußreichen Kraft werden konnten. Und wir mußten sie besser schulen.

Die Leute aus dem Finanzbereich – von den Leuten, welche die Stechuhren überwachten, über die Buchhalter bis zu den Controllern –

waren allesamt direkt der Konzernzentrale unterstellt. Die Leiter der Niederlassungen hatten nichts zu sagen, was ihre Aktivitäten, ihre Politik oder auch nur ihre Auswahl anbelangte. Auf diese Art wollte man sicherstellen, daß niemand mit den Zahlen herumspielen konnte, um irgend etwas in einem besseren Licht erscheinen zu lassen. Der Konzerncontroller war ein Bereichsleiter, hatte einen Sitz im Board of Directors und war bei allen wichtigen Sitzungen zugegen. Ich teilte mir eine Sekretärin mit zwei anderen Leuten, hatte das schlechteste Büro im Gebäude und keinen einzigen Mitarbeiter. Ich konnte nur hoffen, daß der Controller genauso angefangen hatte. Wir würden die Qualität ganz anders angehen müssen als das Rechnungswesen. Tatsächlich hätte ich es ohnehin abgelehnt, wenn man versucht hätte, mir alle Qualitätsfunktionen direkt zu unterstellen. Die Leiter der Niederlassungen würden ständig bei mir anrufen und mir vorhalten: „Da haben Sie uns ein paar schöne Clowns geschickt – was gedenken Sie nun zu tun?" Besser, es waren ihre Clowns, nicht meine.

Um die Qualitätsmanager von Beobachtern zu Akteuren zu machen, entschied ich, sie in Quality Councils zusammenzuziehen. Auf diese Art wollte ich ihren Gemeinschaftsgeist wecken und ihnen einen Ort bieten, an dem sie Erfahrungen sammeln und austauschen konnten. Die ersten Quality Councils wurden in der Raketen- und Rüstungsgruppe eingerichtet. Ich lud die Qualitätsmanager aus diesem Bereich, etwa ein Dutzend Personen, zu einem Treffen in eine der Fabriken im Raum Los Angeles ein. Da sie für die Regierung arbeiteten, waren sie daran gewöhnt, zu Meetings zu reisen und in Ausschüssen zu sitzen; daher reagierten sie sofort positiv auf das Konzept der Quality Councils. Ich ernannte einen Vorsitzenden und erklärte ihnen, daß wir ähnliche Gremien überall im Konzern einrichten würden, um die Fehlervermeidung zu einem selbstverständlichen Verhalten zu machen. Die Qualitätsabteilungen würden sehr wichtig und nützlich werden, wenn sie mit mir zusammenarbeiteten und lernten, wie man die richtigen Verfahren durchsetzte. Mangelnde Kooperationsbereitschaft konnte zum entgegengesetzten Resultat führen. Das klang vernünftig für sie, und wir begannen, Pläne für diese Konzerngruppe auszuarbeiten.

Die Leute aus den „kommerziellen" Bereichen waren in einer anderen Lage. Als ich eine Mitteilung aussandte und die Qualitätsmanager einer Gruppe zu einem Meeting einlud, wurde ich mit Anrufen ihrer Vorgesetzten bombardiert, die mir erklärten, sie könnten die Leute in den Fabriken nicht entbehren. Sie machten sich Sorgen, daß nichts ausgeliefert werden würde, wenn es nicht möglich war, die Kunden zu Verzichtserklärungen zu bewegen. Obendrein wurde mir von meinem Chef der Kopf gewaschen, denn er meinte, anstatt Qualitätsmeetings abzuhalten, solle ich lieber Probleme lösen. Meine Antwort lautete, daß es mir eher darum ging, die Probleme von vornherein zu vermeiden, daß unsere weltweiten Qualitätsanstrengungen Kindergartenniveau hätten und daß er sich darüber klar werden sollte, daß ein einzelner Mann, der die ganze Zeit um den Erdball reiste, lediglich einen Nutzen habe – und zwar den, daß die Fluggesellschaften zu ein bißchen Geld kamen. Ich erzählte ihm von meiner Zukunftsvision, daß eines Tages eine Stewardeß an meinen Platz schweben und mir zu meinem 65. Geburtstag als treuem Stammgast eine goldene Uhr überreichen werde. Ich schwor ihm, an jedem Ort, den ich aufsuchte, zumindest ein aktuelles Problem zu lösen und dem Unternehmen genug Geld zu ersparen, um meine Flugreise zu bezahlen. Ich nannte ihm drei Fälle, in denen mir der Controller schriftlich bestätigt hatte, daß dank meiner Vorschläge genug Geld eingespart worden war, um mir zwölf Jahre lang mein gegenwärtiges Gehalt zu bezahlen. Die Möglichkeiten für Verbesserungen waren so zahlreich wie die Muscheln an einem Sandstrand, aber die Betriebe mußten lernen, diese Korrekturen selbst vorzunehmen.

Als wir begannen, einander zu verstehen, erzählte ich ihm vom „Quality College“. Wir mußten zunächst die Qualitätsfachleute und anschließend die Manager der höchsten Führungsebene in Qualitätsmanagement schulen. Wir würden das gesamte Management in Gruppen von jeweils 20 Personen unterrichten. Sie würden etwas über das Management im allgemeinen, über den Umgang mit Führungskräften und über die Schaffung eines Qualitätsverbesserungsprozesses lernen. Das Ziel lautete, ITT weltweit zum Maßstab in Sachen Qualität zu machen. Wenn wir dieses Ziel erreichen wollten, brauchte ich jemanden zur Unterstützung; ich wollte Bob Vincent von Martin holen. Zu meiner Überraschung willigte mein Chef sofort ein, Bob einzustellen, meinte jedoch, ich müsse das selbst mit der Personalabteilung regeln, da er nicht mit ihr zurechtkam. Er würde die Anforderung unterschreiben, aber alles Übrige lag bei mir. Mich einzustellen hatte etwa sechs Monate gedauert, und der Großteil dieser Zeit war für Diskussionen mit der Personalabteilung draufgegangen, obwohl auch einige Zeit durch die Entlassung eines Bereichsleiters verlorengegangen war.

Die Personalabteilung blieb für die kommenden 14 Jahre ein Stachel in meinem Fleisch. Nicht, daß sie etwas persönlich gegen mich gehabt hätten: Sie hatten einfach ihre eigene Art, die Dinge zu tun, und diese mußten sie vom Jupiter oder einem anderen fernen Ort importiert haben. Sie hatten eine Serie komplexer Tests und Beurteilungsverfahren entwickelt, wozu auch ein umfangreiches Gespräch mit einem oder zwei Psychologen gehörte. Die gesammelte Information fand Eingang in ein blaues Büchlein, welches eine Deutung der Persönlichkeit, eine Entwicklungsprognose und eine Geschichte des Bewerbers beinhaltete. Dieses Schriftstück wurde dann dem für die Einstellung zuständigen Spitzenmanager vorgelegt, der das Material verwendete, um eine Entscheidung zu fällen – oder es zu unterlassen. Der Bericht beinhaltete kein Resümee, kein „Ja" oder „Nein". Nach meiner Erfahrung war etwa die Hälfte der aufgenommenen leitenden Angestellten erfolgreich, während sich die andere Hälfte aus dem einen oder anderen Grund bald wieder verabschiedete. Ich war stets der Meinung, daß man anhand eines kurzen Gesprächs unter vier Augen beurteilen konnte, ob eine Person sich für die gestellte Aufgabe eignete. Aber um dieses Urteil fällen zu können, mußte man verstehen, was jemand mitbringen mußte, um in einer Organisation wie dieser zurechtzukommen und nützlich zu sein. Weder die Leute aus der Personalabteilung noch die Psychologen hatten davon die geringste Ahnung. Sie hatten keinen Bezug zur Organisation oder zu deren Kultur, sie lebten auf einem anderen Planeten. Eine Zeitlang führte ich wie jedes Jahr bei der Wahl der Miss America eine inoffizielle Wertungstafel, die ich in meinem Schreibtisch aufbewahrte. Nur ein Viertel der eingestellten Manager blieb länger als 18 Monate im Konzern.

Um eine Genehmigung anzusuchen ist nicht die richtige Methode, will man in einem Großunternemen etwas voranbringen. Niemand, der sich in einer Autoritätsposition befindet, will je irgend etwas ändern. Niemand wird verstehen, warum du etwas Neues einführen oder, was noch schlimmer ist, etwas verändern willst, was dort seit jeher getan wird. Mit Sicherheit wird irgend jemand die Frage aufwerfen, wer genau für die Bewilligung zuständig ist und wie sich diese Neuerung auf andere Tätigkeitsbereiche auswirken wird. Also lernte ich, nicht zu fragen, sondern einfach zu handeln und dabei alle Beteiligten auf dem laufenden zu halten. Wenn du dich so verhältst, glauben sie, daß dir irgend jemand eine Genehmigung gegeben haben muß, und fürchten sich zu fragen, wer das sein könnte. Nichtsdestotrotz muß das, was du tust, eines Tages präsentiert werden. Du mußt deine Neuerung so darstellen, daß sich niemand dadurch bedroht fühlt und keine bestehenden Programme in Frage gestellt werden. Es bedarf großen Geschicks, um die Leute davon zu überzeugen, daß man nur die Absicht hat, ihnen das Leben zu erleichtern und sie erfolgreicher zu machen, ohne dadurch die Kontrolle über sie zu erlangen. Sie sind einfach nicht daran gewöhnt, daß sich jemand nützlich machen will.

Ende 1965 reiste ich nach London und wurde zum bekennenden Anglophilen. Mein Steckenpferd ist seit jeher die Geschichte, und es war ein großartiges Erlebnis, sich inmitten all dieser historischen Schätze zu bewegen. Es dauerte nicht lange, und ich hätte fast als Touristenführer arbeiten können; London ist wie Disney World mit echten Bewohnern. Bei meiner Arbeit mit drei britischen ITT-Einheiten wurde mir klar, daß ich mich in einer völlig anderen Managementwelt befand. Es gab kaum Kontakte zwischen den Schlipsträgern und den Leuten in den Blaumännern. Man mußte kein Experte sein, um zu erkennen, daß die Produktivität sehr niedrig war; eine doppelt so große Belegschaft wie in Amerika leistete halb soviel Arbeit. Es war kaum möglich, irgendwelche Veränderungen durchzusetzen, insbesondere, wenn die Vorschläge von einem Amerikaner kamen. Sämtliche Gesprächspartner hielten es für eine Schande, aber es war nicht zu ändern. Die Briten erwarteten, daß sich die ganze Welt ihnen anpaßte.

Im Rahmen derselben Reise besuchte ich auch die europäische Zentrale in Brüssel sowie die ITT-Niederlassungen in Paris und Stuttgart. Ich wollte herausfinden, worum es in diesem Konzern ging; mein Boß erwartete von mir, daß ich Verbesserungen bei der Hardware durchsetzte. Seine besondere Sorge galt einem Werk in Südengland, das Fernschreiber für die britische Admiralität produzierte. Die Maschinen hatten keine Gnade vor den Augen des Regierungsinspektors gefunden, und das Projekt hinkte weit hinter dem Zeitplan her. Konnte ich hinüberfliegen und sehen, was sich machen ließ?

Ich hatte geplant, mich nach zwei Wochen in Europa auf den Heimweg zu machen. Einige der mit weltweiten Aktivitäten befaßten Kollegen brachten Monate mit einem Auftrag zu; es schien mir nicht ratsam, mich auf ein solches Abenteuer einzulassen. Trotzdem änderte ich meinen Zeitplan und kehrte noch einmal nach England zurück, um das besagte Werk zu besuchen. Sie waren froh, mich zu sehen, aber sie hätten wohl auch Hitler willkommen geheißen, wenn sein Besuch bedeutet hätte, daß ihnen die Brüsseler Zentrale eine Atempause gewährte. Ihr Problem bestand in einem großen Raum voller Fernschreiber, die allesamt mit Plastikfolien abgedeckt waren. Der Regierungsinspektor, ein älterer Gentleman mit dichtem weißem Haarschopf, kam zweimal in der Woche vorbei. Er sah sich jedesmal vier Maschinen an, akzeptierte sie oder lehnte sie ab, und verabschiedete sich wieder. Da mehrere hundert Stück zur Auswahl standen und die Fabrik jeden Tag viel mehr Geräte produzierte, war unschwer zu erkennen, wo der Engpaß lag. Auf meine Bitte hin zeigten sie mir genau, worum es bei der Inspektion ging. Sie diente dazu sicherzustellen, daß die Maschinen den Erfordernissen mechanisch genügten, aber die Geräte wurden nicht angeschlossen und eingeschaltet, um das festzustellen. Es gab ein fünf Zentimeter dickes Spezifikationshandbuch, das genau vorschrieb, wie weit die Tasten voneinander entfernt sein und wieviel Spiel sie haben durften. Diese Spezifikation war von unserer eigenen Qualitätsabteilung festgelegt worden, sie war kein Bestandteil des Liefervertrags. Der Vertrag hielt nur fest, daß die Geräte zuverlässig empfangen und übertragen sollten. Die Qualitätsmessung bezog sich auf eine Telefaxmitteilung von einem bestimmten Umfang und auf die Übertragungsqualität. Weitere Forderungen waren im Vertrag nicht festgelegt.

Gegen allgemeinen Rat bat ich um ein Gespräch mit dem Regierungsinspektor, der, wie sich herausstellte, ein sehr netter Mensch war. Wir gingen zusammen in einen Pub, aßen zu Mittag und unterhielten uns über die Schlacht von Hastings, die ganz in der Nähe stattgefunden hatte. Auf meine Frage, warum er bei jeder Inspektion nur vier Geräte begutachte, sagte er, mehr zeige man ihm nicht. Sein eigentliches Interesse galt der Frage, ob die Geräte Nachrichten übertrugen und empfingen. Er verstand überhaupt nicht, warum die Qualitätsexperten so großes Interesse an all diesen mechanischen Messungen hatten. Wir vereinbarten, daß er am Ende der Woche noch einmal kommen und die folgenden zwei Tage mit uns verbringen würde.

Zurück in der Fabrik, warf ich die mechanischen Spezifikationen weg und half den Leuten, die Plastikabdeckungen von den Geräten zu nehmen. Wir stellten alle 435 Fernschreiber in fein säuberlich angeordneten Reihen auf Tische. Dann grenzten wir zwei Bereiche ab, in denen die Geräte angeschlossen und getestet werden konnten.

Der Inspektor traf ein und stimmte dem Plan zu, stichprobenweise Maschinen auszuwählen, die wir dann für ihn in Betrieb nehmen würden. Wir vereinbarten, daß 15 Prozent der Geräte eine geeignete Stichprobenmenge darstellten. In den folgenden zwei Tagen testeten wir 100 Stück, die ausnahmslos den Qualitätsforderungen entsprachen. Schließlich gab er die gesamte Lieferung frei, und sie wurde an die Admiralität überstellt.

Wir vereinbarten, daß er sich in Zukunft mit der Gesamtheit unserer Prüfung befassen würde, anstatt sich eine spezielle Beurteilung anzusehen. Jedesmal, wenn er das Gefühl hätte, irgend etwas sei fehlerhaft, würde er die Inspektion unterbrechen und spezielle Tests durchführen. Auf diese Art konnte ein stetiger Fluß von Lieferungen die Fabrik verlassen. Dieses Verfahren funktionierte viele Jahre lang. Ich rief meinen Chef an, und er stimmte meiner Heimkehr zu. Das war ein Glück, denn ich stand bereits am Flughafen Heathrow.

Das Rezept, um diese Geräte loszuwerden, bestand in der Erkenntnis, daß die Navy sie verwenden wollte und daß ITT sie loswerden wollte, damit sie endlich bezahlt werden konnten. Die mechanischen Messungen, die ohne irgendeinen vernünftigen Grund vorgeschrieben worden waren, blockierten den gesamten Geschäftsablauf. Niemand erwähnte sie, während wir das Prüfverfahren durchgingen, und soviel ich weiß, kamen sie auch nie wieder zur Sprache. Dies war ein Beispiel dafür, wie man sich selbst und seinen Kunden Schwierigkeiten machen kann, indem man seine eigentliche Aufgabe aus den Augen verliert. Die Europäer lieben Spezifikationen und Qualitätsforderungen, anscheinend können sie gar nicht genug davon bekommen. Wenn keine existieren, schaffen sie welche. Existieren sie einmal, kann man sie nicht mehr abschaffen.

Beim Studium der europäischen Konzernaktivitäten konzentrierte ich mich auf die Telekommunikationsunternehmen in den einzelnen Ländern. Obwohl sie alle im Besitz von ITT standen, hatte jedes von ihnen seine eigenen Initialen: SESA, CITESA, CGCT, SEL, TELCOM und so weiter. In den meisten Ländern war das Telekommunikationsgeschäft zwischen ITT, Ericsson und einigen wenigen anderen Unternehmen aufgeteilt. Die Telefonnetze waren allesamt Staatsmonopole; wir bauten lediglich die Einrichtungen für sie. Aber in sämtlichen Werken saßen Vertreter der staatlichen Behörden mit ihren Abnahmestempeln, ganz so wie die Leute vom Verteidigungsministerium in den Vereinigten Staaten. Mein Ziel war es, diesen Leuten so viel Vertrauen einzuflößen, daß sie uns die Abnahmestempel übergeben und sich in ihre Büros zurückziehen würden. Zu jener Zeit waren sie vielbeschäftigt und nicht besonders glücklich über unseren Qualitätsstandard. Die meiste Zeit saßen die Leute aus unseren Qualitätsabteilungen mit ihnen herum und stritten über diese oder jene Spezifikation, anstatt Probleme zu lösen und zu vermeiden. Wenn es gelingt, die Qualitätsdiskussion von den Produkten oder Dienstleistungen wegzubringen und in den Schriftverkehr zu verlagern, läßt sich der Ärger reduzieren.

Die Qualitätssysteme in diesen Unternehmen entsprachen dem Muster der bei Western Electric entwickelten Qualitätskontrollmethoden. Im Mittelpunkt dieser Methoden standen das Aufspüren und das Beheben von Fehlern. Im Betrieb kam ein Inspektor auf vier bis fünf Arbeiter. Es war nicht allzu schwer zu erkennen, daß sich schon ein bescheidener Schritt zum Einbau von Vorbeugungsmechanismen in die Abläufe innerhalb kurzer Zeit rentieren würde. Die Schwierigkeit bestand darin, diese Unternehmen in einem Dutzend Ländern mit unterschiedlichen Kulturen und Sprachen zu einer solchen Initiative zu bewegen. Ich hatte gelernt, daß Veränderungsinitiativen gerade dann am wenigsten Aussicht auf Erfolg hatten, wenn sie von der Zentrale angeordnet wurden. Die Tochtergesellschaften würden einen Weg finden, jeden Tag um das Zähneputzen herumzukommen, wenn New York ihnen die Mundhygiene vorschrieb.

Jedes dieser Unternehmen hatte einen Qualitätsdirektor, der auf der höchsten Organisationsebene arbeitete. Die meisten dieser Direktoren waren älter als ich und hatten ihr ganzes Leben in dem Geschäft zugebracht, wenn auch nicht immer in der Qualitätskontrolle. Die meisten von ihnen waren Techniker. Georges Borel in Frankreich, Dr. Rudolph Behne in Deutschland und Dr. Enrique Blanco in Spanien waren die wichtigsten Leute. Blanco war ein Qualitätskontrollexperte der alten Schule. Dennoch waren sowohl er als auch die beiden anderen nachdenkliche Männer, die eingestanden, daß die konventionellen Verfahren und Vorstellungen nicht zum Erfolg geführt hatten. Ich behandelte sie mit Respekt, und wir wurden enge Freunde. Ich nahm Kontakt zu ihnen und ihren Kollegen in den anderen Ländern auf und lud sie zu einem Treffen in Paris Anfang des Jahres 1966 ein. Sie waren einverstanden. Meine Botschaft lautete, daß wir einen Executive Quality Council für Europa bilden würden, dem Borel vorstehen sollte, und daß wir einen gemeinsamen Plan für eine Qualitätsrevolution in Europa ausarbeiten würden. Ich entschied mich für Borel, weil er Diplomat und Franzose war. Ich hatte den Eindruck gewonnen, daß alle Europäer untereinander nationale Ressentiments hegten, daß sie jedoch allgemein weniger Abneigung gegen die Franzosen hegten als gegen die übrigen Nationen. Ich weiß, das klingt seltsam, aber darauf lief es hinaus.

Bei unserer ersten Versammlung erklärten sie, daß sie ihren Geschäftsführungen eine Botschaft vorlegen mußten, in der Tim Dunleavy, der Präsident von ITT Europe, der neuen Qualitätsstrategie seinen Segen gab. Auf dem Heimweg besuchte ich zwischen zwei Flügen die Zentrale in Brüssel, verfaßte ein Bekenntnis zur Qualität und legte es Tim vor, der es mit Freude unterschrieb. Er meinte, er habe nichts zu verlieren und viel zu gewinnen. Tim war kein Mensch, der solche Briefe beiläufig unterschrieb; vielmehr war er dafür bekannt, stets auf Distanz zu Leuten zu gehen, die ihn für ihre persönlichen Kreuzzüge zu gewinnen versuchten. Er war nicht in diese Position aufgestiegen, indem er anderen die Koffer getragen hatte. Aber er erkannte, daß das Unternehmen diese Veränderung nötig hatte, wenn es überleben wollte. Ich bat sein Büro, seine Unterstützungserklärung zu verschicken. Als ich am folgenden Montag mein Büro in New York betrat, lagen auf dem Tisch Telexe aus ganz Europa. Die Unternehmensleiter wollten zu unseren Versammlungen kommen, sie waren begeistert von unserer Initiative. In den Vereinigten Staaten und in Südamerika war demselben Vorstoß wenig Erfolg beschieden. Dort half es noch nicht viel, für etwas zuständig zu sein und den Segen der Unternehmensleitung zu haben. Also holte ich die Europäer in die Neue Welt herüber, um den Eingeborenen die Augen zu öffnen. Das hatte eine positive Wirkung.

Wir brauchten etwas, mit dem wir arbeiten konnten, mit dem wir unsere Botschaft verbreiten konnten. Also setzte ich mich mit meiner guten alten Schreibmaschine hin und schrieb eine Broschüre mit dem Titel „Qualitätsverbesserung durch Fehlervermeidung“. Inhalt waren das Konzept des Qualitätsmanagements und die 14 Verbesserungsschritte. Wir mußten die Leute vom Irrweg der Qualitätskontrolle und der statistischen Prozeßlenkung wegführen. Diese Methoden produzierten keine Managementresultate, sondern nur Papierberge und tonnenweise Analysen.

Um diesen Bewußtseinswandel herbeizuführen, nahm ich das Null-Fehler-Konzept in allen ITT-Sprachen auf Band auf. In jenen Tagen verwendete man Tonbänder für solche Aufnahmen; der Kassettenrekorder war noch nicht erfunden. Die Bänder wurden zur Vorführung in kleinen

Schachteln verstaut. Man mußte ein sieben Kilogramm schweres Tonbandgerät mit sich schleppen, wenn man jemandem das Konzept zu Gehör bringen wollte. Aber sofern man nicht ein Dutzend Sprachen lernen wollte, war dies der einzig gangbare Weg. Die PR-Abteilung half mir, das Material zu verteilen. Rich Bennett, einer der Vice Presidents in der Geschäftsführung, begann sich für meine Bemühungen zu interessieren und half mir, das Geld für das Projekt aufzutreiben. Es kostete nicht viel, und eigentlich fiel der Betrag nicht ins Gewicht; das Unternehmen hatte genug Geld und war bereit, es auszugeben. Schwierig war nur, jemanden zu finden, der einem Geld für etwas Neues gab. Schließlich lernte ich, die Dinge einfach in Angriff zu nehmen und mir zu holen, was ich brauchte. Niemand schien sich darum zu kümmern – wir bewegten Milliarden, da brauchte man sich über ein paar tausend Dollar keine Gedanken zu machen. Unternehmen wenden viel Zeit und Geld dafür auf, die Verwendung kleiner Beträge zu überwachen und ihre Mitarbeiter damit zu terrorisieren. Diese Haltung gehörte auch zu den Dingen, die ich ändern würde, sollte ich einmal ein Unternehmen leiten.

Rich hatte seit seinem Einstieg bei ITT großen Einfluß auf die Führung des Konzerns genommen. Geneen stellte gerne intelligente Leute mit Führungserfahrung ein, die er dann einfach ins kalte Wasser warf: sie mußten sich selbst zurechtfinden und sich einen Tätigkeitsbereich suchen. Rich erkannte sehr schnell, daß nur sehr wenige seiner Kollegen viel von der Produktion verstanden. Also stürzte er sich auf die Lagerhaltung. Der Konzern hatte weltweit riesige Lagerbestände, wußte jedoch nicht wirklich, wie groß diese waren oder woraus sie bestanden. Rich sorgte dafür, daß die Lagerbestände weltweit erhoben wurden, und erstattete im General Management Meeting (GMM) Bericht über den schrecklichen Zustand der Lagerhaltung. Ed Schaffer, Leiter der Abteilung Industrielle Entwicklung, der demselben Stab angehörte wie ich, war für all das zuständig. Durch Richs Bemühungen konnten die Lagerbestände gesenkt werden, CEO Harold Geneen war angetan, und bald hatte Rich andere Dinge zu tun. Er wechselte ins Büro des Präsidenten. Er war der Meinung, daß meine Qualitätsbemühungen in die richtige Richtung wiesen, und wurde mein Mentor. Wir berieten einander in vielen Fragen, aber Rich war ein Meister im Umgang mit schwierigen Situationen.

Er entwickelte die Praxis, eine Gruppe von Leuten um sich zu versammeln und in einem Firmenflugzeug verschiedene Konzerneinheiten zu besuchen. Andere hochrangige Manager sahen diese Orte nie, weshalb Rich besser als jeder andere (vielleicht mit Ausnahme von mir) wußte, was da draußen vorging. Ich machte es mir zur Aufgabe, jeden Monat mehrere Einheiten zu besuchen und mich mit verschiedenen Quality Councils zu treffen. Sie berichteten mir ungeschminkt über die Lage. Und ich begleitete Rich auf seinen Rundreisen.

Wir arbeiteten eine Strategie aus, um die Qualitätsbemühungen an den einzelnen Standorten zu unterstützen. Aus den Sitzungen der Quality Councils und aus meinen persönlichen Gesprächen mit den Qualitätsmanagern wußte ich, was in den Einheiten wirklich vorging. Ich bereitete Rich vor, und im Gegenzug holte er die Einschätzung des Qualitätsmanagers ein, wenn die unvermeidliche Betriebsprüfung vor Ort begann. Da die Qualitätsmanager fast nie zu den Prüfungen eingeladen worden waren, sorgte dieses Vorgehen für Unruhe. Die Besprechung wurde unterbrochen, es gab eine kurze Pause, und wenn es weiterging, saß der Qualitätsmanager gemeinsam mit Rich und mir in der ersten Reihe. Nach einer Weile eilte uns die Idee voraus, und wenn wir eintrafen, hatte der Unternehmensleiter bereits den Arm um die Schultern des Qualitätsbeauftragten gelegt.

Als die sieben amerikanischen Quality Councils gebildet waren, lud ich die Gruppen der Reihe nach in die New Yorker Filiale ein, wo wir im Speiseraum des Topmanagements mit Rich oder Tim Dunleavy, der nach seiner Rückkehr aus Europa President wurde, oder sogar mit Hal zu Mittag aßen. Wenn ich sie einander vorgestellt hatte, verließ ich den Raum und ließ die Gruppe mit dem großen Boß allein. Ein Nebeneffekt dieser Begegnungen war, daß sich die Topmanager von ITT an den Qualitätsmanager erinnerten, wenn sie eine Einheit besuchten; den Leiter der Niederlassung hatten sie in den meisten Fällen nie zuvor gesehen. All das führte dazu, daß die Leute zu der Überzeugung gelangten, daß es nicht unbedingt ratsam war, der Qualitätsabteilung ständig Schwierigkeiten zu machen.

Die Abteilung Managemententwicklung führte ein zweiwöchiges Seminar über das Managementsystem von ITT durch, und mein Chef entschied, mich hinzuschicken. Später erklärte er dazu, alle anderen hätten etwas Wichtiges zu tun gehabt und ich sei der einzige gewesen, den er habe entbehren können. Glücklicherweise brauche ich nicht sehr viel Liebe von seiten meiner Arbeitsumgebung. Der Kurs wurde von Beratern von Harbridge House durchgeführt und erwies sich als sehr lehrreich. Sie erklärten wirklich das ITT-System, aber nebenher spielten sie psychologische Spiele, die sehr nützlich für mich waren. Das Seminar fand in einem Club bei Atlantic City statt. Ich ging jeden Tag im Morgengrauen Golf spielen, ganz allein mit einem Caddie. So kam ich pünktlich zum Unterrichtsbeginn. Dasselbe taten wir auch während unserer Meetings in Brüssel. Einige Mitglieder der Gruppe spielten Tennis; einige gingen in den Königlich Belgischen Golfklub und schwangen das Eisen.

Den ersten Seminartag verbrachten wir mit einer Diskussion über den Unterschied zwischen „Linien-“ und „Stabsmanagement“. Diese Debatte war ausgesprochen sinnlos, half uns jedoch, uns aneinander zu gewöhnen. Ich hatte überhaupt nicht gewußt, daß es derartige Seminare gab. Doch hier lernte ich, wie man Führungskräften etwas so beibrachte, daß sie es sich merkten. Es was unmöglich, die Aufmerksamkeit der Teilnehmer zwei Wochen lang zu fesseln, aber ich hatte so lange keine Freizeit mehr gehabt, daß ich wirklich Vergnügen daran fand.

Die Quality Councils regten an, einen Film zu drehen, in dem erklärt würde, worum es bei Null-Fehler wirklich ging. Also überzeugte ich den Verwaltungschef, diese Produktion in das Abteilungsbudget hineinzumogeln. Sobald das erledigt war, nahmen wir Kontakt zu einer Filmgesellschaft auf – Video gab es damals nicht – und machten uns an die Arbeit. Meine Erfahrungen bei Bendix waren dabei von großem Nutzen. Der produzierende Regisseur und ich schrieben das Drehbuch, er engagierte Berufsschauspieler, die ich aus Werbespots kannte, und bald war der Film im Kasten. Der Titel lautete *Zero Defects, That's Good Enough* (Null-Fehler – Gerade gut genug). Der Film fand sehr viel Anklang, und wir ersetzten die Dialoge durch eine Erzählstimme, um leichter Synchronfassungen in allen ITT-Sprachen herstellen zu können.

Das Managementsystem von ITT beruhte darauf, daß für jede Einheit zu Beginn des ersten Quartals eines Geschäftsjahrs die finanziellen Ziele für die nächsten fünf Jahre festgelegt wurden. Davon ausgehend, wurde dann ein Geschäftsplan erstellt, diskutiert und bis zum vierten Quartal verabschiedet. Dann hatte das Stabspersonal die Erfüllung des Plans zu überwachen. Wenn Schwierigkeiten prognostiziert wurden oder eintraten, eilte der Stab zu Hilfe. Es war in Ordnung, wenn man Probleme hatte; nicht in Ordnung war es, Probleme zu ignorieren und nicht um Hilfe zu bitten. Hal wurde zu einer Bestie, wenn er entdeckte, daß schlechte Nachrichten zurückgehalten oder beschönigt worden waren. Jeden Monat wurde im General Management Meeting (GMM) ein Zustandsbericht für den Gesamtkonzern erstattet, und dann flogen all die Manager nach Brüssel, um sich im Europäischen Aktionskomitee und in einer Reihe kleinerer Gruppen mit den europäischen Bereichsleitern zusammenzusetzen. Das taten sie jeden Monat, und ich gab mir größte Mühe, mich dieser Reise zu entziehen. Es war schwierig, Zeit für diese Aktivitäten aufzubringen und gleichzeitig meine Arbeit zu machen. Da ich noch keine Position im Topmanagement innehatte, wurde ich nicht zum GMM eingeladen; mein Chef ging hin und schlief die meiste Zeit.

Das General Management Meeting war das Herz des Konzerns. Es fand jeden Monat in New York statt und dauerte zwei bis drei Tage. Jeder Unternehmensleiter und jeder Stabsmanager verfaßte einen Bericht nach genauen Richtlinien. Diese Berichte wurden in zwei Lederbänden gesammelt und jedem der 80 Teilnehmer zugesandt. Die Versammlung fand in einem großen Konferenzsaal im obersten Geschoß des Konzerngebäudes an der Kreuzung 50. Straße und Madison Avenue statt. Alles, was ich über das Meeting wußte, war, daß hin und wieder auf ein „Qualitätsproblem" hingewiesen wurde, gegen das ich etwas unternehmen sollte. Da ich durch die Quality Councils über gute Beziehungen zu den Qualitätsmanagern verfügte, konnte ich diese anrufen und mir die ganze Geschichte erzählen lassen. Sie wußten, daß ich mir Zeit nehmen würde, um zu verstehen, was wirklich vorging, und daß ich sie nicht in ein schlechtes Licht rücken würde. Sie wußten auch, daß ich selbst dann, wenn sie es mir nicht erzählten, letzten Endes doch herausfinden würde, was wirklich los war. Diese Situation wollten sie vermeiden. Ich konnte sie nicht hinauswerfen, aber ich konnte dafür sorgen, daß sie sich nach einer Luftveränderung sehnten.

Wenn Führungskräfte von einem Qualitätsproblem sprechen, meinen sie damit, daß etwas nicht richtig funktioniert hat. Sie meinen nicht, daß die Qualitätsabteilung an sich dafür verantwortlich ist. Aber andere denken, daß sie genau das meinen. Daher muß bei Forderungen nach Korrekturmaßnahmen unbedingt dargelegt werden, wo die Ursache des Problems liegt, wie es behoben werden soll und wie es in Zukunft vermieden werden kann. Dabei muß man darauf achten, nicht einzelne Personen anzugreifen. „Bekämpft das Problem, nicht die Menschen", sagte Hal Geneen, und er hatte recht. Jedes Problem war in Wirklichkeit anders, als es im Managementmeeting beschrieben worden war; die

Informationen, welche die Unternehmensleitung erhalten hatte, waren nicht vollständig. Daraus lernte ich, keine voreiligen Schlüsse zu ziehen und mich nicht aufzuregen, wenn ein Problem an mich herangetragen wurde. Für Zornausbrüche war später noch Zeit genug. Und nichts war so schlimm, wie es dargestellt wurde.

Mit den Spitzenmanagern machte ich ausschließlich positive Erfahrungen. Sie waren alle offen für meine Vorschläge und waren vollkommen sicher, daß ich all ihre „Qualitätsprobleme" irgendwie lösen würde. Das war nicht, was mir vorschwebte. Aber sie reagierten nur auf Geld: Diesem galt ihre vorrangige Sorge, und anhand des Geldes wurden die Führungskräfte gemessen. Herb Knortz, der Controller, stellte auf meine Bitte hin den Preis der Abweichung fest und stellte mir einige seiner Leute zur Verfügung. Es gelang uns festzustellen, daß mindestens 20 Prozent des Umsatzes in die Überarbeitung fehlerhafter Produkte flossen. Ich erkannte, daß wir nun etwas in der Hand hatten, um die Aufmerksamkeit des Spitzenmanagements auf die Qualität zu lenken. Ich erklärte es Tim und Rich, wollte aber auch Hal in Kenntnis setzen. Also legte ich mich eines Morgens beim Aufzug auf die Lauer. Er kam immer erst um 10 Uhr ins Büro, ging jedoch nie vor Mitternacht. Als er eintraf, sprang ich mit ihm in den Aufzug und hob meine Hand, um ihn davon abzuhalten, das Gespräch zu beginnen, da er es sonst in einen Monolog verwandeln würde. Ich hielt ihm einen Vortrag, den ich seither die „Aufzugrede" nenne:

„Würden wir lernen, Qualität als Erfüllung der Forderungen anstatt als Güte zu definieren, würden wir lernen, an der Vorbeugung anstatt am Aufspüren von Fehlern zu arbeiten, würden wir Null-Fehler statt akzeptabler Qualitätsniveaus zu unserem Leistungsstandard machen, würden wir die Qualität anhand des Preises der Abweichung anstatt anhand von Indizes messen – dann könnten wir unsere Kosten um 20% des Umsatzes senken."

Wir erreichten das 12. Stockwerk, und er stieg aus, während ich in den 13. Stock weiterfuhr. Ich hatte mir gerade eine Tasse Kaffee eingegossen, als Tim anrief und mich aufforderte, meine Vorstellungen beim nächsten GMM zu präsentieren. Als der Tag gekommen war, sah ich in die Augen der Bereichs- und Divisionsleiter. Ihre Mienen erhellten sich, als sie erkannten, daß sie Geld verdienen konnten, wenn sie lernten, wie man die Dinge von Anfang an richtig machte. Von diesem Tag an lebten wir in der Wirklichkeit.

Mitte des Jahres 1968 wurde ich aufgefordert, in Madrid vor der Jahresversammlung der Europäischen Organisation für Qualitätskontrolle (EOQC) zu sprechen (die das Wort „Kontrolle" einige Jahre später aus ihrem Namen strich). Wir vereinbarten, die Versammlung unseres Exekutivausschusses dort abzuhalten und auch den amerikanischen Vorsitzenden des Ausschusses einzuladen. Wir hielten vor der EOQC-Veranstaltung eine zweitätige Versammlung ab. Als ich bei der Konferenz über das Konzernprogramm von ITT sprach, wurden meine Aussagen zu meiner Überraschung von verschiedenen amerikanischen Qualitätsexperten kritisiert. Ihrer Meinung nach bedeutete der Versuch, in einem Unternehmen Null-Fehler durchzusetzen, eine Verschwendung von Energie und stellte die Belegschaft vor eine unlösbare Aufgabe. Der lautstärkste Verfechter dieser Auffassung kam, wie es dort üblich war, zum Rednerpult, um mir eine Frage zu stellen. Bevor er dazu kam, fragte ich ihn, ob er mir erläutern könne, was Null-Fehler bedeutete. Er sah darin ein Motivationsprogramm, welches das Management zu der Einschätzung verleitete, man könne allein dadurch, daß man die Mitarbeiter zu einem Qualitätsbekenntnis bewege, bessere Produkte herstellen. Ich stand vom Tisch auf und ging zu ihm hinüber, legte meinen Arm um seine Schulter und sagte, wenn das Null-Fehler sei, wolle ich auch nichts damit zu tun haben. Bis heute habe ich nicht herausgefunden, warum er darauf beharrte, man müsse hin und wieder Fehler begehen, um menschlich zu sein. Der Einfluß dieser Leute ist zerstörerisch gewesen. Qualitätsfachleute sind so eifrig damit beschäftigt, Variablen zu kontrollieren, daß es ihnen schwerfällt, zu den wirklich nützlichen Aktivitäten vorzudringen.

Mein Vorgesetzter verließ das Unternehmen und wurde durch einen neuen Mann ersetzt. Wir hatten viele Leute im Konzern, die den Job hätten machen können, aber das hätte bedeutet, einen Ersatz für sie suchen zu müssen. Es war leichter, jemanden von außen zu holen, der als Bereichsleiter einstieg. Das erklärt, warum manche Konzerne gute Leute verlieren und gegen Neuzugänge eintauschen, die man bei anderen Unternehmen gerne ziehen läßt. Dieser neue Vorgesetzte reichte in meinen Augen nicht an seinen Vorgänger heran; also entschloß ich mich, nach einem anderen Arbeitsplatz Ausschau zu halten. Das Qualitätsmanagementsystem war aufgebaut; das Quality College arbeitete; ich konnte mit gutem Gewissen gehen. Mein Gehalt stieß langsam an seine Grenzen, und ich hatte jedes Jahr eine große Incentivezahlung erhalten.

Trotzdem verdiente ich immer noch weniger als 40.000 Dollar, was in Greenwich nur Kleingeld war. Es gab für Mitarbeiter auf meiner Ebene keine Aktienbeteiligungen, und ich flog fast jeden Monat in der Touristenklasse über den Ozean. Ich kam zu dem Schluß, daß man mich nicht schätzte, auch wenn man mir das Gegenteil beteuerte. Mein neuer Vorgesetzter ließ mich wissen, daß ich nicht mehr viel weiter vorankommen werde; er war nicht sicher, ob ich in diesem Jahr eine Gehaltserhöhung bekommen würde, da ich seiner Meinung nach bereits sehr gut bezahlt war. Seine Vorstellung von einem hohen Gehalt unterschied sich von meiner. Wie die meisten Führungskräfte, die in der Produktion groß geworden waren, betrachtete er die Leute in der Qualitätsabteilung als minderwertige Menschen, die ein notwendiges Übel darstellten. Es bereitete ihm echtes Unbehagen, daß jemand wie ich auf derart hohem Niveau in einem großen Konzern arbeitete. Ich war der Ansicht, ich sollte auf seinem Niveau oder darüber stehen. Den letzten Anstoß gab er mir, als er mir unter vier Augen anvertraute, ich sei wirklich intelligent genug, um eine gute Position im Unternehmen zu bekleiden, und sollte einmal mit der Personalabteilung darüber sprechen. All die Burschen in den Spitzenpositionen seien nette Kerle, aber sie hätten keine Ahnung davon, was sich im Unternehmen abspiele.

In der Sonntagszeitung stieß ich unter der Rubrik „Hilfe gesucht“ (ich lese wirklich alles) auf die Anzeige einer Gesellschaft, die nach einem Qualitätsleiter suchte. Ich schickte ihnen ein Exemplar von *Cutting the Cost of Quality*, das ein Jahr zuvor in einer Neuauflage erschienen war. Wir verwendeten es in Seminaren, die ich an freien Tagen abhielt, um mein Einkommen aufzubessern. Das Buch verkaufte sich nicht sehr gut und wurde von der Qualitätspresse verspottet, was mich nur in der Überzeugung bestärkte, daß ich auf dem richtigen Weg war.

In der darauffolgenden Woche erhielt ich zu Hause einen Anruf des Headhunters Elmar Davis, der hocherfreut über mein Interesse war. Er hatte sogar schon von mir gehört. Wir vereinbarten ein Treffen in seinem Büro in der 42. Straße. Er führte das detaillierteste Interview meines Lebens mit mir; als er fertig war, wußte er alles über mich. Er leitete die Informationen an seinen Klienten weiter – wie sich herausstellte, war es RCA, das seinen Sitz in derselben Straße hatte. Nach einigen Einstellungsgesprächen machte uns dieses Unternehmen ein Angebot. Dort anzufangen hätte bedeutet, die Uhr zurückzudrehen und noch einmal bei der Unternehmenskultur anzufangen. Aber es war ein sehr viel weniger komplexes Unternehmen als ITT und wuchs auch nicht so schnell. Dennoch war es mein Plan, sobald wie möglich in die Welt hinauszugehen und ein Unternehmen für Qualitätsausbildung und -beratung aufzubauen. Ich wußte nur noch nicht, wie ich dieses Unternehmen zu einem Erfolg machen konnte. Aber ich wußte, wie ich es so führen würde, daß seine Mitarbeiter, Lieferanten und Kunden zufriedengestellt würden.

Mein Freund George Schmidt, den ich von Martin kannte, hatte ein eigenes Unternehmen mit Namen Industrial Motivation gegründet und führte Programme für Qualitätsmotivation durch. Er hatte ein Büro auf der Madison Avenue. Wir trafen uns mehrmals im Monat zum Mittagessen, um einander Mut zuzusprechen. Als John Delorean Pontiac führte, lud er mich ein, vor seinen Mitarbeitern über Qualität zu sprechen. Ich fuhr hin und gewann sie für das Managementkonzept Zero Defects. Das war in jenen Tagen, als die Autobauer acht oder neun Mängel pro Fahrzeug als normale Qualität betrachteten. Als John Interesse an einer Verbesserung der Qualität bekundete, empfahl ich ihm, sich bei der Ausarbeitung seines Kommunikationsprogramms von George beraten zu lassen, der bei Martin in Orlando im ursprünglichen Qualitätskomitee gewesen war. Pontiac war eine Zeitlang sehr erfolgreich und senkte die Zahl der Fehler und die Gewährleistungskosten erheblich, aber es gelang damals nicht, die Muttergesellschaft (GM) vom Null-Fehler-Konzept zu überzeugen. Als John zu Chevrolet wechselte, hatte alles ein Ende.

Als ein Angebot von RCA bevorstand, fragte mich Elmer, wie ITT meiner Meinung nach reagieren würde. Darüber hatte ich nie nachgedacht. Ich sagte, sie würden mir alles Gute wünschen und die Qualität hoffentlich in Bob Vincents Hände legen. Ich konnte aus diesem Bunker, in dem sie mich von den wirklich führenden Köpfen fernhielten, nichts mehr für sie tun. Er rang mir das Versprechen ab, daß ich ihm einen Ersatz besorgen würde, falls sie mich zum Bleiben überredeten. In der Überzeugung, daß es dazu nicht kommen würde, willigte ich ein. Als ich meinem Vorgesetzten eröffnete, daß ich das Unternehmen verlassen würde, sagte er, ich müsse zu Dunleavy (dem Präsidenten) gehen. Aber ich konnte nicht zu ihm oder zu Rich oder Hal vordringen. Die Personalabteilung redete nicht mit mir; es gab niemanden, bei dem ich kündigen konnte. Die Ferienzeit begann gerade, Schnee und Eis machten sich breit, und meine Familie und ich wurden langsam nervös. Also packten wir die Kinder ins Auto und fuhren nach Orlando, um etwas Wärme und Freundschaft zu genießen. Wir suchten uns ein Hotel mit beheiztem Pool und begannen darüber nachzudenken, was wir tun sollten.

Wir waren zwei Tage dort, als das Zimmertelefon klingelte. Hal rief aus Brüssel an. Er entschuldigte sich dafür, daß er meinen Urlaub unterbrach, bot an, zur Entschädigung den Familienausflug zu bezahlen, und erklärte, er hoffe, ich werde im Unternehmen bleiben. Sie würden mich zum Vice President machen und direkt dem Büro des Chairman unterstellen, sie würden mein Gehalt auf 50.000 Dollar erhöhen, mir eine große Aktienoption geben und mir mit sofortiger Wirkung (also für das ganze Jahr) die Bonuszahlungen für das Spitzenmanagement zukommen lassen. Er sagte, die Leiter der Einheiten hätten ihn angerufen und ihn gebeten, mich nicht gehen zu lassen, da ich die einzige nützliche Möwe im Konzern sei. Ich war überwältigt und murmelte: „Ja". Er dankte mir und legte auf.

Rich erzählte mir später, Hal habe gesagt, ich hätte ihnen mitteilen sollen, daß ich unzufrieden sei, aber Rich hatte ihm entgegengehalten, es sei schließlich ihre Aufgabe als Spitzenmanager, solche Dinge in Erfahrung zu bringen. Er wußte, daß ich nie darüber sprechen würde. Es stimmt, daß es zu den wichtigsten Aufgaben der Führungskräfte gehört, sich über die Einstellungen und Gefühle ihrer Untergebenen kundig zu machen. Ich wollte nicht wegen des Geldes oder wegen meiner Stellung kündigen; es lag einfach daran, daß ich das Gefühl hatte, sie brauchten mich nicht. Klingt wohl ein wenig dumm für jemanden, der als harter Bursche gilt.

Ich hatte kurz zuvor ein Buch mit dem Titel *The Strategy of Situation Management* fertiggestellt. Als der Verleger es gerade ausliefern wollte, entdeckten wir, daß in meinem Lebenslauf auf dem Einband RCA genannt wurde. Ich stoppte die Veröffentlichung, aber 2000 Exemplare waren bereits ausgeliefert. Hin und wieder läuft mir jemand über den Weg, der eines dieser Exemplare mit dem falschen Lebenslauf besitzt. Die Leute bitten mich um ein Autogramm, und ich tue so, als wollte ich das Buch in meine Tasche wandern lassen. Es ist ein Sammelstück, wenn es auch nicht so begehrt ist wie die Briefmarken mit dem auf dem Kopf fliegenden Flugzeug.

Nachdem sich die Lage wieder beruhigt hatte, ging einer meiner Kollegen ins Büro des Chairman und kündigte an, wenn man ihn nicht

„so wie Phil“ zum Vice President mache, werde er kündigen. Er wurde noch am selben Tag nach Hause geschickt. Dieses und eine Reihe anderer Ereignisse ließen mich erkennen, daß mein Vorgehen nur deshalb von Erfolg gekrönt gewesen war, weil ich diesen Erfolg nicht beabsichtigt hatte. Die Leute von ITT hatten nie das Gefühl gehabt, daß ich sie erpressen wollte. Später fand ich heraus, daß Hal Mr. Sarnoff über den Stand meiner Verhandlungen mit RCA befragt hatte, um sicherzugehen, daß keine Streiterei zwischen den beiden Unternehmen entstehen würde.

Im Dezember 1968 wurde ich bei einer Board-Sitzung zum Officer bestellt und zum jährlichen Weihnachtsessen eingeladen. Viele der Einheiten hatten kleine Geschenke mit ihrem Logo geschickt, die nun unter den Führungskräften und Direktoren verteilt wurden. Unter den Geschenken waren Dinge wie Schlüsselanhänger, Taschenlampen, Uhren und dergleichen, lauter an sich nicht wertvolle Aufmerksamkeiten. Sie stapeln sich bis heute in Kisten und Schubläden. Das Bäckereiunternehmen schickte jedem von uns einen Obstkuchen. Ich suche immer noch nach jemandem, der jemals von diesem Obstkuchen aß. Im Lauf der Jahre habe ich die Theorie entwickelt, daß es in Wirklichkeit nur ein Dutzend dieser Obstkuchen gibt, die lediglich vom einen zum anderen weiterverschenkt werden. Wir verwendeten unseren als Türstopper.

Beim Buffet nahm mich Tim beiseite und forderte mich auf, ihm einen Vorschlag zu machen, wie viele Mitarbeiter und welches Budget ich benötigen würde, um in Sachen Qualität etwas voranbringen zu können. Ich bat um vier Leute, dazu zwei Sekretärinnen und einen Koordinator für das Quality College. Das Personal wurde rasch bewilligt; wir waren der kleinste Stab in der Zentrale. Trotzdem wurden wir zum bekanntesten.

Hal hatte Gefallen an dem Zero Defects-Film gefunden und wollte ihn dem Board vorführen; er war der Meinung, es sei an der Zeit, mit der Qualität ernst zu machen. Also wurde ich für die Teilnahme am nächsten gemeinsamen Essen des Board of Directors eingeplant, wo ich einen kurzen Vortrag über Qualität halten und den Film vorführen sollte. Tim schlug vor, ich solle meine Ausführungen schriftlich zusammenfassen, damit die Board-Mitglieder vor der Sitzung einen Blick darauf werfen könnten. Das war nicht meine übliche Praxis. Ich hielt zwar nie einen Vortrag, ohne vorher darüber nachzudenken und ihn auch niederzuschreiben. Dennoch wollte ich nie an die Notizen gebunden sein, und ich würde sicher niemals eine Rede ablesen. Ich ziehe es vor, die Gruppe einzuschätzen, bevor ich mich entschließe, wie ich mich an sie wende. Das, was für ein Publikum geeignet ist, kommt bei einem anderen möglicherweise nicht an. Aber da ich ein gehorsamer Mensch bin, schrieb ich einige Seiten nieder und schickte sie allen dreien zu. Tim und Rich machten Änderungsvorschläge, die ich ignorierte, während Hal nichts sagte. Mit ihm zu kommunizieren war wie ein Gespräch mit dem Mars. Man schickte die Botschaft los, und wenn man glaubte, sie sei irgendwo im All verlorengegangen, kam die Antwort. Er hatte seine eigene Zeitkrümmung.

Beim Mittagessen im Board hatte ich Gelegenheit, einer Gruppe hoher Tiere beim Geplauder über die Weltlage und die Wirtschaftsentwicklung zuzuhören. Sie alle kannten Gott und die Welt, und es war ein Vergnügen, einfach dazusitzen und in diese neue Umgebung einzutauchen. Nach dem Essen erhob sich Hal, um mich kurz vorzustellen und meine Wirkung auf den Konzern zu beschreiben. Dann ging er ohne irgendeine Vorbemerkung dazu über, meinen Vortrag zu halten. Er hatte ihn im Gedächtnis gespeichert und rezitierte ihn einfach. Ich bin davon überzeugt, daß er nicht die geringste Vorstellung davon hatte, woher das alles stammte. Als er nach etwa fünf Minuten zum Ende kam, gab er mir ein Signal, das Wort zu ergreifen, aber ich hatte nichts mehr zu sagen. Ich erhob mich, lächelte in die Runde und bedeutete dem Mitarbeiter, der das Vorführgerät bediente, den Film zu starten. Als die Vorführung beendet war, hatte ich mir eine neue Rede zurechtgelegt, die wunderbar paßte. Danach forderte Hal eine andere Führungskraft auf, bei der nächsten Sitzung eine Präsentation durchzuführen. Diese mißlang jedoch, weil der Betreffende vom Thema abkam und einen schlechten Eindruck hinterließ. Niemand möchte, daß ein Board mit der Erinnerung an einen mißlungenen Auftritt auseinandergeht. Daher wurde John Monaghan engagiert, der die Aufgabe hatte, die Spitzenmanager auf derartige Präsentationen vorzubereiten. Von diesem Tag an wurde jeden Monat ein Vortrag gehalten.

Die verbreitete Einschätzung, Führungskräfte aus Unternehmen seien normalerweise keine guten Redner, ist ein Klischee, wenn sie auch häufig zutrifft. Wenn eine wichtige Person vor Menschen spricht, über die sie Macht hat, ist es nicht sehr wichtig, wie geübt diese Person als Redner ist. Wenn dieselbe Person jedoch vor Fremden oder vor Personen spricht, die ihr nicht unterstellt sind, hängt der Eindruck, den sie hinterläßt, von ihrem Auftreten am Rednerpult ab. Unglücklicherweise sind sich nur sehr wenige Spitzenmanager dieser Tatsache bewußt, und niemand möchte sie darauf hinweisen. Ich habe beobachtet, daß sie sich verbessern können, wenn sie von Fachleuten wie John betreut werden, obwohl sie auch dann nie wirklich gute Redner werden. Sie können einwandfreie Auftritte absolvieren und geraten nicht in Verlegenheit, aber sie werden nie erfolgreich, weil sie sich nie wirklich darüber klar werden, daß sie ein Problem haben.

KAPITEL 8

ITT – DIE KONZEPTE WERDEN ANGEWANDT

Mittlerweile war eine gewisse Routine in mein Leben bei ITT eingekehrt. Die Absolventen des Quality College wirkten in allen Teilen der Welt, in den meisten Unternehmen liefen Verbesserungsprogramme, und das Topmanagement nahm seine Verantwortung für die Gesamtheit der Konzernaktivitäten ernst. Die anfänglichen Auseinandersetzungen, die in den Direktorenversammlungen über die Frage geführt worden waren, was „gut genug" sei, hatten ein Ende gefunden. Anstatt nur über die Qualitätsergebnisse zu debattieren oder die Qualitätsabteilung für alle Probleme verantwortlich zu machen, hatten die Führungskräfte eingesehen, daß sie persönlich in der Pflicht standen, und verfochten den Null-Fehler-Standard. Auch hatten sie erkannt, daß ihnen all dies ihre Arbeit sehr erleichterte. Nun konnten sie sich auf die Zukunft konzentrieren, anstatt ihre Zeit mit der Überlegung zuzubringen, ob in der Vergangenheit das Richtige getan worden war.

Das ‚Ring of Quality'-Programm fand weltweit großen Anklang. Die Mitarbeiter wurden aufgefordert, eine Person zu nominieren, die sie im Hinblick auf die Qualitätsleistungen als ihr persönliches Vorbild betrachteten. Vorgesetzte durften nicht genannt werden. Jedes Jahr überreichte der Präsident im Rahmen feierlicher offizieller Abendessen in den Vereinigten Staaten und Europa rund 25 Ringe. In anderen Teilen der Welt wurden spezielle Preisverleihungen durchgeführt. Hochrangige Führungskräfte, die sich besonders um die Qualität verdient gemacht hatten, erhielten spezielle Ring of Quality-Auszeichnungen von den Exekutivausschüssen. Dieses Programm hatte in jeder Hinsicht positive Auswirkungen. Niemand beklagte sich über die Auswahlkriterien für die Preisempfänger, da diese ja von ihren Kollegen nominiert worden waren. Diejenigen, die nominiert worden waren, jedoch keine Ringe erhalten hatten, bekamen spezielle Reversanstecker und ein von mir unterzeichnetes Zertifikat. Dieses wurde ihnen üblicherweise im Rahmen eines festlichen Essens von ihrem General Manager überreicht.

Wir drehten einen neuen Film mit dem Titel *Why Me?*, der von einem Manager handelte, welcher versuchte, alle außer sich selbst für seine Probleme verantwortlich zu machen. Ich sorgte persönlich dafür, daß Thema und Dialoge für die Asiaten und Europäer verständlich waren. Wir setzten bekannte Fernsehschauspieler ein, und der Film fand großen Anklang. In jenen Tagen gab es kein Video; wir mußten 16-Millimeter-Filme drehen. Produzent Bob Weimer und ich fochten erbitterte Auseinandersetzungen über das Konzept aus, arbeiteten dann jedoch beim Skript reibungslos zusammen. Der Film kritisiert die Einstellung der Spitzenmanager und gibt ihnen keinen Raum für Ausflüchte.

Mittlerweile hatte der Qualitätsgedanke im gesamten System große Fortschritte gemacht. Die Verantwortlichen waren sich der Bedeutung von Qualität bewußt und übernahmen persönliche Verantwortung für ihre Durchsetzung. Die Experten für Qualitätskontrolle, die sich der Vorbeugungskultur nicht hatten anpassen können, waren ausgesondert und durch einen neuen, weniger technischen Typ von Qualitätsmanager ersetzt worden. Die Zusammenarbeit mit den Exekutivausschüssen war ein Vergnügen; wir veranstalteten großartige Treffen in Europa, bei denen wir miteinander essen gingen und Freundschaft schlossen. Dies bedeutete einen großen Schritt vorwärts gegenüber dem Mißtrauen und der Verwirrung, die unsere ersten Begegnungen geprägt hatten. Bei einer der ersten Versammlungen erklärte man mir, ich würde sehr hart arbeiten müssen, um all die verschiedenen Vorstellungen und Interessen der einzelnen Qualitätsmanager zu verstehen. Meine Antwort lautete, das Gegenteil sei der Fall: Sie würden lernen müssen, mich zu verstehen, wenn sie je eine konkrete Qualitätspolitik und einen Plan für ihr Vorgehen haben wollten. Sie reagierten positiv auf meine Forderung, und von da an pflegten wir eine vollkommen unpolitische Beziehung. Sie machten es sich zur Aufgabe, den Kunden genau das zu geben, was diese wollten.

Auch die Leute aus dem operativen Bereich wurden in dieser Hinsicht verantwortungsbewußter. Es gab niemanden, der versuchte, minderwertige Produkte hinauszuschmuggeln, um einen Termin einzuhalten; ein solches Vorgehen wurde zur verpönten Verhaltensweise. Das Rollenmodell des findigen Managers, der in jeder noch so schwierigen Situation liefern konnte, verlor seine Gültigkeit. Vielmehr begann das

Management, denjenigen Anerkennung zu zollen, die ihre Aufgabe ordentlich erfüllten und auf Kunstgriffe und Improvisationen verzichteten. Die Unternehmensleitung wollte den Erfolg nicht länger ständig der drohenden Niederlage abringen; sie wünschte sich einen reibungslosen Ablauf. Denn dieser war weniger kraftraubend und sehr viel gewinnbringender. Und er erleichterte das Management.

Sheraton hatte unter Bud James die erste Initiative im Dienstleistungsbereich gestartet, und bald darauf begann sich auch Hartford Insurance damit zu befassen. In der Fusionsvereinbarung für Hartford war festgehalten, daß sich die ITT-Zentrale einige Jahre nicht in ihre Angelegenheiten mischen durfte, aber sie baten darum, daß wir von der Qualitätsabteilung ihnen einen Besuch abstatteten. Ich deutete ihr Ansuchen so, daß sie ihre Bereitschaft zur Einbeziehung der Konzernzentrale unter Beweis stellen, gleichzeitig jedoch verhindern wollten, daß die gestrengen Leute aus den Bereichen Finanzen und Betrieb die Nase in ihre Angelegenheiten steckten. Mit unserem Treffen begann eine sehr erfolgreiche Qualitätsinitiative bei Hartford.

Der Chairman Harry Williams nahm mich eines Tages mit in sein Büro und zeigte mir ein lebensgroßes Gemälde eines früheren Chairman in steifer Haltung, mit Taschenuhr und wallendem Mantel. Harry sagte, er unterschreibe nie etwas, ohne vorher einen Blick auf das Bild zu werfen und sich zu vergewissern, ob die Miene dieses Herrn Zustimmung ausdrückte. Er hatte den Eindruck, seinem Vorgänger gefiel die Idee, zu versuchen, die Dinge von Anfang an richtig zu machen. Die Unternehmen außerhalb des Fertigungssektors erkannten nur schwer, daß etwa die Hälfte ihrer Aktivitäten der Überarbeitung fehlerhafter Tätigkeiten diente. Dinge, welche die Hotels als fürsorgliche Betreuung des Gastes betrachteten, waren in Wirklichkeit Nacharbeiten. Versicherungsunternehmen schienen ihre Policen nur selten beim ersten Versuch richtig auszustellen. Mittlerweile verfügen sie über Computer, die ihnen helfen, bessere Leistungen zu erbringen, aber ihre Tätigkeit ist immer noch von einer großen Umständlichkeit gekennzeichnet, die sie oft als unvermeidlich betrachten. In diesen Branchen beträgt der Preis der Abweichung 40 Prozent der Betriebskosten. Die Ausbildung der Führungskräfte, die derartige Unternehmen leiten, weist einige weiße Flecken auf, was das Verständnis der eigentlichen Arbeitsabläufe betrifft. Sie scheinen mehr Zeit mit dem Versuch zu verbringen, ein narrensicheres System zu entwickeln, als damit, den Mitarbeitern beizubringen, wie sie ihre

Aufgaben im Rahmen des vorhandenen Systems am besten bewältigen können.

Ich fand überall um mich Inspiration zu persönlicher Kreativität. Das war einer der Vorzüge einer derart großen und vielgestaltigen Organisation. Beispielsweise prüfte ich bei der SEL-Fabrik in Mannheim das Programm zur Kosteneliminierung (ich hatte ihnen beigebracht, „Senkung“ durch „Eliminierung“ zu ersetzen) und fand heraus, daß sie im Vorjahr 250.000 Dollar eingespart hatten. Der Manager sagte mir, sie hätten 1000 Mitarbeiter. Ich rechnete mir im Kopf aus, daß sich die Einsparungen auf 250 Dollar pro Person beliefen, was bedeutete, daß jeder Mitarbeiter im Lauf dieses Jahres einen Dollar pro Tag eingespart hatte. Auf dem Rückflug nach Brüssel entwarf ich auf einer Serviette, auf der mir mein Mineralwasser serviert worden war, das „BAD“-Programm. „BAD“ stand für „Buck a Day“ (Ein Dollar pro Tag). Wenn wir die Mitarbeiter dazu bewegen konnten, ihre Tätigkeit unter die Lupe zu nehmen und täglich einen Dollar einzusparen, konnten wir mit geringem Aufwand eine umfangreiche Kosteneliminierung bewerkstelligen. Mir schwebte vor, ein Formular für Einsparungsvorschläge zu verteilen, das nicht größer als eine Seite sein sollte. Jeder, der eine Idee einreichte, würde eine Kaffeetasse mit der Aufschrift „I had a BAD idea“ erhalten. Das wäre der ganze Preis. Dann würde irgend jemand einmal im Monat aus den eingeschickten Vorschlagsformularen eines auswählen und dem Absender als Anerkennung den besten Parkplatz zuerkennen. Wir könnten Plaketten mit Aufschriften wie „BAD makes cents“ oder „The BAD guys ride again“ verteilen. Ein echter Werbefeldzug. Einige der Gruppen griffen die Idee sofort auf und probierten sie, wie vorgeschlagen, einen Monat lang aus. In allen Fällen betrug die Beteiligungsrate 100 Prozent (gegenüber 5 oder 6 Prozent in Vorschlagsprogrammen), und das Einsparungsziel wurde übertroffen. Einige Bereiche wollten eine Beteiligung nicht einmal in Erwägung ziehen, obwohl es zahlreiche positive Kommentare und Beweise für ihren Nutzen gab. Nach einigen Jahren fragte George Schmidt, ob er BAD in das Produktangebot seiner Firma Industrial Motivation aufnehmen dürfe. Ich willigte ein und half ihm bei der Vorbereitung des Materials. Mit ITTs Zustimmung zahlte er mir eine Nutzungsgebühr. Auch heute, nach fast 20 Jahren, arbeitet George immer noch mit dem Programm.

Anfang 1972 erlitt ich einen Herzinfarkt, was mir vor Augen führte, daß ich nicht unsterblich war. Das Erlebnis schockierte alle, mich eingeschlossen, aber es überzeugte mich davon, daß ich das Rauchen aufgeben und meine Gesundheit in Zukunft ernster nehmen mußte. Und ich entschloß mich, von nun an nichts mehr zu tun, was ich nicht tun wollte. Ich würde nicht mehr zu Meetings reisen, bei denen nichts Brauchbares herauskommen würde. Ich würde mich nicht mehr in Ausschüsse setzen, und ich würde keine Dinge mehr tun, die mich von meiner Familie fernhielten. Während ich im Krankenhaus von Greenwich lag, rief ich nicht einmal im Büro an; statt dessen las ich viel und sah mir die Nachrichten an. Mein kurz zuvor veröffentlichtes Buch *The Art of Getting Your Own Sweet Way* erhielt gute Kritiken, und ich genoß die eintreffenden Besprechungen. Es war eine schöne Erfahrung. Die Geschichte meines Herzinfarkts und meiner Genesung floß in mein Material ein und wurde in dem 14 Jahre später entstandenen Buch *Quality Without Tears* verarbeitet. Als ich mich von meinem Herzinfarkt erholte, lernte ich, daß die Gesundheit von Menschen wie auch von Unternehmen wesentlich von ihrem Lebensstil abhängt. Und bei Menschen wie Unternehmen entscheidet ihre Einstellung über Erfolg oder Mißerfolg.

Ich begann, mir Gedanken über die Zukunft zu machen. ITT hatte ein ausgezeichnetes Programm zur Altersversorgung, und mit ein wenig Glück konnte ich, sollte ich 55 Jahre alt werden, im Jahr 1981 Gebrauch davon machen. Zu diesem Zeitpunkt konnte ich mich selbständig machen und eine Karriere in der Qualitätsmanagement-Ausbildung anstreben. Ich begann mich wirklich zu langweilen, da bei ITT keine große Herausforderung mehr auf mich wartete. Trotzdem geschahen immer noch viele interessante Dinge.

In einer der großen Telekommunikationsfabriken in Europa fand man heraus, daß sich auf den Oberflächen von Schaltsystemen nach einjähriger Verwendung Fingerabdrücke abzeichneten. Das war insbesondere in den tropischen Regionen oder in anderen Umgebungen mit hoher Luftfeuchtigkeit der Fall. Die Installationen bestanden aus großen Regalen mit Schalteinheiten in Stahl- und Aluminiumrahmen. Obwohl das Metall bearbeitet und beschichtet worden war, kam es zu dieser Ausbleichung und schließlich zur Zerstörung. Das Beschichtungsverfahren wurde modifiziert und verbessert. Doch die Fabrikleitung war der Meinung, das Problem sei nicht zu lösen, da nur die Fingerabdrücke bestimmter Menschen diese Reaktion hervorriefen. Man glaubte, insbesondere auf den Fingerspitzen menstruierender Frauen bilde sich leicht eine Säure. Es bedurfte lediglich einer Berührung der Metallrahmen – und diese konnten nicht montiert werden, ohne sie zu berühren.

Ich erklärte dem Betriebsleiter, sie benötigten ein „Null-Fingerabdrücke"-Programm, was ihn und seine Leute zum Lachen brachte. Doch etwa zwei Wochen später begann er, Meetings mit den Mitarbeitern abzuhalten, um das Problem zu beheben. Das Ergebnis war, daß sie kistenweise Baumwollhandschuhe kauften und eine Anweisung ausgaben, um die Metalloberflächen sauber zu halten. Man verteilte Handschuhe an Besucher und wies sie an, unter keinen Umständen irgend etwas zu berühren. Der Betriebsmanager wurde von da an nur noch Mr. Zero Fingerprints genannt, und bald meldeten sich die anderen Fabriken zu Besuchen an, um sich anzusehen, wie das Problem gelöst worden war. Das Problem war beseitigt, und bald wurde das neue Verfahren zur üblichen Praxis. Es war so, als trügen die Arbeiter Schutzbrillen.

Die schwierigste Aufgabe bestand darin, das Topmanagement zur Mitarbeit zu bewegen. Die Spitzenmanager rührten ohnehin nie etwas in der Fabrik an und sträubten sich starrhalsig dagegen, bei Besuchen in den Werkhallen Handschuhe zu tragen. Aber der Betriebsleiter lud eine Gruppe New Yorker Führungskräfte ein, während des Unternehmensplanungsmeetings auf einen Besuch vorbeizukommen, und als sie aus dem Bus stiegen, trugen sie alle Handschuhe. Damit war der Widerstand gebrochen.

Mitte der siebziger Jahre sank der Preis der ITT-Aktien infolge einiger unglücklicher politischer Ereignisse unter das angepeilte Niveau, und es traten erhebliche Probleme auf. Hal schien – das war zumindest mein Eindruck – ein wenig von seiner Begeisterung für die Komplexität der Organisation verloren zu haben. Er begann, mehr Tätigkeiten zu delegieren, gab jedoch nie die Kontrolle aus der Hand. Ein neues elektronisches Schaltsystem verschlang in der Entwicklungsphase sehr viel Geld und drohte, niemals über die Testphase hinauszugelangen, es sei denn, das Projekt würde endlich von einer entschlossenen Führungspersönlichkeit vorangetrieben. Aber für einen jungen Tiger war es schwierig, sich in einer derart durchstrukturierten Organisation durchzusetzen. Ich war mit meiner Tätigkeit nur erfolgreich, weil meine Aktivitäten niemanden bedrohten und mich nirgendwo hinführten, wo schon jemand sein Revier markiert hatte. Die Truppe löste sich auf: Einige der intelligenteren Führungskräfte waren bereits als Spitzenmanager in andere Unternehmen abgewandert, andere suchten nach neuen Jobs.

Die meisten Führungskräfte waren an einem Aktienprogramm beteiligt, bei dem ihnen das Geld für den Kauf der Aktien vorgestreckt wurde. Mit den Dividenden wurden dann die Zinsen bezahlt. Unglücklicherweise lag beides zu niedrig, obwohl sie mit nur 50 Prozent des zum damaligen Zeitpunkt geltenden Kurses emittiert worden waren. Sie waren kontraproduktiv, genau wie die regulären Optionen, deren Verkaufsbedingungen die Regierung damals gerade änderte. Trotzdem arbeiteten alle weiterhin hart – die Leute bei ITT waren die fleißigsten, die ich je gesehen habe. Auch ich arbeitete hart, machte jedoch keine Überstunden mehr und stellte klar, daß meine Familie vor dem Unternehmen kam. Diese Lebenseinstellung wurde nur deshalb akzeptiert, weil man mich ohnehin als Exzentriker betrachtete. Einmal stellte mich einer meiner Vorgesetzten diesbezüglich zur Rede und meinte, es mache keinen guten Eindruck, daß ich das Büro jeden Tag pünktlich bei Dienstschluß verlasse. Ich fragte ihn, ob es irgendwo eine Abteilung gebe, die effektiver arbeite als meine, und er mußte zugeben, daß ihm keine einfiel. Ab diesem Zeitpunkt sprachen wir nie wieder darüber, aber man beobachtete mein Verhalten. Wenn man viele Überstunden macht, hat man möglicherweise den Eindruck, man leiste mehr. Doch die Führungskräfte in Unternehmen konzentrieren sich die meiste Zeit auf Dinge, die nur wenig verändern. Arbeit bis zur Erschöpfung ist nicht immer gleichbedeutend mit besseren Resultaten.

Im Jahr 1975 begab ich mich gemeinsam mit dem Konzernpräsidenten Tim Dunleavy und dem Leiter von ITT Asien, Jim Purdy, auf eine Reise nach Fernost. Wir waren ein Dutzend Leute und flogen mit der 727. Es war eine interessante Reise für mich, denn ich war seit dem Zweiten Weltkrieg nicht mehr in Asien gewesen.

In Japan hatten wir mit einer Bäckerei zu tun, die in einem Jointventure mit Continental Baking arbeitete, und führten Gespräche mit Wirtschaftsvertretern. Bei einem Empfang wurde mir klar, daß ich in Japan eine Berühmtheit war. Die Leute kamen zu mir, um mit mir über eine übersetzte Version von *Sweet Way* und von mir verfaßte Artikel über Qualitätsmanagement und Zero Defects zu diskutieren. Ich gab Autogramme und versuchte mich sogar in japanischer Schrift auf den Buchdeckeln. Alle fragten mich, ob dies mein erster Besuch in Japan sei. Da ich ihr Land beim ersten Mal als Mitglied der Besatzungstruppen besucht hatte, log ich üblicherweise und sagte ja.

Ich konnte mich mehrmals davonstehlen und einige Fabriken besichtigen. Vor allem beeindruckte mich, daß mir die Fabrikleiter ihre Qualitätsprozesse und -pläne selbst erklärten, anstatt diese Aufgabe, wie in den Vereinigten Staaten und Europa üblich, an den Qualitätsmanager zu delegieren. Das gab mir einen Hinweis, wie die Zukunft aussehen würde. Sämtliche Unternehmen verfügten über eine Qualitätspolitik und über entsprechende Verfahren und legten großen Wert auf gute Schulungs- und Kommunikationsprogramme. Sie betrachteten meine Vorstellungen über das Qualitätsmanagement als sehr fortschrittlich und wußten, daß mich meine Kollegen in den Vereinigten Staaten nicht sehr schätzten. Sie arbeiteten alle auf das Ziel von null Fehlern hin. Es fiel ihnen schwer zu verstehen, wie man mit der Vorstellung an die Dinge herangehen konnte, etwas falsch machen zu dürfen. Sie wußten, daß die meisten amerikanischen und europäischen Spitzenmanager keine Ahnung von ihrer Verantwortung für die Qualität hatten. Das bereitete ihnen große Freude, und sie hofften, daß ihren Konkurrenten niemals die Augen geöffnet würden.

Wir besuchten die Philippinen und trafen Ferdinand Marcos, der von mehr Sicherheitskräften umgeben war, als ich je zuvor gesehen hatte. Dann reisten wir nach Taipeh weiter, wo ich in einem Museum mit 300 Kindern Englisch sprechen mußte, und zwar mit jedem einzeln: Als ich zu einem kleinen Mädchen „Good morning" sagte und dieses auf Englisch antwortete, stellten sich die anderen Kinder sofort in einer Reihe hinter ihr auf. Dann trat jedes einzelne vor mich hin und sagte: „Good morning, Sir." Wir schüttelten einander die Hand, und ich antwortete: „Good morning, young man (bzw.: young lady)." Es dauerte über eine Stunde, aber es bereitete mir großes Vergnügen. Taiwan ist ein armes Land, in dem es sehr viel Industrie gibt, ohne daß die Menschen viel davon hätten – jedenfalls war es zu jener Zeit so. Das Hotelzimmer war verwanzt, was den Damen Unbehagen bereitete und auch mich nicht besonders begeisterte. Die Leute, welche die Wanzen anbrachten, gaben sich nicht einmal Mühe, das zu verbergen: Ein dreißig Zentimeter langes Mikrophon hing von der Decke. Ich fragte mich, was sie wohl mit den gesammelten Informationen anfingen.

Hongkong war die Reise wert. Wir kauften soviel ein, daß sich die Frage erhob, ob das Flugzeug überhaupt noch würde abheben können. Und wir spielten Golf auf einem Platz, dessen Fairways einander aus Platzmangel überschnitten. In Australien fanden eine Konferenz mit zahlreichen ITT-Leuten und einige Verleihungen von Qualitätsringen statt, und wir erfuhren viel darüber, warum es dem Unternehmen dort so schwerfiel, irgendwelche Gewinne zu machen. Der Markt für die Australier waren die asiatischen Länder, aber die Aussies mochten die Asiaten nicht besonders, weshalb sie keine Beziehungen knüpften. Die Australier sind reizende und interessante Leute, aber ihre Mentalität ist zweifellos sehr eigenartig. Sie sagen, niemand komme auf dem Weg irgendwohin in Australien vorbei. Auf dem Rückweg machten wir einen Tankstop auf den Fidschi-Inseln und hielten uns lange genug dort auf, um festzustellen, daß die wichtigste Beschäftigung der Einheimischen darin bestand, den Flugzeugen bei Landung und Start zuzusehen.

Diese Begegnung mit Asien führte mir vor Augen, daß ich den fernen Osten in meine Überlegungen einbeziehen mußte, sollte ich irgendwann einmal meine eigene Ausbildungsfirma gründen. Wir würden mit internationalen Unternehmen zu tun haben, die in diesen Kulturen tätig waren. Ich begann, Zeitungen und Zeitschriften aus diesem Teil der Welt zu lesen und meine Strategie für die Consultingtätigkeit zu entwerfen. Es hatte zunehmend den Anschein, daß mein Tätigkeitsfeld in Zukunft eher die Ausbildung sein würde; ich nahm Abstand von dem Gedanken, immer nur herumzustehen und Ratschläge zu erteilen. Lernen mußte jedermann.

Die spanischen, italienischen, deutschen und belgischen Unternehmen kamen bei der Qualitätsverbesserung gut voran, aber in Frankreich entwickelten sich die Dinge nur schleppend. Um mich loszuwerden, willigten die französischen Unternehmen ein, es mit Null-Fehler zu versuchen. Für den Probebetrieb wählten sie die Fertigungsanlage für Schaltungen in Laval, etwa 150 Kilometer von Paris entfernt. Ich war stets der Meinung, daß ihre Wahl auf Laval gefallen war, weil dieser Standort nah genug lag, um ihn im Fall eines Erfolgs zur Schau zu stellen, und weit genug entfernt, um einen Mißerfolg unter den Teppich kehren zu können. Der Werksleiter René Peyreguer kam in die Vereinigten Staaten und begleitete mich zwei Wochen lang auf Schritt und Tritt. Wir besuchten sämtliche ITT-Betriebe, damit er sich ansehen konnte, wie die Qualitätsverbesserung funktionierte. René hatte als Kriegsgefangener von den Deutschen Englisch gelernt. Wenn man etwas zu ihm sagte, übersetzte er es vom Englischen ins Deutsche und von dort ins Französische. Aus dem umgekehrten Vorgang resultierte nach einer Weile eine Antwort. Als wir einmal zu einer Sitzung nach Dayton flogen, sagte ich zu ihm, dort hätten die beiden Männer gelebt, die das Flugzeug erfanden. Seine Antwort lautete: „In jeder Stadt in der Welt lebten die beiden Männer, die das Flugzeug erfanden."

Nach dieser Reise kehrte er nach Frankreich zurück und machte sich an die Arbeit. Sein Zugang war genau richtig für sein Gebiet; er hatte die Qualitätsphilosophie wirklich verinnerlicht, anstatt nur zu versuchen, das alte Gerüst unter einer Schicht frischen Lacks zu verstecken. Er machte sich daran, die Art und Weise zu ändern, wie die Menschen die Dinge betrachteten. Er erkannte, daß es nicht darum ging, eine Reihe von Techniken und Verfahren planmäßig anzuwenden, sondern daß es sich um ein Problem der Führung handelte.

René teilte die Belegschaft in Gruppen zu je 25 Personen ein, um eingehende Gespräche mit ihnen führen zu können. Die Belegschaft bestand aus Landbewohnern, vor allem jungen Frauen, die an die konventionelle Arbeitsmethode gewöhnt waren. Und diese Methode machte fast immer ein gewisses Maß an Nacharbeiten erforderlich. Die wichtigste Komponente bestand aus einem Stapelrelais, das dann mit anderen Relais in einen größeren Rahmen eingefügt und verkabelt wurde, ein Terminal nach dem anderen. Die Zurückweisungsraten waren sehr hoch und die Nacharbeiten gut organisiert. Die jungen Arbeiterinnen lebten in einer sozialen Situation, die sie zwang, den Großteil ihres Lohns zu Hause bei ihren Eltern oder Ehemännern abzuliefern. Wenn etwas schiefging, wurden die Eltern angerufen.

René rief das meines Wissens einzige Incentive-Programm ins Leben, das jemals funktionierte. Die Fabrik bezahlte inoffiziell einen kleinen Betrag für jedes Relais, das sich bei der Inspektion als vollkommen fehlerfrei erwies. Diejenigen, die nicht fehlerfrei waren, gingen zwecks Behebung des Fehlers an die Arbeiterin zurück, und diese erhielt einen Mindestbetrag für die Zeit, die auf die Nacharbeiten entfiel. Es war zum Vorteil der Arbeiterinnen, sich der Qualitätsinitiative anzuschließen. Die meisten dieser jungen Frauen mußten ihren Gehaltsscheck am Ende der Woche ihren Eltern aushändigen. Doch das inoffiziell verdiente Geld konnten sie behalten. In den folgenden Jahren stiegen die Gewinne von Renés Betrieben jedes Jahr auf das Doppelte. Doch das rief kein besonders großes Interesse bei den übrigen französischen Fabriken hervor. Sie hielten sich an die Systeme und profitierten davon, aber das Management ging niemals wirklich auf die Belegschaft ein.

Die siebziger Jahre verstrichen, und ich begann, mir Gedanken über meine Tätigkeit und ihre Zukunft zu machen. Im Unternehmen waren mehrere Chancen an mir vorübergegangen, da man meinte, ich sei in meiner derzeitigen Position nicht zu ersetzen. Tatsächlich wollte ich nicht Bereichsleiter oder gar Präsident des Konzerns werden. Ich war der Ansicht, daß man in diesen Funktionen kaum wirkliche Führung ausüben, sondern im wesentlichen nur auf die Probleme reagieren konnte, die andere verursachten. Unternehmen konnten geführt werden, aber sie brauchten eine Kultur, in der echte Führung möglich war. Auch wurde mir immer klarer, daß ich im Vergleich zu dem, was einige Führungskräfte des Konzerns verdienten, kein wirklich hohes Gehalt bezog. Erneut stieg das Gefühl in mir auf, nicht richtig geschätzt zu werden. Das ist ganz normal, wenn man auf eine Entscheidung zur Veränderung zusteuert.

Ich konnte nur eins tun: meine eigene Firma gründen. Aber ich hatte keine Lust, an Türen zu klopfen und in mühsamer Kleinarbeit Unternehmen als Kunden zu werben. Die Frage war, wie ich sie dazu bewegen konnte, von allein zu mir zu kommen. Die Antwort lag in einem Buch, das Führungskräfte lesen würden. Ich fragte McGraw-Hill, ob sie an einer Veröffentlichung interessiert seien, und sie unterstützten meine Idee. Sie hatten im Jahr 1972 *The Art of Getting Your Own Sweet Way* für mich verlegt, und das Buch war erfolgreich gewesen. Ich lernte, mich in den Promotion-Tours durch Fernsehen und Radio zu behaupten. Das Buch verkaufte sich gut und wird auch heute noch immer wieder neu verlegt. Also packte ich in den folgenden zwei Jahren für jede Reise meine aus dem Zweiten Weltkrieg übriggebliebene Schreibmaschine ein. Alles, was ich bis zu dieser Zeit geschrieben hatte, war in meiner Freizeit entstanden, weil es einfach unmöglich ist, im Büro zu schreiben. Ich kann mich nicht erinnern, während der Arbeitszeit jemals etwas anderes als dienstliche Memos und Berichte geschrieben zu haben. Da ich keinen Alkohol mehr trank, hatte ich auf Reisen jede Menge Zeit, um auf meinem Zimmer zu sitzen und zu schreiben. Ich sage immer, daß Leute, die nichts trinken, auf Reisen nach acht Uhr abends keinen Gesprächspartner mehr finden. Das ist wirklich so. Ich schrieb auch am Wochenende oder abends, wenn die Familie anderweitig beschäftigt war.

In den Jahren, in denen meine Bücher über Qualitätsmanagement entstanden, war ich eine echte Führungskraft gewesen, hatte mit anderen Führungskräften gelebt und für sämtliche Verbrechen gebüßt, die begangen wurden. Dadurch hatte ich die Qualität aus einer Perspektive kennengelernt, die anderen Autoren, welche sich an das Thema wagten, fremd war. Die Leute, die Qualitätsmanagement, Qualitätskontrolle, Qualitätssicherung, Zuverlässigkeit und all die anderen Konzepte lehrten und darüber schrieben, verfügten üblicherweise nicht über praktische Erfahrung auf Führungsebene. Sie waren zumeist Universitätsprofessoren und Statistiker, die nicht produzierten, sondern berieten. Sie wußten nur sehr wenig über das Unternehmensmanagement und gaben auch gar nicht vor, etwas darüber zu wissen. Das ist vollkommen in Ordnung, wenn man Fachleuten Ratschläge gibt. Aber für normale Leute waren diese Bücher nicht lesbar.

Die amerikanischen Manager gewannen den Eindruck, die Ursache für die Qualitätsprobleme des Landes sei der amerikanische Arbeiter. In Wirklichkeit war das Management das Problem, denn es hatte sich in den Jahren des Erfolgs sowohl von der Belegschaft als auch von den Kunden entfernt. Unternehmen wie IBM, Xerox, General Motors, RCA, General Electric und viele andere waren tatsächlich der Überzeugung, es führe kein Weg an ihnen vorbei. Was immer sie tun wollten oder welche Standards sie auch immer setzten, war in ihren Augen das Gesetz. Textilfabrikanten, die mit fehlerfreien Teppichböden aus dem Ausland konfrontiert wurden, beharrten weiterhin darauf, 15 Fehler pro 100 Meter seien der richtige Standard. Sie drängten den Staat, Maßnahmen zu ergreifen, um andere davon abzuhalten, bessere Qualität zu liefern. Die Unterhaltungselektronik ging rasch an Japan verloren; die Hersteller von Fernsehgeräten weigerten sich, Halbleitertechnologie zu verwenden oder in den Fertigungsprozessen Fehlern vorzubeugen; und die Automobilhersteller erkannten nicht, daß die Kunden nicht mehr bereit waren, durchschnittlich zehn Mängel pro Auto hinzunehmen. Als die Kunden herausfanden, daß die japanischen Autos die in der Werbung gegebenen Versprechen tatsächlich erfüllten, verlangten sie dasselbe auch von den amerikanischen Produzenten.

Die Redner zum Thema Qualität erklärten, es gehe darum, härter an der Qualitätskontrolle zu arbeiten. Aber dieser Ansatz führte nirgendwohin. Er verteuerte lediglich die Produkte. Ich dachte, ich könne für das Land dasselbe tun, was ich für ITT getan hatte. Das Unternehmen war noch lange nicht perfekt, aber seine Qualitätskosten waren von 20 auf knapp 7 Prozent des Umsatzes gesunken. Aber meine eigentliche

Hoffnung war, das Problem weltweit angehen zu können. Wenn die Manager lernten, die Dinge richtig zu machen und mit der durch die Nacharbeiten verursachten Ressourcenverschwendung aufzuhören, dann würde es Arbeit für alle geben. Das jedenfalls dachte ich.

Also schrieb ich *Quality Is Free: The Art of Making Quality Certain.* Bei McGraw-Hill haßten sie den Titel und durchsuchten das gesamte Material vergeblich nach irgendwelchen Diagrammen oder Qualitätskontrollsystemen. Dies war nicht die Art von Buch, mit der sie es in der Vergangenheit zu tun gehabt hatten. Aber sie hielten tapfer durch. Schließlich gaben sie nach und veröffentlichten es so, wie ich es geschrieben hatte. Sollte das Buch ein Erfolg werden, so mein Plan, würde ich ITT verlassen und in Winter Park in Florida meine eigene Firma, Philip Crosby Associates, gründen.

Als ich das Manuskript abgegeben hatte und mich darauf vorbereitete, etwa acht Monate bis zu seiner Veröffentlichung zu warten, erhielt ich einen Anruf von einem alten Freund, der im Leitungsgremium der Amerikanischen Gesellschaft für Qualitätskontrolle saß. Der zukünftige Vorsitzende war überraschend gestorben, und sie fragten sich, ob ich den Job vielleicht übernehmen wollte. Meine Amtszeit würde im Jahr 1979 beginnen, aber ich würde sofort in den Board aufgenommen werden, so daß ich genug Zeit haben würde, um mich einzuarbeiten. Ich fragte: „Warum ich?“ Er sagte, der Board sei besorgt darüber, daß die Gesellschaft zunehmend hinter der Entwicklung herhinke, und hege die Hoffnung, ich könne sie aus dem Schatten führen. Ich hatte meine Zweifel, aber er versicherte mir, der Board werde mich vorbehaltlos unterstützen. Es gab keinen Grund, dieser Verantwortung aus dem Weg zu gehen. Also willigte ich ein. Er sagte: „Du brauchst niemals irgend jemanden um Erlaubnis zu bitten.“

Diese Entscheidung ist wohl zu meinen größeren Fehlern zu zählen. Die Mehrheit der Board-Mitglieder zeigte keinerlei Interesse daran, das Land auf Qualitätskurs zu bringen. Es ging ihnen nur darum sicherstellen, daß sie in dieser Gesellschaft weiterhin bedeutsame Dinge zu tun hatten. In meiner neuen Funktion als Präsident versammelte ich mein Team im Country Club von ITT in Bolton, Massachussetts, zu Strategiesitzungen, startete eine PR-Initiative und schlug nach europäischem Vorbild eine Namensänderung vor, um die Gesellschaft vom einengenden Stigma der „Qualitätskontrolle“ zu befreien und durch die Betonung des „Managements“ an Dynamik zu gewinnen. Als mein

Buch auf den Markt kam, verwarnte mich der Chairman des Ethikausschusses öffentlich, da er die Sorge hegte, ich hätte das Amt nur übernommen, um meine Bücher besser zu verkaufen. Ich wollte meine Funktion niederlegen, aber der Chairman und der neue Anwärter auf den Präsidentenposten erklärten, in diesem Fall ebenfalls zurücktreten zu wollen. So saß ich in der Zwickmühle. Die alte Garde war einfach nicht bereit, sich den Entwicklungen rund um sie zu stellen, also zog ich mich zurück und wartete auf das Ende meiner Amtszeit. Ich kündigte an, für die anschließend vorgesehene Funktion als Chairman nicht mehr zur Verfügung zu stehen, und bat um die Erlaubnis, meine Mitgliedschaft in der Gesellschaft vollkommen kündigen zu dürfen. Das war nicht möglich, da ehemalige Präsidenten keine Mitgliedsgebühren zahlten. Stellen Sie sich das vor.

Quality Is Free wurde im März 1979 in *Business Week* im Rahmen eines Artikels mit dem Titel „Amerika geht den Bach hinunter" besprochen. Der Autor machte die Grundaussage meines Buches zum Kernstück der Titelgeschichte, und die Rezension hätte ich mir selbst nicht besser schreiben können. Es hieß, im Mittelpunkt des Buches stünden die fünf „Gebote" des Qualitätsmanagements. Seit jeher wurde angenommen, Qualität bedeute „Güte". Ich jedoch definierte sie als „Erfüllung der Forderungen". Die Forderungen zu erfüllen bedeutete, zu tun, was man zu tun versprach; es bedeutete, daß das Management die Forderungen ernst nehmen mußte. Die weiteren Gebote lauteten: Das System der Qualität besteht in der Vorbeugung; der Leistungsstandard lautet Null-Fehler; und die Messung erfolgt in Geld. Diese Konzepte waren für das Management verständlich. Das letzte Gebot war für Qualitätsexperten bestimmt, weshalb ich es aus dem Managementmaterial strich. Es besagt, daß es keine „Wirtschaftlichkeit der Qualität" gibt. Das bedeutet, daß es stets billiger ist, etwas von Anfang an richtig zu machen. Dieses Gebot war mit dem Konzept der Qualitätskontrolle unvereinbar, aber mittlerweile haben sich die Dinge geändert.

Ich entschloß mich, meinen Plan in die Tat umzusetzen, und ging hinunter in die Hauptverwaltung, um zu kündigen. Aber erst als ich den neuen CEO Lyman Hamilton davon überzeugt hatte, daß ich es wirklich ernst meinte, kooperierte die Personalabteilung. Rich fragte mich, warum ich nicht bleiben wollte, wenn sie die Bedingungen für mich noch verbesserten. Schließlich gab ich zu, daß die Abteilungen Personal und Verwaltung mich aus dem Unternehmen hinausgedrängt hatten. Sie waren arrogant und unmöglich, wie eine russische Behörde. Aber selbst wenn sie mir zu Füßen gelegen hätten, wäre es für mich an der Zeit gewesen zu gehen. Ich wollte auf eigenen Füßen stehen.

Ich hatte einen vagen Plan, mich bei IBM oder General Electric vorzustellen, aber dort würde es auch nicht viel anders aussehen. Auch war ich nicht sicher, ob sie mich überhaupt wollten. Was ich in den 14 Jahren bei ITT gelernt hatte, füllte mehrere Bücher und hatte mir eine Karriere ermöglicht, von der ich nie auch nur zu träumen gewagt hatte. In meiner Jugend hatte ich keine Ahnung von den Möglichkeiten gehabt, also hatte ich sie mir auch nicht wünschen können. Im Jahr 1957 hätte ich einen lebenslangen Vertrag unterschrieben, wenn man mir ein Jahresgehalt von 10.000 Dollar garantiert hätte. Hal, Rich und Tim erkannten, daß ich zur Verwirklichung ihrer Bestrebungen beitragen konnte, weshalb sie mir die Chance eröffneten, mir mein eigenes Leben aufzubauen. Ich bin seither niemandem mehr begegnet, der eine ähnliche Weitsicht in bezug auf Menschen besaß wie sie. Die meisten Spitzenmanager sind derart mit sich selbst beschäftigt, daß sie kaum in der Lage sind, sich um die Förderung ihrer Leute zu kümmern. Nachdem ich den Konzern verlassen hatte, büßte die Position des Qualitätsleiters an Bedeutung ein, aber das war kein Problem, da die Qualitätskultur bereits Einzug in die Einheiten gehalten hatte. Diese betrieben weiterhin unbeeindruckt Qualitätsmanagement.

Der erste offizielle Arbeitstag von Philip Crosby Associates war der 1. Juli 1979.

Das Unternehmen bestand aus meiner Person und verfügte über keinerlei Mittel oder Einrichtungen. Ich entschied, es von Anfang an so zu führen, daß es ein wunderbarer Arbeitsplatz und gleichzeitig profitabler als jedes andere Unternehmen in diesem Bereich sein würde. Ich erstellte eine Liste:

- Wir werden die Formulierung und Erfüllung der Forderungen ernst nehmen.

- Alle Mitarbeiter werden als gleichberechtigte Mitglieder bezeichnet, respektvoll behandelt und sorgfältig ausgewählt, und sie werden jede Möglichkeit zur persönlichen Weiterentwicklung erhalten.

- Wir werden alle, die am Quality College unterrichten oder unsere Klienten beraten, so ausbilden, daß sie die Gebote des Qualitätsmanagements verstehen. Wir werden niemanden einstellen, der über Erfahrung in der Qualitätskontrolle verfügt.

- Dies wird keine Consultingfirma, sondern ein Unternehmen für Managementausbildung sein.

- Das Unternehmen wird keine Personalabteilung haben.

- Wir werden ein Programm zur Altersvorsorge, einen Sparplan und eine faire Krankenversicherung schaffen.

- Das Management wird gezwungen sein, sich mit der Realität des täglichen Lebens auseinanderzusetzen.

- Wir werden einen monatlichen „Familienrat“ mit allen Mitarbeitern abhalten, um alles offen zur Sprache zu bringen.

PCA – EIN ROLLENVORBILD ENTSTEHT

Als ich mit *Qualität ist frei* plötzlich einen Bestseller geschrieben hatte, erhielt ich immer mehr Einladungen als Redner, und die Medien wurden auf mich aufmerksam. Die Führungskräfte, für die ich das Buch geschrieben hatte, lasen es tatsächlich und setzten die Konzepte in ihrer Arbeit um. Ein Autor weiß, wann seine Leser seinen Text verinnerlicht haben, und er erkennt auch, wenn die Botschaft an ihnen vorübergegangen ist. Die Experten für Qualitätskontrolle, vor allem die prominenten Berater und Lehrenden unter ihnen, lehnten das Buch rundweg ab. Einer erklärte: „Der Clown hat ein Buch geschrieben." Die meisten Leute kamen nicht über den Titel hinaus, weil sie Qualität mit Güte gleichsetzten – und jedermann weiß, daß das, was gut ist, nicht kostenlos ist. Eigentlich sollte man meinen, daß Güte gar nicht so teuer ist, da die Verschwender ihr Geld traditionell für schlechte Qualität ausgeben. Außerdem waren meine Kritiker darüber befremdet, daß das Buch keine statistischen Tabellen enthielt und daß ich darauf beharrte, daß das Management für die Qualität verantwortlich sei. Manche taten meine Arbeit als „Motivierungs- oder Anfeuerungsreden" an die Mitarbeiter ab. Ich habe nie verstanden, wie sie zu dieser Einschätzung gelangen konnten, da es weder in diesem noch in irgendeinem meiner anderen Bücher um dieses Thema geht. Einige der bekannten Seminarleiter verwendeten einen Großteil ihrer Zeit darauf, meine Ideen verächtlich zu machen. Keiner von ihnen hat sich jemals mit einer Frage an mich gewandt.

Viele Einladungen kamen einfach deshalb, weil Autoren von Wirtschaftsbüchern, die zu Bestsellern werden, immer beliebte Redner sind. Die Organisatoren entscheiden sich gern für jemanden, der „ein sicherer Tip" ist – zumindest für eine bestimmte Zeit. Aber die meisten Anrufe hatten ihre Ursache darin, daß die Qualität für die Manager einen größeren Stellenwert gewann. Sie hatten es satt, aufgrund mangelnder Qualität Marktanteile und damit Gewinne zu verlieren. ITT war so freundlich, viele Anfragen zu mir nach Florida weiterzuleiten. Es gingen auch Anrufe von Unternehmen ein, die mich baten, sie in Qualitätsfragen auf den rechten Weg zu führen – „was immer das bedeutet", sagten sie. Bald standen auf meinem Terminkalender etwa 30 Einladungen zu Gesprächen mit den Managementteams verschiedener Unternehmen. Auch diverse Fachverbände und Vereinigungen von Qualitätsexperten luden mich ein. Man riet mir von allen Seiten, für diese Gespräche keine Honorare zu verlangen, weil sie mir helfen würden, Beziehungen aufzubauen. Ich hatte jedoch seit jeher das Gefühl, daß Führungskräfte Dinge, die sie gratis bekommen, nicht zu schätzen wissen. Also erkundigte ich mich nach den Tarifen von Peter Drucker – damals etwa 2000 Dollar – und verlangte dasselbe. Da meine Firma außerdem nicht liquide war, bat ich, mir den Scheck gleich nach dem Referat zu überreichen. Die meisten Auftraggeber stimmten dem zu. Ich nahm den Scheck mit nach Hause und übergab ihn meinem Sohn, unserem Buchhalter.

Normalerweise fanden die Veranstaltungen außerhalb des Firmensitzes statt, und die Teilnehmer kamen oft leger gekleidet. Häufig plant das Management solche „Strategiesitzungen", um in ein Hotel fahren und bei dieser Gelegenheit ein bißchen Golf spielen zu können. Ich finde, daß dies ein wundervoller Zeitvertreib ist. Bald lernte ich, daß der Vortragende förmlich auftreten und nicht zu vertraulich mit den Teilnehmern werden sollte. Die Teilnehmer luden mich oft ein, Golf mit ihnen zu spielen, mit ihnen zu essen und an ihren Unterhaltungsveranstaltungen teilzunehmen. Das war jedoch meistens keine gute Idee. Sie waren so zahlreich, daß sie einen in Fragen und Kommentaren zu ersticken drohten. Das konnte leicht sehr aufreibend werden. Ich erkannte, daß es ausreichte, ihnen das Gefühl zu vermitteln, daß sich hinter dem trockenen Lernstoff eine warme, freundliche Person verbarg. Sie konnten auch erkennen, daß ich über das allgemeine Management ebensoviel wußte wie sie. Ein Übersetzer war nicht erforderlich.

Dank meiner Erfahrungen bei ITT fühlte ich mich wohl an Orten wie Pinehurst, The Breakers und Greenbrier. Das Publikum war überall respektvoll und wißbegierig, jedoch nicht bereit, sich auf einen völlig neuen Lebensstil einzulassen. Insbesondere den Marketingleuten war ein Mann verdächtig, der die Auffassung vertrat, die Dinge könnten durchaus so sein, wie sie sein sollten. Es herrschte die tief verwurzelte Überzeugung, daß Qualität mit variierenden Gütegraden gleichzusetzen war, und daß sie um so mehr kostete, je höher der angestrebte Gütegrad war. Es war offenkundig, daß diese Leute eine Menge über Glühbirnen, Waschmaschinen, Kopiergeräte, Pumpen und andere gängige Produkte wußten, aber kaum verstanden, wie Menschen funktionieren. Sie waren fixiert auf Dinge wie strategische Planung, Finanzmanagement, Kapitalrendite und die anderen Werkzeuge des konventionellen Industriemanagements. Viele erklärten, sie würden ihre Fabriken auch mit Robotern führen, wenn dies möglich wäre. Diese Denkweise hatte ihren Ursprung in ihrer Unternehmenskultur und in ihrem Machtgefühl.

Für diese Einstellung, die sich als äußerst destruktiv erwies, habe ich den Ausdruck „Mainframe-Denken" geprägt. Wenn Unternehmen glauben, sie seien die Industrie und die Kunden würden ihnen immer folgen, ohne Fragen zu stellen, wenn sie glauben, sie müßten nur kontinuierlich ihren Weg gehen und dabei billiger arbeiten oder mehr Technologie einsetzen als die Konkurrenz, befinden sie sich bereits in der Gefahrenzone. IBM hegte die Vorstellung von in einem zentralen Computersystem eingeflochtenen Arbeitern; Xerox war überzeugt, jedermann werde sich bereitwillig in die dritte Etage bemühen, um sich eine Kopie zu besorgen; Sears war davon überzeugt, jedermann könne seine gesamten Bedürfnisse aus einem zehn Pfund schweren Katalog decken; General Motors träumte davon, sich auf einige wenige Karosserie- und Fahrgestellmodelle zu beschränken und nur das Heckteil seiner Autos zu variieren; G. E. nahm jeden Monat 50 Designänderungen an einem Produkt vor, das 20 Jahre alt war. Von dieser Einstellung der großen Unternehmen wurden auch die kleineren angesteckt, wenn die Manager ihre Arbeitsplätze wechselten.

Ich lernte zu beurteilen, ob es einem bestimmten Unternehmen gelingen würde, seine Denkweise und Kultur in bezug auf die Qualität zu verändern. Wie es um diese Fähigkeit stand, stellte ich normalerweise bei einem privaten Gespräch mit dem Unternehmensleiter fest. Diejenigen, die Fragen stellten, hatten eine Chance; jene, die mir einen einstündigen Vortrag über Qualität hielten, würden in absehbarer Zeit untergehen. Manchmal habe ich das Gefühl, daß das Hörvermögen bestimmter Leute schwindet, wenn sie in die obersten Etagen einer Organisation vordringen. Sie gelangen zu der Überzeugung, von nun an könnten nur sie auf neue Gedanken kommen, und sie lassen auch dann nicht von ihrem vermeintlichen Monopol ab, wenn jemand versucht, ihnen einen neuen Gedanken näherzubringen.

Wenn ich offensichtlich keine Chance hatte zu helfen, pflegte ich dem Unternehmensleiter zu sagen, daß wir uns wieder zusammensetzen könnten, sobald das Unternehmen bereit sei, sich der Realität zu stellen. Viele hingen so halsstarrig an der Überzeugung fest, alles sei in Ordnung, daß es nicht einmal Eindruck auf sie machte, wenn ich ihnen zeigte, wie hoch die Qualitätskosten ihrer Unternehmen waren. Normalerweise waren sie lediglich daran interessiert, bessere Kunden zu gewinnen. In meinen Vorträgen hänselte ich sie gerne wegen dieser Einstellung und wegen des „Hirnschadens", den sie erlitten hatten. Das bewegte viele von ihnen dazu, sich näher mit meiner Philosophie auseinanderzusetzen.

In dieser Zeit gab es zwei Arten von Unternehmen: die Arroganten und die Suchenden. Wenn ich mir die lange Liste der Unternehmen ansehe, die heute um das Überleben kämpfen, wird mir bewußt, daß es jene sind, die damals zur Gruppe der Arroganten zählten, zu denen, die nicht bereit waren, sich zu ändern. Ohne Ausnahme waren sie davon überzeugt, sie allein verstünden die Kunden und den Markt. Sie waren der Meinung, die Ursache aller Probleme liege darin, daß die Einstellung der Arbeitnehmer zur Qualität schlechter geworden sei; alles werde wieder ins Lot kommen, sobald sie wieder „mit den gleichen Waffen" wie ihre Konkurrenten kämpfen könnten. Bei meinen Vorträgen erklärte ich klipp und klar, daß diese Einstellung falsch sei und daß jene, die nicht zur Veränderung bereit seien, keine Zukunft hätten. Mehrere Führungskräfteteams unternahmen eintägige Reisen nach Winter Park, um sich im Rahmen eines Privatseminars rasch mit dieser These vertraut zu machen. Bei ihrer Abreise waren die meisten von ihnen überzeugt, daß sie Hilfe brauchten. Sie schickten ihre Manager zurück auf die Schulbank und begaben sich damit auf den richtigen Weg. Diejenigen, die über eine große Schulungsabteilung oder eine starke Qualitätsfunktion verfügten, meinten jedoch meist, alles selbst machen zu können. Es klang ja so einfach. Die Folge war, daß sie viele Jahre mit dem vergeblichen Versuch verschwendeten, statt des Führungsverhaltens die Mitarbeiter zu ändern. Wenn diese Leute Bücher über ihre Erfahrungen schreiben, in denen sie sagen, daß Verbesserungen lange dauern, dann verschweigen sie, daß sie selbst der Grund dafür waren, daß sich die Genesung in die Länge zog. Sie arbeiteten mehrere Jahre lang an den falschen Dingen, weil sie zu stolz waren, sich von jemandem etwas sagen zu lassen. Jene Unternehmen, deren Leiter erkannten, daß ein

Qualitätsverbesserungsprozeß keine Frage von Techniken oder Klischees war, und die Sache persönlich in die Hand nahmen, konnten Erfolge verbuchen. Diejenigen hingegen, welche die Aufgabe an ihre Personal- oder Qualitätsabteilungen weiterreichten, taumelten weiterhin am Rande des Abgrunds. Es gab viele Aktivitäten, aber nur wenige greifbare Ergebnisse und kaum bleibende kulturelle Veränderungen.

Wenn ich die von mir beratenen Unternehmen besuchte, hielt ich nicht mit Kritik hinter dem Berg, wenn ich erkannte, daß sich das Topmanagement weit von den Mitarbeitern und von der Realität entfernt hatte. Ich beanstandete die für die Führungskräfte reservierten Speiseräume, bestand auf einem Treffen mit den Gewerkschaftsvertretern, schalt die Leute von der Qualitätskontrolle wegen ihrer niedrigen Standards, klagte über die schlechte Verwaltung – mit einem Wort: Ich versuchte, das Unternehmen wachzurütteln. In den meisten Fällen wirkte das. Meine Unternehmenserfahrung war so umfassend, daß es kaum etwas gab, was mir fremd war. Das bedeutete, daß es sehr schwierig war, mir etwas vorzumachen oder mir etwas zu zeigen, bei dem ich keine Schwachstelle fand. Selbst jene Unternehmen, die sich um Qualität bemühten, waren meist nur „Einäugige unter Blinden“. Die Besuche hatten zur Folge, daß sich viele Führungskräfte für meine Ideen öffneten und viele Fortschritte veranlaßten. Aber viele klammerten sich nur noch fester an ihre bisherige Arbeitsweise.

Eines Tages, als das College etwa anderthalb Jahre alt war, rief mich einer der beeindruckendsten Menschen an, die ich je getroffen habe: Roger Milliken, Leiter und Eigentümer des Textilunternehmens Milliken Company. Er teilte mir mit, er habe *Qualität ist frei* gelesen und wolle nun anhand meiner Konzepte ein Unternehmen aufbauen. Roger war sicher der am härtesten arbeitende Manager, den ich je kennengelernt habe. Er organisierte im Februar 1981 in Pine Isle in Georgia ein Treffen seiner 241 Spitzenmanager mit uns. Wir hielten einen zweitägigen Intensivkurs über Qualitätsmanagement ab. In seinem Unternehmen war alles bis ins kleinste Detail geplant und organisiert. Die Mahlzeiten fanden pünktlich statt, und alle nahmen daran teil. Die Sitzungen begannen und endeten pünktlich, und alle Teilnehmer waren bei der Sache. Obwohl wir meilenweit von der Zivilisation entfernt waren, trugen alle Teilnehmer Geschäftskleidung. Die Milliken Company war dafür bekannt, die beste Qualität der Branche zu bieten, aber die Manager hatten erkannt, daß das nicht ausreichte. Sie mußten sich von der Orientierung der Branche an Qualitätsniveaus lösen und lernen, wie sich die Erträge verbessern ließen, indem man Fehler eliminierte und in Zukunft von vornherein vermied. Es war eine Freude, eine Gruppe von Leuten zu sehen, die nicht über Qualität debattieren wollten; sie wollten sie einfach schaffen.

Im Lauf des nächsten Jahres kam jeder von ihnen für eine Woche ins Quality College. Präsident Tom Malone sorgte dafür, daß sich das Konzept im Unternehmen durchsetzte – mit dem Ergebnis, daß Milliken heute in seiner Branche führend ist. Malone nahm gemeinsam mit vielen Gruppen an den Seminaren teil und arbeitete mit ihnen nach Seminarende weiter, um sicherzugehen, daß sie die Botschaft verinnerlicht hatten. Die Teilnehmer dieser Gruppen haben ihre Einstellung an Hunderte andere Unternehmen weitergegeben und ihnen gesagt, wo das Konzept seinen Ursprung hatte. Wir pflegten Roger Milliken unseren „Verkäufer des Jahres“ zu nennen, weil er uns so viele Klienten brachte.

Wenn ich über die Entwicklung und das Wachstum von PCA im Kontext meines Lebens, meiner Ideen und meiner Lernerfahrungen spreche, finde ich es unangebracht, mich über die einzelnen Klienten auszulassen. Doch es gibt Anekdoten, die dem Leser das Verständnis erleichtern können und die ich daher erzählen werde. Ich werde nicht viel über die einzelnen Angehörigen von PCA und ihre Aktivitäten schreiben. Das Unternehmen arbeitet noch immer erfolgreich, und viele unserer frühen Klienten unterhalten weiterhin Beziehungen zu uns. Ich habe mit Absicht nicht auf die Unterlagen zurückgegriffen; die folgende Liste basiert also einzig auf meinem Gedächtnis. Die alten Ausgaben unserer Firmenzeitung aus der Zeit, als unser Unternehmen etwa 30 Mitarbeiter zählte, helfen mir jedoch immer wieder auf die Sprünge, was bestimmte Ereignisse anbelangt.

Was die Klienten betrifft, so war ich immer stolz auf die Tatsache, daß wir nie Werbung betrieben und nie jemanden von uns aus kontaktierten. Sie kamen alle von selbst: IBM, Xerox, Tennent, Corning, Milliken, Motorola, Mostek, Cluet-Peabody, J. P. Stevens, Cellulose, General Motors, 3M, Brown and Root, Chrysler, Johnson & Johnson; Federal Prison Industries, Federal Reserve Board, Clark Equipment, AT&T, Armstrong World Industries, ICI, Seagrams, All-State, Navy Yards, Westinghouse, General Electric, Armco, British Petroleum, ARCO, Amdahl, Owens Corning, Copperweld, Savin, TRW, Hinkle, Herman Miller und mehrere hundert andere. In einigen der größeren und in allen kleineren Unternehmen engagierte sich der Unternehmensleiter persönlich für die Qualitätsschulung; in anderen Firmen war eine einzelne Abteilung oder eine Gruppe für das Vorhaben zuständig. Wie auch immer – jedes Jahr wurde das Quality College von mehr als sechstausend Managern besucht, und noch viel mehr verwendeten unsere Videos und andere Unterlagen, die wir für den Unterricht im College entwickelt hatten.

Wenn ich mir einige der Bücher ansehe, die heute geschrieben werden, sehe ich, daß darin ein großer Teil meiner Ideen übernommen wird, ohne daß angegeben würde, woher sie stammen. Jene Autoren jedoch, die über ernsthaftes Qualitätsmanagement im Gegensatz zu TQM oder anderen oberflächlichen Konzepten schreiben, nennen meist die richtige Quelle. Einige unserer Klienten begannen, uns mit dem Material des Quality College Konkurrenz zu machen; ein Unternehmen warb die Leute ab, die wir als Berater geschickt hatten, und gründete mit ihnen ein eigenes Beratungsunternehmen. Nach kurzer Zeit gerieten sie sich in die Haare und verklagten einander – wegen des von mir entwickelten Materials. Ich hätte sie alle miteinander verklagen können, und meine Rechtsanwälte rieten mir auch dazu, aber ich war der Meinung, daß sie einander verdient hatten. Es sollte hinzugefügt werden, daß all diese Leute nie eine ernsthafte Konkurrenz für uns waren; sie alle konzentrierten sich auf den Preis und nicht auf die Ergebnisse. Nur in einem einzigen Unternehmen versuchte man, mein Rednerhonorar zu drücken. Dieser Versuch wurde damit begründet, man habe mir doch eine großartige Chance verschafft, indem man alle Unternehmensangehörigen zu dem Meeting eingeladen habe. Die wenigen Unternehmen, die sich ein meiner Meinung nach unethisches Verhalten zuschulden kommen ließen und sich später um Hilfe an uns wandten, wurden sofort zurückgewiesen. Rache ist manchmal eben doch süßer als Vergebung.

Als ich begann, PCA als Unternehmen zu etablieren, versuchte ich, eine verständliche Strategie festzulegen. Sollte dieses Projekt eines Tages ein richtiges Unternehmen sein, so würde es so gestaltet sein, daß die Leute stolz waren, dort zu arbeiten, und daß die Klienten jede erdenkliche Hilfe erhielten. Aus diesem Grund wählte ich den Namen Philip Crosby Associates. Die meisten ähnlichen Unternehmen hätten sich Philip Crosby and Associates genannt. Es lag mir viel daran, meinen Mitarbeitern das Gefühl zu geben, daß sie ein wichtiger Teil des Unternehmens waren. Der Firmenname schien mir ein Weg, das zum Ausdruck zu bringen. Meines Wissens machte sich niemand außer mir jemals Gedanken über den Unterschied, aber mich erinnerte der Name stets daran, daß die Mitarbeiter über den Erfolg eines Unternehmens entscheiden.

In dieser strategischen Phase stieß ich auf eine Liste, die Warren Buffet erstellt hatte, um ein „wundervolles Unternehmen“ zu beschreiben. Er nannte die folgenden Kriterien, die ich als Maßstab für PCA verwendete.

1. Eine gute Kapitalrendite. (PCA würde sehr wenig Kapital brauchen.)
2. Verständlichkeit. (Wir würden Manager ausbilden und ihnen dabei helfen, ihre Mitarbeiter auszubilden. Das ist verständlich.)
3. Die Gewinne erscheinen als Geld. (Wir verlangten von den Klienten, die Kurse vor Beginn zu bezahlen, und wir gewährten weder Stundungen noch Rabatte.)
4. Ein starkes Franchise und damit freie Preisgestaltung. (Über unsere Preise klagte nie jemand außer den Verfechtern der Qualitätskontrolle – und die gehörten nicht zu unserer Zielgruppe.)
5. Es bedarf keines Genies, um es zu führen. (Innerhalb von zwei Jahren konnte ich mit Ausnahmen meiner Rolle als Kreativdirektor alles delegieren.)
6. Die Erträge sind vorhersagbar. (Das war meist richtig, aber es zeigte sich auch, daß die Umsätze von Rezessionen abhängig waren, weil die Unternehmen in diesen Zeiten ihre Ausbildungsbudgets kürzten.)
7. Es eignet sich nicht als Ziel für staatliche Eingriffe. (Niemand interessierte sich in irgendeiner Weise für uns. Wir bezahlten unsere Steuern und wollten die Regierung nicht als Klienten.)
8. Niedrige Lagerbestände und hoher Umschlag. (Wir hatten überhaupt keine Lagerbestände außer einigen Videos und Unterrichtsmaterialien.)
9. Die Manager sind zugleich Eigentümer und Betreiber. (Alle Mitarbeiter hielten Unternehmensanteile.)
10. Das beste Geschäft ist eine Lizenzgebühr für das Wachstum anderer. (Wir halfen unseren Klienten, ihre eigenen Colleges zu gründen; sie bezahlten uns dann eine Gebühr pro Kursteilnehmer.)

Ich kombinierte alle diese Erkenntnisse mit den Erfahrungen, die ich im Lauf der Jahre gemacht hatte und formulierte Ende 1979 eine Strategie. Ich hatte genügend Zeit mit Klienten aus den Managementetagen der Unternehmen verbracht, um zu wissen, daß die Manager für eine Veränderung bereit waren und daß es an uns lag, diese Veränderung herbeizuführen. Die Manager mußten einsehen, daß sie die Ursache des Problems waren, und sämtliche Unternehmensmitglieder mußten sich dieselbe Vorstellung von Qualität zu eigen machen. Wichtig waren die Konzepte, nicht die Techniken. Statistische Prozeßregelung, Qualitätszirkel und andere beliebte Methoden hatten nichts mit der Ursache und Wirkung von Qualität zu tun. Sie waren lediglich Werkzeuge, die sich, richtig angewandt, als nützlich erweisen konnten.

Ich baute das Quality College rund um die vier Gebote des Qualitätsmanagements auf, die ich im Lauf der Jahre entwickelt hatte:

1. Qualität bedeutet nicht Güte, sondern Erfüllung der Forderungen (Konformität).
2. Qualität entsteht nicht, indem man Fehler aufspürt, sondern indem man sie vermeidet.
3. Der anzustrebende Qualitätsstandard sind nicht akzeptable Qualitätsniveaus, sondern Null-Fehler.
4. Qualität wird nicht anhand von Indizes, sondern anhand des Preises der Abweichung gemessen.

Dekan Martin Schatz von der Wirtschaftsfakultät des Rollins College in Winter Park bot uns als Gegenleistung für eine Ausstattungsspende einen Unterrichtsraum an. Dort hielten wir im Oktober 1979 unser erstes Managementseminar ab; weitere folgten im November und im Dezember. Die Seminare dauerten viereinhalb Tage; sie waren zwar, gemessen an unseren heutigen Standards, ungeschliffen, aber wirkungsvoll. Am Novemberseminar nahmen 18 IBM-Qualitätsmanager teil. Sie waren davon überzeugt, keine Probleme zu haben. Doch sie beteiligten sich aktiv und erkannten, daß sie selbst die Ursache ihrer meisten Schwierigkeiten waren. Das Unternehmen zeichnete sich in vielerlei Hinsicht durch eine vertikale Integration aus, was bedeutete, daß die Probleme die Linien entlanggeschickt wurden. Am Ende der Woche war eine Beziehung zu IBM entstanden, die mehrere Jahre lang dauern sollte.

Bald erkannten wir, daß wir eigene Seminarräume und Gebäude brauchten. Philip Jr. fand in Winter Park ein Gebäude in unmittelbarer Nähe der Park Avenue. Wir konnten eine Fläche von fast 500 Quadratmetern mieten, ausreichend für einen großen Seminarraum, den wir „Gold Suite" nannten, sowie für einige Büroräume. Nach all den Jahren, in denen wir uns mit ständig wechselnden provisorischen Unterkünften beholfen hatten, war es etwas völlig Neues für uns, für einen bestimmten Zeitraum Mietzahlungen zu vereinbaren. Nach einiger Zeit hatten wir das gesamte Gebäude für uns, insgesamt etwa 1.500 Quadratmeter.

Ich bot zwei Leuten von ITT an, mit mir zu arbeiten. Die Mitarbeiter der Zentralen in New York und Brüssel wurden damals gerade scheibchenweise abgebaut, und alle hielten Ausschau nach neuen Chancen. Bob Vincent bereitete sich auf seinen Abschied von ITT vor und sagte zu, im Frühling 1980 nach Winter Park zu kommen. Er würde Dekan des College werden. Wir stellten einige Teilzeitsekretärinnen ein und behandelten alle Mitarbeiter als unabhängige Auftragnehmer, bis wir uns mit dem Umgang mit Sozial- und Krankenversicherung und ähnlichen Dingen vertraut gemacht hatten. Am 1. Januar 1980 war es soweit: Wir hatten ein echtes Unternehmen mit echten Verpflichtungen gegenüber seinen Mitarbeitern aufgebaut. Ich erhielt immer noch kein Gehalt, aber es bestand immerhin Hoffnung. Der Seminarraum war für mehrere Monate ausgebucht; jede zweite Woche wurde darin ein Kurs abgehalten.

Zu dieser Zeit machte ich die Bekanntschaft des Rechtsanwalts Bill Grimm, der Partner eines neugegründeten Anwaltsbüros in der City war. Ich zeigte Bill meinen Unternehmensplan für PCA, demzufolge das Unternehmen so stark wachsen würde, daß es Mitte des Jahrzehnts an die Börse gehen könnte. Meine Schätzungen und Pläne deckten sich zwar nicht mit seinen Erfahrungen, aber da er erkannte, daß es mir ernst war, entschloß er sich, unser Anwalt zu werden. Er führte uns durch zwölf turbulente Jahre. Auf dieselbe Weise fanden wir einen Versicherungsagenten, einen Spezialisten für Pensions- und Krankenversicherung und mehrere andere Personen, die uns über die Jahre hinweg treu blieben. Der Herr schickte uns immer genau die richtige Person für PCA.

Zur Unterstützung des Lehrbetriebs gründeten wir die sogenannte „Lehrbuchfabrik". Mit Hilfe unseres kleinen Savin-Kopierers stellten wir alle Unterlagen für die Kursteilnehmer zusammen. Am Freitagnachmittag, nachdem die Kursteilnehmer nach Hause gegangen waren, zogen wir alle unsere Schuhe aus, drehten das Radio an und füllten die Mappen mit Unterlagen. Die leeren Mappen lagen geöffnet auf den Tischen der Kursteilnehmer. Dann nahmen wir jeweils einen Stapel mit einer Seite und gingen in einer Schlange durch den Raum, um die Blätter in die Mappen zu legen. Diese vergnügliche Beschäftigung blieb uns in dauerhafter Erinnerung. Wir erfuhren von den „weißen Tafeln“, auf denen wir im Unterricht schreiben konnten. Es gab Stifte, die sich löschen ließen, und es gab solche, die sich nicht löschen ließen.

Einer der Vorteile unseres Standorts bestand darin, daß wir unsere Kursteilnehmer zum Mittagessen in die Park Avenue schicken konnten. Auf diese Weise verschafften wir ihnen ein bißchen Bewegung und vermittelten ihnen einen Eindruck vom örtlichen Flair. Zwei Restaurants verlangten eine Vorauszahlung, als ich 25 Mittagessen reservierte, weil ihnen unser Name unbekannt war. Drei andere empfingen uns mit offenen Armen, und in den folgenden Jahren deckten wir mit unseren fest gebuchten Mittagessen einen großen Teil ihrer Kosten. Als Gegenleistung nahmen sie bei Organisation und Planung der Mahlzeiten Rücksicht auf unsere Wünsche. Diese Zusammenarbeit ermöglichte es uns, pünktliche Null-Fehler-Lunches durchzuführen. Bei denen, die uns abgelehnt hatten, aßen wir nie – oder erst, nachdem sie ihr Management geändert hatten. Aber es dauerte nicht lange, bis wir einen Vollzeit-Mitarbeiter hatten, der sich ausschließlich um die Organisation von Mittagessen und Meetings kümmerte. Wir waren ebenso bemüht darum, die Restaurants nicht auszunützen, wie sie bemüht waren, uns zufrieden zustellen.

Die Kursteilnehmer (hauptsächlich Manager der oberen und mittleren Ebene) erwarteten natürlich von uns, daß wir im Quality College mit gutem Beispiel vorangingen, wenn wir sie lehren wollten, wie man einen Betrieb richtig führte. Sie stöberten in allen Ecken, fragten das Personal aus und erwarteten Pünktlichkeit in allen Dingen. Auch wir nahmen dies sehr ernst. Bei der Auswahl unserer Mitarbeiter legten wir Wert darauf, daß die betreffende Person bestrebt war, alles schon beim ersten Mal richtig zu machen. Die gesamte Ausbildung bei PCA zielte darauf, diese Einstellung zu vertiefen und den Neuankömmlingen dabei zu helfen, sie in die Praxis umzusetzen. Wenn etwas schiefging, ergriffen wir sofort Korrekturmaßnahmen und erklärten der Klasse genau, was geschehen war.

Jeden Freitag veranstalteten wir ein Abschlußessen für das Management College und erzählten den Teilnehmern, wir könnten uns nicht erinnern, je eine bessere Klasse gehabt zu haben. Und das war auch nicht gelogen: Sie waren wirklich immer die besten – die Qualität unserer Absolventen verbesserte sich von Woche zu Woche. In den ersten beiden Jahren veranstaltete ich am Montagabend ein kleines Buffet bei mir zu Hause, bei dem sich die Teilnehmer kennenlernen und ein wenig entspannen konnten. Zum Glück hatte ich keine Probleme mit „Sitzenbleibern“, weil sie alle um neun im Hotel zurück sein wollten, um sich die Football-Spiele im Fernsehen anzusehen.

Beim Aufbau meines Unternehmens verfolgte ich vor allem ein Ziel: Ich legte besonderen Wert darauf, daß die Mitarbeiter bereit waren, echte Beiträge zu leisten, und ich verlangte, daß wir einander und unsere Klienten mit Respekt behandelten. Hochrangige Manager in Unternehmen waren nicht sehr nett zu den Angestellten der unteren Ebenen – zumindest hatte ich diese Erfahrung gemacht. Ich veranstaltete für alle neuen Mitarbeiter Orientierungskurse, und als wir etwa zehn waren, richteten wir den sogenannten „Familienrat“ ein. Jeden Monat setzten sich die Mitarbeiter für eine Stunde zusammen. Bei diesen Meetings wurde darüber gesprochen, wo das Unternehmen stand, wir berichteten einander über bestimmte Aktivitäten, beantworteten einander Fragen, klärten Gerüchte auf, und konnten offen ansprechen, was uns am Herzen lag. Es war problematisch, jedes Mal alle Mitarbeiter dazu zu bewegen, an diesen Meetings teilzunehmen, aber ich bestand darauf. Als ich in den Ruhestand ging, hatten wir mehr als 120 dieser Meetings abgehalten.

Der „Familienrat“ wurde von sämtlichen Mitarbeitern geschätzt. Nach jeder Sitzung dachte ich an all die Jahre in Unternehmen, in denen das Management so weit entfernt und unnahbar war. Wenn ich vor meinen Leuten stand, in ihre vertrauensvollen, aufmerksamen Gesichter blickte und fühlte, daß sie alles für das Unternehmen gaben, wurde mir immer wieder aufs Neue bewußt, wie wichtig diese Sitzungen waren. Es gibt nur sehr wenige Manager, die freiwillig die Zeit und Mühe investieren, um solche Kommunikationsveranstaltungen abzuhalten. Wenn sie es aber tun, zum Beispiel mit einer „Null-Fehler-Feier“, dann genießen sie es alle und sprechen noch Monate später darüber. Ich frage mich ernsthaft, warum sie es dann nicht regelmäßig tun. Die Ablehnung scheint im allgemeinen von der Personalabteilung auszugehen. Dort hat man immer Angst davor, einen Präzedenzfall zu schaffen. Ich glaube, sie fürchten sich davor, überflüssig zu werden.

Wir hatten in unserem Unternehmen nie spezielle Bekleidungsvorschriften, außer der, daß alle so gekleidet sein sollten, daß die Kollegen keinen Anstoß nahmen und daß die Klienten einen guten Eindruck gewannen. Wir schrieben auch den Kursteilnehmern die Bekleidung nicht vor, aber die meisten von ihnen trugen Jacketts und offene Hemden. Anfang 1980 erlitt einer der Mieter unseres Gebäudes Schiffbruch, und seine Räumlichkeiten wurden frei. Nun hatten wir genug Platz für einen zusätzlichen Seminarraum für 14 Personen, gerade richtig für unser neues Executive College. Wir waren zu der Erkenntnis gekommen, daß die Topmanager nicht viel über Implementierung zu wissen brauchten, sondern daß es ausreichte, wenn sie die grundlegenden Konzepte verstanden. Also begannen wir, einen zweitägigen Kurs für Spitzenmanager anzubieten, der nach kürzester Zeit für den Rest des Jahres ausgebucht war. Meine Tochter Phylis, die gerade das Rollins College abgeschlossen hatte, begann, als Teilzeitkraft bei uns zu arbeiten, bis sie einen „richtigen Job“ finden würde. Wir beauftragten sie mit der Gestaltung und Ausstattung des neuen Raums, den wir „Blue Suite“ nannten. Sie machte ihre Sache ausgezeichnet, und wir benutzten den Raum lange Zeit.

Ich wählte die Trainer für das Quality College aufgrund ihrer praktischen Managementerfahrung aus. Wer aus der Qualitätskontrolle kam, wurde abgewiesen. Wir nahmen auch keine Professoren oder Leute, die bereits irgend etwas lehrten. Auf diese Weise konnten wir den Neuen selbst beibringen, wie man lehrt. Die Ausbildung dauerte normalerweise einige Monate, aber sie arbeiteten hart und lernten schnell. Bald erkannten wir die Notwendigkeit, einen Teil des Materials zu verfilmen, um die Einheitlichkeit des Unterrichts zu sichern. Außerdem sind nicht alle Leute so interessant, daß man ihnen stundenlang zuhören kann. Bisher hatte ich jeden einzelnen Kurs eröffnet, was den ersten Vormittag in Anspruch nahm. Da wir aber nun parallel laufende Kurse hatten, mußten die anderen Trainer diese Aufgabe ebenfalls übernehmen. Eines der Fallbeispiele, die ich erstellte, war das des „Schubkarrenunternehmens“. Wir forderten die Kursteilnehmer auf, ihr eigenes Unternehmen anhand des Management Grid aus *Qualität ist frei* zu bewerten, und gaben die ausgefüllten Bögen sofort an die Sekretärin des College weiter.

Ich stellte mich an die Tafel und beschrieb die Schubkarre, die sie hatten herstellen wollen. Dann erzählte ich, wie das Projekt durch ein paar Kompromisse hier und ein paar Fehler da in einer finanziellen und organisatorischen Katastrophe geendet hatte. Nun schlüpften die Kursteilnehmer in die Haut von sieben Spitzenmanagern des Unternehmens und verlasen deren Einschätzung der Situation. Zum Schluß wurde die Schubkarrengesellschaft im Gitter eingestuft. Zu diesem Zeitpunkt hatte die Sekretärin die Bewertungen der Unternehmen unserer Teilnehmer bereits in ein Diagramm übertragen und sie unter der Tür des Seminarraums durchgeschoben. Die beiden Ergebnisse wurden an die Wand projiziert und miteinander verglichen.

Die Gruppen stuften das Schubkarrenunternehmen im Gitter stets in der schlechtesten Kategorie ein – im scharfen Gegensatz zur Bewertung ihrer eigenen Unternehmen. Wir gingen noch weiter und werteten auch die Kommentare des Topmanagements aus unserer Geschichte aus. Wir zeigten, wieviel Geld sie verloren, indem sie ihre eigenen Verfahren und Forderungen nicht beachteten. Die Folge war, daß den Kursteilnehmern langsam bewußt wurde, daß sie über das Schubkarrenunternehmen mehr wußten als über ihr eigenes. Diese Erkenntnis war stets eine Ernüchterung, die für den restlichen Verlauf des Kurses bestimmend war. Nun konnten sie beginnen zu lernen, wie sie Veränderungen an ihrer eigenen Unternehmenskultur vornehmen konnten.

Das Fallbeispiel des Schubkarrenunternehmens war ein bißchen problematisch geworden, weil ich der einzige war, der es flüssig präsentieren konnte. Aus diesem Grund entschieden wir uns, es zu verfilmen. Phylis trieb in einem Eisenwarenhandel eine blaue Schubkarre auf, und wir fanden ein Geschäft, das diese neumodischen Videokameras verkaufte. Als Darsteller der Führungskräfte verwendeten wir Schauspieler aus der Umgebung. Zu Beginn der Dreharbeiten beschrieb ich, worum es in dem Fallbeispiel ging. Alles ging gut, und wir erkannten, daß Filme ein ausgezeichnetes Unterrichtsinstrument für uns waren.

Anfang 1980 reiste ich gemeinsam mit Doug Hoelscher von Tennant nach Japan, um Dougs dortige Niederlassungen zu besichtigten und zu erkunden, was in anderen Bereichen vor sich ging. (Doug, Roger Hale und Ron Kowal schrieben 1989 ein empfehlenswertes Buch namens *Quest for Quality*, in dem sie beschrieben, wie sie die Phasen Erwachen und Fortschritt durchlebten. Ich kann dieses Buch sehr empfehlen.) Wie bei meiner Reise im Jahr 1975 war ich sehr überrascht, daß man mich in Japan sofort erkannte und mir mit großem Respekt und enormer Wißbegierde begegnete. Die Japaner kannten meine Arbeiten gut und waren gerade im Begriff, *Quality is free* ins Japanische zu übersetzen. Es folgen einige Notizen, die ich mir vor 20 Jahren über das machte, was mir meine japanischen Freunde erzählten:

- Sie haben falsche Vorstellungen über die Vereinigten Staaten und über das amerikanische Management, wissen nichts über die europäische oder amerikanische Geschichte (etwa soviel, wie wir über japanische oder asiatische Geschichte wissen).

- Angeblich gibt es im Japanischen kein Wort für „Liebe"; statt dessen werden die Ausdrücke „Pflicht" und „Verpflichtung" verwendet. Der wichtigste Lebenszweck ist die Arbeit, die Familie kommt erst danach. Die Männlichkeit verlangt es, abends lange mit den Managerkollegen wegzubleiben.

- Sei arrogant, zeige keine Schwächen. Der Stolz verbietet es, Urlaub zu nehmen. Die Abwesenheitsrate ist extrem niedrig. Im Krankheitsfall nehmen sich die Angestellten normalerweise Urlaub.

- Man geht davon aus, daß alle Unternehmensangehörigen als Mitglieder der Organisation gleich sind. Der Schlüssel dafür liegt darin, daß jede Tätigkeit respektiert wird. Meiner Beobachtung nach sind jedoch einige Leute sehr viel gleicher als die anderen.

- Die Gewerkschaft der japanischen Wissenschaftler und Techniker, die Dr. Deming half, seine Konzepte zu verbreiten, ist daran interessiert, etwas mit mir zu unternehmen. Dasselbe gilt für die Japan Management Association (JMA). Es ist schwierig, sich ein Bild davon zu machen, was ihnen genau vorschwebt. Wir werden versuchen, eine Partnerschaft zwischen JMA mit PCA einzurichten. Die Gewerkschaft ist nicht am Management interessiert, und die JMA ist nicht besonders gut in der Promotion.

- Dr. Ishikawa (der eigentliche Kopf der japanischen Qualitätsrevolution) hält jedes Jahr sechstägige Kurse für japanische Topmanager ab. In diesen Kursen werden sie mit Statistiken bombardiert, aber die Teilnehmer behaupten alle, sie zu verstehen und die gewonnenen Erkenntnisse anzuwenden. In dieser Kultur ist Leiden ein Zeichen von Männlichkeit. Ishikawa verfolgt geduldig seine Ziele. Alles, was hier geschehen ist, geht auf sein Konto.

- Die Leute in den Produktionswerken sind anders als jene, die in Geschäftsanzügen herumlaufen. Sie stehen auf dem Boden der Tatsachen, und ihre Gesellschaft ist mir sehr angenehm. Sie verwirklichen Qualität nach meinen Vorstellungen: Forderungen festlegen, sie allen Mitarbeitern verständlich machen, und dann dafür sorgen, daß jede Tätigkeit gleich beim ersten Mal richtig ausgeführt wird. Sie haben gelernt, das vollständige Qualitätssystem zu leben; Amerikaner halten ständig Ausschau nach einer Technik, um es zu konstruieren.

- Ein japanischer Qualitätsmanager fragte mich, ob es wahr sei, daß amerikanische Manager das Gefühl hätten, Mil-Q-9858, die Qualitätsspezifikation des amerikanischen Verteidigungsministeriums, sei zu streng. Ich antwortete, daß sie meiner Meinung nach zu locker und tolerant sei. Er antwortete, das sei ein für mein Land neuer Gedanke. Darüber waren wir uns einig.

- Sie meiden die Zahl „4“ so wie die Amerikaner die „13“, und sie lieben Johnny Walker Black Scotch. Das zumindest erzählen sie mir.

- Als ich vor der Gesellschaft für Qualitätskontrolle sprach, äußerten sich die Zuhörer sehr kritisch über die amerikanische Qualität und die amerikanischen Qualitätskontrollexperten. Ihrer Meinung nach mußte ich sehr frustriert sein. Ich sagte, sie sollten die Amerikaner nicht unterschätzen, da diese zwar manchmal etwas lange brauchten, um zu erkennen, was gut für sie sei, daß sie jedoch in einigen Jahren eine andere Einstellung zur Qualität haben würden. Sie glaubten, daß ich das nur aus Taktgefühl sagte.

Als ich nach Hause zurückkam, war IBM-Raleigh unter der Führung seines Generaldirektors Alan Krowe soeben dabei, einen ernsthaften Qualitätsverbesserungsprozeß in die Wege zu leiten, und bat mich, bei der Zusammenstellung des Schulungspakets behilflich zu sein. Alan war bei IBM der erste Manager einer operativen Einheit, der versuchte, die Einstellung des Unternehmens zur Qualität nachhaltig zu verändern. Wir drehten einen 20 Minuten langen Film, der zeigte, wie ich im Quality College umherging und über die vier Gebote des Qualitätsmanagements sprach. Bald wollten alle unsere Klienten ihre eigenen Filme, und so entwickelten wir eine effiziente Methode, um sie zu produzieren. Auf der Park Avenue in Winter Park gab es viele schöne Geschäfte, deren Eigentümer uns gegenüber sehr kooperativ waren und uns ihre Räumlichkeiten als Drehorte zur Verfügung stellten. Zu Beginn des Films war ich in meinem Büro zu sehen, wo ich über Qualität im allgemeinen sprach und erklärte, wie wichtig sie für ein Unternehmen war. Wir drehten die Szene mehrmals und verwendeten jedesmal einen anderen Firmennamen. Dann gingen wir auf den Parkplatz, in eine Kunstgalerie, ein Herrenbekleidungsgeschäft und ein Restaurant und behandelten dabei die vier Gebote des Qualitätsmanagements. Der Name des Klientenunternehmens kam dreimal in seinem Film vor. Auf diese Weise konnten wir den Film billig verkaufen und trotzdem Geld damit verdienen. Mir wurde langsam klar, daß wir den Klienten eines Tages hauseigene Schulungsunterlagen liefern mußten.

Mittlerweile wurden langsam die Unterrichts- und Büroräume knapp. Zum Glück gelang es uns, das vierte Stockwerk des Gebäudes auf der gegenüberliegenden Straßenseite zu mieten. So konnten wir einen weiteren größeren Seminarraum (die „Silver Suite“) sowie drei kleinere Unterrichtszimmer einrichten. Wir wuchsen sehr schnell, konnten das Wachstum jedoch aus unserem Cash Flow finanzieren. Langsam wurde es schwierig, die Terminwünsche unserer Klienten zu erfüllen. Die Erfolge, die sie erzielten, bewegten sie dazu, uns weiterzuempfehlen, meist an ihre Lieferanten. Ich war damit beschäftigt, Vorträge zu halten und Unterrichtsmaterialien zusammenzustellen. Zu diesem Zeitpunkt arbeitete ich in der Kreativabteilung. Aber bald löste mich Phylis ab, die eine Gruppe von Graphikern und anderen Produktexperten zusammengestellt hatte. Es gelang uns, die Overheadfolien und Broschüren zu vereinheitlichen. Es war ein angenehmes Gefühl, daß unsere Unterlagen allgemeine Bewunderung fanden. Philip Jr. begab sich auf die Suche nach einem geeigneten Computer- und Textverarbeitungssystem. Wir vergessen heute oft, wie primitiv die Büroausrüstung damals, vor gar nicht allzu langer Zeit, noch war.

Im September 1980 fuhren wir nach Greenbrier, um uns wieder einmal gründlich körperlich durchchecken zu lassen. Dr. Morehouse stellte fest, daß mein Elektrokardiogramm während des Belastungstests, der damals darin bestand, ein paar Stufen auf- und abzulaufen, starke

Veränderungen zeigte. Er empfahl mir, ein paar Kilo abzunehmen und mehr Sport zu treiben. Als wir nach Winter Park zurückkehrten, suchte ich meinen Hausarzt auf und zeigte ihm den Bericht. Er schickte mich zu Dr. Burton, einem Kardiologen, der mich auf das Laufband stellte und mich an eine Menge Drähte und Maschinen anschloß. Nach 30 Sekunden brach er die Untersuchung ab. Der langen Rede kurzer Sinn: Ich mußte ins Krankenhaus, wo ich einer Herzkatheteruntersuchung unterzogen wurde, gefolgt von einer Operation, bei der meine Herzkranzgefäße durch fünf Bypässe entlastet wurden. Zwischendurch hatte ich gerade genug Zeit, meine Mitarbeiter im Büro über die Geschehnisse zu informieren.

Die Kurse waren zu dieser Zeit bereits ziemlich gut eingespielt, und ich wurde als Lehrer nicht unbedingt gebraucht. Trotzdem war unser Unternehmen immer noch fragil und bedurfte der Führung durch eine sanfte, aber feste Hand. Die Firma konnte auch ohne mich überleben und florieren, aber sie würde im Fall meiner Abwesenheit wahrscheinlich nicht weiter wachsen. In der Organisation gab es einige Leute, welche die Firma führen konnten, und einige andere, die sie durch ihren Managementstil in den sicheren Ruin führen würden. Ich wollte sichergehen, daß die Familienmitglieder darüber Bescheid wußten. Also tippte ich auf meiner Schreibmaschine einige sehr spezifische Anweisungen für den Fall, daß mir etwas zustoßen sollte. Ich vermerkte auch, welche Personen keine Autoritätspositionen erhalten sollten, und stellte der Familie für die Position des Geschäftsführers zwei Personen zur Auswahl. Das versiegelte Schreiben übergab ich Philip, mit der Anweisung, es nur für den Fall zu öffnen, daß ich es nicht schaffen würde. Dann versammelten sich alle Mitarbeiter und die Kursteilnehmer, die zufällig da waren, um gemeinsam mit mir zu beten. Operation und Rehabilitation verliefen ohne Komplikationen. Ich ging aus der ganzen Sache gesünder und stärker hervor. Ich gewann neues Interesse an Gesundheit und Wohlbefinden. Fünf Wochen nach der Operation unterrichtete ich schon wieder. Philip gab mir den ungeöffneten Brief zurück, und wir übergaben ihn dem Reißwolf.

Bald kam ein weiterer Standort hinzu, den wir ziemlich phantasielos „das PCA-Gebäude" nannten. Die zusätzliche Fläche von über 9.000 Quadratmetern enthob uns aller Platzprobleme. Phylis war damit beschäftigt, die neuen Büroräume zu möblieren; ich ermahnte alle, ihre Büros sauberzuhalten; und Philip zerbrach sich den Kopf darüber, wie das alles bezahlt werden sollte. Das Sauberhalten der Büros ist keine so selbstverständliche Sache, wie man meinen möchte. Für viele Fachkräfte ist es eine Frage der Ehre, auf ihren Schreibtischen und Büromöbeln ungeordnete Papierstöße herumliegen zu lassen. Auf die Klienten jedoch macht Unordnung keinen guten Eindruck. Also machte ich mindestens einmal täglich einen Rundgang, um den persönlichen Kontakt zu den Leuten zu pflegen und dafür zu sorgen, daß sie sich nicht gehenließen. Auf einem aufgeräumten Schreibtisch hinterließ ich schon mal eine kleine Tafel Schokolade – unaufgeräumte gingen leer aus. Die Mitarbeiter verstanden bald, was das bedeutete. Sie aßen die Schokolade nicht, sondern sammelten sie. Ich aß sie dann bei meinem nächsten Besuch, aber ich erkannte bald, daß das meiner Figur nicht guttat.

Bald hatten wir einen kontinuierlichen Zulauf von Unternehmen, die ihre Strategie mit uns besprechen wollten. PCA wuchs ständig, und wir faßten den Entschluß, unser Tätigkeitsgebiet auf kleine Unternehmen auszudehnen. Im Jahr 1979 belief sich unser Gesamtumsatz auf etwa 400.000 Dollar. 1980 lag er bereits bei zwei Millionen, 1981 bei 4,5 Millionen, und für 1982 peilten wir 8 Millionen an.

Bill Sabin, mein Lektor bei McGraw-Hill, schlug mir vor, mir *Sweet Way* nochmals in Hinblick auf eine stärkere Betonung des Familienmanagements anzusehen. Die Idee gefiel mir, und ich begann, sie zu verwirklichen. Meine tragbare Schreibmaschine wog 10 Kilo, aber ich schleppte sie auf allen meinen Reisen mit, um schreiben zu können, wann und wo ich wollte, sei es im Flugzeug oder im Hotel. Außerdem hatte ich auf meinem Schreibtisch eine neue elektrische Schreibmaschine stehen (etwas, was andere Manager irritierte). Diese Schreibmaschine hatte eine neuartige Funktion, die es mir ermöglichte, den geschriebenen Text zu sehen, bevor er gedruckt wurde. Für das Bild auf dem Buchrücken der neuen Version von *Sweet Way* posierte ich gemeinsam mit meinem Enkel Charlie im Computerraum. Die Neuauflage kam gut an, und das gab mir den Anstoß, über ein neues Buch zum Thema Qualitätsmanagement nachzudenken. Es würde zwar einige Jahre dauern, bis ich Zeit dafür fände, aber ich begann darüber nachzudenken. In der Zwischenzeit verfaßte ich kurze Texte unter dem Titel „Reflections“, die wir drucken ließen und an unsere Klienten verschickten.

Die Lehrkräfte arbeiteten hart, um sich für die Tätigkeit am College zu qualifizieren. Bob Vincent hatte das Material in einzelne Module unterteilt, die er einzeln genehmigte, nachdem die Lehrkräfte sie gelernt hatten. Ich wollte, daß alle Kursteilnehmer dasselbe hörten und sahen. Aus diesem Grund waren die besten Lehrkräfte jene, die über keine eigentlichen Qualitätserfahrungen verfügten. Wir wollten Lehrkräfte, die im Management tätig gewesen waren und deren Einstellung von den Erfolgen und Mißerfolgen des realen Lebens geprägt war. Die konventionellen Lehren der Qualitätskontrolle und ähnliches lehnten wir ab, weil sie nur dem Aufspüren bereits gemachter Fehler dienten. Wir hingegen setzten auf die Vermeidung von Fehlern. Wenn ich einen neuen Unterrichtsbaustein entwickelte, sah Bob mir zu, wie ich ihn unterrichtete, dokumentierte ihn und brachte dann die anderen auf den neuesten Stand. Bald ließ er es nicht mehr zu, daß ich den betreffenden Modul unterrichtete, und so kam ein neuer Modul zustande. Nach einer Weile ließ er mich nur noch eine wöchentliche Frage-und-Antwort-Sitzung mit den Seminargruppen abhalten, da er der Meinung war, daß sich die Module unter dem Einfluß der Improvisation veränderten. Tatsächlich lehrte ich immer gerade das, was mich an dem jeweiligen Tag interessierte, was der Einheitlichkeit entgegenwirkte.

Es war schwierig, sich als Lehrkraft zu qualifizieren. Natürlich mußte man sich mit den Unterlagen vertraut machen, aber die Präsentation war ebenso wichtig. John Monaghan, den ich aus meiner Zeit bei ITT kannte, kam zu uns, um uns in diesem Bereich zu helfen. Er zeigte uns, wie man die störenden Aktivitäten ausmerzen konnte, welche die Konzentration der Kursteilnehmer untergruben. Er half uns, die Unterrichtsmaterialien logischer zu ordnen, und er zeigte den Lehrern, wie man Schaugraphiken präsentierte. Die Collegebesucher fragten oft, wie sie alle diese Dinge lernen sollten. Die Folge war, daß wir einen von John gestalteten halbtägigen „Kommunikationsmodul" einführten. Schließlich mußten die Seminarteilnehmer ja in ihre Unternehmen zurückkehren und das Gelernte weitervermitteln. Für einige der arroganteren Unternehmen war es eine Beleidigung, daß sie nun Unterricht in Kommunikation nehmen sollten. Von Zeit zu Zeit gab es eine Revolte, und ich lud jene, die genug über das Thema zu wissen glaubten, ein, uns in drei Minuten zu sagen, worum es ging. Keiner von ihnen konnte die Gelegenheit nutzen, und der Unterricht lief in Zukunft reibungsloser als je zuvor.

Unsere Mitarbeiter strengten sich mehr an als an jedem ihrer früheren Arbeitsplätze. Das machte mir immer Sorgen, denn ich befürchtete, ihr Familienleben könnte leiden. Auch sah ich die Gefahr, daß denjenigen, welche die eigentliche Arbeit im Büro leisteten, möglicherweise nicht genügend Anerkennung zuteil würde. Aus diesem Grund schuf ich die Auszeichnung „Beacon of Quality“ für alle Unternehmensangehörigen sowie ein spezielles Zertifikat für die Lehrkräfte. Alle Mitarbeiter mit Ausnahme des Vorsitzenden konnten mit dem Beacon-Preis ausgezeichnet werden. Wir erstellten einfach eine Liste mit den Namen all jener, die in Frage kamen, und die Leute stimmten ab. Im ersten Jahr wurden drei Personen ausgewählt, und die Preisträger wurden bei einem sogenannten „Picknick“ bekanntgegeben. Dabei handelte es sich in Wirklichkeit um ein förmliches Dinner mit Tanz und Krawattenzwang, zu dem auch die Ehepartner eingeladen waren. Der Name Picknick ging darauf zurück, daß mein Sohn, als ich das Dinner vorschlug, einwandte, wir könnten es uns nicht leisten – warum veranstalteten wir nicht einfach ein Picknick? Ich bestand auf der Dinnereinladung, und wir beruhigten unser Gewissen, indem wir es „Picknick“ tauften. Jedes Jahr veranstalteten wir ohnehin ein richtiges Picknick in Sea World oder in Disney World. Alle brachten ihre Kinder mit, und wir hatten sehr viel Spaß. Solche Veranstaltungen kosteten nicht übermäßig viel, aber sie blieben den Firmenangehörigen für immer in Erinnerung. Die Leute wissen es zu schätzen, wenn sie von ihrem Unternehmen ernstgenommen werden.

Nachdem beim „Picknick“ die Qualifizierungsurkunden für die Trainer verteilt worden waren, rollte ein örtlicher Pelzhändler, Art Labellman, fahrbare Kleiderständer mit Pelzmänteln in den Raum. Wir baten die Frauen der frisch qualifizierten Trainer, auf die Bühne zu kommen und sich einen Mantel auszusuchen. Sie waren völlig verblüfft, aber, wie man sich vorstellen kann, durchaus erfreut. Ich erklärte das unerwartete Geschenk so, daß sie eine Weile auf ihre Ehemänner verzichtet hätten, und daß es nur fair sei, wenn sie nun eine Entschädigung erhielten. Als wir unsere ersten weiblichen Trainer ausbildeten, schenkten wir ihren Ehemännern Sakkos mit PCA-Knöpfen.

Gegen Ende 1981 entwickelten wir ein spezielles Programm für kleinere Unternehmen. Analysen hatten ergeben, daß es sich hier um einen großen Markt handelte – es gab ja Millionen solcher Unternehmen. Man mußte kein genialer Mathematiker sein, um zu erkennen, daß fast alles, was man mit diesen Zahlen multiplizierte, Geld bringen würde. Außerdem beschlossen wir, ein Video mit dem Titel „Quality Education System“ (QES) herzustellen. Die Klienten klagten immer darüber, wie schwierig es sei, den Mitarbeitern ihre spezifische Rolle zu vermitteln, wenn kein Lehrmaterial darüber vorhanden war. Das leuchtete uns ein. Also veranstalteten wir eine Brainstorming-Sitzung, bei der sich 15 Themen herauskristallisierten, die bearbeitet werden mußten. Die Idee bestand darin, zu jedem Thema ein 15minütiges Video zu produzieren, eine Lektion mit Overheadfolien zu gestalten und einen Trainer auszubilden. Es sollte eine Diskussion darüber folgen, inwieweit das jeweilige Unternehmen von dem behandelten Thema betroffen war.

An diesem Wochenende fuhren wir in unser Wochenendhaus, wo ich die Skripts für alle 15 Videos schrieb. Die Texte sprudelten mir nur so aus der Feder. Im großen und ganzen verwendeten wie sie alle in ihrer ursprünglichen Fassung. Einige Veränderungen wurden trotzdem vorgenommen, weil wir Autoren unsere Hände einfach nicht von unseren Texten lassen können. Wir setzten ein Team ein, welches das Begleitmaterial zusammenstellen und die Verfilmung der Skripts planen sollte. So stießen wir in ein völlig neues Geschäftsfeld vor: die Produktion von Unterrichtsmaterial. Dabei gelangten wir zu der überraschenden Erkenntnis, daß wir uns bisher auf die falsche Seite konzentriert hatten. Ich hatte geglaubt, daß die von uns ausgebildeten Manager in die Unternehmen zurückkehren und ihr neu erworbenes Wissen weitervermitteln würden. Einige taten das auch, aber die meisten schafften es einfach nicht. Die Herstellung von QES würde etwa 600.000 Dollar kosten, aber wir erzielten Anfang 1982 bereits Umsätze von einer Million Dollar pro Monat damit, und die Rezession, unter der das Land stöhnte, schien irgendwie an uns vorüberzuziehen. Wir waren gerade dabei, in einem neuen Geschäftspark, der von unseren damaligen Büros etwa sechs Meilen entfernt war, sechs neue Seminarräume einzurichten. Außerdem stellten wir fünf neue angehende Trainer ein und begannen, sie auszubilden. Unser Exekutivausschuß verfolgte eine sehr aggressive Erweiterungspolitik. Außer ein paar Einzelkämpfern gab es im Qualitätsmanagement keine Konkurrenz für uns, und unsere Klienten erreichten wirkliche Erfolge. Noch wichtiger aber war, daß sie sich vor ihren Freunden in anderen Unternehmen mit diesen Erfolgen brüsteten.

Wir hatten mit der Barnett Bank eine Kreditlinie vereinbart und das PCA-Gebäude und mein Haus als Sicherheiten eingesetzt. Die Leute von der Barnett Bank taten ihr Bestes, um unsere Leute flächendeckend mit Girokonten, Gehaltskonten und Privatkrediten zu versorgen. Unser Unternehmen hatte einen guten Cash Flow, und auf unserem Bankkonto lag Geld. Aber die Ausstattung der Büros in Maitland und die Verfilmung der QES-Videos verursachten hohe Kosten, und wir hatten ein Dutzend Leute in Ausbildung, die keine Erträge erwirtschafteten.

Etwa zur Jahreshälfte begann sich die Rezession auf die Unternehmen auszuwirken. Also taten sie, was sie in solchen Situationen meistens tun: Sie reduzierten sofort die Ausgaben für Schulung und Weiterbildung. Unser Umsatz stürzte plötzlich von einer Million Dollar monatlich auf die Hälfte ab. Wir nahmen unsere Kreditlinie in Anspruch, um unseren Verpflichtungen nachkommen zu können, und erstellten einen Aktionsplan. Ich wollte niemanden entlassen, denn wir hatten viel Zeit und Geld in die Ausbildung unserer Leute investiert. Es gelang uns, die Ausgaben durch verschiedene Maßnahmen zu senken, aber wir mußten auch bei den Gehältern irgendwie einsparen. Also beriefen wir einen Familienrat ein, bei dem alles auf den Tisch gelegt wurde. Ich schätzte, daß die Durststrecke bis in den Dezember dauern würde. Mein Vorschlag lautete, wir sollten alle eine 20prozentige Gehaltskürzung in Kauf nehmen, anstatt 20 Prozent der Leute zu entlassen. Ich selbst würde mein Gehalt aussetzen. Alle stimmten sofort zu, und wir beendeten das Meeting mit einem gemeinsamen Gebet. Eine der Traditionen, die ich bei PCA eingeführt hatte, bestand darin, jedes Meeting mit einem kurzen Gebet zu eröffnen. Wenn ich bei einem Meeting nicht anwesend war, vergaßen sie das Gebet manchmal, aber grundsätzlich war das gemeinsame Gebet etwas, was zur Sammlung des Unternehmens beitrug und ihm Richtung gab.

Unsere Freunde von der Bank gerieten in Panik, als unsere Umsätze zu sinken begannen. Sie sperrten meine persönliche Kreditlinie und verlangten, daß wir die Kreditlinie des Unternehmens zur Gänze und sofort abdeckten. Unsere Vermögenswerte waren viel höher als der von uns beanspruchte Kredit; allerdings bestanden sie in Immobilien und Ausrüstung. Davon ließ sich die Bank natürlich nicht beeindrucken. Vermögen ist keinen Pfennig wert, wenn man es niemandem verkaufen kann. Die wöchentlichen Statusberichte über unsere Fortschritte bei der Verbesserung der Einnahmenstruktur und bei der Kostensenkung, die ich nun erstellte, zählen zu den kreativsten Schreibarbeiten meiner Karriere. Es war wichtig, daß niemand glaubte, wir seien sterbenskrank. Das wäre sofort zu den Klienten durchgesickert. Es kamen immer noch neue hinzu, aber mit jenen, die ihre Managementausbildung beendeten, machten wir kaum noch ein Geschäft. Das Problem lag vor allem darin, daß Unternehmen wie IBM, Milliken oder Stevens bereits alle in Frage kommenden Mitarbeiter durch das Quality College geschleust hatten. Wenn wir die Videoreihe *Quality Education System* früher gestartet hätten, wären wir in einem viel besseren Zustand gewesen.

Nun stellte uns die Bank einen „Berater" zur Seite, zu dessen ersten Anregungen jene gehörte, wir sollten unsere Reisen einstellen; außerdem hielt er mir einen Vortrag darüber, daß „Marketingtypen" wie ich nicht mit Geld umgehen könnten. Wie ein Berater Kontakt zu seinen Klienten halten soll, ohne zu reisen, interessierte ihn nicht. Wir wurden dafür bezahlt, daß wir eine bestimmte Zeit in den Unternehmen unserer Klienten verbrachten; das war sogar eine wichtige Einnahmequelle. Ich versuchte weiterhin, das PCA-Gebäude, das etwa zwei Millionen Dollar wert war, zu verkaufen, aber das Problem bei einer Rezession ist ja, daß niemand etwas kaufen will.

Jeden Tag drehte ich meine Runden in der Firma, um zu sehen, wie sich die Kontakte entwickelten, und jeden Freitag morgen veranstaltete ich in der Lobby ein informelles Gespräch, das wir „Chairman's Chat"* nannten. Wir fanden einige weitere Klienten und begannen, mit ihnen zu arbeiten. Bedauerlicherweise dauert es etliche Monate, bevor sich ein starker Cash Flow in einer merklichen Erholung niederschlägt. Die führenden Manager der Bank riefen mich dauernd an. Zweimal im Monat waren Treffen mit ihnen angesetzt, bei denen das ganze Ausmaß ihrer Unwissenheit über die Geschäftswelt offenbar wurde. Ich fragte sie jedes Mal, warum sie so panisch seien, da wir unsere Zinsen doch rechtzeitig bezahlten. Tatsache war natürlich, daß uns die Wirtschaftsprüfer als „fraglich" eingestuft hatten und daß sie sich nicht mit unserem Blut besudeln wollten.

Philip Jr., der für die Bezahlung der Rechnungen zuständig war, hatte es am schwersten. Es ging uns gut, solange wir keine Rechnungen bezahlen mußten. Also schrieben wir unseren wichtigsten Lieferanten einen Brief, in dem wir sie baten, uns für den Augenblick nur ihre Kosten in Rechnung zu stellen. Die Differenz würden wir dann nach dem Jahreswechsel begleichen. Wir hatten ein derart gutes Verhältnis zu den meisten von ihnen aufgebaut, daß viele Antworten positiv ausfielen. Philip und ich besuchten mehrere Lieferanten persönlich, und sie sicherten uns ihre Unterstützung zu. Zwei oder drei waren nicht

* etwa: Plauderei mit dem Vorsitzenden

dazu bereit, also bezahlten wir sie zur Gänze und brachen entsprechend meiner bisherigen Politik die Geschäftsbeziehung zu ihnen ab. Sie unternahmen mehrere Versuche, um uns wieder zu versöhnen, jedoch ohne Erfolg.

Ein Problem, das uns keine Ruhe ließ, waren die Kosten von QES. Das Geld für die Verfilmung war kaum aufzubringen. Die Lehrbücher und die dazugehörigen Graphiken waren kein Problem, weil sie von unseren eigenen Leuten gestaltet wurden, die wir ohnehin bezahlten. Wir lernten, mit der Herstellung der Videos nicht zu viel Zeit zu verschwenden. Die Schauspieler rekrutierten wir alle aus unserem örtlichen halbprofessionellen Theater. Die meisten von ihnen lernten ihren Text schnell. Wir filmten alles vor Ort mit Unterstützung der Anwesenden. Jedermann liebt das Showbusineß. Zuerst erklärte ich jeden Abschnitt, wobei ich die Schauspieler mit dem Namen der Person ansprach, die sie im Video verkörperten. Dann verdichteten wir das Ganze und setzten es in eine Szene um. Ein Video handelte von einem Unternehmen namens Flypaper Company, das den Großteil seines Kapitals für Reisen rund um die Welt aufwendete, um nach Fliegen Ausschau zu halten, die schwächer waren als der Klebstoff auf seinen Fliegenfängern. Das war eine originelle Methode zur Vermittlung des Qualitätsmanagements. Die einzelnen Abschnitte waren nicht nur informativ, sondern auch amüsant. Ich war davon überzeugt, daß jedermann davon begeistert sein würde. Doch zu meiner Enttäuschung mußte ich feststellen, daß weder Berater noch Trainer von QES besonders angetan waren. Offensichtlich dachten sie, daß sie durch die Videos ersetzt werden sollten. Jedenfalls versuchten sie ständig zu erreichen, daß wir die Produktion der Videos hinausschoben oder sie ganz fallenließen. Sie glaubten nicht, daß es einen profitablen Markt für Unterrichtsmaterialien gäbe. Da es jedoch Hunderte Millionen Menschen gab, die sich mit der Idee des Qualitätsmanagements vertraut machen mußten, schien mir diese Annahme falsch. Der Widerstand machte mich richtig wütend, und ich rief alle zu einem Meeting zusammen, um über die Zukunft des Unternehmens zu sprechen.

Ich erklärte, daß in unserem Quality College auch weiterhin Manager, Führungskräfte und Trainer ausgebildet werden würden, daß aber nur drei Prozent der Angehörigen der Klientenunternehmen in diese Kategorien fielen. Also konnte es sich hier um kein besonders profitables Geschäft handeln. Wir würden weiterhin Klienten beraten, aber obwohl wir für diese Tätigkeit ansehnliche Honorare verrechneten, war dieser Geschäftszweig nicht besonders gewinnträchtig. Er war mit hohen Personalkosten verbunden, und die meisten Klienten mochten es nicht, wenn ein Fremder in ihren Unternehmen herumstöberte. Für mich lag die Zukunft in der Produktion von Unterrichtsmaterial. Wenn es uns gelang, Videos und Tonbänder herzustellen, die den Klienten die notwendige Schulung und Anleitung vermittelten, konnten die Kosten erheblich gesenkt werden. Nach Bezahlung der Entwicklungskosten würde der Verkauf der Videos etwa 90% Gewinn abwerfen.

Jeder Mensch hat seine eigenen Ziele, die oft nicht allzu produktiv sind. Ich erklärte meinen Leuten, daß es um unser Überleben ginge; zwar seien mir alle Ideen und Vorschläge willkommen, in dieser Situation könne es jedoch kein Konsensmanagement geben. Ich würde die Entscheidungen treffen, und sie alle hätten sich daran zu halten. Wenn jemand bereit sei, wie ich das eigene Haus zu verpfänden oder eine persönliche Bankgarantie abzugeben, würde ich seiner Meinung mehr Gewicht beimessen. Ich erinnerte meine Mitarbeiter daran, daß sie alle Anteile am Unternehmen hielten, und daß wir, wenn wir jemals an die Börse gehen wollten, mehr bieten müßten als ein paar Leute, die vor ein paar anderen Leuten herumstanden und ihnen Vorträge hielten. Wir brauchten ein Unternehmen, keine Versammlungen. Ein oder zwei Mitarbeiter waren nicht einverstanden. Also empfahl ich ihnen, selbst Unternehmen zu gründen. Sie kündigten, wurden in dieser Hinsicht aber nicht aktiv.

Mehrmals pro Monat hielt ich irgendwo einen Vortrag, um Geld zu verdienen und mir einen Eindruck davon zu verschaffen, was in der Welt vorging. Ich besuchte Klienten und sah mit Genugtuung, daß es ihnen allen gut ging. Es war eng, aber wir würden es schaffen. Einen anderen Ausgang zog ich gar nicht in Erwägung.

1979 hatten wir 5 Mitarbeiter und 400.000 Dollar Umsatz.
1980 hatten wir 16 Mitarbeiter und 1.664.000 Dollar Umsatz.
1981 hatten wir 67 Mitarbeiter und 5.333.000 Dollar Umsatz.
1982 hatten wir 94 Mitarbeiter und 7.897.000 Dollar Umsatz.
(Achtzig Prozent des Umsatzes im Jahr 1982 entfielen
auf die ersten sechs Monate.)

KAPITEL

10

PCA – DIE ERFAHRUNGEN

Wir schlossen die Produktion des Quality Education System ab und begannen damit, das Paket unseren Klienten zu präsentieren. Es bestand aus 15 Videobändern, die sämtliche Elemente des Qualitätsmanagements abdeckten, aus Lehrbüchern für sämtliche Teilnehmer, Overheadfolien sowie einem Handbuch für den Trainer. Da QES ein neuartiges Qualitätsschulungskonzept darstellte, wurde es von den Klienten nicht sofort angenommen. Es dauerte eine Weile, bis sie erkannten, daß wir ihnen mit dem Programm die Chance boten, ihren Lernprozeß selbst zu lenken. Sie konnten den Part des „Lehrers“ selbst übernehmen, und das Material würde gewährleisten, daß alle dasselbe lernten.

Unsere Trainer erzählten ihren Seminarteilnehmern nicht gern von QES, weil sie nicht „verkaufen“ wollten. Wie die Klienten ihrer Meinung nach erfahren sollten, daß wir uns diese ganze Mühe gemacht hatten, um ihnen ein exzellentes Lernprogramm zu bieten, wird mir immer ein Rätsel bleiben. Wenn man etwas hat, das ohnehin jeder will, muß man die Leute nur davon in Kenntnis setzen. Das hat nichts mit Verkaufen zu tun. Die Experten neigen immer zu einer eingeschränkten Weltsicht. Wie dem auch sei: Als es erst einmal bekannt war, wurde QES rasch zum Renner, obwohl es noch mehrere Monate dauerte, bis es einen Gewinn abwarf. Wir bestanden darauf, daß die Leute, die in ihren eigenen Unternehmen die Rolle der Trainer übernehmen sollten, nach Abschluß des Management College eine einwöchige Schulung bei uns absolvierten. Danach waren sie in der Lage, andere durch den Stoff zu führen, indem sie Beispiele aus ihrer eigenen Organisation verwendeten. Unser Plan war es, die Videos zu vermieten und die Arbeitsbücher zu verkaufen. So hatte jeder Schulungsteilnehmer ein eigenes Arbeitsbuch, in das er Notizen eintragen konnte und das für immer ihm gehören würde. Wir bemerkten bald, daß einige der Trainer in Klientenunternehmen die Arbeitsbücher kopierten oder die Seiten in Klarsichthüllen steckten, so daß sie mehrmals benutzt werden konnten. Diese Vorgehensweise konnte ich weitgehend ausmerzen, indem ich ihren Unternehmensleitern erklärte, wie billig und wenig engagiert dies in den Augen ihrer Mitarbeiter erscheinen mußte.

Wir lagen noch immer im Clinch mit den Leuten von der Barnett Bank, die sich Sorgen um ihr Geld machten, obwohl wir keine einzige Zinszahlung versäumt hatten. Dann geschahen zwei interessante Dinge. Ich erhielt von einem Ortsansässigen ein Angebot für das PCA-Gebäude und nahm es an. Die Hypothekenbank, die er ausgewählt hatte, sah sich das Gebäude an und stimmte dem Geschäft zu. Doch nun wähnte er sich plötzlich in der Lage, uns um 10 Prozent im Preis drücken zu können. Ich stornierte das Geschäft sofort. „Sei weder ein Bösewicht noch ein Dummkopf" sagen wir hier in West Virginia. Der Vertreter der Hypothekenbank sagte, sein Institut würde das Gebäude zwar für mich persönlich finanzieren, nicht jedoch für die PCA als Eigentümerin. Mein gesamtes Geld kam von PCA, wo ich kein Gehalt bezog, und mein persönlicher Nettowert schrumpfte langsam auf Null. Obwohl sich die Umsätze von PCA rasch erholten, waren wir noch nicht aus dem Schneider. Irgendwie schien mir die Entschlossenheit der Hypothekenbank wenig sinnvoll. Ich stimmte trotzdem sofort zu, obwohl ich die als Anzahlung verlangten 150.000 Dollar nicht hatte. Ich wußte, der Herr würde mir beistehen.

Das Geld, das durch den Verkauf des Firmengebäudes an mich hereinkam, deckte den Kredit bei Barnett ab, und ich wurde PCAs Vermieter. Zu dieser Zeit lud mich der Präsident einer anderen, kleineren Bank zum Mittagessen ein. Er verstand unsere Situation und bot mir an, das Wachstum unseres Unternehmens zu finanzieren. Er gewährte mir auch einen Privatkredit, so daß ich das Geld für die Anzahlung aufbrachte. Im Jahr 1983 hatten wir uns finanziell erholt, und von da an machten wir nie wieder Schulden. Ich feierte das Ereignis, indem ich mir im Autogeschäft eines Golffreundes einen neuen Jaguar kaufte. Außerdem bat ich Philip, mich wieder auf die Gehaltsliste zu setzen. Sobald wir aufgrund der wachsenden Erträge flüssig waren, gab ich meinen Mitarbeitern das Geld zurück, das sie durch die Gehaltskürzungen des vorhergehenden Jahres verloren hatten. Philip hatte nun für einige Zeit genug von der Rolle des Controllers. Er stellte jemand anderen ein und übernahm die Verwaltung. Er, Phylis und ich arbeiteten problemlos zusammen. Wir konkurrierten nicht miteinander. Meine Kinder schrieben keine Bücher und unterrichteten nicht, und ich hatte mit ihrer Arbeit ebenfalls nichts zu tun.

Bald schwappte eine Woge neuer Kunden über uns herein. Unsere Klienten empfahlen uns ihren Lieferanten und Freunden weiter. Wir hatten eine imposante Referenzliste vorzuweisen und gewannen die Aufmerksamkeit der Medien. General Motors bot uns eine Zusammenarbeit an. Ich sprach mit GM-Präsident Jim McDonald über die Idee. Jim hatte in den sechziger Jahren bei Pontiac gearbeitet, und zu jener Zeit war auch ich mit diesem Unternehmen in Kontakt gekommen. Er war ein äußerst qualitätsbewußter Manager, und es gelang ihm sogar zu lächeln, als ich ihn in meinem Jaguar zu seinem Kurs abholte.

Meiner Meinung nach konnte die Arbeit mit GM für uns problematisch werden, da wir dazu unser Personal aufstocken mußten. Was, wenn sie plötzlich ihre Meinung änderten? Sie boten uns an, einen Anteil an unserem Unternehmen zu erwerben, um der Zusammenarbeit einen dauerhafteren Charakter zu verleihen. Jim und ich einigten uns an Ort und Stelle über den Preis (4 Millionen Dollar für 10 Prozent mit einer Option auf weitere 10 Prozent). Die Anwälte brauchten mehrere Monate, um den Vertrag auszuarbeiten, aber in der Zwischenzeit arbeiteten wir bereits zusammen. (Am Ende verdiente GM, obwohl es jahrelang unsere Honorare bezahlt hatte, mit seiner PCA-Beteiligung Geld, als wir 1985 an die Börse gingen.)

GM war ein guter Partner, der alle seine Führungskräfte schulen ließ und sich von uns ein Quality College für die Manager seiner Niederlassung in Michigan einrichten ließ. Ich hatte stets den Ausspruch von Woody Allen im Sinn: „Wenn Löwe und Lamm sich gemeinsam hinlegen, bekommt das Lamm nicht viel Schlaf." Doch aus ihrer Beteiligung an PCA entstanden uns nie Probleme. Auch gaben wir ihnen nie Rabatte. Sie wurden genauso behandelt wie alle anderen Klienten, und sie bestanden auch ausdrücklich darauf.

Die Anteile, die GM erhielt, stammten von den Haupteigentümern des Unternehmens. Für uns war es ein schönes Gefühl, zur Abwechslung einmal echtes Geld in Händen zu halten. Ich konnte mein Apartment und mein Auto abzahlen, und zum ersten Mal in meinem Leben war ich persönlich schuldenfrei. Der Rest der Familie und einige der wichtigsten Führungskräfte teilten das Geld. Das Unternehmen brauchte es nicht, weil wir gelernt hatten, es ohne Schulden zu betreiben. Unser Cash Flow war überaus positiv, und wir investierten ihn in weiteres Wachstum. Mit dem Erfolg umzugehen ist schwieriger als schwere Zeiten zu bewältigen. Die Leute hören nicht zu, wenn das Schiff in sicherem Gewässer dahingleitet, aber sie spitzen die Ohren, wenn die Rettungsboote zu Wasser gelassen werden.

Einmal im Monat fand bei PCA ein Meeting statt, an dem alle Mitglieder des Exekutivausschusses teilnehmen mußten. Dieses ganztägige Meeting fiel jeweils auf einen Montag, und am Freitag derselben Woche wurde der Familienrat abgehalten. Das Betriebsanalysesystem beruhte auf meiner Erfahrung bei ITT, wo verlangt worden war, daß sich jeder alle Zahlen ansah, sich alle Probleme anhörte, alle Möglichkeiten in Betracht zog und einen eigenständigen Beitrag zur Entscheidungsfindung leistete. Es wurden sämtliche Fragen behandelt, und wie bei ITT war auch bei uns die Hölle los, wenn jemand in einer Sache nicht offen und ehrlich gewesen war. Die Meetings begannen mit einem Gebet, und alle gingen respektvoll miteinander um. Wir bekämpften die Probleme, nicht die Menschen. In meiner Anwesenheit war der Umgangston gepflegt, in meiner Abwesenheit wurde er häufig rauher. Die Leute verfolgen alle ihre eigenen Ziele. Normalerweise sind sie es nicht gewöhnt, über ihren eigenen Tellerrand zu blicken. Niemand außer dem Unternehmensleiter überblickt die gesamte Organisation.

Einmal berichteten die europäischen Niederlassungen über einen Umsatz, der weit hinter dem Plan zurücklag. Ihre Erklärung für dieses unbefriedigende Ergebnis lautete, daß die Leute wegen Ostern keine Geschäfte machen wollten. Die nächsten 20 Minuten versuchten sie mir zu erklären, warum Ostern sie so sehr überrascht hatte. Wir holten sogar ein Lexikon heraus, nur um festzustellen, daß man im Grunde ein Jahrhundert im voraus genau vorausberechnen kann, wann in jedem Jahr Ostern sein wird – das sollte ausreichen. Wir erinnerten uns daran, daß unser Unternehmen den Zweck hatte, unsere Kunden, Lieferanten und Mitarbeiter erfolgreich zu machen, und nicht, einander Schwierigkeiten zu bereiten. Die Arbeit sollte Spaß machen, und wir hatten uns vorgenommen, auf unserem Gebiet die absolut Besten zu werden. Wir durften bei unserer Tätigkeit nicht nur an uns selbst denken.

Eines Tages rief Brian Davies an, ein Produzent von der BBC, und fragte, ob er einige Zeit bei uns verbringen dürfe. Brian hatte mehrere vielbeachtete Sendungen für die BBC produziert, darunter eine weltweite Studie über Liliengewächse. Ich hatte die Sendung gesehen und war beeindruckt davon gewesen, wie feinfühlig er an das Thema herangegangen war. Nachdem er die großen Blumenfarmen auf der ganzen Welt gezeigt hatte, auf denen Lilien gezüchtet wurden, filmte er einige Lilien, die auf einem steilen Hang irgendwo in Griechenland wild wuchsen. Sie waren die schönsten von allen, weil, wie der Kommentator erklärte, „sie sich diesen Platz selbst ausgesucht haben". Brian kam und lebte einen Monat lang bei uns. Er begleitete mich überall hin, nahm an den Parties teil, die von meiner Familie oder vom Unternehmen veranstaltet wurden, und hörte mir beim Unterrichten und beim Vortragen zu. Dann kehrte er nach London zurück und schlug uns in einem Brief vor, eine 40minütige Sendung mit dem Titel *The Quality Man* zu drehen. Er wollte genau zu der Zeit im Juni filmen, für die meine Frau Peggy und ich eine Reise nach Schottland planten. Ich sagte, wir könnten die Sache dort abwickeln, wenn er mir dazu verhelfen könne, auf dem Golfplatz von Murfield in der Nähe von Edinburgh zu spielen. Das ist für einen Normalsterblichen praktisch unmöglich, denn die Royal Company of Murfield Golfers ist ein bekannt schwieriger Verein. Als Tom Watson vor einigen Jahren die Murfield Open gewann, gingen Ben Crenshaw und er ein paar Stunden später, als die Massen nach Hause gefahren waren, auf den Platz hinaus, um zur Entspannung noch ein paar Löcher zu spielen. Da erschien der Manager des Clubs und verwies sie des Platzes mit der Begründung, sie seien keine Mitglieder.

Irgendwie arrangierte es BBC unter Zahlung einer Gebühr, daß wir auf den Platz durften, und wir fuhren von Glenagles, wo wir wohnten, nach Murfield. Dort trafen wir einen meiner Mitarbeiter und seine Frau und machten uns daran, ein paar Löcher zu spielen. Kameras und Mikrophone hatten wir dabei, damit wir die Gespräche und Vorgänge aufzeichnen konnten. Frauen waren im Klubhaus natürlich nicht zugelassen. Doch zumindest sperrte der Manager auf dem Platz eine Damentoilette auf. Als wir genug Schläge gemacht hatten, stellte Brian seine Kamera in einer kleinen Senke auf und postierte mich so, daß die Aussicht auf den berühmten Firth of Forth den Hintergrund bildete. Dann stellte er mir zwei Tage lang Fragen. Bei seinem einmonatigen Besuch hatte er mehr von meiner Philosophie und von meinen Geschichten mitbekommen als meine eigenen Mitarbeiter. Das Ergebnis war eine wirklich gute Arbeit, interessant und informativ. Von dem Film wurden Hunderte Exemplare verkauft, und er wurde mehrmals von der

BBC ausgestrahlt. Die Produktionsfirma verdiente Tausende Dollar daran; ich erhielt 300 Dollar für meine Bemühungen. Trotzdem war der Film eine unschätzbare Hilfe beim Aufbau meines Unternehmens und meiner Reputation.

Ich begann mit der Arbeit an einem Buch, in dem ich das Konzept des Qualitätsmanagements allgemeiner erklärte und darüber sprach, welche Rolle dem Management zukam. In den vorangegangenen vier Jahren als Berater und Trainer hatte ich die Erfahrung gemacht, daß die meisten Manager ihre Mitarbeiter eigentlich nicht sehr mochten. Sie drangsalierten sie ständig und schufen so eine Atmosphäre des Unmuts. Es war ihnen tatsächlich nicht bewußt, daß die Menschen ihr wichtigstes Kapital waren. Konkurrenten auf der ganzen Welt konnten dieselbe Ausrüstung und dasselbe Material kaufen; einen Vorteil konnte sich ein Unternehmen nur durch seine Mitarbeiter verschaffen. Meine persönlichen Erfahrungen auf niedrigen Beschäftigungsebenen hatten mich gelehrt, daß Manager oft unsensibel sind und davon ausgehen, daß die untergeordneten Mitarbeiter nicht allzu klug sind. Der Arbeitstitel des Buches lautete *The Art of Hassle-Free Management* (Die Kunst zu managen, ohne zu drangsalieren). Die Leute vom Verlag waren wie üblich entsetzt. Aber diesmal wehrten sie sich verbissener als sonst, und so schlug ich schließlich den Titel *Quality Without Tears* (deutsch als: *Qualität ohne Tränen*) vor. Das gefiel ihnen viel besser, und mein Lieblingssatz, der ursprüngliche Haupttitel, wurde zum Untertitel. In *Qualität ohne Tränen* ging es mir vor allem darum, die Konzepte, die „vier Gebote", wie ich sie nannte, klarer und eingehender zu beschreiben als bisher. Wer diese vier Gebote verstand, der würde wirklich verstehen, was Qualität bedeutete. Die Manager sind so technikorientiert, daß Ideen kaum zu ihnen durchdringen. Eines der Fallbeispiele, die in dem Buch erzählt werden, handelt von den im Sand verlaufenen Planungsaktivitäten eines großen Unternehmens und enthält zarte Anspielungen auf die Geschichte „Ein Weihnachtslied" von Charles Dickens. In Anlehnung an die Geschichte wählte ich für das Fallbeispiel den Titel „The Quality Carol". In meiner Geschichte führte Marley Scrooge zu einem Lagerhaus, um ihm zu zeigen, daß er dazu verdammt war, all die minderwertigen Produkte zu reparieren, die seine Fabrik im Lauf seiner Tätigkeit ausgeliefert hatte. Im nächsten Beispiel war eine Dame, die bei einer großen Airline für die Gepäckabfertigung zuständig gewesen war, für alle Ewigkeit damit beschäftigt, all die Gepäckstücke, die sie im Lauf der Jahre verloren hatte, ihren Eigentümern wiederzugeben.

Als das Buch herauskam, löste das Kapitel „The Quality Carol“ derart heftige Reaktionen aus, daß ich mich entschloß, ein Schulungsvideo daraus zu machen. Wir konnten Ephraim Zimbalist Jr. für die Hauptrolle verpflichten, und eine Gruppe guter Schauspieler von der Ostküste übernahm die Nebenrollen. Wir bauten in Cocoa Beach ein Set auf und verbrachten eine amüsante Woche mit den Dreharbeiten. Unser Star erwies sich als faszinierende Persönlichkeit und als hundertprozentiger Profi. Er war immer einsatzbereit, kannte seinen Text und war uns Amateuren eine echte Stütze. Der Film kam gut an, vor allem deshalb, weil die Produktion so gut war. Aber ich mußte erkennen, daß die Leute den Film zwar mochten und kauften, seine Botschaft jedoch anscheinend nicht auf sich bezogen.

Zum ersten Mal in meinem Arbeitsleben gelang es mir, tagsüber zu schreiben und nachzudenken. Der Alltagsbetrieb bei PCA verlief sehr ruhig. Wir hatten uns die Verfahren und Richtlinien ausgedacht und sie in eine Strategie umgesetzt, die jeder verstehen konnte. Es gab keine plötzlichen Veränderungen; alles war geplant. Das bedeutete, daß es bei PCA all die panischen Anrufe und unerledigten Aufgaben nicht gab, die in anderen Unternehmen an der Tagesordnung sind. Alles lief so reibungslos, daß ich mir schon Sorgen machte, die Mitarbeiter würden all die wundervollen Dinge, die uns widerfahren waren, vergessen. Deshalb rief ich eine „Thanksgiving Week“ ins Leben, die wir von nun an jedes Jahr im April begingen. In dieser Woche dankten wir allen, die uns unser gutes Leben ermöglichten. Die Veranstaltung wurde vom Qualitätsverbesserungsteam organisiert.

Am Montag erhielten die Mitarbeiter ihren Dank. Alle bekamen eine Urkunde, wenn sie am Morgen zur Arbeit kamen. Jedes Mitglied der Geschäftsleitung erhielt eine Rose oder eine ähnliche Aufmerksamkeit. Den Direktoren wurde am selben Tag bei der Sitzung des Board gedankt.

Am Dienstag waren die Lieferanten an der Reihe. Wir schickten ihnen Dankschreiben und statteten ihnen in einigen Fällen auch einen persönlichen Besuch ab.

Am Mittwoch veranstalteten wir ein Gebetsfrühstück, um dem Herrn zu danken. Wir luden dazu einen Gastredner ein. Die meisten Mitarbeiter nahmen an der Versammlung teil, die um acht Uhr morgens am Seeufer abgehalten wurde.

Am Donnerstag dankten wir unseren Klienten. Einige riefen wir an, einigen schickten wir einen Brief, und denjenigen, die gerade an Seminaren teilnahmen, überreichten wir persönlich eine Erinnerungsurkunde. Der Donnerstag war der Tag, an dem ich normalerweise offene Diskussionen in den Seminaren veranstaltete. Dabei stand ich eine Stunde lang Rede und Antwort, und wir nahmen diese Diskussionen auf Tonbänder auf, die wir später verteilten und verkauften.

Am Freitag dankten wir den Familien. Nach Dienstschluß wurden sie ins PCA-Gebäude zu einem Buffet mit Spaß und Spiel eingeladen. In einem Jahr versuchten die Kinder, ihre am Rand eines Wasserbeckens balancierenden Eltern mit Bällen abzuschießen, in einem anderen Jahr gab es eine Wasserskishow. (Im Sommer hatten wir auch das echte Picknick.)

Am Samstag fand der Thanksgiving Ball statt, das alljährliche Ereignis in festlicher Kleidung, bei dem die Beacon of Quality Awards verliehen wurden. Wir engagierten für diesen Anlaß eine tolle Band, Marshall Grant aus Palm Beach, und alle tanzten – sogar die Jüngeren, denen die Sache am Anfang etwas peinlich war. Die Thanksgiving Week kostete nicht viel, trug aber wesentlich dazu bei, die Tradition des Unternehmens lebendig zu halten. Die neuen Mitarbeiter kannten die Probleme der Vergangenheit nicht; sie meinten, es sei seit jeher alles perfekt gewesen. Jede Organisation muß dafür sorgen, daß sich ihre Mitglieder einmal im Jahr darauf besinnen, wozu sie eigentlich zusammen sind.

Ich versuchte mehrmals, im Quality College einen Buchladen einzurichten. Mein Hintergedanke war dabei natürlich, einen Ort zu haben, an dem Studenten und andere meine Bücher kaufen konnten. Aber ich wollte in diesem Buchladen auch Golfhemden, Schreibstifte und andere Accessoires mit unserem Firmenlogo anbieten. Meine mehrmaligen Versuche, das Collegepersonal für einen solchen Buchladen einzuspannen, waren zum Scheitern verurteilt; die Mitarbeiter konnten sich einfach nicht mit der Idee anfreunden, obwohl ich mit ihnen persönlich zum Buchladen des Rollins College pilgerte. Ich gab ihnen auch Artikel zu lesen, in denen beschrieben wurde, wie die großen Sportteams Geld verdienten, indem sie Artikel mit ihrem Logo verkauften. Die Leute betrachteten die Idee als eines meiner typischen Hirngespinste. Also entzog ich ihnen eines Tages die Aufgabe und beauftragte meine Tochter Phylis damit. Innerhalb weniger Monate hatte sie einen Katalog produziert, und in unserem Shop wurden verschiedenste hübsche Produkte angeboten. Innerhalb eines Jahres erreichten wir mit einer einzigen Teilzeitverkäuferin einen Umsatz von über 200.000 Dollar. Die Studenten konnten den Shop in den Unterrichtspausen besuchen, und Phylis inserierte in unserem Magazin, das vierteljährlich an die Adressaten auf der Mailingliste verschickt wurde. Mein Gedanke dabei war, daß Führungskräfte auf der ganzen Welt beim Golfspielen oder bei einer anderen entspannenden Aktivität Kollegen sehen würden, die Hemden und Kappen mit dem Aufdruck ‚PCA' oder ‚Quality College' trugen. Für mich war das Werbung und Marketing zugleich, viele andere sahen darin nur einen Zeitvertreib. Jene, die nie als Führungskraft gearbeitet hatten, waren nicht in der Lage, Führungskräften etwas zu verkaufen. Sie wußten einfach nicht, was wichtig war. Es ist schwer, Menschen Dinge beizubringen, die sie nicht aus ihrer persönlichen Erfahrung kennen. Das ist wahrscheinlich der Grund dafür, daß die Erfolgsquote in der Eheberatung so niedrig ist. Ich begann mir auch Fragen über all die Leiter von Qualitätsmanagementseminaren zu stellen, welche Qualität nie als praktischen Inhalt der Managementtätigkeit kennengelernt hatten.

Als wir im Jahr 1981 ins Ausland expandierten, wußten wir, daß es nur eine Frage der Zeit sein würde, bis die ausländischen Büros permanenten Charakter bekommen müßten. Den Kunden gefiel es gar nicht, wenn wir ein paar Leute und Kartons ins Land schickten, einige Seminare abhielten und dann wieder nach Hause fuhren. Sie wünschten sich Unterstützung vor Ort – so sagten sie zumindest. Unsere ersten Büros richteten wir in London und Brüssel ein und planten weitere Niederlassungen in Frankreich und Deutschland. Neu eingestellte Mitarbeiter holten wir nach Winter Park, wo sie Orientierungs- und Schulungskurse absolvierten. Das Büropersonal kam für zwei Wochen, die Trainer und Berater blieben sechs Monate. Vielen Leuten erschien es übertrieben, eine Sekretärin über den Atlantik (oder, wenn sie aus Singapur war, über den Pazifik) zu holen. Aber diese Leute vergaßen nie, was sie in Winter Park gelernt hatten, und sie bauten Beziehungen auf, die sie zu wertvollen Mitarbeitern machte. Wenn sie auf sich allein gestellt sind, bieten Zweigstellenbüros nie ausreichende Orientierung. Deren Bedeutung ist natürlich schwer in die Köpfe jener zu bringen, welche die Welt aus der Perspektive von Umsatz und Gewinn betrachten.

Wir führten jährliche Absolvententreffen ein, um es den Klienten zu erleichtern, einander auf den neuesten Stand zu bringen. Alle Vortragenden waren Angehörige von Klientenunternehmen, die über ihre Erfahrungen sprachen. Die Ergebnisse waren ausgezeichnet. Obwohl wir für das Treffen ein Honorar verrechnen mußten, um die Kosten zu decken, kamen jedes Jahr über 200 Leute. Wir stellten bei dieser Gelegenheit neue Produkte vor, und ich führte eine offene Diskussion mit der ganzen Gruppe. Um das Jahr 1985 herum beobachtete ich, daß Praktiker aus dem Qualitätsmanagement anstatt nach Managementkonzepten nach Instrumenten für das Qualitätsmanagement suchten. Das beunruhigte mich, und ich befürchtete, daß in diesem Bereich viel Mühe verschwendet werden könnte. Die Geschäftswelt begann eben erst ein Interesse an organisierten Bestrebungen zur Qualitätsverbesserung zu entwickeln. Was wir lehrten, war eine Veränderung der Unternehmenskultur, die dem Management Engagement, Schulung und Handlungsbereitschaft abverlangte. Doch die meisten Manager wünschten sich eine Reihe von Aktionsschritten, die sie an die Qualitäts- oder Personalabteilung delegieren konnten. Beratungsunternehmen schossen wie Pilze aus dem Boden, um diesem illusorischen Wunsch zu entsprechen. Sie definierten Qualität so, wie es der Klient wollte; sie bestanden nicht darauf, daß das Management geschult wurde, und sie waren bereit, alles viel billiger zu machen als wir es konnten. Vor all dem hatte der Exekutivausschuß Angst. Das Wesentliche aber war, daß all diese Neulinge weder Videobänder oder andere Unterrichtsmaterialien noch das nötige Geld hatten, um mit uns auf diesem Gebiet zu konkurrieren. Je mehr Material wir produzierten, desto besser wurde unsere Position. Ich ordnete an, potentiellen Klienten keine schriftlichen Angebote zum Konkurrenzvergleich mehr zu machen. Wenn sie den Erfolg wollten, mußten sie die Sache gleich richtig anpacken. Diese Strategie bescherte uns weiteres Wachstum, und 1985 erreichte unser Umsatz die Marke von 20 Millionen Dollar.

Sehr gut organisiert waren die Wohltätigkeitsaktivitäten unseres Unternehmens. Ursprünglich hatte ich geplant, daß PCA 10 Prozent des Gewinns nach Steuern verwenden sollte, um verschiedene Institutionen wie Colleges, Kinderhilfsprogramme, Künstler und ähnliches zu unterstützen. Kirchen nahmen wir aus, weil ich der Meinung war, daß dafür die Gemeinden zuständig seien; außerdem gab es in Central Florida Hunderte von Kirchen. Schließlich spendeten wir 5 Prozent der Erträge, ein hübsches Sümmchen. 1985 verschenkten wir beispielsweise 300.000 Dollar, aber wir hängten unsere Wohltätigkeit nicht an die große Glocke. In den Anfangszeiten des Unternehmens hatten wir ein Wohltätigkeitskomitee eingerichtet und im Jahr 1983 engagierten wir einen Berater für diesen Bereich: den Pastor Larry Kennedy, der auch einen MBA-Abschluß hatte. Larry führte ein kleines Unternehmen, das karitativen Organisationen zu einem effizienteren Management verhalf. Wir baten ihn, dafür zu sorgen, daß nur würdige Bewerber Unterstützung erhielten. Wir sagten ihm, wir wollten das Geld „echten Menschen geben, die echten Menschen helfen". Das ist schwieriger, als es klingt. Im folgenden nenne ich einige Organisationen, denen wir traditionell helfen, nicht nur mit Geld, sondern auch mit freiwilliger Arbeit unserer Mitarbeiter. Wir versuchten, die richtigen Organisationen zu finden und baten auch unsere Mitarbeiter um Vorschläge.

Das House of Hope wurde von einer Lehrerin namens Sara Trolliger gegründet, deren Sorge verwahrlosten jugendlichen Ausreißerinnen galt, auf die sie ständig stieß. Ohne Geld, aber mit viel Idealismus baute Sara eine Zufluchtsstätte für diese Mädchen auf, einen Ort, an dem sie ihr Leben in Ordnung bringen, ihre Ausbildung nachholen und etwas Zuwendung erfahren konnten. Am Anfang betreute sie in ihrem Heim nur eine Handvoll Mädchen; mittlerweile sind es 25. Die Eltern, falls sie existieren, müssen einmal pro Woche zur Beratung erscheinen. Die Erfolgsquote bei der Wiederzusammenführung der Familien beträgt über 90 Prozent.

Im Orlando Science Center gibt es Wissenschaft zum Anfassen für Kinder. Das Center wollte zu den ersten gehören, die eine Dinosaurierausstellung zeigten. Wir spendeten der Organisation 25.000 Dollar, und so konnten sie die Ausstellung organisieren. Die Leute kamen von überall her, um diese mechanischen Bestien zu bewundern, und auf diese Weise wurden sie auch mit dem Center bekannt. Wir hielten die Unterstützung jahrelang aufrecht.

Das Museum von Orlando: Peggy saß im Vorstand, und wir leisteten einen Beitrag zur Errichtung eines neuen Flügels.

Christian Service Center: Dort werden jeden Tag Hunderte Obdachlose verpflegt. Wir finanzierten einen großen Teil dieser Hilfe.

Wir kauften Lkws, finanzierten Obdachlosenasyle, bezahlten Schulgeld für Bedürftige, finanzierten eine Lebensmittelbank, kauften Leseunterrichtshilfen für Blinde und halfen vielen Menschen, anderen zu helfen. Das war unseren Mitarbeitern stets bewußt, und sie waren stolz, diesem Unternehmen anzugehören. Ab und zu deutete jemand an, wir sollten das Geld lieber den Aktionären zukommen lassen, als es zu verschenken. Ich pflegte darauf zu sagen, daß Gott uns mit Absicht zu denen gemacht hatte, die wir waren, und daß wir unserer Verpflichtung Ihm gegenüber nachkommen mußten. Wenn sie etwas anderes wollten, dann konnten sie ja selbst ein Unternehmen gründen.

Wenn wir einen größeren Marktanteil gewinnen wollten, mußten wir mehr Unterrichtsmaterialien entwickeln, und das würde Geld kosten. Außerdem hatte ich den Mitarbeitern und meiner Familie etwa 80 Prozent der Anteile des Unternehmens übertragen. Der Familie gehörte weniger als ein Drittel der Organisation. Ich war der Meinung, daß wir uns überlegen sollten, an die Börse zu gehen. Das hatte vor uns noch kein Beratungsunternehmen gewagt, und als wir uns mit dieser Absicht an Dean Witter wandten, stießen wir auf Skepsis. Er befürchtete, wir seien wie eine Werbeagentur, bei der „das gesamte Vermögen jeden Nachmittag um fünf mit dem Lift hinunterfährt". Dem konnten wir entgegenhalten, daß wir eine Produktionsgesellschaft waren. Die Collegeseminare wurden von Leuten gehalten, die ihr Handwerk gelernt hatten, nicht von Professoren oder anderen Leuten, die ihre eigenen Interessen verfolgten. All dies wurde sorgfältig überdacht. Wir konnten auch nachweisen, daß wir die Hälfte der Umsätze und den größten Teil des Gewinns mit dem Verkauf der Unterrichtsmaterialien erzielten. Für die Zukunft plante ich, den direkten Unterricht auf ein Minimum zu reduzieren und den Schwerpunkt auf die Produktion von Unterrichtsmaterialien zu verlagern. Wir leiteten alles für den Börsengang in die Wege. Bis zu diesem Zeitpunkt hatte ich nicht gewußt, wie kompliziert das war.

„Gebührende Sorgfalt" bedeutet, daß alles, was man über eine Organisation sagt, bewiesen werden muß, so daß derjenige, der einen Kauf der Aktien in Erwägung zieht, sicher sein kann, die ganze Wahrheit zu erfahren. ‚Die ganze Wahrheit' bedeutet: wirklich alles. So bezog sich zum Beispiel ein Teil des Antragstextes auf den Verkauf meiner Bücher. Bücher sind ein flüchtig Ding. Dort draußen in der Welt gibt es Millionen von ihnen, die darauf warten, an irgend jemanden verkauft zu werden; einige, die bereits verkauft wurden, sind noch nicht als verkauft gemeldet. Eine Verkaufszahl ist im Augenblick ihrer Veröffentlichung bereits nicht mehr gültig, weil irgendwo sicher gerade ein Exemplar verkauft wurde. Von *Qualität ist frei* wurden etwa zwei Millionen Exemplare verkauft: Hardcover-Ausgaben, Taschenbücher,

Übersetzungen. Mehrere Verlagshäuser waren beteiligt, und es dauerte einige Zeit, bis wir uns auf eine Verkaufszahl geeinigt hatten, die alle für plausibel hielten. Das ganze Verfahren erschien mir in vieler Hinsicht als dumm, aber wir hielten uns an die Buchstaben des Gesetzes – und davon gab es eine ganze Menge. Wir setzten uns mit Wertpapieranalysten zusammen, von denen die meisten kaum über praktische Erfahrungen in der Geschäftswelt verfügten. Aber ihr Handwerk, Geld zu investieren, verstanden sie.

Nach einem unglaublichen Aufwand an Zeit und Mühe konnte der Verkauf im Freiverkehr im Oktober 1985 beginnen. Die Aktie hatte einen Eröffnungskurs von 13 und stieg innerhalb weniger Monate auf 34. Peggy und ich schenkten einigen unserer liebsten Wohlfahrtsorganisationen Aktien, finanzierten ein Crosby-Stipendienprogramm am Rollins College (in dessen Rahmen jedes Jahr ein begabter Schüler ein Stipendium für eine vierjährige Collegeausbildung erhielt) und unterstützten das Wellness Center im Krankenhaus von Winter Park.

Eigentlich hatte ich drei Gründe, an die Börse zu gehen: Erstens war ich davon überzeugt, daß das Unternehmen diese solide Basis der Mittelbeschaffung brauchte, so daß es nie wieder in die würdelose Situation kommen würde, in die uns damals unsere Bank gebracht hatte; zweitens würden aktienbesitztenden Mitarbeiter und Mitglieder meiner Familie nun selbständig sein, und ich würde nicht länger ein schlechtes Gefühl haben, weil sie Anteile hatten, die sie nicht verkaufen konnten; und drittens wollte ich, daß meine Familie Geld hatte, um unabhängig zu sein. Alle Mitarbeiter besaßen nun Aktien, die echtes Geld wert waren, und einige von ihnen wurden Millionäre. Im Lauf der Jahre bestand ich darauf, daß sie lernten, wie man die Dienste von Finanzberatern nutzt und sein Geld managt. Obwohl wir die einschlägigen Seminare und Kurse bezahlten, mußten wir die meisten von ihnen zur Teilnahme zwingen.

Als ich das Unternehmen gründete, hatte ich nicht das vorrangige Ziel, Geld zu verdienen – und das ist vielleicht der Grund dafür, daß wir Geld verdienten. Ich besaß am Ende mehrere Millionen Dollar an Bargeld und Aktien, wovon ich etwa die Hälfte verschenkte. Viel wichtiger war jedoch, daß wir eine weltweite Reform des Qualitätsdenkens ausgelöst hatten. Ende 1985 hatte PCA fast 12.000 Führungskräfte und Manager durch das Quality College geschleust, und Tausende andere hatten QES oder andere Programme absolviert.

1983 erzielte PCA mit 102 Mitarbeitern einen Umsatz von 12.872.000 Dollar.

1984 erzielte PCA mit 128 Mitarbeitern einen Umsatz von 20.034.000 Dollar.

1985 erzielte PCA mit 182 Mitarbeitern einen Umsatz von 34.333.000 Dollar.

KAPITEL

11

PCA WÄCHST

Den Mitarbeitern ein anregendes Umfeld und ein möglichst aufgeklärtes Management zu bieten ist immer noch die größte Herausforderung für einen Unternehmensgründer. Eines meiner grundlegenden Prinzipien lautet, daß das Management die Mitarbeiter nicht peinigen sollte. Das war auch die Aussage des Untertitels meines Buches *Quality Without Tears*. Über dieses Prinzip sprach ich regelmäßig mit allen leitenden Angestellten von PCA, und ich war stets bestrebt, die Überwachung der Mitarbeiter auf ein Mindestmaß zu beschränken. Eines Tages erzählte mir meine Sekretärin, daß sie gerade auf der Toilette einer weinenden Kollegin begegnet sei. Ich erkundigte mich genauer und erfuhr, daß der Grund für ihre Verzweiflung ihr Chef war, der sie angebrüllt hatte. Als sie aus der Toilette kam, bat ich sie, sich mit meiner Sekretärin und mir zusammenzusetzen und uns die Geschichte zu erzählen. Nachdem sie sich beruhigt hatte, berichtete sie uns, daß ihr Chef alle seine Untergebenen zu beschimpfen pflegte. Daraufhin ging ich ins Nebenzimmer, rief den Personalchef zu mir (nach vielen Jahren hatten wir uns doch entschlossen, eine eigene Abteilung für diese Dinge einzurichten) und erkundigte mich nach der Arbeitsweise des betreffenden Managers. So erfuhren wir, daß man ihn bereits auf dieses Problem angesprochen hatte. Er hatte daraufhin zwar Besserung gelobt, war im Kern jedoch weiterhin von der Richtigkeit seiner Managementmethode überzeugt. Als alle gegangen waren, rief ich den betreffenden Manager zu mir in den Konferenzraum und bat ihn, mir seine Version der Geschichte zu erzählen. Er rollte die Augen und erklärte, diese jungen Frauen von heute seien überempfindlich. Ich wies ihn darauf hin, daß diese „junge Frau“ einen MBA-Abschluß, einen Ehemann und zwei Kinder hatte und etwa 35 Jahre alt war. Sie verdiente es, wie eine Erwachsene behandelt zu werden. Er versprach, sich zu bessern. Ich war jedoch der Meinung, daß er diesen Versuch lieber anderswo unternehmen sollte, und rief den Leiter der Personalabteilung an, um der Geschichte ein Ende zu bereiten.

Ein anderes Mal hatten wir es mit einer Situation zu tun, die heutzutage in die Kategorie „sexuelle Belästigung" fallen würde. Ein Spitzenmanager wurde entlassen, nachdem mehrere persönliche Gespräche fruchtlos geblieben waren. Soviel ich weiß, gab es derartige Probleme seither nicht mehr, aber es ist schwierig durchzusetzen, daß die Menschen einander mit Höflichkeit und Respekt behandeln. Wenn das selbstverständlich wäre, hätte Shakespeare keinen Stoff für seine Theaterstücke gehabt.

Anfang 1986 erschien mein neues Buch *Running Things*. Ich hatte es im Jahr zuvor in Savannah geschrieben, und es war genau das Buch, das ich selbst gebraucht hätte, als ich PCA gründete. Ich sprach darin über den Zweck eines Unternehmens und beschrieb, wie man eines gründet. Ich hoffte, das Buch würde den Leuten helfen, sich die Dinge genau zu überlegen, anstatt sich lediglich durchzuwursteln. Die meisten Unternehmen scheitern nicht aus Geldmangel, sondern weil das Management kein gemeinsames Ziel verfolgt. Aber das glaubt fast niemand.

Das Schreiben von Büchern ist eine Tätigkeit, die mir liegt. Die Ideen sprudeln nur so aus mir hervor, ich brauche keine anderen Bücher zu wälzen, um Ideen anderer Autoren aufzugreifen oder Fußnoten mit Zitaten zu füllen. Alles kommt von mir. Die meisten Bücher zum Thema Management, die heute auf den Markt kommen, stellen Sammlungen der Meinungen verschiedener Leute zu diesem Thema dar, und auf diese Sammlung wird dann die Auffassung des Autors aufgepfropft. Das wäre an sich nichts Schlechtes, wenn die Aussagen der anderen nicht falsch zitiert würden. Doch genau das geschieht – jedenfalls in bezug auf mich. Ich kenne nur eine Handvoll Autoren, denen es gelungen ist, meine Gedanken richtig wiederzugeben. Ich nehme an, daß es anderen Autoren, die zitiert werden, nicht besser ergeht. Aus diesem Grund kommentiere ich nie, was andere schreiben oder tun, denn sie können es selbst sicher besser als ich.

Running Things hätte auch *The Entrepreneur's Guide Book* heißen können, denn es befaßte sich mit der realen Tätigkeit eines Unternehmensleiters. Bei PCA waren alle glücklich. Die Leute waren stolz, dort zu arbeiten. Die Firma war profitabel. Die Kunden mochten sie, weil sie professionelle Arbeit leistete. Der Grund dafür war, daß unsere Maßnahmen bewußt gesetzt und unsere Programme bewußt entwickelt wurden.

Diese Maßnahmen waren nicht offenkundig, und kaum jemand erkannte, daß ein Muster oder eine Absicht dahintersteckte. Wenn ich sie dem Exekutivausschuß oder Fragestellern erklärte, verstanden sie, worum es mir ging, aber sie verinnerlichten meine Ziele nur selten. Wir hatten zum Beispiel ein Qualitätsverbesserungsteam, das jedes Jahr neu gewählt wurde. Das Team leistete gute Arbeit, aber seine Bemühungen wären fruchtlos geblieben, wenn die Unternehmenskultur nicht für Verbesserung offen gewesen wäre.

Alle, die unser Unternehmen besuchten, erkannten innerhalb der ersten halben Stunde, daß es anders war als die Unternehmen, die sie kannten. Die Unternehmensangehörigen waren freundlich zueinander, zu den Lieferanten und zu den Klienten. Sie verstanden ihre Arbeit, und sie halfen einander. All das war, wie ich bereits gesagt habe, das Ergebnis bewußten Vorgehens. Den Managern, die unsere Programme absolvierten, war zunächst nicht klar, woher das alles kam. Sie meinten, die Menschen in Zentralflorida seien wahrscheinlich von Natur aus freundlich und höflich. Nachdem sie aber einen Tag oder länger mit ihnen zu tun gehabt hatten, erkannten sie, daß alles auf sorgfältiger Auswahl und Führung beruhte. Wir konnten ihnen zeigen, wie sie in ihrer eigenen Organisation ähnliches bewerkstelligen konnten, wenn sie das wollten. Dieses Thema kam in Diskussionen mit Führungskräften in den Seminarpausen oft zur Sprache. Sie erkannten bald, daß sie dazu ihre Aufmerksamkeit auf die Menschen und auf ihre Umgebung richten mußten. Normalerweise paßte das nicht zu ihren Vorstellungen.

Ich wußte, daß sich das Unternehmen nach meinem Ausscheiden ändern würde, und ich erkannte, daß es langsam Zeit wurde, mich zurückzuziehen. Ich begann über andere Dinge nachzudenken, und ich versuchte, noch mehr Dinge als bisher an andere zu delegieren. Ich stellte eine grundlegende Regel auf, die lautete: „Man soll etwas erst dann eliminieren, wenn man weiß, wozu es da ist; jeder Ziegel in der Mauer hat seinen Zweck. Wenn man ihn entfernt, muß er durch etwas ersetzt werden, oder die Mauer wird löchrig." Diese Devise zeitigte allerdings kaum Wirkung; man lernt nur schwer von jemandem, den man kennt.

Ich war seit jeher so vorgegangen, daß ich etwas schuf, es entwickelte, es anderen vermittelte – und mich dann etwas Neuem zuwandte. Bisher hatte diese Strategie eigentlich immer gut funktioniert. Alle Funktionsbereiche von PCA liefen problemlos. Die Beschaffungsabteilung arbeitete mit kooperativen Lieferanten, für die wir Seminare veranstalteten, in denen sie untereinander Beziehungen knüpfen konnten. Jedes Jahr, wenn die Zeit für die Lieferantenworkshops gekommen war, wartete ich zunächst ab, ob jemand von sich aus die Initiative ergreifen würde, um sie zu organisieren. Niemand tat es, bis ich selbst den Vorschlag machte. Dann wurde die ganze Sache sehr professionell und effektiv abgewickelt. Für mich war es offenkundig, daß ich langsam selbst zum Teil eines Problems wurde – man wartete, bis ich die Initiative ergriff. Also begann ich, mich aus immer mehr Bereichen zurückzuziehen, um der nächsten Managementgeneration die Chance zu geben, zu wachsen und Verantwortung zu übernehmen.

Ich verabscheue Konflikte, in denen Menschen einander unflätige Ausdrücke an den Kopf werfen, einander anbrüllen oder laut herumstreiten. Filme sind eine Geduldprobe für mich: Es fällt mir schwer, dazusitzen und tatenlos zuzusehen, wie jemand angegriffen, verprügelt oder schlecht behandelt wird. Filme, in denen Dutzende von Schauspielern in Kriegen oder in Auseinandersetzungen zwischen Rinder- und Schafzüchtern getötet werden, berühren mich überhaupt nicht, aber wenn einem einzelnen Menschen ein Unrecht angetan wird, rege ich mich fürchterlich auf. Ich spreche über jedes Thema, über das jemand diskutieren will, und beschäftige mich mit jedem Problem, wie komplex oder persönlich es auch sein mag. Aber Konflikte hasse ich. Aus diesem Grund setzte ich alles daran, um sicherzustellen, daß das Arbeitsumfeld in unserem Unternehmen friedlich und zielgerichtet war. Jeden Vorgesetzten oder Manager, der seine Leute schlecht behandelte, rief ich persönlich zur Ordnung, und wer in seiner Managementposition keinen Respekt für die Mitarbeiter zeigte, wurde von seinem Posten entfernt und normalerweise entlassen. Ich feuerte drei Leute, weil sie ihre Verantwortungsposition mißbraucht hatten. Wenn ich an meine über vierzigjährige Karriere zurückdenke, fallen mir mindestens fünfzig Leute ein, die nie eine Führungsposition hätten einnehmen dürfen. Hingegen kommen mir nur etwa ein Dutzend Personen in den Sinn, die ausgezeichnete Führungskräfte waren.

Qualität zum Bestandteil des Unternehmensgewebes zu machen ist ein Full-time-Job für den Unternehmensleiter. Wenn ich nicht auf Reisen war, bemühte ich mich Tag für Tag darum, eine gute Arbeitsatmosphäre herzustellen. Ich wollte dafür sorgen, daß alle stolz auf ihre Zugehörigkeit zu PCA waren und produktiv arbeiten konnten. Jeden

Morgen bearbeitete ich als erstes meine Post, eine Tätigkeit, die ich immer noch selbst erledigte – nicht weil ich glaubte, daß das niemand anderer machen könnte, sondern weil ich wußte, daß es auf diese Weise schneller ging. Dazu brauchte ich höchstens eine halbe Stunde. Dann ging ich hinüber ins College und spazierte herum, um zu sehen, ob alles reibungslos funktionierte. Ich begrüßte alle persönlich mit einem Handschlag oder einer Umarmung. Es gibt viele Leute, die nur sehr selten umarmt werden, und so wurde das Umarmen für mich zu einer Art von öffentlicher Dienstleistung. Man darf dabei jedoch nicht selbst die Initiative ergreifen, sondern muß warten, bis der andere auf einen zukommt. Auf diese Weise sorgt man dafür, daß es nicht zu Peinlichkeiten kommt, wenn der andere eine andere Vorstellung von Kommunikation hat. Bei diesen Rundgängen gab ich nie Anweisungen, aber ich spendete viel Lob für offensichtlich gute Arbeit. Oft war der Besuch im College so geplant, daß er mit den Unterrichtspausen zusammenfiel: So konnte ich mich kurz mit den Kursteilnehmern unterhalten. Vor allem von den Führungskräften unter ihnen lernte ich viel über die Vorgänge draußen in der realen Welt. Alle waren auf dem neuesten Stand bezüglich der Probleme und Chancen in ihrem Tätigkeitsbereich. Wir reisten auch an dieselben Orte und kannten oft dieselben Menschen.

Die Manager der mittleren Ebenen wußten mehr über die einzelnen Funktionen, zum Beispiel darüber, was in der Personalabteilung vor sich ging. Wir hatten nie viele Kursteilnehmer aus dem Bereich der Qualitätssicherung, jedoch viele Neueinsteiger im Qualitätsbereich, die versuchten, in ihren Unternehmen einen Wandel herbeizuführen. Ich mußte stets aufpassen, daß ich die Gespräche nicht über die Dauer der Pause hinaus ausdehnte. Wenn ich das tat, kam der Kursleiter und wies mich nicht allzu dezent darauf hin, daß der Unterricht bereits begonnen hatte.

Dann setzte ich meinen Rundgang in der Verwaltung fort und beendete ihn erst, wenn ich alle Mitarbeiter zumindest kurz mit einem Winken begrüßt hatte. Alle hatten das Gefühl, eine persönliche Beziehung zu mir zu haben, aber niemand hielt mich für einen Kumpel. Es ist sehr gefährlich für eine Führungskraft, wenn die Distanz zu einzelnen Mitarbeitern so gering wird, daß der Eindruck einer Sonderbehandlung entsteht. Wir müssen darauf achten, daß stets die von den Psychologen so bezeichnete „soziale Distanz“ besteht. Das bedeutet, zugänglich und freundlich zu sein, aber niemals vom Thron herabzusteigen. Für mich war das etwas ganz Natürliches; ich pflege freundschaftliche Beziehungen zu vielen Menschen, aber ich habe sehr wenige enge Freunde. Der Grund dafür liegt nicht so sehr in Zu- oder Abneigung, sondern vielmehr darin, daß die wenigsten Menschen über lange Zeit hinweg interessant bleiben.

Klientenunternehmen wollten Fallgeschichten hören; sie wollten wissen, wie es Unternehmen ergangen war, welche die von uns gelehrten Qualitätskonzepte und -verfahren implementiert hatten. Einfache Berichte schienen diesem Bedürfnis nicht gerecht zu werden, und Artikel machten die Klienten nur noch neugieriger. In Wirklichkeit ändert niemand seine Vorgehensweise grundlegend, nur weil er eine Fallgeschichte gehört hat. Die Leute halten dem Vortragenden sofort entgegen, für ihre Situation sei das Beispiel in dieser Form nicht relevant. Also begannen wir damit, unsere Aktivitäten in Fabriken und Büros zu filmen, um das angesprochene Bedürfnis zu befriedigen und unsere Klienten stolz zu machen. Wir nannten die Filmserie „Quality in the 21st Century“. Die Filme dauerten etwa 25 Minuten und bestanden aus Interviews mit Unternehmensangehörigen verschiedener Ebenen, die über ihre Aktivitäten berichteten. Phylis fungierte als Zeremonienmeisterin, und am Ende standen einige zusammenfassende Bemerkungen von mir. Wir verfilmten unsere Aktivitäten bei Bama Pie, der People's Bank, ICI und in einem Dutzend anderen Unternehmen. Die Filmreihe ist ungeheuer nützlich und wurde vor kurzem in ein Schulungsprojekt der Irwin Company aufgenommen. Das Irwin-Buch *Management, Quality and Competitiveness* wurde von den Professoren Ivancevich, Lorenzi und Skinner geschrieben. Ich verfaßte 22 „Reflections“, eine für jedes Kapitel.

Der Film *Quality Awareness Experience* kam in Europa nicht gut an. Die von uns porträtierte amerikanische Mittelklassefamilie schien für die dortigen Verhältnisse zu betucht. Also wandten wir uns an unsere Freunde von der BBC und baten sie, das Material an die britischen Verhältnisse anzupassen. Wir verwendeten das europäische Videoformat, und da wir schon dabei waren, bauten wir bessere Beispiele ein. Dasselbe taten wir mit QES, und das Ganze übertrugen wir gleich in die Sprachen sämtlicher Länder, in denen wir tätig waren. Meine Überlegung war, daß es niemanden zu stören schien, daß überall in Europa amerikanische Filme in den Kinos liefen. Warum also mußten Unterrichtsfilme so genau an die europäischen Verhältnisse angepaßt werden? Sie sollten ja Ideen und Anleitung vermitteln und keine Stimmungen wiedergeben oder auf die Tränendrüse drücken. Trotzdem fühlten sich die Leute aus dem Schulungs- und Qualitätssicherungsbereich, deren Metier die Qualität war, nicht angesprochen. Also gaben wir ihnen, was sie wollten. Der neue Film erwies sich als weit besser als das Original, und wir akzeptierten diese Lektion in Demut. Den Teil, in dem ich vorkam, drehten wir im Sheraton Hotel in London, ein paar Blocks von Harrod's entfernt. Die Klienten mochten das Ergebnis, und *Quality Awareness Experience* wurde in ganz Europa zu einem Erfolg. Der Stoff war fast identisch mit dem des Originals, aber jene, die den Film bestellten, konnten nun sagen, er sei in Europa konzipiert und produziert worden. Da auch sie nur Menschen waren, waren sie nicht notwendigerweise daran interessiert, ihr Unternehmen zu verbessern; möglicherweise war ihnen wichtiger, welches Bild man sich von ihren eigenen Bemühungen machte. Das Ergebnis war ein viel besseres Produkt, und außerdem hatte ich wieder einmal erfahren, daß ich nicht immer automatisch recht habe.

Viele Mitarbeiter von PCA hatten Kinder im Collegealter, die fast alle auf der Suche nach Sommerjobs waren. Es schien mir, daß es gut für die Beziehungen im Unternehmen sein würde, solche Jobs anzubieten; außerdem würden wir auf diese Art nützliche Arbeitskräfte für die Sommermonate gewinnen. Die meisten Angehörigen von PCA hatten nach zwei Jahren im Unternehmen Anspruch auf drei Wochen Urlaub, und wir bestanden darauf, daß sie sich auch die gesamte Zeit freinahmen. Deshalb mußten die leeren Plätze besetzt werden. Im Sommer 1986 trat ein Dutzend Sommerpraktikanten den Dienst an. Als Grundregel galt, daß es sich um echte Jobs mit echter Verantwortung handeln und daß die Sommerpraktikanten eine angemessene Einführung erhalten mußten. Wir hatten nie Probleme mit diesen Jugendlichen, und viele von ihnen begannen nach ihrer Ausbildung bei uns zu arbeiten. Einmal kam der Leiter der Personalabteilung zu mir und erklärte, sein Budget reiche nur für 9 Sommerjobs, er habe aber 11 Bewerbungen. Ich sagte ihm, er solle selbst entscheiden, welche seiner Kollegen er enttäuschen wolle, und es ihnen dann mitteilen. Da fand er in seinem Budget die nötigen Mittel. Das Praktikantenprogramm war ein Beispiel dafür, wie man zu sehr geringen Kosten gute Beziehungen zu den Mitarbeitern aufbauen und dabei gleichzeitig etwas für das Unternehmen tun kann.

Wenn ein neuer Mitarbeiter in die Unternehmenstätigkeit eingeführt wurde, veranstaltete ich ein Mittagessen, bei dem ich das ADEPT*-Konzept präsentierte: Ich überreichte jedem Teilnehmer einen kleinen Block aus Walnußholz mit einem Kugelschreiber, der in einem Loch steckte. Oben auf dem Holzblock waren die Buchstaben ADEPT eingraviert. Nachdem ich allen die Schachtel mit dem Holzblock und dem Kugelschreiber überreicht hatte, erklärte ich die Bedeutung des Akronyms.

A (accurate) steht für genau – wir tun, was wir angekündigt haben, und wenn wir Informationen geben, wissen wir, daß sie stimmen.

D steht für diskret – wir reden nicht über andere, und wir behandeln einander mit Höflichkeit und Respekt.

E steht für enthusiastisch – wir versuchen, begeisterungsfähige Leute einzustellen und dafür zu sorgen, daß ihre Begeisterung nicht erlischt.

P steht für produktiv – je mehr von uns es gibt, desto weniger gibt es zu verteilen.

T (thrifty) steht für sparsam – wir machen alles, was wir tun, erstklassig, aber es ist keine Tugend, Geld aus dem Fenster zu werfen.

Überall bei PCA hatten die Leute diese Holzblöcke auf ihren Schreibtischen stehen. Sie behielten dieses Mittagessen in Erinnerung, und sie hatten alle ein Photo, auf dem sie mit mir abgebildet waren. Es fiel mir schwer, die Führungskräfte unserer Klientenunternehmen davon zu überzeugen, daß solche Aktivitäten notwendig waren. Eines der Qualitätsverbesserungsteams verwandelte das ADEPT-Konzept in ein Anerkennungssystem. Alle zwei Monate stimmten die Mitarbeiter darüber ab, wer am genauesten arbeitete oder eine der anderen Eigenschaften hochhielt. Beim Familienrat wurde dem/der Betreffenden dann eine kleine Anerkennungsplakette überreicht. Diese Erinnerungszeichen und die mit ihnen verbundenen Zeremonien kosteten so gut wie nichts, aber

* etwa: geschickt

sie waren enorm wertvoll. Und genau hier liegt meiner Meinung nach die Aufgabe der Führungskräfte – sie sind für alles verantwortlich, was die Menschen betrifft.
Meine Hauptarbeit bestand darin, Vorträge zu halten, bei denen ich mein Unternehmen vermarkten und meine Philosophie verbreiten konnte. Meistens verrechneten wir für diese Vorträge ein Honorar zwischen 10.000 und 15.000 Dollar. Für ausgewählte Klienten oder gemeinnützige Veranstalter trat ich auch gratis auf. Normalerweise hielt ich etwa 75 Vorträge jährlich und mehrere pro Woche am Quality College. Durch diese Honorare brachte das Unternehmen die Ausgaben für mein Gehalt mehr als herein, was mir das Gefühl gab, mein Geld selbst zu verdienen. Ich habe etwas gegen Führungskräfte, die eine Menge Geld verdienen und keine richtige Arbeit dafür leisten. Wenn ich die alljährlichen Auflistungen der Managergehälter in *Business Week* lese, werde ich wütend.

Jeder Vortrag war anders und eigens vorbereitet. Normalerweise ging ich die vier Gebote des Qualitätsmanagements durch, wobei ich ihre Anwendung durch Beispiele aus meiner persönlich Erfahrung demonstrierte. Es war leicht, anhand des Beispiels Crosley davon zu sprechen, daß ich erkannt hatte, daß es für das Wort „Qualität“ keine allgemeingültige Definition gibt; es war leicht, anhand von Bendix zu demonstrieren, daß akzeptable Qualitätsniveaus gleichbedeutend mit dem Vorsatz waren, die Dinge falsch zu machen; es war leicht, anhand des Beispiels Martin festzustellen, daß es mir mit dem Null-Fehler-Konzept gelungen war, einen neuen Managementstandard festzulegen; und es war leicht, anhand des Beispiels ITT zu erkennen, daß Qualität anhand finanzieller Kriterien gemessen werden mußte, wenn man wollte, daß die Manager diesem Thema jemals Aufmerksamkeit schenkten.

Natürlich lautete die Botschaft „Vorbeugung“, aber sie mußte so verpackt werden, daß das Publikum sie akzeptierte. Die Leute fragten mich, wie ich es aushielt, immer über dasselbe Thema zu sprechen. Dazu pflegte ich zu bemerken, daß das Publikum jedes Mal anders sei. Das weiß jeder Schauspieler und jeder Vortragende. Der Schlüssel zu einem erfolgreichen Vortrag liegt nur zum Teil in den Händen des Redners. Ebenso wichtig sind Dinge wie die Bequemlichkeit des Publikums, das Wohlbefinden des Vortragenden und das Einvernehmen zwischen beiden Seiten über den Inhalt des Vortrags. Die meisten Organisatoren neigen dazu, den Vortragenden hinter ein Rednerpult zu stellen, eingezwängt zwischen Leuten, die auf dem Podium sitzen. Sie leuchten dir mit dem Scheinwerfer direkt in die Augen und tauchen das Publikum in tiefes Dunkel. Deshalb kannst du weder erkennen, wen du vor dir hast, noch einen Blick auf deine Notizen werfen. Ich brauche Platz zum Umhergehen, und ich hasse Rednerpulte. Es ist in Ordnung, wenn irgendwo Notizen bereitliegen, auf die ich ab und zu einen Blick werfen kann. Aber die Trennung vom Publikum kann einen Vortrag umbringen.

Ebenso ungünstig für einen Vortragenden sind visuelle Hilfen. Wie durchdacht oder attraktiv die Overheads auch sein mögen: sie lenken von der Botschaft ab, die der Vortragende vermitteln möchte. Es erfordert viel Arbeit, die Aufmerksamkeit und das Vertrauen des Publikums zu gewinnen. Wenn diese Dinge abhanden kommen, ist auch ein guter Teil des Vortrags verloren. Überlassen wir Rednerpulte und visuelle Hilfen jenen, die sich mit Zahlen und nicht mit Ideen befassen. Außerdem sind die Projektoren oft defekt. Ich ziehe den persönlichen Kontakt mit meinem Publikum vor. Bei Seminaren ist es günstig, Textbücher an die Teilnehmer zu verteilen. Der Vortragende kann dann auf eine bestimmte Seite verweisen, wenn etwas ausgewertet oder gemeinsam durchgegangen werden muß. Die Leute für bestimmte Projekte in Gruppen einzuteilen, ist ebenfalls nicht hilfreich, wenn es um den Erwerb von Wissen geht. Diese Vorgehensweise hat allerdings den Vorteil, daß die Leute eine Zeitlang beschäftigt sind, was dem Vortragenden zu einer wohlverdienten Ruhepause verhilft.

Die gesamte für diese Arbeit notwendige Reisetätigkeit wäre nicht möglich gewesen ohne das Firmenflugzeug von PCA, eine Lear 55. Sie trug mich nicht nur schnell an alle Orte des Landes, wo ich an Meetings teilnahm oder mich mit Klienten traf, sondern bot auch Peggy die Möglichkeit mitzukommen. Sie kaufte oft ein oder besuchte Freunde, während ich meiner Arbeit nachging – aber bei den Vorträgen war sie fast immer dabei. Ich glaubte immer, daß niemand zu meinem Vortrag kommen werde, und während ich sprach, hatte ich ständig das Gefühl, daß sich der Saal leerte. Wenn ich aber kurz zu ihr hinüberblickte, wurde mir die tatsächliche Situation bewußt. Außerdem war Peggy stets eine exzellente Kritikerin. Wenn man selbst Vorsitzender, Gründer und Oberguru eines Unternehmens ist, erhält man nur schwer konstruktive Kritik. Und selbst wenn man nützliche Hinweise erhält, beziehen sie sich nicht unbedingt auf die Gedanken, die einem gerade durch den Kopf gehen.

Diese Gedanken können oft zu umfangreichen Werken ausufern. In meinem Buch ‚*Qualität ist frei*' zum Beispiel sprach ich über „Integritätssysteme" und beschrieb alle Elemente, die beim Zustandekommen von Qualität eine Rolle spielen. Neun Jahre später wurde dieser zwei Sätze umfassende Gedanke zum Grundstein eines ganzen Buches: *The Eternally Successful Organization (ESO)* erschien 1988 bei McGraw-Hill. Zwischen der Idee und dem Erscheinungsdatum lagen etwa 18 Monate, ein Zeitraum, der bei Wirtschaftsbüchern etwa dem Durchschnitt entspricht. Nachdem der Autor das Manuskript eingereicht hat, dauert es bis zum Erscheinen des Buches meist noch einmal ein Jahr.

Die Idee für ESO kam mir bei einem Besuch des Bethany College in West Virginia. Ich sprach vor einem Industrieentwicklungsausschuß und nahm im Rahmen meines Aufenthalts auch an einem Mittagessen mit einigen führenden Persönlichkeiten des Colleges teil. Sie sprachen darüber, wie schlecht das akademische Leben gemanagt wurde; da waren wir alle einer Meinung. Nach kurzer Gesprächsdauer stellte sich jedoch heraus, daß Bethany seit etwa 150 Jahren bestand, schuldenfrei war und eine ansehnliche Stiftung unterhielt. Ich hatte den Eindruck, daß es für ein derartiges Maß an Erfolg einen Grund geben müsse. Ich fragte die Anwesenden nach Beispielen für andere Unternehmen, die nach 150, 100 oder auch nur 50 Jahren immer noch florierten.

Als ich nach meiner Rückkehr das Wellness Center aufsuchte, um mich ein bißchen zu regenerieren, verschmolzen meine beiden Zielvorstellungen – persönliches Wohlbefinden und Wohlbefinden des Unternehmens – plötzlich miteinander. Wir alle müssen einmal sterben, aber im allgemeinen können wir den Zeitpunkt unseres Todes hinausschieben, indem wir ein wenig auf uns achten. Unternehmen müssen nicht sterben, aber sie tun es – und in den meisten Fällen begehen sie Selbstmord. In diesem Buch sollte es um das Wohlbefinden – die Wellness – von Unternehmen gehen.

Meine Kritiker – insbesondere solche, die sich mit Qualität befassen – bemängeln oft, daß meine Ideen und die von mir vorgeschlagenen Vorgehensweisen zu simpel seien und daß die Wirklichkeit anders aussehe. Das erstaunt mich immer wieder, weil ich ja nur über Dinge schreibe, die ich aus eigener Erfahrung kenne. Wenn ich dann persönlich mit meinen Kritikern spreche, stellt sich oft heraus, daß sie selbst gar keine praktische Erfahrung mit dem haben, was ich beschreibe. Außerdem verfügen sie im allgemeinen über keine Managementerfahrung, die über die Abteilungsebene hinausgeht. Sie suchen keine Philosophie, die auf Ideen beruht, sondern ein Regelwerk, dem bestimmte Techniken und Verfahren zugrunde liegen. Jene, die meine Ideen aufgreifen, sind Spitzenmanager, die bereits versucht haben, ohne vorgefertigte Lösungsansätze Qualität durchzusetzen.

Beide Gruppen waren der Grund dafür, daß ich ein Buch über Wellness schreiben wollte, das nicht mißverstanden werden konnte. In einem Zentrum für persönliche Wellness wird mittels einer Untersuchung ein Profil des betreffenden Menschen erstellt. Ermittelt werden dabei der körperliche Zustand, sämtliche Blutwerte, die Ernährungsgewohnheiten und Einzelheiten seiner Lebensgewohnheiten. Das Ganze dauert ein paar Wochen und gipfelt darin, daß sich der Betreuer mit dem Untersuchten zusammensetzt und ihm seinen derzeitigen Zustand erklärt.

„Sie haben einen zu hohen Blutdruck, sind übergewichtig, nehmen 60 Prozent Ihrer Nahrung in Form von Fett zu sich, Sie rauchen, haben einen hohen Cholesterinspiegel und betreiben so gut wie keinen Sport. Aller Wahrscheinlichkeit nach werden Sie Ihren sechzigsten Geburtstag nicht erleben."

Dann weist der Trainer darauf hin, daß eine Veränderung der Lebensgewohnheiten nicht nur das Leben des Klienten um 20 Jahre verlängern, sondern auch seine Lebensqualität erheblich verbessern könnte. Der Mensch muß lernen, was Wohlbefinden bedeutet, und er muß einige Maßnahmen ergreifen, um sich dieses Wohlbefinden zu erhalten. Die meisten dieser Grundsätze sind vernünftig, und keiner von ihnen ist abschreckend. Aber die Entscheidung darüber, wie gesund die betreffende Person sein will, liegt immer bei ihr selbst. Unternehmen haben mit demselben Problem zu kämpfen. Sie werden fett und faul. Ihre Kommunikationsnetze können ebenso verkalken wie menschliche Arterien.

Um alle diese Dinge deutlich zu machen, baute ich das Buch rund um ein Gitter auf, das zeigte, wie es um das Wohlbefinden des Unternehmens in bezug auf Qualität, Veränderung, Wachstum, Kunden und Mitarbeiter bestellt war. Um den aktuellen Status zu beschreiben, verwendete ich medizinische Ausdrücke wie Koma, Intensivbetreuung, Genesungsbetreuung, Heilung und Wohlbefinden. Ich erklärte alle diese Begriffe genau und fügte Fallbeispiele von Geschäftsleuten ein, die versuchten, ihren Unternehmen zu ewigem Erfolg zu verhelfen. Über Qualitätsmanagement schrieb ich nicht viel, außer daß ich zeigte, daß es ein unverzichtbarer Bestandteil des allgemeinen Managements in jedem Bereich war. Auf der Umschlagseite stand, daß das Buch eine „neue Geschäftsphilosophie“ sei, und genau das versuchte ich zu vermitteln.

Das Buch verkaufte sich sowohl als Hardcover als auch als Taschenbuch gut, aber es dauerte trotzdem einige Jahre, bis sich die Wellness-Idee verbreitete. Selbst heute ist den meisten Leuten dieser Ausdruck nicht auf Anhieb geheuer. Sie assoziieren damit Vorbeugung und die Vorstellung, daß das, was heute passiert, die nächsten Jahre beeinflussen wird. Das weiß ich aufgrund dessen, was mir die Leute in persönlichen Unterhaltungen erzählen. Das Gute für einen Autor ist, daß ihn die Leute überall ansprechen und ihm erzählen, was sie von seinen Büchern halten. Die Leute, die mit mir in Kontakt treten, verhalten sich ausnahmslos höflich und respektvoll. Ob sie mit meinen Idee übereinstimmen, ist mir eigentlich gleichgültig, solange sie aus meinem Buch irgendeine Anregung beziehen, die sie zum Nachdenken über ihre Arbeitsweise bewegt.

Etwa um diese Zeit erhielten wir ein Übernahmeangebot von Saatchi & Saatchi. Sie versuchten, die größte Werbeagentur der Welt aufzubauen, und wollten sich zu diesem Zweck auch ein Beratungsunternehmen einverleiben. Sie hatten bereits einige Firmen übernommen und streckten nun ihre Finger nach PCA aus. Sie versprachen, daß wir beim Management freie Hand behalten würden, solange wir die vereinbarte Leistung brächten, und wollten uns bar aus dem Unternehmen herauskaufen. Sie boten uns etwa 13 Dollar pro Aktie, deren Kurswert damals bei etwa 6 Dollar lag. Wir vereinbarten ein Gespräch. Die Dinge entwickelten sich gut bis zu den britischen Wahlen, bei denen sie sich stark engagierten. Dadurch gerieten die Gespräche für etwa sechs Wochen ins Stocken, und dann verlief aus ungeklärten Gründen alles im Sande. Wahrscheinlich begann ihnen zu dämmern, daß sie bereits genug geschluckt hatten. Sie bezahlten alle unsere Kosten, und wir schieden als Freunde.

Danach machte uns eine weitere Werbeagentur ein Übernahmeangebot. Sie waren zu der Erkenntnis gekommen, daß PCA in Wirklichkeit eher ein Produktionsunternehmen als eine Beratungsfirma war. Unsere Seminare wurden nicht von eigentlichen Fachleuten, sondern von Leuten gehalten, die wir selbst für diese Aufgabe ausgebildet hatten. Wir konnten alle qualifizierten Personen als Seminarleiter ausbilden. Man sagt, daß in der Werbebranche der gesamte Lagerbestand um 17 Uhr mit dem Lift nach unten fährt. Bei PCA hingegen war das Produkt immer gegenwärtig. Ich fand ihre Erkenntnis sehr scharfsinnig. Der Finanzwelt konnten wir sie allerdings nie vermitteln. Das Geschäft scheiterte, weil sie nicht bereit waren, ein ausreichendes Angebot zu unterbreiten. Wie sich jedoch herausstellte, wären wir ausgezeichnet gefahren, wenn wir ihre Aktien als Gegenleistung akzeptiert hätten. Sie stiegen im Lauf der Jahre enorm.

Es schien so, als brauchten wir einen Partner, damit PCA weltweit wachsen konnte. Die Gründung einer Niederlassung in einer neuen Stadt wie zum Beispiel Sydney erforderte eine große Investition und eine lange Eingewöhnungszeit. Damals unterhielten wir Büros in Paris, London, München, San Jose, Chicago und Winter Park. Viele weltweit tätige Kunden wollten uns auch anderswo in ihrer Nähe haben. Wir träumten davon, einen Partner zu finden, der bereits an Orten aktiv war, die für uns Neuland darstellten. Dieser könnte uns überall einführen und uns sein Telefon benutzen lassen. Wir beschlossen, einfach weiterzusuchen. Dem Unternehmen ging es gut, obwohl die Aktienkurse fielen. Die Finanzanalysten schätzten uns einfach falsch ein. Ihr großes Problem schien darin zu liegen, daß sie nicht imstande waren, unseren Marketingplan zu verstehen. Da wir keine Verkäufer hatten und deshalb auf Mundpropaganda angewiesen waren, fiel es ihnen schwer zu akzeptieren, daß unser Plan funktionierte, obwohl er es offenkundig tat. Meine Vorträge und Artikel brachten neue Klienten, aber die meisten Anfragen kamen von Lieferanten und Freunden unserer bestehenden Klienten. Was wir für die Unternehmen taten, funktionierte wirklich, und die Ergebnisse waren für alle sichtbar.

Ich konzentrierte mich zunehmend darauf, zu schreiben und Vorträge zu halten; die Führung des Unternehmens trat in den Hintergrund. Larry McFadin und die anderen Führungskräfte arbeiteten ausgezeichnet, aber sie waren nicht besonders kreativ, wenn es um die Entwicklung neuer Produkte oder um die Beziehungen zu den Klienten ging. Trotzdem waren sie der Konkurrenz, die sich langsam formierte, um Dollarlichtjahre voraus. Das Unternehmen befand sich in einer sicheren Position, aber es sah so aus, als sollte unser Aktienkurs nie steigen. Wir überlegten, alle Aktien zurückzukaufen, und schlossen eine formlose Vereinbarung mit einer Bank, um dieses Vorhaben zu ermöglichen. Ich hatte nicht den Eindruck, als hätten die anderen Unternehmensmitglieder die für einen solchen Buyout notwendige Motivation. Die meisten von ihnen lebten recht gut vom Verkauf ihrer Aktien. Wie ich bereits sagte, hatte PCA einige Leute zu Dollarmillionären gemacht.

Dem Ergebnis meiner regelmäßigen Prostatauntersuchung konnte ich entnehmen, daß ich Steine in der Prostata hatte, die zertrümmert werden mußten. Wenn ich den Eingriff nicht vornehmen ließ, mußte ich damit rechnen, bald Krebs zu bekommen. Also legte ich mich ins Krankenhaus und ließ den Eingriff durchführen. Eine solche Operation ist keine große Sache, abgesehen davon, daß man eine Rückenmarkanästhesie bekommt. Ich wurde ein bißchen mutlos, als mir bewußt wurde, daß die großen, gefühllosen Klumpen, die ich in meinen Händen hielt, meine Hüften waren. Dann sitzt man mit einem Sack voller Blut herum, der an einem Schlauch hängt, welcher einem in den Körper eingeführt wurde. Nun ja – alles geht vorbei.

Der Arzt verlangte von mir, ich solle mich sechs Wochen lang ausruhen. Das bedeutete, keine Reisen zu unternehmen. Nicht zur Arbeit zu gehen machte mir nichts aus. Ich erkannte eine große Chance in dieser Ruhepause. Ich war gezwungen, diese Zeit in meiner Bibliothek zu verbringen. Ich konnte einige telefonische Radiointerviews geben, aber meine Hauptaktivitäten waren Lesen und Nachdenken. Dann erhielt ich einige Kassetten, auf denen die offenen Diskussionen aufgezeichnet waren, die ich jede Woche mit den Kursteilnehmern veranstaltet hatte. Dabei hatte es sich um frei zugängliche Frage-Antwort-Sitzungen gehandelt, die einige Jahre regelmäßig abgehalten wurden. Das schien Material für ein Buch zu sein, welches genau ins Schwarze traf.

Ich beschaffte mir eine Liste sämtlicher Fragen und reduzierte sie auf jene 96, die meiner Meinung nach am interessantesten waren. Dann schrieb ich zu jeder Frage die Antwort, ohne mich dabei an jenen Antworten zu orientieren, die ich zum damaligen Zeitpunkt gegeben hatte. Wie sich herausstellte, waren sich viele der Antworten irgendwie ähnlich, obwohl ich nun über mehr Informationen verfügte als damals. Die Philosophie änderte sich in keinem Fall, aber ich konnte in vielen Fällen praktischere Ratschläge geben als früher. Ich sagte niemandem, was ich tat, und werkte die ganze Zeit in aller Stille vor mich hin. Nach vier Wochen hatte ich das Manuskript auf dem Computer fertiggestellt. Meine Assistentin Debbie Eifert ging das Material durch und überprüfte Grammatik und Rechtschreibung. Zum ersten Mal hatte ich ein Buch nur auf dem Computer geschrieben. Dann schickten wir die Diskette an Mc-

Graw-Hill. Dort ordnete der Lektor, Jim Bessent, die Fragen nach dem Zusammenhang. Natürlich hatte er dazu meine Zustimmung. Es war auch eine gute Idee. Da das Manuskript mehr oder weniger fertig war, konnten sie es direkt bearbeiten, und *Let's Talk Quality* lag in Rekordzeit in den Buchhandlungen auf.

Der Untertitel des Buches lautete *96 Questions You Always Wanted to Ask Phil Crosby*, und Lee Iacocca war so nett, uns die Verwendung eines seiner Zitate auf dem Umschlag zu gestatten. Das Buch kam ausgezeichnet an und erzielte ansehnliche Umsätze. Die Leser konnten sich genau die Fragen heraussuchen, die sie interessierten. Die Taschenbuchausgabe wird heute in einem Dutzend Sprachen verkauft.

1989 trat die Alexander Proudfoot Company an uns heran, die sich soeben von einer Personengesellschaft in eine an der Londoner Börse notierte Publikumsgesellschaft verwandelt hatte. Die Wurzeln der Firma waren amerikanisch. Sie war auf der ganzen Welt aktiv, unter anderem auch in Sydney. Sie boten uns den doppelten Kurswert für unsere Aktien und versicherten uns, daß PCA weiterhin vollkommen unabhängig agieren könne. Außerdem verpflichteten sie sich, alle unsere Verträge einzuhalten, und betonten, daß ich weiterhin Kreativdirektor und Chairman bleiben könne, solange ich das wollte. Ich beauftragte den CEO Larry McFadin und unseren Rechtsanwalt mit der Führung der Verhandlungen und erklärte lediglich, daß ich 60 Millionen Dollar als angemessenen Preis für das Unternehmen betrachtete. Ich hielt immer noch etwas weniger als 10 Prozent. Die Umsätze von PCA in jenem Jahr beliefen sich auf etwa 75 Millionen Dollar, und der Gewinn nach Steuern lag bei 9 Prozent. Das Geschäft war innerhalb von 90 Tagen unter Dach und Fach.

Zu dieser Zeit schrieb ich: *Leading: The Art of Becoming an Executive*. In meinem ewigen Bestreben, das Unmögliche möglich zu machen, versuchte ich, den Inhalt in einen Roman mit mehreren Helden und einer nachvollziehbaren Handlung zu verpacken. Ich wollte zeigen, was im Kopf einer erfolgreichen Führungskraft vorgeht. Irgendwie hatte ich das Gefühl, damit jenen zu helfen, die versuchten, ein Unternehmen von innen heraus zu verändern. Das Buch vermittelte auch eine neue, lebensnahe Philosophie über die Gebiete, mit denen Führungskräfte hauptsächlich befaßt sind: Finanzen, Qualität und Beziehungen. Die Qualität stellte ich als Struktur, als Körper der Organisation dar; die Finanzen als ihren Blutkreislauf und die Beziehungen als ihre Seele.

Die Leser des Buches befanden es für nützlich. Trotzdem verkaufte es sich so schlecht, daß es zu keiner Taschenbuchversion kam – ein Schicksal, das kein anderes meiner Bücher teilte. Später machte ich denselben Helden zum Protagonisten eines Mysterienromans. Das Manuskript wurde mit folgendem Hinweis abgelehnt: „Uns gefallen Ihre Bücher über Unternehmensphilosophie, weil sie klar, lesbar und logisch sind. Und genau deshalb mögen wir keine Mysterienromane. Bleiben Sie bei Wirtschaftsthemen." Ich höre trotzdem nicht auf, das andere Zeug zu schreiben.

Ich begann, erstmals mit einem Agenten zu arbeiten, Al Lowman von der Authors and Artists Group in New York. Wie alle Autoren hatte ich das Gefühl, von meinem Verleger nicht genügend geschätzt zu werden, und wie alle Autoren wollte ich einen größeren Vorschuß, um sicherzugehen, daß der Verlag daran interessiert war, das Buch zu verkaufen. Ich arbeitete an dem Konzept, daß Qualitätsmanagement ein echter Bestandteil des Managements im 21. Jahrhundert sein würde. Daraus entstand *Completeness**. Das Buch war in mehrerlei Hinsicht ungewöhnlich: So befaßte es sich zum Beispiel mit virtueller Realität. Es prognostizierte auch den Zerfall der Sowjetunion. Dennoch verkaufte es sich gut, und all die Dinge, die ich darin vorausgesagt hatte, traten auch wirklich ein. Die Grundaussage von *Completeness* lautete, daß das Management versuchen müsse, Angestellte, Lieferanten und Kunden erfolgreich zu machen. Das würde das ganze TQM-Geschwätz, das hauptsächlich aus Motivationsslogans, Aktivität und Manipulation bestand, vom Tisch wischen. In der Einführung verkündete ich, was ich über all das – den Baldridge Award eingeschlossen – dachte. Die Reaktionen erinnerten mich an das Jahr 1962, als die meisten Leute meinen Vorschlag, die Dinge von Anfang an richtig zu machen, rundweg ablehnten.

Ich hatte den Eindruck gewonnen, daß PCA ein Paket für Kleinunternehmen auf den Markt bringen mußte, und begann an diesem Paket zu arbeiten. Es wurde jedoch immer deutlicher, daß die führenden Proudfoot-Leute eine andere Vorstellung von Beratung und Schulung hatten als ich. Da das Unternehmen nun ihnen gehörte, schlug ich meinen völligen Rückzug vor. Auf diese Weise konnten alle das tun, was sie wollten. Ich würde immer noch für Beratung, Vorträge und ähnliches

* Deutsch als: Qualität 2000

zur Verfügung stehen. Sie hatten keine Einwände, gaben eine nette Party für mich, und ich ging. Als ich ITT verlassen hatte, vermißte ich den Golfplatz von Bolton in Massachusetts; bei PCA vermißte ich die Leute und das Flugzeug. Das Unternehmen vermißte ich nie.

Meine Tochter Phylis arbeitete in der Funktion einer Vizepräsidentin des Unternehmens weiterhin für Proudfoot, aber sie wollte gemeinsam mit mir ein neues Unternehmen gründen: Career IV, eine Gesellschaft mit beschränkter Haftung. Peggy, Phylis, Philip Jr. und ich waren gemeinsame Eigentümer. Jeder von uns beteiligte sich mit einer Investition an der Unternehmensgründung. Phylis wurde Unternehmensleiterin, und ich gelobte, nie wieder eine Verwaltung aufzubauen. Wegen meiner Konkurrenzklausel war es uns nicht möglich, Qualitätsmanagement zu unterrichten, aber daran war ich auch gar nicht interessiert. Mein Augenmerk galt nun dem Thema Führung. Ich hatte das Gefühl, daß das Land in einer verzweifelten Lage steckte, und das wollte ich ändern.

Ich erhielt viele Einladungen, Vorträge zu halten, und obwohl mein Publikum an Qualität interessiert war, wollte es anscheinend nur wissen, worüber ich gerade nachdachte. Das war gegenüber der Vergangenheit eine bemerkenswerte Veränderung. Nun waren die Leute an mir persönlich und nicht mehr ausschließlich am ABC der Qualität interessiert. Phylis wies mich darauf hin, indem sie sagte, daß ich mich langsam zu einem Denkmal entwickelte. In ein paar Jahrzehnten vom Ikonoklasten zur Ikone! Das gab mir ein gutes Gefühl. Nun konnte ich über alles sprechen, was mir in den Sinn kam, und das Publikum genoß es.

Einige der Engagements wurden von Redneragenturen vermittelt, aber meistens riefen die Unternehmen direkt an. Wir verrechneten pro Vortrag 15.000 Dollar plus Spesen, eine Summe, die sich offensichtlich jeder leisten konnte. Ich hielt auch einige kostenlose Vorträge für besonders interessante oder gemeinnützige Einrichtungen. Jeden dieser Vorträge begann ich mit einem Satz wie dem folgenden: „Sam (oder wer immer mich gebucht hatte) sagte mir, er habe gehört, ich hätte Geschichte studiert, und fragte mich, welcher Teil der Bill of Rights meiner Meinung nach der wichtigste sei. ‚Die Redefreiheit', antwortete ich. Darauf meinte Sam: ‚Darüber wollte ich gerade mit Ihnen sprechen.'" Gelächter war garantiert. Außerdem wußte das Publikum nun, daß ich von meiner Vortragstätigkeit lebte und daß dies ein besonderes Ereignis war.

Ich stellte fest, daß viele Managementteams besorgt darüber waren, daß ihre Qualitätsprogramme nirgendwo hinführten. Alle implementierten TQM und ein Dutzend anderer aktivitätsorientierter Programme. Sie riefen mich an und baten mich, einen Tag mit ihnen zu verbringen, um herauszufinden, wo ihr Problem lag. Das tat ich, und dann veranstalteten wir eine „Grüne-Wiese"-Sitzung. In dieser Sitzung betrachteten wir das Unternehmen so, als gäbe es da keine Gebäude oder Menschen, sondern nur eine grüne Wiese. Dort stellten wir alles hin, was wir für den Betrieb tatsächlich brauchten. Normalerweise waren das weniger als 75 Prozent dessen, was derzeit vorhanden war. Einige dieser Beispiele habe ich in *Completeness* wiedergegeben. Eigentlich ist das Problem immer dasselbe – die Manager versuchen, etwas zu delegieren, was nur sie selbst tun können.

Viele Gruppen fragten mich nach den Unterschieden zwischen Dr. Deming, Dr. Juran und mir selbst. Ich sagte darauf immer, ich respektiere die Arbeit dieser beiden Männer, aber wir seien in verschiedenen Bereichen tätig. Dr. Deming, den ich nie getroffen habe, war Statistiker und auf seinem Gebiet eine Kapazität. Dr. Juran, mit dem ich vor einigen Jahren einmal zusammentraf, war ein führender Experte auf dem Gebiet der Qualitätssicherung. Beide verdienten meine Achtung, auch wenn sie über mich und meine Arbeit wenig schmeichelhafte Dinge sagten. Sie meinten, ich wolle die Arbeitskräfte motivieren und „antreiben". Da ich in meinen Vorträgen oder Büchern nie etwas derartiges gesagt habe, macht mir das nichts aus. Der Unterschied zwischen uns war, daß ich mich mit Qualitätsmanagement befaßte, was etwas ganz anderes als Qualitätssicherung oder Statistik war. Außerdem hatte ich mein Handwerk gelernt, indem ich mich emporkämpfte und meine Konzepte in vielen Unternehmen und Kulturen tatsächlich in die Tat umsetzte. Ich betrachtete die beiden als irrelevant für meine Arbeit, und ich glaube, sie dachten genauso über mich. Wir waren nicht besonders wichtig für einander.

Die Konzepte des Qualitätsmanagements eröffneten sich mir im Lauf der Jahre auf eine Weise, die andere Leute nicht nachvollziehen konnten. Deshalb übe ich mich in Geduld, denn ich weiß, daß eines Tages alle Führungskräfte erkennen werden, daß Vorbeugung besser ist als Heilung. Diese Erkenntnis wird sich vielleicht erst lange nach meinem Abgang durchsetzen. Ich hoffe jedoch, daß sie zur Schaffung einer Welt beiträgt, in der jeder eine sinnvolle Arbeit und einen angemessenen

Lebensstandard haben wird. Die Menschen brauchen einfach eine Chance. Der Inhalt meiner Bücher beruht auf Geschichten aus dem wirklichen Leben, auf Geschichten, die ich selbst erlebt habe. Diese Geschichten stellen eine Beziehung zwischen den Menschen und den Konzepten her, die ich in den ersten Kapiteln dieses Buches beschrieben habe.

KAPITEL 12

EIN WIEDERSEHEN MIT DEM PROZESS DER QUALITÄTSVERBESSERUNG

Irgendwann Mitte der sechziger Jahre wurde ich gebeten, die wesentlichen Elemente des Qualitätsverbesserungsprozesses schriftlich niederzulegen. Unschuldig, wie ich war, listete ich die folgenden Themen auf, die ich ganz formlos als „Schritte“ bezeichnete:

1. Verpflichtung des Managements
2. Qualitätsverbesserungsgruppe
3. Qualitätsmessung
4. Evaluierung der Qualitätskosten
5. Qualitätsbewußtsein
6. Korrekturmaßnahmen
7. Einrichtung eines Vorbereitungsausschusses für Null-Fehler-Planung
8. Schulung der Vorgesetzten
9. Null-Fehler-Tag
10. Zielsetzung
11. Beseitigung von Fehlerursachen
12. Anerkennung
13. Expertengruppen (Quality Councils)
14. Wieder von vorn anfangen

Ich denke mit Schrecken an den Tag zurück, an dem ich diese eilig zusammengestellte Liste der 13 Punkte zu Papier brachte (den 14. Punkt fügte ich hinzu, um die Abergläubischen nicht zu irritieren). Die Autoren von College-Lehrbüchern über Qualität stellen meine Liste (mit den 14 Schritten) ebenso wie die von anderen Leuten erstellten Listen ungerührt in einen Kasten, als stellte sie das gesamte Ergebnis unserer Denkarbeit dar. Wahrscheinlich hätte ich sie am besten einfach nebeneinandergestellt, ohne Kommas oder Numerierung. Viele Leute gehen an die Liste wie an eines jener Spiele heran, bei denen man Bonuspunkte sammeln muß. Sie erhalten von ihrem Management Zustimmung in Form eines Nickens oder einer kurzen Mitteilung und laufen zurück zum Spieltisch, um ihren Preis auf ihren Platz zu legen. Es folgt eine lustige Jagd, bei der Leute für ein „Team" rekrutiert werden. Diese beginnen über die erforderlichen Maßnahmen nachzugrübeln und beschließen, sich über die Qualitätskosten später den Kopf zu zerbrechen. Sie kaufen einige kleine Anerkennungspreise und planen so schnell wie möglich einen unterhaltsamen Null-Fehler-Tag. Sie verschwenden kaum einen Gedanken daran, worum es in der Liste eigentlich geht, oder daran, welche Wirkung mit den beschriebenen Maßnahmen oder „Schritten" erzielt werden soll. Es ist ein Zeichen für Faulheit, in einer Liste von Ideen nach spezifischen Verfahren zu suchen, und im Bereich der Qualitätsverbesserung sind viele faule Geister zu finden. Die meisten Leute, die ein „Qualitätsprogramm" einrichten sollen, wurden von jemand anderem mit dieser Aufgabe betraut. Es war nicht ihre eigene Idee.

Wenn Menschen wirklich etwas wollen, suchen sie nach einem Weg, um es zu erreichen. Zum Beispiel weiß jeder Mensch, der einmal um einen anderen geworben hat, daß die einfachen Grundsätze der Kommunikation zwischen Mann und Frau eine unablässige Suche nach originellen Gedanken und Handlungen erfordern. Diese originellen Gedanken und Handlungen sind es, von denen literarische Werke, Filme und andere Kommunikationskunstformen leben. Verliefe das Leben immer klar und einheitlich, so hätte Shakespeare nur ein einziges romantisches Stück schreiben müssen, Spencer Tracy und Katharine Hepburn hätten nur einen Film gedreht. Dasselbe gilt für die Geschichte der Politik, in der es um Gewinn und Erhalt der Macht geht. Die Berichte über das Gelingen oder Scheitern dieses Bestrebens füllen Tausende von Büchern und haben Stoff für unzählige Theaterstücke geliefert. Die Menschen sind sehr erfinderisch, wenn sie klare persönliche Ziele vor Augen haben.

Wenn man Qualitätsverbesserung als Prozeß betrachtet, stellt man fest, daß der eigentliche Grund für diese Bestrebung oft in einem frühen Stadium des Prozesses aus den Augen verloren wird. Anstatt eine strahlende Zukunft in Wohlstand anzustreben, bleiben die Qualitätsmanagementexperten in der Erstellung von Analysen und Dokumentationen stecken und konzentrieren sich völlig auf den sorgfältigen Bau der Brücke, welche die Überquerung des Flusses ermöglichen soll. Sie photographieren die Bauteile der Brücke, schreiben Berichte über sie und veranstalten Konferenzen, um ihre Vorteile zu preisen – aber zur tatsächlichen Überquerung des Flusses kommt es nie. Dann gibt es natürlich auch den komplizierten Prozeß, in dem die richtige Kleidung anprobiert und die Tanzschritte einstudiert werden müssen, die man voraussichtlich brauchen wird, während die ganze Zeit über der Kauf der notwendigen Eintrittskarten vorbereitet wird. Das Ergebnis dieser wirren Bemühungen besteht in kleinen Fortschrittshappen, die dem erwartungsvollen Management eifrig gemeldet werden. Das ist wie die Begeisterung darüber, daß unsere Achtjährige es von der Schule nach Hause geschafft hat, ohne in den Teich zu fallen. Wen interessiert es, ob sie in der Schule etwas gelernt hat, ob es ihr gelungen ist, soziale Kontakte zu knüpfen, ob sie ein ordentliches Mittagessen hatte oder einen Zentimeter gewachsen ist...

„Je detailliertere Anleitungen man den Leuten gibt, desto weniger bringen sie zustande." Dieses Zitat stammt von mir. Ich möchte nicht, daß irgend jemand anderer beschuldigt wird, diese Wahrheit ans Tageslicht gebracht zu haben.

Der Vorteil eines formalen Prozesses, gleich in welchem Bereich, besteht darin, daß die Ergebnisse der bisherigen Überlegungen genützt werden können. Wenn wir zur Schule gehen, brauchen wir die Arithmetik, die Satzstrukturen oder auch den Foxtrott nicht neu zu erfinden. Alle diese Dinge wurden bereits von anderen entdeckt und dokumentiert. Daher können sie gelehrt und gelernt werden. Wenn wir zu lernen beginnen, steht uns dieses Wissen bereits zur Verfügung. Wir verlassen die Schule, und die erworbenen Kenntnisse bilden nun einen Teil des Waffenarsenals, mit dem wir uns in der Welt durchsetzen können. Erweitern können wir dieses Wissen durch praktische Erfahrung, Studien und Überlegung. Wir hören nie auf zu lernen, sei es nun bewußt oder unbewußt. Einige Dinge halten wir für schwierig, andere für einfach. Nun möchte ich erklären, wie die einzelnen Punkte – oder Schritte – meiner Meinung nach gehandhabt werden sollten.

VERPFLICHTUNG DES MANAGEMENTS

Qualität durchzusetzen erscheint anfangs stets leicht. Jemand entscheidet, daß etwas für die Qualität getan werden muß, und teilt jemandem diese Aufgabe zu. Hier haben wir den Wyatt-Earp-Komplex. Die Stadt ist voller Rowdies; die Bürger sind auf der Straße nicht mehr sicher – es muß etwas geschehen. Rufen wir Earp! Er wird Ordnung in das Chaos bringen, er wird dafür sorgen, daß wieder Abendandachten gehalten werden können und daß sich die Rauf- und Trunkenbolde in produktive, ernsthafte Bürger verwandeln.

Wie soll das geschehen? Ganz einfach: mit Hilfe starrer Regeln und unter Einsatz von Waffengewalt. „Südlich der vierten Straße sind keine Waffen erlaubt." „An Betrunkene wird kein Alkohol ausgeschenkt." „Wer seine Rechnungen nicht rechtzeitig bezahlt, muß ins Gefängnis." Es werden Bürgerversammlungen abgehalten, und die „anständigen" Bürger werden gezwungen, sich gegen die schlechten Bürger zu stellen. In den Filmen sind die beiden Gruppen leicht zu unterscheiden, aber im wirklichen Leben ist es nicht ganz so einfach. Oft erweisen sich die problematischsten Persönlichkeiten als die nützlichsten Helfer. (Meiner Erfahrung nach trifft dies im wirklichen Leben häufig zu.)

An diesem Punkt dämmert dem Management – also jenen Bürgern, die Earp zu Hilfe gerufen haben – die Erkenntnis, daß die „Verpflichtung des Managements zur Verbesserung der Qualität" im Grunde genommen bedeutet, daß man sich die Hände schmutzig machen muß. Die Betreffenden müssen sich mit der Waffe in der Hand auf das Dach stellen, um dem Marshall dabei zu helfen, jene zu bezwingen, die ein destruktives Leben ohne Regeln vorziehen. Wenn das nicht geschieht, wird sowohl den Guten als auch den Bösen unweigerlich klar, daß das Bekenntnis des Managements oberflächlich und halbherzig war. Den Eigentümern der Geschäfte und Bars, die von der Unordnung profitieren, fällt es schwer, mit der Waffe in der Hand die Treppen hinaufzusteigen. Sie würden es vorziehen zu vermitteln und zu beruhigen, um ein heimtückisches Stückchen Nichtkonformität zu retten. Das ist so, als ob man die richtige Menge Milch und Zucker im Kaffee hat. Der Kaffee schmeckt immer noch nach Kaffee, aber er ist schon nicht mehr ganz so stark.

All das fördert eine weitere Wahrheit zutage: „Nicht jeder will, daß alles von Anfang an richtig gemacht wird." Nun könnte man fragen:

„Wie um alles in der Welt kann man gegen Qualität sein?“ Aber ebensogut könnte man die Frage stellen, warum Qualität überhaupt ein Problem darstellt. Wenn es so sinnvoll ist, das Richtige von Anfang an richtig zu machen, wie kann es dann gängige Praxis sein, die Dinge zunächst falsch und dann erst richtig zu machen? Warum sucht jede Stadt einen Marshall, der die Bürger erst dazu zwingen muß, die Dinge zu tun, von deren Richtigkeit sie ohnehin schon überzeugt sind? Im Film müssen zuerst etwa ein Dutzend Bösewichte erschossen werden, um das zustandezubringen. Sobald der Marshall von der Bildfläche verschwunden ist, beginnt sich das Böse wieder einzuschleichen. Normalerweise ist der Rückfall nicht ganz so schlimm, weil einige der Leute, welche die Probleme verursacht haben, nicht länger unter uns weilen. Aber das Böse ist wieder da. Es sprießt wieder aus dem Boden und muß erneut zertreten werden. Der Erfolg schafft stets jene Bedingungen, unter denen der Mißerfolg gedeiht. Kaum eine Meistermannschaft erringt den Titel im folgenden Jahr erneut. Arroganz ist das Kind übermäßigen Selbstvertrauens.

Aus irgendeinem unerfindlichen Grund scheinen die Führungskräfte zu glauben, daß sie sich, sobald sie den Marshall zur Hilfe gerufen haben, nicht mehr zur Verbesserung der Qualität bekennen müssen. Denn was ein solches Bekenntnis bedeutet, dämmert ihnen in dem Augenblick, da sie, bewaffnet mit ihrer geladenen Pistole, auf dem Dach stehen und darauf warten, daß die wirklich feindseligen Bösewichte in die Arena einreiten. Wenn sie nun nicht aktiv werden, wissen alle, seien sie nun böse oder gut, daß sie nur mit der Waffe herumfuchteln, ohne wirklich Ernst zu machen. Für so jemanden wird niemand etwas riskieren.

QUALITÄTSVERBESSERUNGSTEAM

Die Idee, ein „Team“ zur Koordinierung der Verbesserungsbemühungen einzurichten, wird oft mißverstanden. Ein Team zu haben bedeutet nicht, daß die Spieler jedes Spiel spielen können, das sich gerade ergibt. Ich habe nie verlangt, ein solches Team solle das Verbesserungsprogramm leiten, sondern ich habe nur von Kommunikation gesprochen. Es ist Earp, der den Finger am Abzug hat und jene erschießt, die sich weigern, den Gesetzen Folge zu leisten. Die Rekrutierung eines Earp bewährt sich allerdings nur im Film. Im richtigen Leben muß es ein Angehöriger einer sehr hohen Managementebene sein, der sich die Waffe umschnallt und die Bürgerwehr anführt.

In dieser Hinsicht verfolgte ich mit der Forderung nach einem Team zwei Ziele: Erstens wollte ich die Vordenker des Unternehmens dazu bewegen, sich zusammenzusetzen und der Tatsache ins Auge zu blicken, daß Qualität ein Problem darstellt und daß das Management selbst die Ursache dieses Problems ist. Zweitens ging es mir darum, eine „Kommunikationsleitung" zwischen all jenen Abteilungen herzustellen, die einander bisher nie viel Beachtung geschenkt haben. Ich habe immer darauf bestanden, daß die Gruppe formell zusammentritt und die zur Verbesserung erforderlichen Maßnahmen leitet. Normalerweise wird ein junger, talentierter Mitarbeiter damit betraut, die Gruppe zu organisieren und die Maßnahmen in ein Programm umzusetzen. Da diese Person, die nicht dumm ist, ihre Chance erkennt, wendet sie sich bald vom „Team" ab und beginnt, sich auf die Menschen zu konzentrieren. Dies ist der Untergang für den Prozeß, es sei denn, die betreffende Person ist klug genug zu erkennen, daß das Management in alles eingebunden werden muß, da die Gruppe ansonsten wieder im Tiefschlaf versinkt. Dieses Ziel wird erreicht, indem man die „Qualität" bei den allmonatlichen Managementversammlungen ganz oben auf die Tagesordnung setzt. So werden die Manager gezwungen, sich so weit zu beteiligen, daß sie sich dazu äußern, was geschieht oder nicht geschieht. Nun muß sich der Unternehmensleiter auf die Unternehmensabläufe konzentrieren, beginnend bei den Interaktionen mit den Kunden. Worin liegen unsere Probleme? Was kosten sie uns? Was werden wir gegen sie unternehmen? Dieser Dialog dient dazu, Maßnahmen zu erzwingen, die andernfalls nicht stattfinden würden. Er bringt das Managementteam dazu, sich die Notwendigkeit eines aktiven Qualitätsmanagements vor Augen zu führen, anstatt den Dingen einfach ihren Lauf zu lassen.

QUALITÄTSMESSUNG

Konfrontiert mit der Notwendigkeit, wirklich herauszufinden, warum Qualität ein Problem ist und worin dieses Problem genau besteht, beginnen sich die Teammitglieder mit der Frage auseinanderzusetzen, wie die Qualität gemessen werden soll. Wenn sie sich mit der wirklichen Welt beschäftigen, beginnen sie, die Kundenbeschwerden zurückzuverfolgen, und töten auf ihrem Weg durch das Unternehmen zahlreiche Drachen. Sie sollten mit den negativen Dingen beginnen: Womit sind die Kunden unzufrieden? Mit der Lieferung? Der Fehlerhäufigkeit? Unserer Einstellung? Dem Preis? Sprechen wir die spezifischen Probleme an, damit wir uns auch spezifisch mit ihren Ursachen auseinandersetzen können. Worin liegen diese Ursachen? In der Ausbildung? Oder sind es die Mitarbeiter? Unangemessene Forderungen? Schlechte Führung? Verstehen wir die Kunden falsch? Liegt es an Lieferantenproblemen? Dann können wir diese Ursachen in Angriff nehmen und damit beginnen, sie zu beseitigen.

Anhand des in Kapitel 5 beschriebenen Complete Transaction Rating läßt sich ein permanentes Meßsystem einrichten.

EVALUIERUNG DER QUALITÄTSKOSTEN

Da die Qualitätsexperten auf den Begriff „Qualitätskosten" negativ reagierten, gab ich seine Verwendung vor einigen Jahren auf. Die Qualitätsmanager hatten das Gefühl, für diese Kosten verantwortlich gemacht zu werden. Daher listeten sie, wenn man sie zur Dokumentation zwang, nur so viele Dinge auf, daß ein niedriger Wert – etwa 3 Prozent des Umsatzes – herauskam. Das erschreckte natürlich niemanden. Mit der Bezeichnung „Preis der Abweichung" konnten wir endlich Klarheit schaffen. Jede Transaktion im Unternehmen wird so durchgeführt, daß sie den Forderungen entweder entspricht oder nicht entspricht. Wie man die Sache auch dreht und wendet, nicht den Forderungen entsprechend (oder: nichtkonform) bedeutet, daß etwas noch einmal gemacht, korrigiert oder überarbeitet werden muß. Das kostet Geld, das nicht für diese Arbeiten vorgesehen war. Dieses Geld muß man irgendwoher nehmen. Meist schlägt sich dies in geringeren Margen oder in einem niedrigeren Bruttogewinn nieder. In Produktionsunternehmen beträgt der Preis der Abweichung meist 25 Prozent oder einen noch höheren Teil des Umsatzes, Dienstleistungsunternehmen wenden 40 Prozent und mehr der Betriebskosten für Abweichungen auf. Wenn diese Zahlen ausgewiesen werden – nach Abteilung, Einheit, Region, Land oder irgendeiner anderen Unternehmenseinteilung – werden die Leute hellhörig. Selbst die widerstrebendsten Führungskräfte zeigen Wirkung, wenn sie mit dieser Realität konfrontiert werden.

QUALITÄTSBEWUSSTSEIN

Alle Mitglieder des Unternehmens müssen erfahren, was geschieht. Viele Unternehmen machen sich Sorgen wegen der Gewerkschaften. Diese Sorge ist jedoch überflüssig, wenn die Gewerkschaften von vornherein in die Qualitätsbestrebungen eingebunden werden. Ich bestand immer darauf, daß die Spitzenmanager des Unternehmens und jene der Gewerkschaft die Seminare gemeinsam besuchten. Das war eine gute Gelegenheit, um die Führungskräfte darauf aufmerksam zu machen, daß ihre gewerkschaftlichen Gegenspieler gewählt waren, während sie selbst nur ernannt worden waren. Qualitätsbewußtsein hat den Zweck, allen das Gefühl zu geben, daß sie als einzelne Teil dieser neuen Unternehmenseinstellung sind. Wenn sie offen und positiv informiert werden, verändert sich die Atmosphäre im Unternehmen. Es entsteht eine Kultur der Aufmerksamkeit und der Fehlervermeidung. Vielen Managern ist es unangenehm, ihren Lieferanten, Kunden und Mitarbeitern mitzuteilen, daß sie Schritte zur Verbesserung der Qualität in die Wege leiten werden. Diese Sorge ist unbegründet, denn in Wirklichkeit werden alle – auch die führenden Gewerkschafter – von dem Vorhaben begeistert sein.

Man muß ja nicht sagen: „Bisher waren wir eine Katastrophe, aber jetzt werden wir uns verbessern." Wir können über unseren Wunsch sprechen, den Kunden genau das zu geben, was sie wollen. Wir können über die Notwendigkeit sprechen, in der globalen Wirtschaft wettbewerbsfähig zu bleiben, und wir können über individuelle Beiträge in Form von Ideen und Maßnahmen sprechen.

Firmenzeitungen, Familienratssitzungen, Versammlungen, offene Gespräche, Artikel, Nachrichtenstories: Es gilt, sämtliche PR-Instrumente einzusetzen. Das Ziel ist Kommunikation – sichtbar zu machen, daß Veränderungen im Gange sind. Zur Überzeugung ist keine Bewußtseinsveränderung notwendig. Es genügen Ausbildung und Erfahrung.

KORREKTURMASSNAHMEN

Die Notwendigkeit organisierter positiver Maßnahmen zeigt sich sofort. Sobald zum Beispiel jemand feststellt, daß sich die Kunden beschweren, weil die Rechnungen fehlerhaft und unvollständig sind, müssen Korrekturmaßnahmen ergriffen werden. Da es unser Ziel ist, sämtliche

Transaktionen korrekt und vollständig abzuschließen, genügt es nicht, daß wir die Leute von der Debitorenabteilung anbrüllen. Wir müssen den Prozeß der Berechnung, Erstellung und Aussendung der Rechnungen überprüfen. Warum genau kommt es zu Fehlern? Welche spezifischen Schritte seitens des Managements sind notwendig, um die derzeitige Situation zu korrigieren und zukünftige Probleme zu verhindern? Diese Fragen helfen, die richtigen Antworten zu finden.

Die Idee eines formalen Systems von Korrekturmaßnahmen besteht darin, alle daran zu gewöhnen, Probleme zu lösen und Fehler zu vermeiden, anstatt zu lernen, mit den Problemen zu leben. Es ist leicht festzustellen, ob ein Unternehmen daran gewöhnt ist, Probleme einfach bestehen zu lassen: Die Mitarbeiter wissen, wie sämtliche Probleme umgangen werden können, weil sie ja nicht zum ersten Mal auftreten.

VORBEREITUNGSAUSSCHUSS FÜR DIE NULL-FEHLER-PLANUNG

Unser Ziel ist es, die Idee der vollständigen Transaktion tief in unserer Unternehmenskultur zu verwurzeln. Zu diesem Zweck müssen wir beweisen, daß es dem Management ernst ist, so ernst, daß es sich persönlich in den Dienst der Sache stellt. Beim Null-Fehler-Programm geht es nicht um Motivation, sondern schlicht und einfach um Kommunikation. Mein Vater wandte dieses Konzept unzählige Male auf mich an, indem er mir auftrug, die Asche aus dem Ofen zu holen und sie in den Keller zu tragen, ohne auch nur ein Stäubchen auf den Boden zu streuen. Die Formulierung „Null Asche auf den Boden“ war ihm nicht geläufig, aber ich wußte, was er meinte. Hätte er mir diesen Standard nicht vermittelt, so hätte ich ihn nicht gekannt. Wenn die Leute zur Arbeit kommen, wissen sie nicht automatisch, daß es in dieser Firma die Regel ist, die Dinge gleich beim ersten Mal richtig zu machen.

Der Ausschuß ist verantwortlich für die Kommunikation zwischen jenen, die den Leistungsstandard festlegen, und jenen, die ihn zu erfüllen haben. Hier geht es vor allem darum, allen Beteiligten klarzumachen, daß die Manager das Null-Fehler-Konzept verinnerlicht haben und sich selbst danach richten werden. Sie werden Sitzungen pünktlich eröffnen und beenden; sie werden enttäuscht sein, wenn Berichte nicht zum vereinbarten Zeitpunkt geliefert werden; es wird ihnen weh tun, wenn ein Kunde schlecht behandelt wird; sie werden jenen gratulieren, welche die Dinge richtig machen und jene ermutigen, die es versuchen.

Hier handelt es sich um eine ernsthafte Aktivität. Manche Implementationspraktiker meinen, es reiche aus, die Mitarbeiter auf das Null-Fehler-Konzept einzuschwören. Diese Fachleute haben nicht gründlich über das Thema nachgedacht. Der eigentliche Zweck der Null-Fehler-Planung besteht darin, das Management in eine Position zu bringen, aus der es sich nicht mehr so leicht herauswinden kann. Wenn das Management die Möglichkeit hat, abhängig vom Grad der alltäglichen Belastungen und Schwierigkeiten zum Null-Fehler-Konzept zu bekennen oder auch nicht, wird das Konzept ein Mythos bleiben.

SCHULUNG

Ursprünglich dachte ich, es sei ausreichend, die Führungskräfte (darunter auch den/die Vorsitzende/n), so zu schulen, daß sie die Konzepte des Qualitätsmanagements und die Rolle, die sie selbst darin spielen sollten, verstünden. Es zeigte sich jedoch bald, daß das bei weitem nicht genügte. Die Vorgesetzten auf allen Ebenen, einschließlich des Unternehmensleiters, scheinen unter Gehirnschwäche zu leiden, wenn es darum geht, Leistungsstandards weiterzugeben oder den Mitarbeitern zu vermitteln, worum es bei ihrer Arbeit geht. Wir müssen jedem einzelnen Mitglied des Unternehmens begreiflich machen, was Qualität ist und welche Rolle ihm im Bemühen um Qualität zukommt. Die Mitarbeiter müssen die Konzepte verinnerlichen; sie brauchen ihren Tätigkeiten entsprechende Fähigkeiten und Zugang zu Informationen. Was sie nicht brauchen, sind Aktionen oder Belehrungen. In den meisten Qualitätsschulungen geht es um Dinge, die beim Management den Eindruck erwecken, es bewege sich etwas. Die Leute brauchen ernsthafte Informationen, die sich auf das beziehen, womit sie ihr Geld verdienen.

Das bedeutet, daß Schulung und Ausbildung geplant werden müssen und nie enden dürfen. Eine einmalige Schulung ist keinesfalls genug; es bedarf ständiger Ausbildung. Je besser die Mitarbeiter das Konzept der Fehlervermeidung verstehen und je weiter sie bei der Implementierung fortgeschritten sind, desto mehr Informationen brauchen sie darüber. Als ich mir 1961 eine Heimorgel kaufte, nahm ich die im Kaufpreis beinhalteten sechs Stunden Unterricht und kam so weit, daß ich die Noten lesen und die Rhythmen spielen konnte. Heute spiele ich noch immer dieselben Stücke, die ich 1961 gelernt hatte. Mir reicht das, und es quält die Leute im Nebenraum nicht, aber ich spiele nicht gut. Mein Orgelspiel wird erst dann besser werden, wenn ich meine Kenntnisse erweitere und das Gelernte übe. Es muß also eine langfristige Bestrebung sein, die Leute mit den Konzepten vertraut zu machen, ihnen aktuelle Informationen zu vermitteln und sie in der Bewältigung der Aufgaben zu schulen. Je mehr Leute aus dem realen Arbeitsleben zu Trainern gemacht werden können, desto größeren Nutzen werden ihre Schüler ziehen, denn nichts reicht an praktische Erfahrungen heran.

NULL-FEHLER-TAG

Die Einführung dieses Feiertages diente dazu, den Unternehmensangehörigen die Botschaft zu vermitteln, daß unser Unternehmen anders war. Ich wollte immer, daß das Qualitätsverbesserungteam jedes Jahr eine Veranstaltung organisierte. Normalerweise beansprucht die Feier nur etwa eine Stunde der Arbeitszeit, aber die Zeichen sind den ganzen Tag über allgegenwärtig. Das Büro wird geschmückt, es kann ein Zeichenwettbewerb für Kinder veranstaltet werden, es gibt einen besonderen Kuchen, ein Kunde wird eingeladen, einen Vortrag zu halten, alle unterzeichnen ein Plakat, auf dem die Fortsetzung des bisherigen Wegs verkündet wird, und die Manager tragen ein Lächeln auf ihren Lippen. Es gibt genug interessante Hinweise darauf, daß dies ein besonderer Tag ist. Die Leute sollen stolz sein, in dieser Firma zu arbeiten. Dieser Tag ist auch eine gute Gelegenheit, Preise zu verleihen, natürlich an Mitarbeiter, die von ihren Kollegen nominiert wurden.

Manche Leute halten solche Feiertage für lächerliches und oberflächliches Tamtam. Dieselben Leute gehen ohne Vorbehalte zu Hochzeiten, Taufen, Anerkennungsessen, Amtseinführungen oder ähnlichen Veranstaltungen. Die Idee ist dieselbe, und sie ist sehr wirkungsvoll. Allerdings müssen derartige Festlichkeiten Teil des Ganzen sein, für sich genommen sind sie sinnlos. Ansonsten könnte ja nach der Hochzeit jeder zu sich nach Hause fahren und bräuchte sich keine Sorgen über die Zukunft zu machen.

ZIELSETZUNG

Für viele Leute ist die Zielsetzung eine Art Zeremonie. In Wirklichkeit ist sie ein normaler Bestandteil unseres Lebens und unserer alltäglichen Gespräche.

> „Ich möchte bis fünf beim Friseur sein."
> „Ich werde heute nachmittag mein Bankkonto ausgleichen."
> „Nächste Woche werde ich sieben Kunden anrufen."
> „Ich werde ein paar Kilo abnehmen."

Die ersten dieser drei Ziele haben eine bestimmte Chance, verwirklicht zu werden; beim vierten handelt es sich um kein spezifisches Ziel. Ein Ziel muß Zahlen oder spezifische Intentionen beinhalten. „Ich werde wöchentlich ein Pfund abnehmen, bis ich 15 Pfund weniger wiege", ist ein spezifisches Ziel. Man kann sich einen Plan oder eine bestimmte Vorgehensweise zurechtlegen. Wenn eine Organisation ihre Leute dazu ermutigen will, Ziele festzusetzen, braucht sie ihnen nur zu vermitteln, daß Ziele spezifisch und meßbar sein müssen. Komplexe Systeme sind dazu nicht erforderlich.

Die beste Methode, auf Ziele hinzuarbeiten, besteht darin, sie in Leistungsbewertungsgespräche einzubauen. Wenn sich ein Mitarbeiter und sein Vorgesetzter zusammensetzen, um über die Leistungen des Mitarbeiters zu sprechen, brauchen sie objektive Kriterien für die Beurteilung. Beziehungen zwischen Menschen hängen von so vielen Faktoren ab, deren Existenz oft gar nicht bekannt ist. Die „Chemie" zwischen zwei Personen ist etwas, was weder vorhergesagt noch gemessen werden kann. Bedauerlicherweise bildet aber genau diese Chemie die Grundlage für die meisten Bewertungsgespräche. Wenn wir Pech haben, erhalten wir eine schlechte Bewertung, obwohl wir gute Arbeit leisten. Der daraus resultierende schlechte Ruf überschattet unsere gesamte zukünftige Arbeit. Schließlich wissen wir alle, daß jemand, der in dem Ruf steht, ein Frühaufsteher zu sein, ruhigen Gewissens bis zum Mittag schlafen kann.

Aus diesem Grund sollte die Leistungsbewertung auf der Grundlage vereinbarter und eindeutig meßbarer Ziele erfolgen. Der Vorgesetzte muß sicherstellen, daß die Ziele erstrebenswert sind; die Mitarbeiter stehen in der Pflicht, sie entschlossen anzustreben. Die Gespräche über die Ziele tragen dazu bei, jedem Mitarbeiter seine Aufgabe klarzumachen, und sie passen nahtlos in das Konzept des Complete Transaction Rating. Der Vorteil für die Organisation besteht darin, daß sie nun wirklich weiß, wer gute Arbeit leistet. Der Mitarbeiter hat den Vorteil zu wissen, worin gute Arbeit besteht.

BESEITIGUNG VON FEHLERURSACHEN

Das Konzept der Beseitigung der Fehlerursachen (error cause removal – ECR) besteht darin, dem einzelnen Mitarbeiter dabei zu helfen, Korrekturmaßnahmen zu veranlassen, die sich auf seine Arbeit auswirken. Wir fordern alle Mitarbeiter auf, überall am Arbeitsplatz eine Null-Fehler-Umgebung zu schaffen, aber oft stehen dieser Bestrebung Hindernisse im Weg. Die Menschen müssen Methoden kennenlernen, um diese Hindernisse zu beseitigen. Als Fließbandarbeiter machte ich die Erfahrung, daß niemand meine Beschwerden ernst nahm. Deshalb entwickelte ich ECR, sobald meine Chance gekommen war.

ECR funktioniert so, daß ein einfaches, einseitiges Formblatt erstellt und an bestimmten Plätzen im Unternehmen in eigens dafür aufgestellten Schachteln zugänglich gemacht wird. (Bei diesen Plätzen denke ich nicht unbedingt an den Schreibtisch des Vorgesetzten.) Im Rahmen der regelmäßigen Qualitätskurse wird erklärt, daß der Zweck von ECR darin besteht, den Leuten bei der Formulierung eines Problems behilflich zu sein. Man braucht keine Lösung des Problems anzubieten, obwohl eine solche natürlich wünschenswert ist. Dann wird das Formblatt in die Schachtel zurückgelegt, wo es von einem Mitglied des Qualitätsverbesserungsteams abgeholt wird. Aufgrund der Auswertung wird ein Aktionsplan erstellt. Der Person, die das Formblatt ausgefüllt hat, wird umgehend mitgeteilt, daß es angekommen ist. Sobald eine bestimmte Maßnahme geplant ist, wird die betreffende Person darüber informiert; sie weiß mehr über den Job als irgend jemand sonst und muß ermutigt werden, dem ECR-System zu vertrauen. Die für Korrekturmaßnahmen zuständige Person kann bei dem Mitarbeiter, der das ECR-Formular ausgefüllt hat, weitere Informationen einholen. Wahrscheinlich können 75 Prozent aller ECRs auf Vorgesetztenebene vorgenommen werden.

Man sollte daran denken, daß das ECR-System der Kommunikation dient und daß der einzelne in den Zyklus eingebunden werden muß.

Solche Programme sind sehr erfolgreich, wenn die Beteiligten mit Respekt behandelt werden. Vorschlagsprogramme zeichnen sich meist durch eine äußerst niedrige Reaktionsquote aus – im allgemeinen beteiligen sich weniger als vier Prozent der Unternehmensangehörigen. Deshalb wird immer viel Aufhebens um Auszeichnungen für die Urheber von Vorschlägen gemacht, vor allem, wenn diese Auszeichnungen finanzieller Natur sind. An richtig durchgeführten ECRs beteiligen sich 100 Prozent der Unternehmensmitglieder. Dann können kleine Anerkennungen gewährt werden; beispielsweise kann einer der Vorschläge ausgelost werden, dessen Urheber dann etwa eine Woche lang den besten Parkplatz benutzen darf. Ich empfehle, ECRs zweimal pro Jahr einen Monat oder sechs Wochen lang durchzuführen. Zweimal im Jahr ist dann „Qualität als Struktur" an der Reihe, das in eine ganz andere Richtung geht. Dazu mehr in Kapitel 14.

ANERKENNUNG

Wir alle wünschen uns Anerkennung, und wir alle wollen, daß diese Anerkennung aufrichtig ist. Das bedeutet, sie muß von aufrichtigem Respekt getragen sein und von den Kollegen kommen.

Eines meiner Kinder fuhr einmal in ein Sommerlager. Als das Sommerlager zu Ende war, fuhren wir zur Abschlußveranstaltung, bei der Auszeichnungen verteilt wurden. Von den 80 anwesenden Kindern bekam jedes mindestens eine Auszeichnung, die jeweils von den Betreuern und vom Management verliehen wurde. Nach einer Weile versank die Zeremonie im Gelärme auf der Bühne und im Gemurmel im Publikum. Die letzte Auszeichnung wurde dem „beliebtesten Campteilnehmer" verliehen, der von den anderen Teilnehmern gewählt worden war. Als der Name der – in diesem Fall – jungen Dame verlesen wurde, begannen die anderen Teilnehmer Beifall zu rufen und standen auf, um ihr zu applaudieren. Vor meiner Abreise plauderte ich mit dem Leiter des Camps über die unterschiedlichen Publikumsreaktionen, aber er wußte nicht, was da eigentlich vorging. Er sagte, daß es jedes Jahr dasselbe sei.

Auszeichnungen sollten sinnvoll sein. Sie sollten nicht finanzieller Natur sein, und sie brauchen nicht wertvoll zu sein. Militärische Auszeichnungen sind eigentlich wertlos, aber sie werden geschätzt wegen der Art und Weise, wie sie verliehen und gehandhabt werden. Die Leute nominieren sich für solche Auszeichnungen nicht selbst. Bei ITT schuf ich das Ring of Quality-Programm, das bis zum heutigen Tag weitergeführt wird. Worin es besteht, erklärte ich genau in *Qualität ist frei*; daher möchte ich es an dieser Stelle nicht behandeln. Wichtig ist jedoch, daß in diesen etwa 20 Jahren nie eine Nominierung in Frage gestellt wurde. Alle Kandidaten wurden von ihren Kollegen nominiert und gewählt. Das ist das, was mich an den staatlichen Auszeichnungen für Qualität wie dem Baldridge Award so stört: Was kann dieser Preis wert sein, wenn man sich selbst nominieren und sogar für seine Beurteilung bezahlen muß?

Am besten entscheidet man über angemessene Auszeichnungen, indem man zeitweilig eine Gruppe einrichtet, die entscheidet, welcher Art die Anerkennung sein soll. Diese Gruppe sollte sämtliche Ebenen der Organisation repräsentieren, und ihr Vorsitzender sollte keine Führungskraft sein, die das Verfahren dann womöglich dominiert. Wenn ich in all diesen Jahren voller Schweiß und Mühe eines gelernt habe (nun ja, mit dem Schweiß wollen wir nicht übertreiben), dann ist es das, daß sich das Management immer die falschen Personen aussucht, denen es die falschen Anerkennungen verleiht.

EXPERTENGRUPPEN (QUALITY COUNCILS)

Diese Maßnahme war ursprünglich für Unternehmen gedacht, die in mehreren Bereichen über Qualitätsabteilungen verfügten. Die Idee bestand darin, Fachleute zusammenzubringen, damit sie gemeinsame und vereinbarte Ziele verfolgen konnten. Bei ITT setzte ich die Councils als Freiwilligenorganisation ein, welche jene Managementarbeit leisteten, an der ein offizielles System gescheitert wäre. Das wird in *Qualität ist frei* erklärt. Ich habe einmal mehr gelernt, daß die Leute mit Begeisterung bei der Sache sind, wenn sie das Gefühl haben, ein wesentlicher Bestandteil der Aktivität zu sein, und daß sie nachlässig werden, wenn ihnen Arbeit von oben auferlegt wird.

Die Quality Councils müssen nicht ausschließlich aus Experten bestehen. Eine notwendige Voraussetzung ist, daß sie ein gemeinsames Interesse für dasselbe Thema mitbringen. Quality Councils unterscheiden sich insofern von „Teams“, als sie im wesentlichen eine funktionale

Politik betreiben und die für die Unterstützung dieser Politik notwendigen Schulungs- und Selbsthilfeaktivitäten durchführen. Anstatt also herumzusitzen und sich zu beklagen, setzen sie Dinge in die Tat um. Ein kluger Chef hilft ihnen, sich in aller Stille zu entfalten.

WIEDER VON VORNE ANFANGEN

Wenn er irgend etwas Positives bewirken soll, darf der Qualitätsprozeß nie als abgeschlossen betrachtet werden. Es ist ähnlich wie bei einer vernünftigen Ernährung. Sobald wir unser Idealgewicht erreicht haben, beginnt der eigentliche Kampf. Ein Lebensstil, der das gewünschte Ergebnis bringen soll, erfordert ständige Wachsamkeit und andauernde Aktivität. Die Vorsätze müssen täglich erneuert werden. Das ist der Grund dafür, daß glückliche Ehepaare einander am Morgen beim Aufwachen anlächeln und sagen: „Ich liebe dich." Es bedarf der regelmäßigen Auffrischung.

Wir dürfen unser Budget keine Minute aus den Augen lassen. Ein einziger schwacher Augenblick im Umgang mit der Kreditkarte zieht uns in ein tiefes schwarzes Loch hinab, aus dem wir uns erst nach Monaten wieder befreien können.

Wenn wir mit dem Auto unsere Oma besuchen fahren, erfordert dies ein gewisses Maß an Fortbewegung und Lenken. Wenn wir nur einmal in die falsche Richtung abbiegen, so bedeutet das, viel Mühe und Benzin für unzureichende Ergebnisse zu verschwenden.

Mit meinem Vorschlag, immer wieder von vorne anzufangen, meine ich tatsächlich, daß der gesamte Prozeß von neuem beginnen muß. Man sollte ein neues Qualitätsverbesserungsteam ernennen, und das alte Team sollte dem neuen das Zepter übergeben. Das gesamte alte Team sollte zurücktreten, niemand sollte um der Kontinuität willen bleiben. Die „alten Hasen" werden davon überzeugt sein, daß es nichts mehr zu tun gibt, aber die neuen werden Dutzende unerledigter Dinge vorfinden. Ich halte im Rahmen des Familienrats gern eine Übergabezeremonie ab, um sicherzugehen, daß alle wissen, worum es geht.

KAPITEL

13

DAS ROBUSTE UNTERNEHMEN

Vor kurzem aß ich mit dem Leiter eines großen Unternehmens in einem Raum zu Mittag, den er als sein privates Speisezimmer bezeichnete. Eigentlich handelte es sich um ein kleines Konferenzzimmer mit einem Tisch für vier Personen, Aktenschränken in den Ecken und Ausblick auf den Innenhof. Das Mittagessen war ein Thunfischsalat, der von der nächsten Imbißstube geliefert worden war. Ein solcher Lebensstil ist Lichtjahre von dem der Unternehmenschefs entfernt, die ich in meiner New Yorker Zeit kennenlernte. Dort hatte ich an vielen Essen teilgenommen, bei denen stumme Gestalten geräuschlos und ehrerbietig mit Kristall, Tafelsilber und Porzellan hinein- und hinaushuschten. In dieser Zeit hatte jedes Unternehmen, das etwas auf sich hielt, einen riesigen Mahagonitisch vorzuweisen, der sich unter einer großen Auswahl exzellenter Speisen und Getränke bog.

Hier saßen wir nun in Hemdsärmeln und schenkten uns unsere Drinks selbst ein. Ich nahm Mineralwasser, er Diät-Cola. Das Botenmädchen vom Imbißladen brachte die Salate herein, und der CEO bezahlte bar. Halbherzig bot ich an, meinen Teil des Mittagessens selbst zu übernehmen, aber er winkte ab, indem er sagte, er würde sich eines Tages von mir zu einem richtigen Dinner einladen lassen. Wir mampften gemütlich vor uns hin, plauderten über die aktuellen Ereignisse und über die Zeit, als wir beide für verschiedene Unternehmen an demselben Projekt gearbeitet hatten.

„Man lernt eine Menge Unternehmen kennen, und man redet mit vielen Leuten", sagte er. „Wen sollen wir Ihrer Meinung nach studieren? Welche Unternehmen halten Sie für exzellent?"

Es ist schwer, sich das Lachen zu verkneifen, wenn einem diese Frage gestellt wird, und man beginnt dabei unweigerlich zu schmunzeln. Wie Menschen ändern auch Unternehmen ständig ihre Befindlichkeit. In einem Augenblick sind sie vielleicht „wundervoll", aber wer weiß, was im nächsten geschehen wird? Sobald ich das Loblied auf ein Unternehmen, das meiner Meinung nach gut dastand, zu Ende gesungen hatte, traf unweigerlich die Nachricht ein, daß sein Board wegen Betrugs angeklagt worden war.

Ich lese jeden Tag die *New York Times*, das *Wall Street Journal*, die *Financial Times* und die lokale Tageszeitung. Ich lese sämtliche Wirtschaftsmagazine, ich höre mir die Wirtschaftsnachrichten an, und ich spreche mit Menschen auf der ganzen Welt. Meine Analysen haben ergeben, daß es kein perfektes Unternehmen gibt. Es gibt viele, die vielleicht eine Zeitlang erfolgreich sind, aber nur wenige, die diesen Status verteidigen können. Alle erleben gerade einen Aufstieg oder einen Abstieg, und viele wissen nicht, ob es auf- oder abwärts mit ihnen geht.

Wir müssen vorsichtig sein, wenn wir über „Erfolg" sprechen. Es reicht nicht aus, profitabel zu sein. Es reicht nicht aus, seine Marktanteile auszubauen; keines der traditionellen Meßinstrumente, die wir aus den Wirtschaftsnachrichten kennen, reicht aus. Ein erfolgreiches Unternehmen muß sämtliche notwendigen Charakteristika gleichzeitig aufweisen. Und dieser Zustand muß über eine bestimmte Zeit hinweg aufrechterhalten werden. Die Organisation muß in der Lage sein, sowohl eine Phase der Rezession als auch einen Boom zu überstehen. Sie muß jede Situation bewältigen können. Sie muß nach einem klaren Plan vorgehen, sie muß über eine verständliche Philosophie und über Weltgewandtheit verfügen. All das erfordert eine starke Führung. Ich bezeichne eine derartige Organisation, die durch ihre Spannkraft und Elastizität jede Situation zu meistern imstande ist, als „robustes Unternehmen".

Der Unternehmensleiter stocherte in seinem Salat herum. Ich hatte den Eindruck, daß ihm sein Doktortitel in dieser Situation keine große Hilfe war. Er suchte ein Programm, das er mit einer Computerdiskette in seinem Unternehmen starten konnte.

„Robustes Unternehmen", wiederholte er. „Das klingt wie einer dieser Slogans, die man heute dauernd hört."

Ich gab zu, daß dieser Eindruck entstehen konnte, wies aber darauf hin, daß dies lediglich eine verständliche Beschreibung sein sollte, die sich auf kein bestimmtes System bezog. Ich wollte damit lediglich verdeutlichen, was das Ziel war. Die Art und Weise, wie es erreicht werden sollte, erforderte Denkarbeit und Innovationsgeist im Bereich des Unbekannten sowie pragmatische Anwendung im Bereich des Bekannten. Ich habe im Lauf meines Lebens ein Dutzend Autos besessen und war bei jedem gezwungen, mich mit seinen speziellen Mätzchen vertraut zu machen. Aber meine Fahrkenntnisse konnte ich bei allen anwenden.

„Ich weiß nicht genau, ob ich diese Analogie verstehe", sagte er. „Ich habe den Eindruck, Sie fassen mich mit Samthandschuhen an, aber ich möchte, daß Sie sich genauer ausdrücken. Wie wäre es, wenn ich meine wichtigsten Leute bitte, sich zu uns zu setzen. Dann schenken Sie uns allen reinen Wein ein, wie meine Großmutter zu sagen pflegte."

Ich fragte, ob er wissen wolle, was ein robustes Unternehmen sei und wie er sein Unternehmen auf den richtigen Weg bringen könne. Er wollte es wissen. Zehn Minuten, nachdem wir uns aus einer Thermoskanne zwei Tassen Kaffee eingeschenkt hatten, setzten sich zwei Männer und zwei Frauen zu uns. Der Unternehmensleiter stellte sie mir vor. Alle vier waren offensichtlich intelligente Leute, was eine der wichtigsten Voraussetzungen für den Aufstieg auf diese Ebene ist. Zwei waren im operativen Bereich tätig, dazu kamen der Finanzchef und die Leiterin der Personalabteilung. Alle waren seit mindestens vier Jahren im Unternehmen. Wir machten uns bekannt und sprachen über die Dinge, die wir gemeinsam hatten. Dann lehnten sich alle zurück und blickten den Chef an.

„Ich habe ihn gefragt, was ein erfolgreiches Unternehmen ausmacht, und er hat begonnen, über das ‚robuste' Unternehmen zu sprechen", sagte er und nickte mir zu. „Anscheinend ist es das, was ein erfolgreiches Unternehmen ausmacht. Deshalb habe ich Sie alle gebeten, sich zu uns zu setzen und seiner Erklärung zuzuhören. Dann wissen wir, was wir tun müssen, um auch ein robustes Unternehmen zu werden."

Er lächelte, und alle wandten sich mir zu. Ich wies zunächst darauf hin, daß wir die Dinge aus einem neuen Blickwinkel betrachten würden. Wir würden uns nicht auf die Dinge beschränken, die bekannt waren oder dem „Bewährungstest der Zeit" standgehalten hatten. Ich erinnerte meine Zuhörer daran, daß es am Trinity College der Universität von Cambridge in früheren Zeiten unter Androhung des Ausschlusses verboten gewesen war, andere Werke als die von Aristoteles zu studieren. Doch es stellte sich heraus, daß es einige Dinge gab, bezüglich deren der große Philosoph geirrt hatte. Viele seiner Theorien, wie zum Beispiel die, daß sich Sonne und Planeten in perfekten Kreisen um die Erde drehen, erwiesen sich schlicht und einfach als falsch. Er verfügte eben nicht über die erforderliche Ausrüstung, um seine Theorien zu überprüfen. Daß im siebzehnten Jahrhundert die Aufklärung kam, hatte seine Ursache darin, daß die Menschen anhand von Experimenten und anhand der Wirklichkeit zu überprüfen begannen, was sie wußten und was nicht. Wir würden hier über die allgemeineren Aspekte der Führung und des Managements sprechen, und wir mußten mit einer offenen Einstellung an die Sache herangehen.

„Ich bin sicher, Sie werden zu der Erkenntnis gelangen, daß wir alle eine offene Einstellung haben", lächelte die Leiterin der Personalabteilung. „Das ist hier so etwas wie eine Vorschrift."

Ich schüttelte den Kopf und sagte, daß mir der Qualitätsleiter das Qualitätshandbuch des Unternehmens gezeigt hatte, das sich haargenau an die Kriterien eines Qualitätspreises hielt. Er sagte, es falle ihm schwer, irgend jemanden dazu zu bewegen, sich mit etwas auseinanderzusetzen, was nicht auf dieser Liste stand. Für mich war das alles andere als eine offene Einstellung, aber vielleicht konnten sie mit einer anderen Definition aufwarten.

„Diese Qualitätskriterien wurden von Experten zusammengestellt", sagte der operative Manager. „Warum sollten wir sie in Frage stellen?"

„So wie in Cambridge?" fragte ich.

Ich gab zu bedenken, daß sie keinesfalls wissen konnten, ob diese Leute Experten waren oder nicht. Derartige Kriterien ergeben vielleicht eine gute Checkliste, schränken aber das Denken ein. Ich fragte, ob ihnen eine einzige Sache in irgendeinem Bereich einfiele, die jederzeit und überall anhand eines Kriteriums geregelt werden könne. Ich erzählte, daß ich einen Einkommenssteuerexperten beschäftigte, der in seiner Kanzlei als höchste Autorität galt. Im vergangenen Jahr korrigierte ich ihn in einer Sache. Ich wußte von der betreffenden Änderung im Steuergesetz, weil einer meiner Golffreunde mir davon erzählt hatte. Mein Steuerexperte hatte keine große Lust, sich die Sache anzusehen; als er sich dann doch dazu bereit erklärte, mußte er einräumen, daß ich recht hatte. Auch seine Einstellung war nicht offen. Wenn man sich in einem bestimmten Sachbereich einem Guru verschreibt, wird man schließlich das Nachsehen haben. Außerdem haben viele Leute, die über ein Thema schreiben oder es lehren, nie praktische Erfahrungen in diesem Bereich gesammelt oder ihren Lebensunterhalt damit verdient. Wenn ich die Anden überqueren möchte, wünsche ich mir einen Begleiter, der tatsächlich schon einmal dort gewesen ist, nicht jemanden, der nur darüber nachgedacht hat. Theorien halten der Praxis oft nicht stand.

„Aber es hat sich doch manches bewährt, und manches hat der Prüfung der Zeit tatsächlich standgehalten", sagte der Unternehmenschef. „Sollen wir diese Lehren über Bord werfen, nur weil sie alt sind?"

Daß etwas immer noch da ist, bedeutet nicht unbedingt, daß es sich als richtig oder brauchbar erwiesen hat. Die Menschen hegen oft Tausende von Jahren falsche Überzeugungen und verteidigen sie sogar mit Waffengewalt. Die Tatsache, daß eine Erkenntnis oder Methode alt ist, ist keine Garantie dafür, daß sie funktioniert oder jemals funktioniert hat. Wir müssen alles in heutiger Perspektive betrachten und entscheiden, wie realistisch und nützlich es in der Gegenwart ist. Das Alter kann ein Vorteil sein, aber nicht in jeder Hinsicht. Die meisten Unternehmen werden gemäß konventionellen Erkenntnissen gemanagt, nach alten Standards und vielen kurzlebigen Modetheorien. Aber wie viele Unternehmen sind erfolgreich? Wie viele führende Unternehmen von heute waren bereits vor einigen Jahren in dieser Position, und wie viele von ihnen werden in einigen Jahren noch existieren? Es gibt keine allein glücklich machende Methode des Managements. Wir müssen lernen, uns dem tatsächlichen Verlauf des Flusses anzupassen, nicht dem Verlauf, den uns ein vor einiger Zeit angefertigtes Bild des Flusses zeigt. Wir müssen bestimmte Maßnahmen verwirklichen, und wir brauchen eine verständliche Philosophie für Arbeit und Kommunikation. Wir müssen uns mit der Realität auseinandersetzen.

Da war der Mann, der sich darüber beklagte, lethargisch zu sein und kein Sexualleben zu haben. Sein Arzt empfahl ihm, jeden Tag sieben Meilen zu wandern und ihn nach einer Woche wieder anzurufen. Als der Mann anrief, sagte er, er fühle sich besser als je zuvor. Der Arzt fragte ihn nach seinem Liebesleben, und der Mann antwortete, dazu könne er noch nichts sagen, da er 49 Meilen von zu Hause entfernt sei.

Wenn wir Gehen oder Laufen als Methode der körperlichen Ertüchtigung wählen, brauchen wir eine Philosophie, die uns nach Beendigung unserer Übung an unseren Ausgangspunkt zurückbringt. Diese Philosophie müssen wir alle gleich verstehen. Wenn unser Partner am Abend ausgeht, müssen wir darauf vertrauen können, daß er zurückkommen wird. Wenn uns das als Managementteam gelingt, ist uns eine Zusammenarbeit möglich, ohne daß wir den ganzen Tag Händchen halten. Die wirklich großen Generäle lernten, auf diese Weise zu führen. Sie waren so gut auf ihre Untergebenen eingestellt, daß jeder wußte, was der andere tun würde und was nicht.

„Sagen Sie uns, was das Management eines ‚robusten Unternehmens' tut", bat die Leiterin der Personalabteilung. „Dann verstehen wir vielleicht, was all diese kleinen Geschichten zu bedeuten haben. Bis jetzt erzählen Sie uns nur Dinge, die wir ohnehin wissen."

Ich antwortete: „Das würde bedeuten, daß Sie bereits auf die beschriebene Weise arbeiten. In der kurzen Zeit, die ich hier bin, konnte ich keine gemeinsame Philosophie oder einen allgemein akzeptierten Aktionsplan bei Ihnen entdecken. Sie scheinen sich mehr oder weniger von den Ereignissen treiben zu lassen und sie im Nachhinein in Ihre Philosophie einzuordnen. Dasselbe tun Finanzmanager. Sie erklären, was auf dem Aktienmarkt passiert, nachdem es schon geschehen ist, aber sie sind nicht in der Lage, genaue Prognosen zu machen oder die Vorgänge zu steuern."

Es herrschte Schweigen, und jemand scharrte mit den Füßen. Ich konnte natürlich nicht mit Sicherheit sagen, daß sie wirklich so arbeiteten, aber da es in den meisten Unternehmen so war, durfte ich den Versuch ruhig wagen. Offensichtlich traf meine Aussage die Wahrheit oder kam ihr zumindest nahe, denn niemand setzte zur Verteidigung an.

„Ich weiß selbst nicht genau, wie man eine robuste Organisation schafft", sagte ich, „aber ich kann beschreiben, wie sie aussieht. Ich glaube, daß wir eine solche Organisation schaffen können, wenn es uns gelingt, ihr Bild zu zeichnen."

„Wenn Sie von einem robusten Unternehmen sprechen, dann haben Sie wohl hauptsächlich die Produktion im Sinn," meinte der Finanzchef. „Wir sind ein Dienstleistungsunternehmen. Bei uns liegen die Dinge möglicherweise anders."

Wir mußten uns darüber einigen, was ein Produktionsunternehmen genau war und was es tat. „Nehmen wir an", sagte ich, „ich beschreibe ein Unternehmen, das Dutzende Komponenten herstellt, diese unter Einsatz von Hitze oder Kälte verarbeitet, die Komponenten entsprechend den Spezifikationen zusammenstellt und das fertige Produkt dem Kunden in einem Karton liefert. Ist das ein Produktionsunternehmen?" Sie stimmten alle zu. Ich fragte, ob McDonald's ihrer Meinung nach ein Dienstleistungsunternehmen sei, und sie sagten ja. Nun wies ich darauf hin, daß ich im obigen Beispiel genau die Tätigkeit von McDonald's beschrieben hatte. Das erfolgreichste Produkt dieses Unternehmens, der Big Mac, setzt sich aus mehreren Bestandteilen zusammen, die vor der Fertigstellung des Endprodukts allesamt verarbeitet werden. Das ist

Produktion. Aber es ist auch Dienstleistung. Bei den meisten Unternehmen verhält es sich ähnlich. Man braucht die beiden Bereiche nicht unbedingt zu trennen. Die Frage, wie viele Tätigkeiten der Produktion und wie viele dem Dienstleistungsbereich zuzuordnen sind, ist rein akademisch. Die Tage, in denen die Mitarbeiter in Arbeiter und Angestellte eingeteilt wurden, sind vorbei. Heute braucht uns nur noch zu interessieren, was notwendig ist, um unser Unternehmen zu führen.

Was ist also dazu notwendig?

Unternehmen scheitern, weil ihr Management arrogant wird, was zumeist das Ergebnis einer Erfolgsphase ist. Das Management hört den Mitarbeitern, den Lieferanten und den Kunden nicht mehr zu. Unternehmen scheitern, weil die Ressourcen für Dinge verschwendet werden, die für die grundlegende Arbeit nicht notwendig sind. Sie scheitern, weil sie keine Innovationen durchführen, und sie scheitern, weil ihnen eine einheitliche Vorgehensweise fehlt.

„Das klingt nicht weltbewegend", sagte einer der Betriebsmanager. „Wir alle könnten wahrscheinlich mit derselben Liste aufwarten."

„Das ist sicherlich richtig", antwortete ich, „aber dadurch wird sie nicht weniger zutreffend. Für Herzkrankheiten gibt es nur einige wenige Gründe. Die wichtigste Ursache für Lungenkrebs ist das Rauchen, also nur ein einfacher Punkt. Übergewicht und Streß führen zu hohem Blutdruck. Wenn man mehr Geld ausgibt, als man verdient, wird man in finanzielle Schwierigkeiten geraten. Die Ursachen sind einfach – doch sie zu beseitigen erfordert Politik, Ausbildung und harte Arbeit.

Lassen Sie mich ein robustes Unternehmen beschreiben. Um dieses aufbauen zu können, sollten Sie alle in der Lage sein, fünf Aufgaben zu bewältigen. Ich habe einige der komplexen Finanzdaten gesehen, mit denen Sie normalerweise zu tun haben, also sollten Ihnen meine fünf kleinen Punkte keine großen Schwierigkeiten bereiten. So also sieht ein robustes Unternehmen aus:

- Die Finanzabteilung konzentriert sich auf die Ergebnisse.
- Das Management kennt die Kunden.
- Die Mitarbeiter sind seit langem im Unternehmen und haben einen hohen CTR-Wert.
- Ablenkungen werden vermieden.
- Das Management verfolgt gemeinsame Ziele.

Nehmen wir zunächst die Finanzabteilung, die ich als Nahrung und Nervenzentrum der Organisation betrachte. Die Schlüsselfrage lautet, was wir mit unserem Geld kaufen. Jeder weiß, daß man einen Umsatz von zwei Dollar braucht, um einen Dollar zur Disposition zu haben. Wir können der Notwendigkeit, zwei Dollar zu haben, auch entgehen, indem wir es unterlassen, einen Dollar auszugeben. Im normalen Unternehmen bleibt genügend Geld übrig, um die Gewinne zu verdoppeln, ohne etwas anderes zu tun. Es wird Geld für Dinge ausgegeben, die für das Erreichen der Unternehmensziele nicht unbedingt erforderlich sind. Wie oft kommt es vor, daß ein Unternehmen gezwungen ist, 20 Prozent seiner Mitarbeiter zu entlassen, nur um herauszufinden, daß es auch mit weniger Personal funktionieren kann, unter Umständen sogar besser? Warum brauchte es sie überhaupt, wenn es jetzt ohne sie auskommen kann? Wir sollten nie jemanden aus finanziellen Gründen entlassen müssen.

In den achtziger Jahren wurde ich regelmäßig gebeten, bei strategischen Sitzungen großer Unternehmen Vorträge zu halten. Sie alle verfügten über strategische Planungsabteilungen, die mehrfarbige Broschüren produzierten, in denen erklärt wurde, wo das Unternehmen stand und wohin es sich bewegte. Sie trafen sich in schönen Ferienhotels mit attraktiven Freizeiteinrichtungen. Ich genoß diese Sitzungen jedes Mal. Es wurden bekannte Vortragende engagiert, deren Bekanntschaft ich gerne machte. Die gesamte Konversation machte einen so soliden und nützlichen Eindruck, daß es schien, diese Unternehmen würden ewig bestehen. Soviel ich weiß, sind diese Abteilungen jedoch alle verschwunden. Die strategische Planung wird am besten jenen überlassen, deren Schicksal von den Ergebnissen abhängt. Es ist wie mit der Qualität in früheren Zeiten, als der Fabrikleiter einfach den Qualitätsmanager feuern konnte, wenn die Kundenbeschwerden zu laut wurden. Nun hatte der Fabrikleiter Gelegenheit, das zu tun, was von vornherein hätte getan werden sollen und wofür der scheidende Qualitätsmanager immer schon eingetreten war. Über aufgepflanzte Bajonette zu reden ist nicht dasselbe, wie die blitzende Klinge vor Augen zu haben.

Wer seinen Mitarbeitern komfortable Gebäude und Büros zur Verfügung stellt, wird erkennen, daß die Leute nur schwer dazu zu bewegen sind, diese angenehmen Arbeitsstätten zu verlassen und sich an die Orte des eigentlichen Geschehens zu begeben. Das Management tut gut daran, für eine Büro- und Reiseumgebung ohne „Schnickschnack“ zu sorgen. Die Büros sollten zwar mit dem Neuesten an Computern, Vielzweckkopierern, Telefonsystemen und Satellitenkommunikationssystemen ausgestattet sein, jedoch ausschließlich den Arbeitszwecken dienen. Die Menschen bemerken solche Dinge. Verschwendung ist ansteckend. Wenn die Mitarbeiter sehen, daß die Manager Büroklammern sammeln, verstehen sie die Botschaft. Eines der wirkungsvollsten Instrumente zur Vermeidung von Verschwendung besteht darin, den Preis der Abweichung (PdA) zu ermitteln. Unternehmen, die den PdA berechnen und bekanntgeben, lösen damit viele Vorbeugungsmaßnahmen aus. Das ist kein Gemeinplatz, sondern eine Tatsache. Wir alle lernen – meist auf schmerzhafte Weise –, welchen Aufwand an Zeit und Geld es kostet, an irgendeinem entlegenen Ort ohne Benzin dazustehen und jemanden um Hilfe bitten zu müssen. Um wieviel besser ist es doch, rechtzeitig zu tanken! Diese vollständige Transaktion zahlt sich aus, wie meine Eltern mir schon in meiner Kindheit beigebracht haben.

Um nun diese Art des Denkens in ein „tragbares" Paket zu schnüren, möchte ich die Analogie eines Rennwagens verwenden. Das Auto ist das Endergebnis sämtlicher Bemühungen des Herstellers. So ist auch die Organisation, die wir managen, das Endergebnis unserer Bemühungen. Das Geld, das für Bestandteile oder Maßnahmen ausgegeben wird, die nicht zur Schnelligkeit und Sicherheit des Wagens beitragen, ist reine Verschwendung. Und was noch schlimmer ist: Sie leisten keinen Beitrag. Konzentrieren Sie sich auf das Ergebnis.

Um diesen Gedanken des Kostenbewußtseins anhand einer anderen Situation zu zeigen, stellen wir uns nun vor, daß ein Superhirn oder ein Spitzenverkäufer des Weges kommt. Das Superhirn hat eine Idee, wie der Luftwiderstand des Rennwagens verringert werden kann, so daß gleichzeitig eine Verringerung des Benzinverbrauchs und eine höhere Geschwindigkeit erreicht werden. Das ist wirklich wünschenswert. Allerdings liebt es das Superhirn, gut zu leben, erster Klasse zu fliegen, in Hotelsuiten zu wohnen und in einer Limousine zur Arbeit chauffiert zu werden. Dasselbe gilt für den Spitzenverkäufer, der auf einem Mercedes SL als Firmenauto besteht. In solchen Situationen muß zwischen Kosten und Nutzen abgewägt werden. Das bedeutet, daß man in der Lage sein muß, das Verhältnis zwischen dem persönlichen Beitrag des Betreffenden und dem Nutzen für das Unternehmen abzuschätzen.

Beschäftigen wir uns nun mit der Frage, ob das Management den Kunden kennt. Wie wir leicht sehen können, liegt der Grund dafür, daß

Unternehmen aus dem Tritt geraten, meist darin, daß sie den Kontakt zu ihren Kunden verloren haben. Vor allem in größeren Organisationen ist das Management so sehr mit den Führungsaufgaben beschäftigt, daß es die Kundenbetreuung Fachleuten überantwortet. Man könnte meinen, daß es die Sensibilität gegenüber dem Kunden stärkt, eine eigene Marketingabteilung, eine energiegeladene Verkaufsorganisation und einen Qualitätsprozeß mit ständigen formalen Prüfungen zu haben. Aber das ist falsch. Die Leute in solchen Organisationen sind nur mit ihren eigenen Angelegenheiten beschäftigt, und je erfolgreicher das Unternehmen in der Vergangenheit war, desto weniger kümmern sich die Verantwortlichen darum, die Bedürfnisse der Kunden festzustellen und sich danach zu richten. Wenn Sie diesbezüglich Zweifel hegen, brauchen Sie diesen Leuten, die so abstrakt über die Kunden sprechen, nur einmal zuzuhören. Es ist, als wären jene, die das Geld für die von uns produzierten Güter herausrücken, unsichtbar. Wenn der Kunde in Gesprächen mit dem Management überhaupt erwähnt wird, dann nur als Mittel, um das zu bekommen, was man will. Man betrachtet die Kunden meist als eine einzige, homogene Masse, die einheitlich gekleidet ist und geschlossen handelt.

„Der Kunde zieht es vor, unsere Kreditkarte zu verwenden."
„Der Kunde ist kleiner als 1,80 Meter."
„Der Kunde wendet sich vom Fast Food ab."

Manager, die ihren Job und ihren guten Lebenslauf behalten wollen, müssen tatsächlich den Kontakt zu denen suchen, die ihre Produkte oder Dienstleistungen kaufen. Aus zweiter Hand werden sie ihre Kunden nicht kennenlernen. Wenn sie einen Regionalmanager um eine ehrliche Beurteilung bitten, warum die Umsätze in den letzten beiden Jahren so stark gesunken sind, bekommen sie nur Ausflüchte zu hören. Er wird die Konkurrenz der Skrupellosigkeit bezichtigen und sagen, die Kunden zögen sich aus wirtschaftlichen Gründen zurück, oder es sei die falsche Saison für dieses Produkt. Die wahren Gründe werden unter den Teppich gekehrt: Unser Vertriebssystem ist zu schwerfällig; unsere Kreditpolitik ist zu strikt; wir bemühen uns nicht um Kontakt zu den Kunden, sondern beschränken uns darauf, auf Aufträge zu warten; die Verkäufer machen nur sechs anstatt acht Anrufe täglich; unsere Produkte sind veraltet; die Werbung ist hausbacken und uninteressant.

Diese Dinge sind ihnen nicht bekannt, weil sie mit den Kunden nicht darüber sprechen. Ich habe meine Zweifel, ob man sie dazu bewegen kann, ihre diesbezügliche Einstellung zu ändern. Die Manager müssen ihre eigenen Studien durchführen und dabei alle Mittel nutzen, die ihnen zur Verfügung stehen. Sie sind die einzigen, die ein Interesse am Kunden haben, und sie sind die einzigen, die ein Interesse am gesamten Unternehmen haben. Jeder – und ich meine wirklich jeder – interessiert sich nur für seinen eigenen Bereich und dessen Schnittstellen. Deshalb können es Jugendliche gar nicht erwarten, ihren eigenen Haushalt einzurichten, sei er auch noch so bescheiden.

Drittens geht es darum, daß die Mitarbeiter die richtigen Dinge gleich beim ersten Mal richtig machen müssen. Jene, die dieses Ziel erreichen, sind gut geschulte und geführte Mitarbeiter, die fest im Unternehmen verankert sind. Um solche „Mitarbeiterveteranen" mit hohen CTRs zu gewinnen, müssen bestimmte Schritte unternommen werden: Auswahl, Schulung, Ermutigung und positive Beziehungen. Das Problem bei der Auswahl ist, daß das Management Talente oft nicht erkennt und die meisten Personalabteilungen nicht imstande wären, Einstein aus einer Bewerbergruppe herauszufiltern. Dazu sind sie einfach nicht gemacht. Die Folge ist eine hohe Mitarbeiterfluktuation. Wir müssen in den Personalabteilungen ein Interesse daran wecken, gute Leute auszuwählen und zu halten. Dieses Ziel spielt keine Rolle in den Einstellungsverfahren.

Schulung ist kein einmaliges Ereignis. Der Arbeitsinhalt ändert sich laufend, die Bürotechnologie entwickelt sich ständig weiter. Wenn die Manager überprüfen wollen, wie gut die Mitarbeiter geschult sind, können sie zum Beispiel testen, wie viele von ihnen imstande sind, eine Konferenzschaltung auf ihren Telefonanlagen durchzuführen, ohne jemanden um Hilfe bitten zu müssen. Die Schulungen müssen kontinuierlich und geregelt sein und von Leuten durchgeführt werden, die wirklich wissen, wovon sie sprechen.

Eine Arbeitsumgebung, in der die Menschen gerne arbeiten und in der sie das Gefühl haben, etwas erreichen zu können, wirkt anspornend. Es ist noch niemandem gelungen, sein Zimmer so sauber aufzuräumen, daß seine Mutter zufrieden gewesen wäre. Ich habe seit jeher das Gefühl, daß das einer der Anreize für Jugendliche ist, eines Tages von zu Hause auszuziehen und sich selbständig zu machen. Die Menschen arbeiten, um Befriedigung zu erlangen, und wenn sie gut geführt werden, gelingt ihnen das. Auszeichnungen sind nützlich, aber der Wert persönlicher Anerkennung ist nicht zu überbieten. Das bedeutet nicht, daß die Manager ihre Standards senken oder sich mit allem zufriedengeben müssen. Aber sie müssen Notiz von dem nehmen, was rund um sie vor sich geht. Ermutigung braucht nicht mehr zu sein als ein Schulterklopfen oder eine kleine Geste von Zeit zu Zeit. Aber wenn Anerkennung erfolgreich sein soll, muß sie sich auf echte Leistungen beziehen und konsequent gegeben werden. Die Manager müssen in dieser Hinsicht geschult werden. Ich hatte einmal einen Chef, der es sich zur Gewohnheit gemacht hatte, seine Mitarbeiter gelegentlich, vielleicht drei- oder viermal im Jahr, in den nahegelegenen Eissalon auszuführen. Sie erkannten bald, daß er das nur dann tat, wenn die Zusammenarbeit gut funktionierte.

Gute Beziehungen entspringen dem Wunsch des Managements, den Mitarbeitern in der Arbeit und in ihrem persönlichen Leben zum Erfolg zu verhelfen. Man muß sich darüber im klaren sein, daß sich die Mitarbeiter ihr gesamtes Arbeitsleben in einer defensiven Position befinden. Sie haben praktisch keinen Einfluß auf irgendeinen Bereich ihrer Arbeit. Irgend jemand in einem kleinen Büro irgendwo in einem großen New Yorker Gebäude, von dessen Existenz sie keine Ahnung haben, kann mit einem Fingerschnippen über ihre Zukunft bestimmen. Ganze Bürokomplexe können ausgelöscht werden, wenn sich die Unternehmensstrategie auch nur geringfügig ändert. Einzelhandelsketten stoßen über Nacht die 300 kleinsten Filialen ab, Rentenpläne fallen Fusionen zum Opfer, und natürlich können wir alt werden.

Alle diese Situationen gehören zur Realität des Wirtschaftslebens, und wir müssen uns ihnen stellen. Wenn die Mitarbeiter jedoch das Gefühl haben, daß dem Management ihr Wohlergehen wichtig ist, hilft ihnen das in ihrem Bestreben, gute Arbeit zu leisten. Und wenn ein vernünftiges Sozialleistungssystem existiert, ist der Grundstein für eine Beziehung gelegt. Natürlich gibt es Programme für diese Dinge. Aber hier kommt dem leitenden Management eine wichtigere Rolle zu als in allen anderen Bereichen des Unternehmens. Die Mitarbeiter sind sehr empfänglich für das Menschenbild des Managements. Wenn die Manager der Meinung sind, die Mitglieder einer bestimmten Minderheit seien keine guten Arbeiter, wenn sie denken, bestimmte Kundengruppen seien unwissend, oder wenn sie ein anderes Vorurteil pflegen, werden sich diese Meinungen und Gedanken irgendwann tatsächlich in der Arbeit der Mitarbeiter niederschlagen. In Fällen sexueller Belästigung wird das besonders deutlich. Oft ist der betroffene Mann (meist handelt es sich um einen Mann) überrascht, daß das, was er getan hat, als falsch betrachtet wird. Die Folge ist, daß eine Atmosphäre entsteht, in der dem Opfer die Schuld gegeben wird. In einem solchen Klima ist es schwierig, Beziehungen aufzubauen, unabhängig davon, wie viele Richtlinien, Praktiken und nette Sozialleistungen existieren. Die Leute wissen, wem sie vertrauen können.

Viertens geht es um Ablenkungen und die Notwendigkeit, sie zu vermeiden. Wenn wir unseren Rennwagen mit Sponsorenaufklebern vollkleben, kann es passieren, daß der eigentliche Zweck des Wagens in den Hintergrund tritt. Das gesamte Personal wird damit beschäftigt sein, den Wagen ins rechte Licht zu rücken und Aufkleber hin und her zu schieben, während die Dichtungen infolge mangelnder Schmierung brüchig werden. Die Sponsoren werden den Wunsch äußern, die Boxenbereiche zu besuchen und mit den Fahrern zu plaudern. Die Boxencrews werden möglicherweise in die Auseinandersetzung zwischen verschiedenen Wartungsprodukten für den Wagen einbezogen. Alles in allem sinkt durch diese Ablenkungen die Effektivität des gesamten Teams.

Ein bekannter Golfprofi, den ich von Zeit zu Zeit treffe, mußte sich seit zwei Jahren mit Ergebnissen zufriedengeben, die unter seinem bisherigen Niveau lagen. Als ich ihn in der lockeren Atmosphäre des Umkleideraums darüber befragte, erklärte er das Problem so, wie die Presse es nie gesehen hatte.

„Wir bauten da dieses Haus“, sagte er, „und die Detailplanung änderte sich ständig. Ich konnte mich nicht mehr wie früher auf mein Spiel konzentrieren. Aber jetzt ist das Haus fertig, und ich melde mich zurück. Die Journalisten haben über meine Rückenprobleme geschrieben, über meine Sehschwäche und über viele andere Dinge. Aber damit habe ich überhaupt kein Problem, und ich kann den Ball so gut schlagen wie eh und je. Aber wenn man geistesabwesend ist, funktioniert in diesem Sport nichts. Ich bin derzeit mit durchschnittlich 1,5 Schlägen pro Runde im Rückstand. Dieser Unterschied reicht aus, um Luxus in blanke Not zu verwandeln. Der Gedanke, wieder in Sack und Leinen herumgehen zu müssen, hat mich auf den richtigen Weg zurückgebracht.“

Ich habe gesehen, wie Unternehmen untergingen, nachdem sie eine große Zentrale errichtet hatten. Wenn Unternehmenskapitäne reich oder berühmt werden, lassen sie sich oft ablenken, und die Dinge entgleiten ihnen. Die Anschaffung eines Firmenjets kann eine solche Ablenkung darstellen; es dauert nicht lange, bis man das Umherjetten für sein gutes Recht hält. Es ist Sache des Managements, dafür zu sorgen, daß alle bescheiden und auf dem Teppich bleiben. Die größte Ablenkung besteht natürlich in einer Akquisition oder einer Fusion. Solche Schritte sind nur selten erfolgreich, weil die kaufenden Manager das von ihnen gekaufte Unternehmen meistens kaum kennen. Sie wissen nicht, wie es funktioniert. Sie glauben es zu wissen, aber sie wissen es nicht. Wenn sie sich ihrer Unwissenheit bewußt wären und sich bemühten, die Funktionsweise des Unternehmens kennenzulernen, wäre wahrscheinlich alles in Ordnung. Niemand legt eine solche Arroganz an den Tag wie Führungskräfte, die ein Unternehmen in der Meinung kaufen, es besser führen zu können.

Fünftens geht es um die Frage, ob das Management gemeinsame Ziele und eine gemeinsame Philosophie hat. Während meiner Zeit bei ITT war ich dem sogenannten Büro des Vorsitzenden unterstellt. Es bestand aus drei Personen: dem Vorsitzenden (Harold Geneen), dem Präsidenten (Tim Dunleavy) und einem Bereichsleiter (Rich Bennett). Der Gedanke war, daß man sich an jeden von ihnen wenden und etwas vereinbaren konnte, wobei die Zustimmung der beiden anderen automatisch vorausgesetzt war. Damit ein solches System tatsächlich funktioniert, müssen alle Beteiligten gemeinsame Ziele, Pläne und Vorstellungen haben. In diesem Fall mußten sie hart arbeiten, um das zu bewerkstelligen. Es gelang ihnen schließlich, weil sie ähnlich dachten und miteinander über ihre Ziele, Pläne und Vorstellungen sprachen. Im Qualitätsbereich waren sie beispielsweise darauf angewiesen, daß die Leute das, was sie zu tun versprachen, auch tatsächlich taten. Abweichungen und Variationen galten in diesem Bereich nicht als normaler Bestandteil des Lebens. Dadurch wurde die Arbeit aller erleichtert. Anstatt Zeit und Geld dafür aufzuwenden, vereinbarte Forderungen zu umgehen, konzentrierten sich die Mitarbeiter darauf, die Arbeit ordentlich zu erledigen.

Um zu einer gemeinsamen Sicht der Dinge zu gelangen, müssen die Manager Richtlinien festlegen, die sie aneinander binden. Sie müssen sich über Dinge wie die Genehmigung von Ausgaben, die Einstellung neuer Mitarbeiter, Leistungsstandards, typische Reisekosten und andere Dinge einigen; einige dieser Dinge sind wichtig, andere scheinbar banal. Aber in Wirklichkeit gibt es – wie in einer Ehe – keine Banalitäten; man muß sich über alles einig werden. Der Unternehmensleiter muß spezielle Richtlinien über Qualität, Beziehungen und Finanzen vorgeben, so weit sie sich auf Mitarbeiter, Lieferanten und Kunden beziehen.

„Das heißt, wir können bewußt eine Managementumgebung schaffen, die ein ‚robustes Unternehmen' hervorbringt?" fragte der Unternehmensleiter.

„Und dabei kommt es eigentlich nur auf die Geschäftsleitung an?" fragte die Leiterin der Personalabteilung.

Genau. Es ist kein Programm und keine Initiative erforderlich. Will man ein robustes Unternehmen schaffen, so muß man vor allem erkennen, daß das beste Management nutzlos ist, wenn man ein Produkt oder eine Dienstleistung anbietet, die niemand will. Wenn man ein exzellentes Produkt oder eine attraktive Dienstleistung hat, muß das Management nicht herausragend sein. Sehen Sie sich genau an, was Sie verkaufen, denken Sie darüber nach, wie Sie das am besten tun, und überlegen Sie, wie erfolgreich Ihre Kunden sind. Ein Managementteam, das in sein Produkt verliebt ist, schafft Probleme, die nicht gelöst werden können. Ein robustes Unternehmen ist eines, das alles managen kann. Sorgen Sie dafür, daß Ihr „alles" es wert ist, gemanagt zu werden.

QUALITÄT ALS GEWEBE DES UNTERNEHMENSGEWEBES

Ich möchte das Kapitel über „Qualität als Gewebe" aus *Qualität ist frei* übernehmen, weil es eine interessante Geschichte hat. Außerdem ist das Programm sehr nützlich.

In den späten siebziger Jahren begannen sich Führungskräfte aus den Bereichen Dienstleistungen und Verwaltung dafür zu interessieren, wie die Qualität verbessert werden könnte. Aus einem unerfindlichen Grund hatten sie jedoch große Vorbehalte gegen alles, was irgendwie mit der Produktion zu tun hatte. Produktion verbanden sie mit qualmenden Schornsteinen, schlechten Beziehungen zwischen Arbeitgebern und Mitarbeitern und einem brutalen Wettbewerb. Ich pflegte diese Führungskräfte zu fragen, ob sie jemals ihren Fuß in ein Produktionswerk gesetzt hätten, und es zeigte sich, daß die meisten von ihnen dies nie getan hatten. Und niemand von ihnen hatte je in einem Werk gearbeitet.

Das Konzept, das ihnen die größten Schwierigkeiten bereitete, war „Null-Fehler". Sie beurteilten ihre Aktivitäten nicht anhand der Kategorien „fehlerhaft" und „nicht fehlerhaft". Außerdem hatten sie das Gefühl, das Null-Fehler-Konzept sei durch das Motivationsprogramm des Verteidigungsministeriums besudelt worden. Sie waren auf der Suche nach einer anderen Methode, wie man die Leute würdevoll dazu bewegen konnte, die Dinge von Anfang an richtig zu machen.

Während sich diese Entwicklung herauskristallisierte, suchte ich nach einem Weg, um den nicht produktionsbezogenen Betrieb stärker in die Qualitätsprozesse einzubinden. In vielen Unternehmen bildeten die nicht in der Produktion beschäftigten Mitarbeiter abgehobene Einheiten, die sich an dem Versuch, die Probleme zu identifizieren, nicht einmal beteiligten. Doch niemand kannte die Betriebssysteme so gut wie sie. Ich versuchte sie mit diesem Argument zur Zusammenarbeit zu bewegen. Im Rahmen dieser „Annäherungsversuche“ begann ich mit Leuten aus den Sparten Marketing, Softwareentwicklung, Versicherungen, Hotelmanagement, Catering, Buchhaltung, technische Dienste und Verwaltung über ihre Probleme zu sprechen. Sie hatten zahlreiche Beschwerden und waren vielfach der Meinung, von jenen, welche sie innerhalb ihrer Organisation belieferten, schlecht betreut zu werden. Was sie aus anderen Abteilungen erhielten, war größtenteils unvollständig und fehlerhaft. Ach, wären doch nur alle so gut in ihren Jobs gewesen wie sie!

Da sie so fest überzeugt davon waren, daß ihre Misere einzigartig war, sagte ich ihnen nicht, daß man in der Produktion dasselbe Klagelied sang. Entscheidend war, daß sie Interesse daran hatten, Lösungen für ihre Probleme zu finden, solange es nicht so aussah, als läge die Schuld bei ihnen. Ich wollte versuchen, die Prozesse zu korrigieren, anstatt den Eindruck zu erwecken, daß ich an den Leuten arbeitete. Diesem Gedanken entsprang der Ausdruck „Qualität als Gewebe“. Ich fragte sie, was getan werden könne, um sicherzugehen, daß die von ihnen verwendeten Prozesse und Verfahren fehlerfrei waren. Ihre Reaktion war positiv. Bald kamen die Vorschläge sowohl vom Betriebspersonal als auch vom Management in immer kürzeren Intervallen. Alle Vorschläge waren nützlich, manche sogar sehr nützlich. Es begannen sich sehr einträgliche Methoden herauszukristallisieren, wie man die Dinge besser machen konnte. Ich wurde gebeten, „Qualität als Gewebe“ in eine systematische Form zu bringen, so daß das Konzept in das gesamte Unternehmen und in die Lieferfirmen eingewoben werden konnte. Das Ergebnis dieser Bemühung finden Sie in diesem Kapitel.

Das Bemerkenswerte an „Qualität als Gewebe“ war, daß es wirklich überall funktionierte, nach einigen Jahren jedoch kaum noch angewandt wurde. Das Null-Fehler-Konzept, das, wie bereits gesagt, ein Leistungsstandard ist, gibt es immer noch. Es ist sogar zu einem Bestandteil der Qualitätssprache geworden. Ich stoße laufend in den Nachrichten und in Artikeln zum Thema Management darauf.

Ich empfehle, das Programm „Qualität als Gewebe“ überall dort einzusetzen, wo Kopfarbeiter am Werk sind. Sie werden Gefallen daran finden und unzählige Verbesserungsvorschläge zu sehr geringen Kosten liefern. Es folgt das ungekürzte Kapitel „Qualität als Gewebe“ aus *Qualität ist frei*.

EINFÜHRUNG

Auf den nächsten Seiten finden Sie eine einführende Beschreibung des Konzepts „Qualität als Gewebe". Anschließend beschreibe ich Schritt für Schritt die Punkte, die zur Durchführung eines vollständigen QAS-Programms erforderlich sind. Dieses Programm unterstützt den Qualitätsverbesserungsprozeß nachhaltig.

QAS ist ein auf dem persönlichen Kontakt beruhendes Verbesserungsprogramm, das auf die Mitarbeiter außerhalb des Produktionsbereichs zugeschnitten ist. Es weckt die unmittelbare Aufmerksamkeit aller Angesprochenen. Mehr als 90 Prozent der Zielpersonen bringen Vorschläge für Fehlervermeidungsmaßnahmen ein, wenn ihnen das Konzept vorgelegt wird. Es ist immer schwierig, qualifizierte Mitarbeiter dazu zu bewegen, Probleme anzusprechen und Lösungsvorschläge zu machen. „Qualität als Gewebe" hat sich in dieser Hinsicht als wertvolles Instrument erwiesen.

Alles Gute für die Verwendung! Sie werden sehen, es funktioniert.

LEITFADEN FÜR TRAINER: DIE EINFÜHRUNG IN QUALITÄT ALS GEWEBE

ZEITAUFWAND:
Etwa eine Stunde

ERFORDERLICHE AUSRÜSTUNG:
Tafel oder anderes Präsentationsmedium zum Schreiben

TEILNEHMER:
15 bis 20 Mitarbeiter aus dem Büro- oder Verwaltungsbereich. Wenn möglich, sollten die Teilnehmer aus vielen verschiedenen Abteilungen oder Funktionen kommen. Der Einführungskurs kann jedoch auch für Angehörige eines einzigen Bereichs veranstaltet werden. Voraussetzung ist allerdings, daß der Trainer auf spezielle organisatorische oder persönliche Probleme achtet, die für die betreffende Funktion charakteristisch sind.

ZWECK:

- Erklärung des Konzepts von Qualität als Gewebe mit dem Ziel, in den Teilnehmern den Wunsch zu wecken, sich an einem solchen Fehlervermeidungsprogramm für administrative und funktionale Aktivitäten zu beteiligen
- Kontinuierliche Untersuchung der Verfahren und Methoden durch die betroffenen Mitarbeiter, um sicherzustellen, daß sie regelmäßig Beiträge zu Fehlervermeidungsaktivitäten leisten

ABFOLGE DER SCHRITTE:

- Erklären Sie, daß viele Probleme, die sich aus der Nichterfüllung von Forderungen ergeben, ihren Ursprung in den Bereichen Verwaltung, Service und in ähnlichen Aktivitäten des Unternehmens haben und langfristige Wirkungen zeitigen.
- Erklären Sie, daß Qualität als Gewebe ein Programm ist, das dazu dient, diese Probleme zu identifizieren und mit Hilfe von Ideen der für die eigentliche Arbeit zuständigen Personen zu beseitigen.
- Bitten Sie jeden einzelnen Mitarbeiter, das seiner Meinung nach „größte Problem" zu nennen, ohne dabei allzu sehr ins Detail zu gehen. Schreiben Sie die Probleme an die Tafel.
- Nachdem die Probleme formuliert und aufgeschrieben sind, erklären Sie, daß bisher alle nur Probleme genannt haben, die von anderen verursacht wurden, und daß niemand Probleme zu haben scheint, die von ihm selbst verursacht wurden. Merken Sie an, daß diese Einstellung sehr verbreitet ist.
- Fragen Sie die Teilnehmer, wie die auf der Tafel aufgelisteten Probleme vermieden werden könnten. Achten Sie darauf, daß niemand bloßgestellt oder zum Sündenbock gemacht wird. Greifen Sie selbst ein oder zwei Probleme heraus und machen Sie Vorschläge, wie sie vermieden werden könnten.
- Sagen Sie den Teilnehmern, wie wichtig es für alle Beteiligten ist, zu „Qualitätswebern" zu werden. Zitieren Sie einige Statistiken über jene Fehlerkosten, die ihren Ursprung bei den Angestellten haben.
- Gehen Sie noch einmal durch den Seminarraum, und bitten Sie die Leute, ihr „größtes Problem" zu nennen. Dieses Mal sollten andere Probleme zur Sprache kommen.

- Bitten Sie die Teilnehmer, dem Verbesserungsteam schriftliche Ideen vorzulegen. Regen Sie an, daß sie sich mit ihren jeweiligen Vorgesetzten zusammensetzen, um in ihren Bereichen Diskussionsteams über die Fehlervermeidung einzurichten.
- Bedanken Sie sich für die Teilnahme, und entlassen Sie die Gruppe.

QAS-MEETING

TRAINER SPRICHT:
Guten Morgen! Mein Name ist .... Ich bin heute hier, um mit Ihnen über ein neues Programm namens „Qualität als Gewebe“ zu sprechen. Ziel dieses Programms ist es, all jenen, die mit Kugelschreibern, Computern, Telefonen und ähnlichem arbeiten, ihre persönliche Verantwortung für Qualität näherzubringen.

Wie Sie sicher aus Ihrer persönlichen Erfahrung wissen, haben viele der frustrierendsten und teuersten Probleme, mit denen wir heute zu kämpfen haben, ihre Wurzeln im Schriftverkehr und ähnlichen Kommunikationsformen. Wir alle hatten schon einmal Probleme mit Warenhauscomputern, mit Versandhäusern, mit unseren internen Abteilungen, Hotels oder anderen Dienstleistungsanbietern, die doch eigentlich den Zweck haben, uns das Leben zu erleichtern.

Studien haben gezeigt, daß mehr als 25 Prozent der nicht dem Produktionsbereich zuzuordnenden Tätigkeitsergebnisse routinemäßig überarbeitet werden müssen, bevor sie den Forderungen entsprechen. Das sind die Probleme, mit denen wir uns jeden Tag herumschlagen.

Das größte Einzelproblem, mit dem wir in unserer Arbeit konfrontiert sind, ist die Kommunikation, welche die einzelnen Arbeitsbereiche verbindet. Womit Sie auch befaßt sind – Management, Computerprogrammierung, Büroarbeit, Produktlinienarbeit, Verkauf, Entwicklung, Kundenbetreuung, Buchhaltung: Alle diese Bereiche sind durch eine gemeinsame Forderung miteinander verbunden. Diese Forderung lautet, daß wir alle durch unsere Arbeit – sei es, daß wir mit Kugelschreibern oder auf Computern schreiben, daß wir Gespräche führen oder anderweitig Austausch pflegen – unseren persönlichen Beitrag zur Erfüllung der Unternehmensaufgaben leisten müssen.

Wir erhalten von jemandem Daten. Auf der Grundlage dieser Daten fällen wir eine Entscheidung, wir leiten etwas weiter, und wir produzieren dabei eine Wertschöpfung von zwei Cent. Wenn wir nicht dafür gesorgt haben, daß wir das Richtige getan haben, kann die gesamte Kette brüchig werden.

Die Geschäftstätigkeit besteht in einer Kette von Papierarbeit und anderen Kommunikationsformen, die wir steuern und deren wir uns bedienen. Die Effektivität des Unternehmens hängt davon ab, wie gut wir diese Datenweiterleitung beherrschen.

Bedauerlicherweise reicht ein einziges „schlechtes" Datenelement in der Kette aus, um ihre Effektivität und Genauigkeit zu beeinträchtigen. Wären wir keine Menschen, sondern elektronische Komponenten, so würden wir die Zuverlässigkeit unserer Kommunikation auf dieselbe Weise bestimmen, wie wir das bei Komponenten tun. Wenn ein Schaltkreis aus 100 Komponenten besteht und jede dieser Komponenten zu 99 Prozent perfekt ist, dann liegt die Wahrscheinlichkeit, daß dieser Schaltkreis funktioniert, bei nur 35 Prozent! Um die Zuverlässigkeit dieses Schaltkreises zu berechnen, muß man die Zuverlässigkeit jeder Komponente mit jener der nächsten multiplizieren und so weiter.

Heute müssen wir über unsere individuelle Zuverlässigkeit nachdenken: Stellen wir tatsächlich sicher, daß wir nicht die Ursache von Problemen sind? Ist Qualität Teil des Gewebes unseres Unternehmens?

Wenn es möglich ist, alles von Anfang an richtig zu machen, dann sind wir in der Lage, nicht nur die für Nacharbeiten notwendige Zeit, sondern auch die Zahl der Kunden, die wir enttäuschen, und die Zahl unserer persönlichen Enttäuschungen zu reduzieren. Wir werden mehr Zeit für die sinnvollen Dinge haben, die uns wirklich Spaß machen.

Anstatt nun einige typische Probleme zur Untermauerung meiner Argumentation zu erfinden, möchte ich Sie bitten, mir Ihr größtes Problem zu nennen – jenes, welches Sie als größtes Hindernis für Ihr Bestreben empfinden, Ihre Arbeit von Anfang an richtig zu machen. Ich werde nun durch das Zimmer gehen und jeden von Ihnen bitten, dieses Problem zu nennen, ohne dabei allzu sehr ins Detail zu gehen. Dann werde ich die Probleme an die Tafel schreiben, und in wenigen Minuten werden wir eine Liste echter Probleme vor uns haben, über die wir sprechen können.

Meiner Meinung nach ist es sehr wichtig, daß wir über etwas sprechen, was wir aus unserer Arbeitssituation kennen, anstatt über Dinge, die außerhalb unserer täglichen Erfahrung liegen.

ANMERKUNG:
Fragen Sie die Teilnehmer einzeln nacheinander: „Was ist Ihr größtes Problem?“ Achten Sie darauf, daß sie verstehen, worum es sich handelt, und schreiben Sie die Aussagen an die Tafel. Seien Sie offen und freundlich. Es ist sehr wichtig, Ihren Teilnehmern die Angst zu nehmen, daß das, was sie in diesem Seminar sagen, gegen sie verwendet werden könnte.

Meist werden Probleme wie die folgenden genannt:

- Ich bekommen keine genauen Daten.
- Das Management sagt nicht klar, was es erwartet.
- Wir finden nie heraus, wo die Probleme auftreten.
- Die Standards werden dauernd geändert.
- Es ist schwierig, einen freien Computer zu finden, wenn man einen braucht.
- Die Verkäufer warten mit dem Weiterleiten der Aufträge bis zur letzten Minute, und dann brauchen sie alles sofort.
- Die Kunden wissen nicht, was sie wollen.
- Die Zeit reicht einfach nie aus.

Nachdem wir nun alle diese Probleme aufgelistet haben, erkennen wir, daß sie etwas gemeinsam haben. Worin besteht diese Gemeinsamkeit? Nun, es handelt sich ausschließlich um Probleme, die andere verursachen. Es sind Dinge, die andere uns zufügen. So ist der Mensch nun einmal. Diese Aussagen beweisen, daß wir es mit normal funktionierenden Menschen zu tun haben.

Und diese Liste zeigt natürlich noch etwas anderes, das uns allen bewußt sein muß: Wenn man Probleme beseitigen und die persönliche Zuverlässigkeit verbessern will, reicht es nicht aus, sich zu konzentrieren und sich mehr anzustrengen.

Es geht nicht nur darum, darüber nachzudenken, wie man sorgfältiger arbeiten könnte. Es ist, als probierten Sie eine neue Diät aus. Eine Weile wirkt sie. Dann fallen Sie in Ihre alten Verhaltensweisen zurück. Aber damit sind Sie nicht allein – uns allen geht es so.

Daher brauchen wir ein System, das uns hilft, uns das grundlegende Problem bewußt zu machen. Es sind drei spezifische Dinge, die wir erkennen müssen:

- Erstens müssen wir erkennen, daß die häufigste Ursache von Fehlern und Problemen in einem Unternehmen in der Papierarbeit und anderen Kommunikationsformen liegt. Die Produktionsbereiche haben ihre eigenen Probleme, aber sie arbeiten auf der Grundlage dessen, was sie von uns bekommen.
- Zweitens müssen wir erkennen, daß jeder Fehler vermeidbar ist, und daß derjenige am besten geeignet ist, eine Idee zu seiner Vermeidung einzubringen, der diesen oder einen ähnlichen Fehler in irgendeiner Phase verursacht hat.
- Drittens müssen wir erkennen, daß wir, auch wenn wir die Botschaft verstanden haben und ihr zustimmen, als einzelne nicht unbedingt überzeugt davon sind, daß sie auch für uns selbst gilt. Das ist eine normale menschliche Reaktion.

Wenn wir beginnen wollen, Qualität in unsere Tätigkeit einzuweben, müssen wir erkennen, daß die Ursache für unsere Probleme in uns selbst liegt. Sodann müssen wir Mittel und Wege finden, um diese Probleme zu vermeiden.

ABSCHLUSS:
Gehen Sie die Liste der „größten Probleme" nochmals durch, und suchen Sie nach Lösungen.

- „Sehen wir uns die Liste der Probleme auf der Tafel noch einmal an. Ich weiß nicht mehr, wer welches Problem genannt hat, aber greifen wir einige Beispiele heraus, und suchen wir nach Wegen, um sie zu vermeiden. Voraussetzung ist allerdings, daß es uns gelingt, das Interesse der richtigen Leute zu wecken. Zum Beispiel:
- Falls das Management keine klaren Instruktionen gibt, formulieren Sie eine schriftliche Vorgehensweise, und lassen Sie sich diese vom Management bestätigen oder nach dessen Wünschen abändern. Dann wird alles klar sein.
- Falls eine Gruppe das, was sie von Ihnen bekommt, durcheinanderbringt, sollten Sie vielleicht darüber nachdenken, wie Sie die Dinge besser erklären können.
- Solche Ideen liegen durchaus in Ihrem Erfahrungsbereich.

ANMERKUNG:
Nachdem Sie einige Beispiele gegeben haben, ermutigen Sie die Teilnehmer, ihrerseits Beiträge zu leisten.

- Geben Sie ein Format für die Präsentation der Ideen vor, um den Teilnehmern ihre Aufgabe zu erleichtern.
- Fragen Sie nochmals, ohne etwas an die Tafel zu schreiben: „Was ist Ihr größtes Problem?" Dieses Mal sollten Sie viele Teilnehmer dazu bewegen einzugestehen, daß sie selbst etwas dazu beitragen müssen, daß die Dinge gleich beim ersten Mal richtig gemacht werden. Nun haben die Leute erkannt, daß sie selbst Teil des Problems sind. Regen Sie sie dazu an, in ihrer jeweiligen Gruppe nach dem Vorbild der Aktionsgruppen im Produktionsbereich regelmäßige Meetings abzuhalten, bei denen über die Fehlervermeidung gesprochen wird.
- Danken Sie der Gruppe und entlassen Sie sie. Wenn sich jemand eine umfassendere Diskussion wünscht oder um spezifische Anregungen bittet, bieten Sie ihm ein Gespräch im Anschluß an das Meeting an, damit die Gruppe entlassen werden kann.

AKTIONSSCHRITTE IM QAS-PROGRAMM

- Informieren Sie das Management über Konzept und Inhalt des Programms. Vereinbaren Sie die Ernennung von Koordinatoren für jede Abteilung. Bedenken Sie, daß der Schwerpunkt auf Papierarbeit und Servicefunktionen liegt.
- Setzen Sie sich mit den Koordinatoren zusammen, und erklären Sie das Programm. Bitten Sie die Koordinatoren, ein Meeting aller Aufsichtspersonen in ihrer Abteilung anzusetzen, um diese über das Programm zu informieren. Fragen Sie nach Beispielfällen, in denen die Vermeidung von Fehlern oder ein höheres Maß an Detailgenauigkeit Probleme und Geld hätten ersparen können. Sagen Sie, daß Sie mindestens drei Beispiele brauchen. Es müssen keine großen Dinge sein. Mögliche Beispiele sind: Verrechnungsfehler, bei denen der Kunde eine falsche Rechnung zurückschickte, was zu einer verspäteten Zahlung führte; Fehler in Kaufaufträgen, bei denen die falsche Information gegeben wurde, was zur Folge hatte, daß das falsche Produkt geliefert wurde; fehlerhafte Arbeitsanweisungen und die vielen anderen Dinge, über die sich Aufsichtspersonen beschweren, wenn sie über ihre Arbeit sprechen. Mit ein wenig Ermutigung und der Versicherung, daß die gegebenen Informationen nicht gegen die Koordinatoren verwendet werden, werden die Beispiele nur so aus ihnen heraussprudeln.

- Je nach der Größe des Unternehmens werden die Koordinatoren die Aufsichtspersonen instruieren, wie sie das Programm verwenden müssen. Voraussetzung dafür ist allerdings, daß die Zahl der Aufsichtspersonen nicht zu groß ist. Andernfalls muß der Koordinator dem Vertreter der Abteilung die entsprechenden Anweisungen erteilen, und dieser muß seinerseits die Aufsichtspersonen einschließlich des Abteilungsleiters instruieren.
- Die Aufsichtspersonen setzen sich mit ihren Leuten zusammen. Sie erläutern das Konzept des Programms und erklären, warum das Unternehmen ihre Hilfe braucht. Zu diesem Zweck führen sie einige Beispiele an. Dann findet die folgende Diskussion statt:
- Wer ist unser unternehmensinterner Kunde? (Es könnte sich um eine andere Abteilung, den Präsidenten oder eine andere Person handeln, die unserer Arbeitsergebnis erhält.)
- Was genau erwartet dieser Kunde von uns?
- Was könnten wir im einzelnen tun, um sicherzustellen, daß der Kunde das von ihm erwartete Ergebnis nicht erhält?
- Wer ist der Kunde, der das Produkt, die Dienstleistung oder das Unternehmen in Anspruch nimmt?
- Was genau erwartet dieser Kunde von uns?
- Wie können wir sichergehen, daß der Kunde das von ihm erwartete Ergebnis nicht erhält? (Gehen Sie nicht zu sehr ins Detail, aber bestehen Sie darauf, daß die Antwort auf diese Frage durchdacht wird.)
- Wählen Sie die besten Vorgehensweisen aus und besprechen Sie sie. Dann bitten Sie alle Mitarbeiter um Vorschläge, wie diese Dinge gemessen werden könnten. Zum Beispiel: Wenn wir die Rechnungen immer an die falsche Adresse zu schicken versuchen, wissen wir, daß uns das nicht gelungen ist, wenn eine der Rechnungen nicht zurückkommt. Das würde bedeuten, daß wir einen Fehler gemacht und die Rechnung an die richtige Adresse geschickt haben.
- Schreiben Sie die vorgeschlagenen Messungen auf, da sie die Grundlage für die spätere Messung der positiven Schritte bilden werden.
- Bitten Sie die Teilnehmer, diese Erkenntnisse nun auf den Kopf zu stellen und Vorschläge dazu zu machen, wie sichergestellt werden könnte, daß diese Fehler nicht passieren. Auf dem Formblatt steht: „Wie können wir sicherstellen, daß unser Kunde das erhält, was wir ihm versprochen haben?“

- Nehmen Sie die Vorschläge entgegen, und verteilen Sie für jeden Vorschlag einen „Qualitätsweber"-Anstecker. Die Aufsichtsperson schreibt ihre Kommentare auf die Vorschlagskarte und schickt sie an den Koordinator.
- Machen Sie viel Aufhebens um Vorschläge, die sofort implementiert werden. Pinnen Sie Ideen und Fotos an Anschlagtafeln.
- Die Beurteilung der Vorschläge sollte darauf beruhen, wieviele Arbeitsstunden aufgrund der Tatsache eingespart werden können, daß etwas richtig gemacht wurde. Multiplizieren Sie die Stunden mit dem Durchschnittsgehalt, um das Ergebnis in Geld auszudrücken. Aber denken Sie daran, daß der Zweck des Programms darin besteht, in den Teilnehmern einen Sinn für Fehlervermeidung zu wecken.
- Veranstalten Sie in der letzten Woche einen Countdown: noch vier Tage, bis Qualität zum Gewebe wird, noch drei Tage...
- Schreiben Sie nach Ende des Programms einen Brief an alle Mitarbeiter, danken Sie ihnen für ihre Teilnahme und erklären Sie, daß kein Vorschlag unberücksichtigt bleiben wird.
- Implementieren Sie möglichst viele Vorschläge, und berichten Sie in den nächsten Monaten über die betreffenden Aktivitäten.
- Studieren Sie das Orientierungsprogramm, und machen Sie sich damit vertraut. Um optimale Ergebnisse zu erzielen, führen Sie es genau so durch wie vorgeschrieben.

EPILOG

In die Kapitel, die diesem Epilog vorausgehen, ist eine vierzig Jahre dauernde Entwicklung eingeflossen, die an meiner Wiege niemand hätte voraussehen können. Ich bin sehr glücklich, diese Erfahrungen gemacht zu haben. Doch wie wird die Zukunft aussehen? Natürlich kann niemand die Zukunft genau vorhersagen, es gibt aber bestimmte Muster, die sich herauskristallisieren. Irgendwie scheint alles schon einmal dagewesen zu sein.

In der Zeit, in der ich diese Erfahrungen sammelte, machte das Qualitätsmanagement verschiedene Phasen durch. Zu Beginn lautete die Devise: „Du produzierst, ich prüfe, sie repariert – und haltet die Klappe." Mittlerweile bemüht man sich darum, die Dinge von Anfang an richtig zu machen. Die Manager aller Ebenen haben erkannt, daß es nicht länger eine verlockende Möglichkeit oder etwas Besonderes ist, dem Kunden das zu geben, was er erwartet. Vielmehr ist es die unverzichtbare Voraussetzung für Erfolg. Sich an das Prinzip zu halten bedeutet noch keinen Vorteil, denn die anderen tun dasselbe. Hält man sich jedoch nicht daran, so ist man aus dem Rennen. Es bedeutet immer noch harte Arbeit, Qualität in die Unternehmensstruktur einzuweben, aber die meisten Leute arbeiten daran, dieses Ziel zu verwirklichen. Was sie tun, ist nicht immer produktiv, weil ihre Aktivitäten auf Verfahren und nicht auf Verständnis beruhen. Wenn Sie wissen wollen, was ich meine, sehen Sie sich die Werbesendungen für Golfclubs an, die am frühen Morgen im amerikanischen Fernsehen laufen. Dort verspricht man Ihnen tatsächlich, Sie anhand bestimmter Verfahren zu einem guten Spieler zu machen. Aber diese Dinge erledigen sich von selbst. Wichtig ist, daß man an Verbesserung interessiert ist.

In den letzten drei Jahren habe ich aus aller Welt Einladungen bekommen, Vorträge zu halten. Meine Vortragsreisen führten mich unter anderem nach Brasilien, Mexiko, Chile, Venezuela, Jamaika, Australien, Singapur, Malaysia, Japan, China, Indien und Griechenland, in die Vereinigten Arabischen Emirate, nach Saudi-Arabien, Spanien, Großbritannien und Kanada. Viele Einladungen mußte ich aus Mangel an Zeit oder Mitteln absagen.

All diesen Veranstaltungen gemein war die Tatsache, daß alle Teilnehmer darüber sprechen wollten, was es bedeutete, wettbewerbsfähig zu sein. Die Kernfrage lautet: „Wie können wir unsere Güter und Dienstleistungen auf der ganzen Welt verkaufen und darauf eine Volkswirtschaft aufbauen?“ Sie hatten meine vier Gebote des Qualitätsmanagements als Prinzip akzeptiert. Sie wollten nicht darüber streiten, ob die Einführung von „Null-Fehler“ klug sei, denn sie wußten, daß kein Weg daran vorbei führte. Sie wollten nur wissen, wie sie all das bewerkstelligen könnten. Ich erklärte ihnen, daß die Verwirklichung zur Gänze in den Händen des Managements liege, und führte PCA als Fallbeispiel an. Während dieser Sitzungen lernte ich, das Ziel als „vollständige Transaktionen und erfolgreiche Beziehungen“ zu definieren. Das verstanden alle, und deshalb habe ich dieses Ziel auch zum Untertitel für dieses Buch gemacht.

Die erbitterte Auseinandersetzung, die in den letzten Jahren über die Frage geführt wurde, was Qualität ist und wie sie erreicht werden kann, ist entschieden. Alle sind sich darüber einig, daß Qualität ein unverzichtbarer Bestandteil des Managements von Unternehmen ist, die Güter und Dienstleistungen produzieren. Die Zugänge dieser Unternehmen zur Einführung des Qualitätsprinzips sind sehr unterschiedlich, aber daraus können wir nur lernen.

Im Informationsbereich erhebt die düstere Zukunft ihr Haupt. Hier finden wir uns in der Steinzeit der Qualitätsmanagementphilosophie wieder. Kein Softwareentwickler, der auf sich hält, geht davon aus, ein Produkt mit null Fehlern zu entwickeln. Er schenkt mir nur dasselbe mitleidige Lächeln, mit dem mich damals die Leute aus den Branchen Automobilproduktion, Bankwesen, Hotellerie, Gesundheitswesen usw. bedachten. Eine Zeitlang werden sie damit durchkommen. Aber das wird sich ändern, sobald die Menschen zu verstehen beginnen, was das Informationszeitalter eigentlich bedeutet. Es ist nicht auf Computerspiele beschränkt, sondern wird sämtliche Aspekte unseres Lebens erobern. Wenn wir nicht richtig vorgehen, werden wir Schaden erleiden. Derzeit kommen die Leute noch mit einer gewissen Lückenhaftigkeit ihrer

Informationen zurecht. Aber alles bewegt sich rasch, und wir werden unsere persönlichen Angelegenheiten bald weltweit abwickeln, ohne daß uns das auch nur bewußt sein wird: die Rechnungen werden automatisch nach den Anweisungen in unseren Programmen bezahlt; Münzen werden verschwinden und durch eine Karte ersetzt werden; wir alle werden eine weltweite Telefonnummer haben; medizinische Diagnosen werden aus der Ferne gestellt werden; Autos werden automatisch fahren, ohne daß wir lenken müssen; Landkarten werden allgemein auf Displays angezeigt werden; Strom wird per Satellit geliefert werden. Kurz gesagt: Wir werden uns in einer Welt wiederfinden, in der die Genauigkeit der Daten weitgehend für unsere Sicherheit, unser Glück und unsere Aktivitäten ausschlaggebend sein wird.

Es wird eher um die Integrität der Systeme als nur um die Qualität gehen – dieser Trend ist schon heute erkennbar. Wenn nicht alles genau und zuverlässig ist, ist Integrität nicht möglich. Wenn es keine Integrität gibt, kann sich das Informationszeitalter nicht entwickeln. Wenn es sich nicht entwickelt, wird die Weltwirtschaft ihr Potential nicht annähernd ausschöpfen können. Das Leben auf unserem Planeten wird nicht besser werden, und vielleicht wird es nicht einmal in der uns bekannten Form weitergehen.

Ziel des nächsten Qualitätskreuzzugs wird es sein, die außerordentlich klugen Leute, welche die auf dem Informationssektor tätigen Unternehmen und Organisationen leiten, davon zu überzeugen, daß Fehler nicht unvermeidbar sind, daß das Null-Fehler-Konzept ein erstrebenswerter und erreichbarer Managementstandard ist, daß die Kosten der Nichtintegrität ungeheuer hoch sind und daß man mit Problemen am besten umgeht, indem man sie vermeidet.

Klingt vertraut, nicht wahr?
Also dann los, frisch ans Werk!

ZUSAMMENFASSUNG FÜR SCHNELLLESER

Kapitel I

Die Formulierung „Qualität in das Unternehmensgewebe einflechten" bedeutet, daß man eine Organisation schafft, in der die Tätigkeiten schon beim ersten Versuch richtig ausgeführt werden; eine Organisation, die ihren Mitarbeitern, Lieferanten und Kunden zum Erfolg verhilft; eine Organisation, mit der jeder gerne zusammenarbeitet.

Qualität war etwas, das sich einstellte – oder eben auch nicht einstellte. Das Gesetz der Wahrscheinlichkeit jedenfalls sprach gegen sie. Die Kunden bekamen, was ihnen in den Augen der Unternehmen zustand. Veränderungen wurden, wenn überhaupt, nur widerstrebend vorgenommen, und kaum ein Unternehmen war bei Mitarbeitern, Lieferanten oder Kunden beliebt.

Natürlich hatte diese Denkweise zur Folge, daß normalerweise alles, was eine Abteilung innerhalb eines Unternehmens von einer anderen erhielt, unvollständig, verspätet und in vielen Fällen fehlerhaft war. Man meinte, so sei eben das Leben.

Ich erkannte, daß all diese Aktivitäten ersonnen wurden, weil jedermann glaubte, es sei unmöglich, alles richtig zu machen.

Die Manager meinten, es sei leichter, die Energien und Ressourcen des Unternehmens in die Bekämpfung von Problemen zu stecken, als Maßnahmen zur Vermeidung dieser Probleme zu ergreifen.

Anstatt in die Menschen setzten sie ihr Vertrauen in diese Systeme.

Sie alle glaubten, die Entwicklung und Anwendung des richtigen Systems werde für das geplante Ergebnis sorgen.

Wenn alles nichts nützt, entdeckt das Management ein neues, angeblich fortschrittlicheres System und stürzt sich auf das neueste Modekürzel aus der Feder eines „Qualitätsgurus".

Haben die mittleren Manager dieses Spiel einige Male durchgespielt, so haben sie gelernt, auf der Hut zu sein und sich nicht zu engagieren, bis der Chef echte Entschlossenheit beweist.

Die Wirklichkeit des Unternehmenslebens sieht so aus, daß die Systeme scheitern, weil das Unternehmensleben ebenso wie das persönliche Leben chaotisch ist – es reagiert nicht auf Systeme, sondern tut, was es will.

Man braucht nur irgendein Büro, eine Fabrik, eine militärische Einheit oder sonstige Organisation zu besuchen, um sich darüber klar zu werden, daß sich alle verzweifelt bemühen, etwas voranzubringen.

Die Menschen müssen lernen, auf die Vorgänge zu reagieren; sie benötigen eine Grundlage, auf der sie „funktionieren" können.

Sie haben keine Zeit, sich irgendwelche Systeme in Erinnerung zu rufen und sie anzuwenden.

Qualität stellt sich nicht als Ergebnis irgendeines bestimmten Verfahrens ein.

Vielmehr muß man den Menschen verständlich machen, daß sie Teil einer Kultur sind, in der richtiges Vorgehen und richtige Resultate erwünscht sind.

Der Notwendigkeit zur Brandbekämpfung beugt man vor, indem man dafür sorgt, daß keine Brände ausbrechen.

Die Idee, Qualität zu einem normalen Bestandteil der Unternehmensabläufe zu machen, fiel nicht sofort auf fruchtbaren Boden.

Die Befolgung der Baldrige-Kriterien, der ISO-Normen oder ähnlicher Richtlinien führt lediglich zum Entstehen dicker Bücher mit Verfahrensanweisungen und zu vergeudeten Bemühungen, die Mitarbeiter zur Befolgung dieser Verfahren zu bewegen.

Sämtliche Autofahrer der Welt sind „zertifiziert", wodurch sich jedoch nicht auf ihre Fahrtauglichkeit oder ihr Fahrsystem schließen läßt.

Qualität entspringt nicht irgendwelchen Systemen, sondern vielmehr der Art und Weise, wie das Management Politik und Ausbildung handhabt und welches persönliche Beispiel es gibt.

Die vom amerikanischen Verteidigungsministerium ersonnene Norm Mil-Q-9858 hat nun schon seit 40 Jahren Gültigkeit, und ich weiß von keinem einzigen Fall, in dem diese Norm dazu geführt hätte, daß ein Unternehmen regelmäßig fehlerfreie Produkte oder Dienstleistungen geliefert hätte.

Das Bemühen um bessere Qualität wurde von Unternehmen seit jeher so verfolgt, als stellte es eine schwierige Aufgabe dar, gleichgültig, ob die Unternehmen nun im Dienstleistungs- oder im Produktionssektor tätig waren.

Fehlervermeidung als Arbeitseinstellung und Arbeitspraxis muß bewußt in die Betriebskultur eines Unternehmens eingebaut werden, wenn sie eine Wirkung haben soll.

Die Auseinandersetzung zwischen der konventionellen Ausrichtung des Qualitätsdenkens und meiner Auffassung begann, als ich im Jahr 1961 den Leistungsstandard „Null-Fehler“ (Zero Defects) vorschlug.

Die Produktion von Ausschuß war übliche Praxis.

Automobilhersteller gaben mindestens 2.000 Dollar pro Fahrzeug für Reparaturen während der Montage aus; dazu kamen Gewährleistungs- und Rückholkosten nach dem Verkauf.

Wir mußten einfach nur lernen, die richtigen Dinge von Anfang an richtig zu tun.

Für mich war das einfach gesunder Menschenverstand. Andere sahen das nicht so.

Die meisten Unternehmensführungen kämpfen heute noch mit der Qualität; sie investieren viel Mühe in Systeme und Aktivitäten, doch die Resultate bleiben bescheiden.

Die Manager hegen die Illusion, Qualität könne mit Hilfe eines Systems wie TQM oder mit Schlagworten wie „ständiger Verbesserung“ erreicht werden.

Die mit der Durchsetzung von Qualität betrauten Fachleute hegen die Illusion, Qualität könne mit Hilfe von Aktivitäten und Programmen wie Benchmarking, Empowerment, statistischer Prozeßregelung, Teambildung und ähnlichem erreicht werden.

Regierungen und Verbände hegen die Illusion, man könne die Qualität „sichern“, indem man eine Spezifikation wie ISO 9000 durchsetzt oder eine Auszeichnung wie den Baldrige Award verleiht. Diese Regelwerke enthalten angeblich sämtliche Informationen und Verfahren, die erforderlich sind, um Qualität durchzusetzen.

Die Vermeidung von Fehlern ist eine Lebenseinstellung, die auf Managementgrundsätzen und Führung beruht, und diese wiederum beruhen auf dem Verständnis dessen, was erforderlich ist, um das Geschäft rentabel und das Unternehmen robust zu machen.

Kapitel 2

Was bedeutet „Qualität ins Unternehmensgewebe einflechten“? Eine annehmbare Definition lautet: „Die Menschen dazu bewegen, alle wichtigen Dinge, die sie ohnehin tun sollten, besser zu machen.“

Es ist die Aufgabe des professionellen Qualitätsmanagers, dem Topmanagement diesen Aspekt seiner Tätigkeit nahezubringen.

Fachleute, die nicht zu verständlichen Erklärungen fähig sind, weil sie eine mysteriöse Terminologie verwenden, leisten sich selbst und ihrer Sache einen schlechten Dienst.

Warum so viel Zeit für das Aufsuchen, Reparieren und Bekämpfen von Fehlern verwenden, wenn das Problem von vornherein zu vermeiden wäre?

Es war nur allzu deutlich, daß einige Überzeugungen derart tief in den Köpfen der Leute verankert waren, daß man sie unmöglich ändern konnte, indem man einfach darauf hinwies, daß sie falsch waren. Kap. 2
Erstens mußte das leitende Management – und als Vorbedingung das untergeordnete Management – dazu bewegt werden, die Qualität als einen wichtigen Bestandteil der Unternehmenstätigkeit anzuerkennen, als einen Bestandteil, der ebenso wichtig war wie alle anderen.

Zweitens mußte ich einen Weg finden, um zu erklären, worum es bei Qualität eigentlich ging, damit jeder sie verstehen und sich entschlossen um sie bemühen würde.

Und drittens mußte ich eine Position anstreben, von der aus ich die Qualität in der Welt verbreiten konnte.

Sie müssen sich lediglich etwas Zeit nehmen, um die Konzepte zu verstehen, sie anderen zu vermitteln und den Druck zur Fehlervermeidung aufrechtzuerhalten.

Qualität ist erreichbar, sie ist meßbar, sie ist rentabel, und Sie können sie durchsetzen, wenn Sie sich zu ihr bekennen, sie verstehen und zu harter Arbeit bereit sind.

Also verfolgte ich eine gezielte Strategie zur Herbeiführung einer Kulturrevolution – einer Kulturrevolution, deren Errungenschaften von Dauer sein und Teil des Unternehmensgerüsts werden würden.

Das Management muß sich entschlossen zur Qualität bekennen und einen aktiven Beitrag zu ihrer Durchsetzung leisten.

Im wichtigsten Kampf, der im übrigen niemals endet, geht es darum, das „herkömmliche Wissen" über die Qualität zu überwinden.

Dieser herkömmlichen Auffassung zufolge bedeutet Qualität, daß etwas gut ist; Qualität ist nicht meßbar, Fehler sind unvermeidbar, und die Mitarbeiter sind nicht im geringsten daran interessiert, gute Arbeit zu leisten.

Die herkömmlichen Programme zur Qualitätskontrolle sind wenig hilfreich und sehr beschränkt.

Kapitel 3

Die Unternehmenstätigkeit besteht, wie bereits gesagt, aus Transaktionen und Beziehungen.

Ziel des Qualitätsmanagements ist es, dafür zu sorgen, daß alle Transaktionen vollständig und richtig durchgeführt werden und daß alle Beziehungen erfolgreich sind.

Qualität ist ein unwiderstehliches Thema für Leute auf allen Erfahrungsebenen. Rund um dieses Thema ist eine ganze Medienbranche entstanden.

Einige Autoren eignen sich genug Fachwissen an, um Bücher über das Thema Qualität zu schreiben, ohne auch nur einen einzigen Tag als Qualitätsfachmann gearbeitet zu haben.

Beispielsweise sieht kaum ein Autor einen Unterschied zwischen Qualitätskontrolle, Qualitätssicherung, Zuverlässigkeit und Qualitätsmanagement.

Die Leute halten an ihren Überzeugungen fest, aber die meisten davon sind nicht wahr.

Gegenwärtig werden Definitionen wie „den Kunden glücklich machen" und „Zufriedenheit" in die Diskussion gebracht.

Die Unternehmen, die ihre Kultur erfolgreich verändert haben, sind sich darüber im klaren, daß Qualität bedeutet, „die Forderungen zu erfüllen". Viele Autoren haben meine Definition „Erfüllung der Forderungen" genommen und in „Erfüllung der Spezifikationen" umgedeutet.

Eine unpräzise Definition verwandelt die Prozesse des Qualitätsmanagements in Ereignisse anstatt in eine solide Managementpraxis.

Der einzige Zweck des Qualitätsmanagements besteht darin, Mitarbeiter und Lieferanten dazu zu bewegen, es sich zu einer tief verwurzelten Gewohnheit zu machen, das zu tun, was sie zu tun behaupten, das heißt: den vereinbarten Forderungen zu entsprechen.

Das Management interessiert sich nicht für etwas, das nicht in Geld gemessen wird.

Meine Schätzung, daß ein Viertel der Ausgaben der Unternehmen auf diesen Bereich entfallen, hat sich im Lauf der Jahre als sehr konservativ erwiesen.

Aber der wichtigste Grund für die Feststellung des Preises der Abweichung liegt darin, daß man auf diese Weise erfährt, worauf man sich bei der Vorbeugung konzentrieren muß.

Die herkömmliche Qualitätsauffassung geht davon aus, daß man es sich nicht leisten kann, zu gut zu werden.

Die Enttäuschung darüber, daß diese Vorstellung nicht zu überwinden war, bewegte mich dazu, im Jahr 1961 das Null-Fehler-Konzept zu entwickeln.

Wir hören nicht mehr sehr viel über eine wirtschaftliche Qualität. Ich denke, das liegt daran, daß die Kunden deutlich gemacht haben, daß sie sich nicht mit den Dingen herumschlagen wollen, nachdem sie sie gekauft haben.

Die Manager waren davon überzeugt, daß es die Arbeiter waren, die all ihre Probleme verursachten. In den letzten zwölf Jahren haben sie diese Meinung geändert und gelernt, mit ihren Leuten zu arbeiten.

In den Banken liegt die Personalfluktuation auf den unteren Ebenen generell bei 40 Prozent.

Das liegt im wesentlichen daran, daß man diesen Angestellten keine Orientierung gibt, daß man sie nicht schult und ihnen keinen Karrierefahrplan anbietet.

Sowohl Management als auch Qualitätsexperten sind zu der Einsicht gelangt, daß Qualität nicht vom Qualitätspolizisten allein sichergestellt werden kann, sondern vielmehr das Ergebnis sämtlicher Abläufe im Unternehmen ist.

Unternehmen, die mit Erfolg eine Qualitätskultur aufgebaut haben, haben dies unter der Führung von Managern getan, die von jemandem unterstützt werden, der wußte, was diese taten.

Eine Gruppe wohlmeinender Amateure mit dieser Aufgabe zu betrauen ist so, als übertrüge man die Verantwortung für den Operationsraum eines Krankenhauses den Praktikanten.

Da das Thema leicht verständlich zu sein scheint, haben sich viele Leute darauf gestürzt. Diese Entwicklung wird eingehender beschrieben, wenn wir das neue Quality Management Process Maturity Grid behandeln.

Kapitel 4

Das Quality Management Process Maturity Grid befaßt sich zum einen mit den Managementmaßnahmen, welche Unternehmen in ihrem Bemühen um Verbesserung ergreifen, zum anderen mit den Problemen, auf die sie dabei stoßen.

Die Manager waren zwar mit ganzer Seele bei der Sache, aber sie zogen an Hebeln, die nichts bewegten. Aus diesem Grund habe ich das Quality Management Process Maturity Grid entwickelt.

Zweck des Gitters ist es, dem Management rasch zu zeigen, wo es vom rechten Weg abgekommen ist.
Der Qualitätsprozeß ist nicht komplex, aber alles kann unverständlich werden, wenn man sich mit den falschen Dingen beschäftigt.

Ich würde sagen, daß sich von einem Dutzend nach dem Zufallsprinzip ausgewählten Unternehmen wahrscheinlich zehn im Kreis drehen, während bei zweien bescheidene – im wesentlichen verbale – Fortschritte zu beobachten sein dürften.

Erfolgreich sind nicht jene Fußballspielzüge, die brillant konzipiert sind, sondern einfach jene, welche die Verteidigung überwinden.

Wenn der Unternehmensleiter von „TQM“ spricht, werde ich mißtrauisch, was sein Verständnis von Qualität angeht.

Der Gedanke, daß möglicherweise sie selbst das Problem ist, taucht bei der befragten Person üblicherweise nicht gleich zu Beginn auf.

Es wird weiterhin die gewohnte Zahl von Problemberichten produziert, die Anstrengungen scheinen sich nicht auf das Endergebnis auszuwirken, die Zuversicht, daß all diese Veränderungen weitergehen, ist immer noch gering.

Die einzige Person in einem Unternehmen, die das Gesamtbild sieht, ist der Unternehmensleiter.

Zu der Zeit, als *Qualität ist frei* herauskam, gab es nur in sehr wenigen Unternehmen formale Bestrebungen zur Qualitätsverbesserung.

Die Unternehmen mit Qualitätssicherungsabteilungen bemühten sich darum, besser zu werden, aber die Verantwortung für die Verbesserung wurde zur Gänze der Qualitätsabteilung überlassen.

Ich beklagte mich bereits seit zwei Jahrzehnten über die amerikanische Einstellung zur Qualität, aber bis dahin hatten meine Klagen kaum Gehör gefunden.

Die amerikanischen Manager und ihre Qualitätsexperten klammerten sich an die Vorstellung, es verursache höhere Kosten, die Dinge richtig zu machen.
Leider verwechseln viele Leute Aktivität mit Ergebnissen.

Die Konzepte des Qualitätsmanagements haben nichts Kompliziertes an sich. Es ist weder schwierig noch teuer, sie zu einem Teil der Unternehmenskultur zu machen.

Unsicherheit ist mir immer als etwas erschienen, das Studienanfänger durchleben, wenn sie sich auf das College vorbereiten.

Diese Mentalität erinnert an Initiativen wie „Idee des Monats“. Die Führungskräfte sehen nur die oberflächliche Idee und starten eine Kampagne, um zu zeigen, daß sie auf der Höhe der Entwicklung sind.

„Das japanische Qualitätsmodell“ beispielsweise existiert eigentlich nur in der Vorstellung der Medien.

In diesem Stadium herrscht im allgemeinen die Überzeugung vor, etwas richtig zu machen bedeute, es langsam zu machen und umfangreiche Prüfungen vorzunehmen. Das bedingt eine Einschränkung von Innovation, Produktivität und Kreativität.

Der Unternehmensleiter beschafft sich die Kriterien für den Baldrige-Award oder einen ähnlichen Qualitätspreis und reicht sie mit der Anweisung „Setzen Sie das um!“ an einen Manager weiter.

Solange keine Klagen oder anderen Unannehmlichkeiten drohen, gehen sie davon aus, daß alles in bester Ordnung ist.

Die Mitarbeiter geben einander die Leistungsstandards vor, da sie wissen, daß die Unternehmensleitung keine hat.

Der Grund dafür, daß die Dinge weiterhin so laufen, liegt darin, daß das Management nicht an Zahlen interessiert ist, vor denen keine Dollarzeichen stehen.

Nachdem der erste halbherzige Anlauf zur Qualitätsverbesserung ins Niemandsland geführt hat, entschließt sich das Management, sich nach externer Hilfe umzusehen, die etwas bewirken wird.

Der Zauberer von Oz löste das Problem der Vogelscheuche, die kein Gehirn hatte, indem er ihr ein Diplom verlieh.

Es ist, als fände man einen Arzt, der die Röntgenaufnahmen korrigiert, anstatt den Patienten zu operieren.

Ich kenne kaum eine Definition, die nutzloser ist als diese. Stellen Sie sich vor, Sie stehen 500 Mitarbeitern gegenüber und weisen diese an, loszugehen und „die Kunden glücklich zu machen".

Aber man ändert nichts, indem man die Mitarbeiter in einem Konferenzraum versammelt und ihnen einige Stunden Videos vorführt.

Es war ein großartiger Leistungsstandard, denn man erwartete nicht von uns, daß wir die Dinge richtig machten, und wenn wir sie nicht richtig machten, so war das kein Problem.

Man wird immer jemanden finden, der noch fetter, häßlicher und dümmer ist als man selbst.

Nach zahlreichen entmutigenden Erfahrungen und Ausgaben erkennt das Management langsam, daß sich nichts ändert – abgesehen davon, daß die Mitarbeiter wahrscheinlich immer zynischer werden.

In diesem Stadium siegt normalerweise die Begeisterung über das Lernbedürfnis.

Das ist so, als begänne man mit einer Selbstbehandlung und nähme täglich ein Dutzend Medikamente, in der Hoffnung, auf dieser Art alle möglichen Krankheiten zu heilen.

Ein engelsgleiches Lächeln erhellt die Gesichter der Manager, wenn sie über ständige Verbesserung sprechen.

Wäre es nicht wundervoll, wenn es ein System für den persönlichen Erfolg gäbe, das einem in einem vierzigseitigen Package mit Notizbüchern und Anleitungen nach Hause geliefert würde?

Wer über einen richtig durchgeführten Qualitätsmanagementprozeß verfügt, wird keine Schwierigkeit haben, die Forderungen von ISO 9000 zu erfüllen. Bei der Norm handelt es sich in Wirklichkeit lediglich um eine ganz altmodische Variante der Qualitätssicherung.

Wie bereits an anderer Stelle erwähnt, bedeutet dieser Standard im Stadium des „Erwachens“, daß man sich nie wirklich verbessern muß. Man muß sich lediglich bemühen. Dies ist ein Beispiel für einen außer Kontrolle geratenen Gemeinplatz.

Den letzten Anstoß zum Erwachen geben strenge Kunden, die erklären, sie hätten es satt, ständig die gelieferten Produkte reparieren zu müssen; sie wollen keine fehlerhafte Software mehr korrigieren, keine Kratzer mehr von Metalloberflächen polieren, die Kartoffeln nicht mehr nachsalzen.

Als ich im Jahr 1979 im Rahmen von PCA das Quality College gründete, bestand sein Zweck darin, den Managern ihre Rolle im Qualitätsprozeß nahezubringen.

„Ernst machen" bedeutet, die Hoffnung aufzugeben, daß es möglicherweise irgendein fertiges Rezept oder irgendwelche vorgezeichneten Schritte zur Erneuerung der Arbeitskultur eines Unternehmens gibt.

An diesem Punkt sind wir zwar nicht glücklich über Fehler, aber wir gehen davon aus (was natürlich ein Irrtum ist), daß sie eben hin und wieder vorkommen.

Der Tachometer eines Autos ist ein Instrument zur statistischen Analyse.

Sicher zu sein bedeutet zu wissen, was geschehen wird; das ist nicht üblich im Leben.

In diesem Stadium wird dafür gesorgt, daß die Mitglieder einer Organisation ausreichend engagiert sind und richtig ausgebildet, geschult und geführt werden.

Der Erfolg scheint dazu zu führen, daß die Menschen die wirklich wichtigen Dinge aus den Augen verlieren.

Man kann nie davon ausgehen, das Ziel erreicht zu haben.

Es gibt keine akzeptable Entschuldigung für Fehler.

Sämtliche Mitglieder des Unternehmens sowie die Lieferanten, die mit ihm Geschäfte machen, sind sich darüber im klaren, daß das Management Klarheit und die Erfüllung klarer Forderungen erwartet.

Der Grundgedanke ist, daß man sich richtig vorbereitet, bevor man etwas in Angriff nimmt.

Ist der Gewehrlauf nach vorne gerichtet, so läuft man nicht Gefahr, sich in den Fuß zu schießen.

Sportmannschaften siegen häufiger aufgrund der Fehler ihrer Gegner als aufgrund ihrer eigenen Bemühungen.

Wer Erfolge ständig der drohenden Niederlage abringen muß, wird nicht mehr geschätzt.

Es kostet uns riesige Summen, daß wir die Dinge falsch machen.

Wenn man sein Augenmerk auf die Transaktionen richtet, treten die Kosten der Nacharbeiten offen zutage.

Da Sie nicht über eine Qualitätsdefinition oder eine Qualitätspolitik verfügen, gibt es ständige Auseinandersetzungen über die Produkte und darüber, ob sie gut genug sind, um an die Kunden ausgeliefert zu werden.

Ihre Leute im Außendienst verbringen ihre gesamte Zeit mit Reparaturen und Erklärungen für Fehler anstatt damit, neue Kunden zu gewinnen.

Die meisten Zulieferungen, die Sie erhalten, entsprechen nicht den Forderungen in den Aufträgen; daher müssen Sie sie reparieren oder zurückschicken. Sie haben eine Vielzahl von Lieferanten, da alle Aufträge an die Anbieter mit dem niedrigsten Preis gehen.

Die Mitarbeiterfluktuation ist insbesondere auf den unteren Ebenen sehr hoch und beträgt wahrscheinlich 25 Prozent im Jahr. Dazu kommt, daß viele Mitarbeiter regelmäßig abwesend sind oder zu spät kommen.

Sie haben sich mit Konkurrenzunternehmen verglichen und herausgefunden, daß diese sich in der gleichen Situation befinden. Daher meinen Sie, eigentlich in relativ guter Verfassung zu sein.

Die Beziehungen zu den Lieferanten entwickeln sich über einen langen Zeitraum hinweg, in dem man Geschäfte miteinander macht.

Kapitel 5

Die Unternehmenstätigkeit besteht aus Transaktionen und Beziehungen.

Wenn wir Transaktionen für andere Menschen durchführen und Beziehungen zu ihnen unterhalten, so hängt unser Erfolg davon ab, wie gut wir unsere vereinbarten Aufgaben erfüllen.

Daß die Mehrzahl der Kleinunternehmen scheitert, hat dieselben Gründe: unvollständige oder mißlungene Transaktionen und gescheiterte Beziehungen.

Produktionsfachleute akzeptieren kein Beispiel, das nicht um etwas Technisches kreist.

In Wirklichkeit sind alle unternehmerischen Tätigkeiten im wesentlichen gleich.

Es kann bereits eine echte Herausforderung darstellen, überhaupt in das E-mail-System vorzudringen.

Die Transaktionen sind das Fundament für die Beziehungen.

Früher war der Kauf eines Autos – ich zumindest empfand es so – mit einem Besuch beim Zahnarzt vergleichbar.

Die Vorbeugung wird zu einer Ganztagsaufgabe, will man jedermann klarmachen, was er tut, um ihm dann zu helfen, auch tatsächlich das Richtige zu tun.

Der Zweck des Qualitätsmanagements besteht darin, eine Unternehmenskultur aufzubauen, in der die Transaktionen vollständig, effizient und auf Anhieb richtig durchgeführt werden.

Der Schlüssel zu erfolgreichem Management liegt darin, unsere Mitarbeiter und Lieferanten aufzufordern, bestimmte Transaktionen für uns durchzuführen. Das Gesamtergebnis all dieser Transaktionen ist die Struktur des Unternehmens und sein Output.

Wenn wir uns die Unternehmenstätigkeit als Abfolge von Transaktionen denken, dann benötigen wir klare Forderungen, die beschreiben, was geschehen muß, damit die Transaktion vollständig wird. Wir brauchen verständliche Schulungen, damit die einzelnen Mitarbeiter diese Forderungen verstehen und sich nach ihnen richten können. Wir brauchen eine klar definierte Methode, anhand derer wir die Möglichkeit und Notwendigkeit von Verbesserungen erkennen können.

Wir hatten den Lieferanten nie klargemacht, daß wir von ihnen erwarteten, uns genau das zu liefern, was wir bestellt hatten.

Wir stufen die Lieferanten entsprechend ihrer Leistung im wirklichen Leben ein.

Die Leute werden nicht immer richtig oder fair beurteilt, einfach weil noch kein System entwickelt worden ist, das sich an die Fakten hält.

Mit dem Konzept des „Complete Transaction Rating“ (CTR) sind wir in der Lage, die Mitarbeiterleistung direkt einzustufen, und zwar auf dieselbe Art und Weise wie bei den Lieferanten.

Der Zweck der CTR-Einstufung besteht darin, dazu beizutragen, daß der Mitarbeiter und der Arbeitsfluß des Unternehmens exakt, effizient und kontinuierlich funktionieren.

Die Beziehungen zu Mitarbeitern, Lieferanten und Kunden sind die andere Seite der Unternehmensgleichung. Ihr Erfolg ist ebenfalls meßbar.

Wenn man den Mitarbeitern, sei es in einem Büro oder in einer Fabrik, das Gefühl vermittelt, lediglich kleine Rädchen zu sein, dann werden sie sich auch wie kleine Rädchen verhalten.

Erfolgreiche Kundenbeziehungen beruhen auf klaren Leistungsrichtlinien und auf Möglichkeiten zur Kommunikation.

Das Unternehmen muß klare Richtlinien für den Umgang mit den Kunden festlegen und Schulungen durchführen, um diese Richtlinien durchzusetzen.

Unternehmen können finanzielle Probleme und sogar Qualitätsprobleme überleben. Schlechte Beziehungen hingegen sind das Todesurteil für jedes Unternehmens.

Kapitel 6

Wenn Ihnen jemand seine Auffassung von der Wahrheit darlegt, haben Sie das Recht und die Pflicht, die Frage zu stellen, wie er zu dieser Auffassung gelangt ist.

Ameisen sammeln Informationen, bearbeiten sie, speichern und verwenden sie. Sie leisten keinerlei Beitrag zum Inhalt der Informationen und verstehen sie möglicherweise nicht einmal.

Spinnen entwickeln Information selbst und spinnen ein sehr authentisch wirkendes Gewebe daraus.

Bienen sammeln überall Informationen, bearbeiten sie, um genau festzustellen, woraus sie bestehen, und ordnen sie dann zu etwas wissenschaftlich Nachvollziehbarem und Nützlichem.

Wir gestalten unser Leben, ausgehend von Konzepten: Kein Computerprogramm kann eine Ehe managen, keine Verfahrensanleitung kann unser Budget regeln.

Im Qualitätsmanagement gelten folgende unanfechtbare Grundsätze: Qualität bedeutet Erfüllung der Forderungen. Qualität wird durch Vorbeugung erreicht. Der Leistungsstandard ist Null-Fehler. Qualität wird anhand des Preises der Abweichung gemessen.

Wir müssen lernen, den Unterschied zwischen bloßen Vermutungen, falschen Dogmen und der Realität zu erkennen.

Als ich die traditionellen Qualitätsvorstellungen einer Prüfung unterzog, fand ich heraus, daß all das, was man mir da predigte, keinen Bezug zur Realität hatte.

Erfahrungsgemäß wird einem Menschen, der in einem Bereich als kompetent gilt, auch Kompetenz in anderen Bereichen zugestanden.

In meinen Augen war klar, daß die Art und Weise, wie man in den Unternehmen arbeitete, nicht sehr effizient war.

Das Leben wird sehr viel leichter, wenn man sich in der Mythologie bewegt.

Ich hatte gelernt, meine radikalen Vorstellungen für mich zu behalten und meinen Plan zum Umsturz des herrschenden Qualitätssystems in aller Stille voranzutreiben.

Meine Aufgabe bestand im wesentlichen darin, die von den Inspektoren und Prüfern identifizierten fehlerhaften Erzeugnisse zu begutachten und dann nach Grad der Fehlerhaftigkeit, Ursache und Verantwortlichkeit einzuordnen.

Sie hatten ein System, anhand dessen sie fehlerhafte Lieferungen an die Lieferanten zurückschickten. Aber der Abteilungsleiter erklärte mir, seines Wissens sei seit Monaten nichts mehr zurückgeschickt worden.

Der Zulieferer erfuhr nie, daß etwas fehlerhaft gewesen war, und produzierte weiterhin wie gewohnt fehlerhafte Komponenten. Und die Einkaufsabteilung hörte nie etwas davon.

Es wurde mir klar, daß wir zunächst genau festlegen mußten, was das Wort „Qualität" eigentlich bedeutete, wenn wir unsere Aufgaben richtig erfüllen wollten.

Wir mußten ein neues Konzept entwickeln, wenn wir einen reibungslosen, effizienten Arbeitsfluß herstellen wollten. Wir mußten lernen, daß Qualität „Erfüllung der Forderungen" bedeutet.

In dieser Zeit entwickelte ich das Null-Fehler-Konzept. Da es einfach ausgeschlossen war, alle möglichen Fehler in einem Waffensystem aufzuspüren, mußten wir die Fehler nicht im nachhinein aussortieren, sondern von vornherein vermeiden.

Aber das wichtigste, was ich bei Martin lernte, betraf die Beziehungen.

Es dauert nur 15 Minuten, den Neuankömmlingen zu erklären, daß eine erfolgreiche und befriedigende Arbeit darauf beruht, daß man alles auf Anhieb richtig macht.

Je größer die Büros und die Privilegien der Manager werden, desto schwächer wird ihre Beziehung zur Realität.

Aus irgendeinem Grund begaben sich jene, die in eine Autoritätsposition aufstiegen, in einen Gegensatz zu den Leuten auf jenen Hierachieebenen, denen sie zuvor angehört hatten.

Das Konzept, alle Menschen gleich zu behandeln, ist sehr hilfreich. Es ist der beste Schutz gegen die Versuchung, arrogant zu werden. Und Arroganz ist die tödliche Krankheit der Manager.

Meine Aufgabe konnte nur darin bestehen, eine Unternehmenskultur zu schaffen, in der die Konzepte des Qualitätsmanagements so verstanden und praktiziert wurden, wie ich sie im Lauf der Jahre entwickelt hatte.

Zuerst mußten wir ein geeignetes Umfeld schaffen, indem wir klare Richtlinien und Verfahren festlegten. Dann mußten die Qualitätsexperten, die Konzernmanager und die Bereichsmanager entsprechend geschult werden.

Die meisten Leute, denen ich begegnete, waren sehr interessiert daran, daß ich den anderen den richtigen Weg wies.

Kapitel 7

Die Qualitätspolitik der ITT Corporation zielt darauf, unseren Kunden und Kollegen Produkte und Dienstleistungen zu liefern, welche die vereinbarten Forderungen erfüllen. Gelingt dies nicht, werden wir die Forderungen offiziell ändern und den wirklichen Bedürfnissen unseres Unternehmens und unserer Kunden anpassen.

Ich entdeckte eine kleine Broschüre, die der Konzernchef verfaßt hatte. Sie enthielt eine Anleitung zur Abfassung eines Memos und trug den Titel „Eherne Fakten".

Bei ITT standen die Mitarbeiter der Zentrale in dem Ruf, sehr hart gegenüber den Leuten in den Einheiten zu sein. Ich zitiere seit Jahren die alte Geschichte, die ich irgendwo gestohlen habe: Die Leute aus der Zentrale sind „wie Möwen – sie kommen angeflogen, kreischen herum, klauen dir dein Essen, scheißen dich voll und fliegen weiter."

In der „Geschäftswelt" schenkte niemand dem Qualitätsmanager große Aufmerksamkeit, es sei denn, dieser hatte die richtige Persönlichkeit – was nie der Fall war.

Die Qualitätsabteilungen würden sehr wichtig und nützlich werden, wenn sie mit mir zusammenarbeiteten und lernten, wie man die richtigen Verfahren durchsetzte. Mangelnde Kooperationsbereitschaft konnte zum entgegengesetzten Resultat führen.

Ich schwor ihm, an jedem Ort, den ich aufsuchte, zumindest ein aktuelles Problem zu lösen und dem Unternehmen genug Geld zu ersparen, um meine Flugreise zu bezahlen.

Die Personalabteilung blieb für die kommenden 14 Jahre ein Stachel in meinem Fleisch. Nicht, daß sie etwas persönlich gegen mich gehabt hätten. Sie hatten einfach ihre eigene Art, die Dinge zu tun.

Sie hatten keinen Bezug zur Organisation oder zu deren Kultur, sie lebten auf einem anderen Planeten.

Um eine Genehmigung anzusuchen ist nicht die richtige Methode, will man in einem Großunternemen etwas voranbringen. Niemand, der sich in einer Autoritätsposition befindet, will je irgend etwas ändern.

Nichtsdestotrotz muß das, was du tust, eines Tages präsentiert werden. Du mußt deine Neuerung so darstellen, daß sich niemand dadurch bedroht fühlt und keine bestehenden Programme in Frage gestellt werden.

Es bedarf großen Geschicks, um die Leute davon zu überzeugen, daß man nur die Absicht hat, ihnen das Leben zu erleichtern und sie erfolgreicher zu machen, ohne dadurch die Kontrolle über sie zu erlangen. Sie sind einfach nicht daran gewöhnt, daß sich jemand nützlich machen will.

Es gab kaum Kontakte zwischen den Schlipsträgern und den Leuten in den Blaumännern.

Sie waren froh, mich zu sehen, aber sie hätten wohl auch Hitler willkommen geheißen, wenn sein Besuch bedeutet hätte, daß ihnen die Brüsseler Zentrale eine Atempause gewährte.

Die Europäer lieben Spezifikationen und Qualitätsforderungen, anscheinend können sie gar nicht genug davon bekommen. Wenn keine existieren, schaffen sie welche. Existieren sie einmal, kann man sie nicht mehr abschaffen.

Wenn es gelingt, die Qualitätsdiskussion von den Produkten oder Dienstleistungen wegzubringen und in den Schriftverkehr zu verlagern, läßt sich der Ärger reduzieren.

Die Qualitätssysteme in diesen Unternehmen entsprachen dem Muster der bei Western Electric entwickelten Qualitätskontrollmethoden. Im Mittelpunkt dieser Methoden standen das Aufspüren und das Beheben von Fehlern.

Ich hatte gelernt, daß Veränderungsinitiativen gerade dann am wenigsten Aussicht auf Erfolg hatten, wenn sie von der Zentrale angeordnet wurden.

Ich lernte, die Europäer in die Neue Welt herüberzuholen, um den Eingeborenen die Augen zu öffnen. Das hatte eine positive Wirkung.

Also setzte ich mich mit meiner guten alten Schreibmaschine hin und schrieb eine Broschüre mit dem Titel „Qualitätsverbesserung durch Fehlervermeidung“. Inhalt waren die Konzepte des Qualitätsmanagements und die 14 Verbesserungsschritte.

Wir mußten die Leute vom Irrweg der Qualitätskontrolle und der statistischen Prozeßlenkung wegführen.

Schließlich lernte ich, die Dinge einfach in Angriff zu nehmen und mir zu holen, was ich brauchte. Niemand schien sich darum zu kümmern – wir bewegten Milliarden, da brauchte man sich über ein paar tausend Dollar keine Gedanken zu machen.

Unternehmen wenden viel Zeit und Geld dafür auf, die Verwendung kleiner Beträge zu überwachen und ihre Mitarbeiter damit zu terrorisieren.

Geneen stellte gerne intelligente Leute mit Führungserfahrung ein, die er dann einfach ins kalte Wasser warf: sie mußten sich selbst zurechtfinden und sich einen Tätigkeitsbereich suchen.

Aus dem Quality Council und aus meinen persönlichen Kontakten zu den Qualitätsmanagern wußte ich, was wirklich in einer Einheit vorging.

All das führte dazu, daß die Leute zu der Überzeugung gelangten, daß es nicht unbedingt ratsam war, der Qualitätsabteilung ständig Schwierigkeiten zu machen.

Es war in Ordnung, wenn man Probleme hatte; nicht in Ordnung war es, diese zu ignorieren und nicht um Hilfe zu bitten.

Wenn Führungskräfte über Qualitätsprobleme sprechen, meinen sie damit, daß etwas nicht richtig funktioniert hat. Sie meinen nicht, daß die Qualitätsabteilung an sich dafür verantwortlich ist. Aber andere denken, daß sie genau das meinen.

Dabei muß vermieden werden, einzelne Personen anzugreifen. „Bekämpft das Problem, nicht die Menschen", sagte Hal Geneen, und er hatte recht.

Nichts war so schlimm, wie es dargestellt wurde.

Mit den Spitzenmanagern machte ich ausschließlich positive Erfahrungen.

Aber sie reagierten nur auf Geld: diesem galt ihre vorrangige Sorge, und anhand des Geldes wurden die Führungskräfte gemessen.

Es gelang uns festzustellen, daß mindestens 20 Prozent der Umsätze in die Überarbeitung fehlerhafter Produkte flossen. Ich erkannte, daß wir nun etwas in der Hand hatten, um die Aufmerksamkeit des Spitzenmanagements auf die Qualität zu lenken.

Würden wir lernen, Qualität als Erfüllung der Forderungen (Konformität) anstatt als Güte zu definieren, würden wir lernen, an der Vorbeugung anstatt an der Aufspürung von Fehlern zu arbeiten, würden wir Null-Fehler statt akzeptabler Qualitätsniveaus (AQLs) zu unserem Leistungsstandard machen, würden wir die Qualität anhand des Preises der Abweichung anstatt anhand von Indizes messen – dann könnten wir unsere Kosten um 20% des Umsatzes senken.

Als ich bei der Konferenz über das Konzernprogramm von ITT sprach, wurden meine Aussagen zu meiner Überraschung von verschiedenen amerikanischen Qualitätsexperten kritisiert. Ihrer Meinung nach bedeutete der Versuch, in einem Unternehmen Null-Fehler durchzusetzen, Energie zu verschwenden und die Belegschaft vor eine unlösbare Aufgabe zu stellen.

Der Einfluß dieser Leute ist zerstörerisch gewesen. Die Qualitätsfachleute sind so eifrig damit beschäftigt, Variablen zu kontrollieren, daß es ihnen schwerfällt, zu den wirklich nützlichen Aktivitäten vorzudringen.

Es war leichter, jemanden von außen zu holen, der als Bereichsleiter einstieg. Das erklärt, warum manche Konzerne gute Leute verlieren und gegen Neuzugänge eintauschen, die man bei anderen Unternehmen gerne ziehen läßt.

Wie die meisten Führungskräfte, die in der Produktion groß geworden waren, betrachtete er die Leute in der Qualitätsabteilung als minderwertige Menschen, die ein notwendiges Übel darstellten.

All die Burschen in den Spitzenpositionen waren nette Kerle, aber sie hatten keine Ahnung davon, was sich im Unternehmen abspielte.

Dennoch war es mein Plan, sobald wie möglich in die Welt hinauszugehen und ein Unternehmen für Qualitätsausbildung und -beratung aufzubauen.

Aber ich wußte, daß ich mein Unternehmen so führen würde, daß seine Mitarbeiter, Lieferanten und Kunden zufriedengestellt würden.

Als John Delorean Pontiac führte, lud er mich ein, vor seinen Mitarbeitern über Qualität zu sprechen.

Das war in jenen Tagen, als die Autobauer acht oder neun Mängel pro Fahrzeug als normale Qualität betrachteten.

Es stimmt, daß es zu den wichtigsten Aufgaben der leitenden Manager gehört, sich über die Einstellungen und Gefühle ihrer Untergebenen kundig zu machen.

Ich wollte nicht wegen des Geldes oder wegen meiner Stellung kündigen; es lag einfach daran, daß ich das Gefühl hatte, sie brauchten mich nicht. Klingt wohl ein wenig dumm für jemanden, der als harter Bursche gilt.

Im Lauf der Jahre habe ich die Theorie entwickelt, daß es in Wirklichkeit nur ein Dutzend dieser Obstkuchen gibt, die lediglich vom einen zum anderen weiterverschenkt werden. Wir verwendeten unseren als Türstopper.

Wir waren der kleinste Stab in der Zentrale. Trotzdem wurden wir zum bekanntesten.

Die verbreitete Einschätzung, Führungskräfte aus Unternehmen seien normalerweise keine guten Redner, ist ein Klischee, wenn sie auch häufig zutrifft.

Sie können einwandfreie Auftritte absolvieren und geraten nicht in Verlegenheit, aber sie werden nie erfolgreich, weil sie sich nie wirklich darüber klar werden, daß sie ein Problem haben.

Kapitel 8

Anstatt nur über die Qualitätsergebnisse zu debattieren oder die Qualitätsabteilung für alle Probleme verantwortlich zu machen, hatten die Führungskräfte eingesehen, daß sie persönlich in der Pflicht standen, und verfochten den Null-Fehler-Standard.

Das ‚Ring-of-Quality'-Programm fand weltweit großen Anklang. Die Mitarbeiter wurden aufgefordert, eine Person zu nominieren, die sie im Hinblick auf die Qualitätsleistungen als ihr persönliches Vorbild betrachteten.

Mittlerweile hatte der Qualitätsgedanke im gesamten System große Fortschritte gemacht. Die Verantwortlichen waren sich der Bedeutung von Qualität bewußt und übernahmen persönliche Verantwortung für ihre Durchsetzung.

Das Rollenmodell des findigen Managers, der in jeder noch so schwierigen Situation liefern konnte, verlor seine Gültigkeit. Vielmehr begann das leitende Management, denjenigen Anerkennung zu zollen, die ihre Aufgabe ordentlich erfüllten und auf Kunstgriffe und Improvisationen verzichteten.

Die Unternehmensleitung wollte den Erfolg nicht länger ständig der drohenden Niederlage abringen; sie wünschte sich einen reibungslosen Ablauf. Denn dieser war weniger kraftraubend und sehr viel gewinnbringender. Und er erleichterte das Management.

Diese Unternehmen außerhalb des Produktionssektors erkannten nur schwer, daß etwa die Hälfte ihrer Aktivitäten der Überarbeitung fehlerhafter Tätigkeiten diente.

Was die Hotels als fürsorgliche Betreuung des Gastes betrachteten, waren in Wirklichkeit Nacharbeiten.

Versicherungsunternehmen schienen ihre Policen nur selten beim erstem Versuch richtig auszustellen.

Die Ausbildung der Führungskräfte, die derartige Unternehmen leiten, weist einige weiße Flecken auf, was das Verständnis der eigentlichen Arbeitsabläufe betrifft.

Ich hatte ihnen beigebracht, „Senkung“ durch „Eliminierung“ zu ersetzen.

Wenn wir die Mitarbeiter dazu bewegen konnten, ihre Tätigkeit unter die Lupe zu nehmen und täglich einen Dollar einzusparen, konnten wir mit geringem Aufwand eine umfangreiche Kosteneliminierung bewerkstelligen.

Anfang 1972 erlitt ich einen Herzinfarkt, was mir vor Augen führte, daß ich nicht unsterblich war. Das Erlebnis schockierte alle, mich eingeschlossen, aber es überzeugte mich davon, daß ich das Rauchen aufgeben und meine Gesundheit in Zukunft ernster nehmen mußte.

Ich begann mich wirklich zu langweilen, da bei ITT keine große Herausforderung mehr auf mich wartete. Trotzdem geschahen immer noch viele interessante Dinge.

Aber für einen jungen Tiger war es schwierig, sich in einer derart durchstrukturierten Organisation durchzusetzen. Ich war mit meiner Tätigkeit nur erfolgreich, weil meine Aktivitäten niemanden bedrohten und mich nirgendwo hinführten, wo schon jemand sein Revier markiert hatte.

Auch ich arbeitete hart, machte jedoch keine Überstunden mehr und stellte klar, daß meine Familie vor dem Unternehmen kam.

Wenn man viele Überstunden macht, hat man möglicherweise den Eindruck, mehr zu leisten. Doch die Führungskräfte in Unternehmen konzentrieren sich die meiste Zeit auf Dinge, die nur wenig verändern. Arbeit bis zur Erschöpfung ist nicht immer gleichbedeutend mit besseren Resultaten.

Alle fragten mich, ob dies mein erster Besuch in Japan sei. Da ich ihr Land beim ersten Mal als Mitglied der Besatzungstruppen besucht hatte, log ich üblicherweise und sagte ja.

Vor allem beeindruckte mich, daß mir die Fabrikleiter ihre Qualitätsprozesse und -pläne selbst erklärten, anstatt diese Aufgabe, wie in den Vereinigten Staaten und Europa üblich, an den Qualitätsmanager zu delegieren.

Sie betrachteten meine Vorstellungen über das Qualitätsmanagement als sehr fortschrittlich und wußten, daß mich meine Kollegen in den Vereinigten Staaten nicht sehr schätzten.

Der Markt für die Australier waren die asiatischen Länder, aber die Aussies mochten die Asiaten nicht besonders, weshalb sie keine Beziehungen knüpften.

Diese Begegnung mit Asien führte mir vor Augen, daß ich den fernen Osten in meine Überlegungen einbeziehen mußte, sollte ich irgendwann einmal meine eigene Ausbildungsfirma gründen.

Es hatte zunehmend den Anschein, daß mein Tätigkeitsfeld in Zukunft eher die Ausbildung sein würde; ich nahm Abstand von dem Gedanken, immer nur herumzustehen und Ratschläge zu erteilen. Lernen mußte jedermann.

Tatsächlich wollte ich kein Bereichsleiter oder gar Präsident im Konzern werden. Ich war der Ansicht, daß man in diesen Funktionen kaum wirkliche Führung ausüben, sondern im wesentlichen nur auf die Probleme reagieren konnte, die andere verursachten.

Erneut stieg das Gefühl in mir auf, nicht richtig geschätzt zu werden.

Das ist ganz normal, wenn man auf eine Entscheidung zur Veränderung zusteuert.

Ich hatte keine Lust, an Türen zu klopfen und in mühsamer Kleinarbeit Unternehmen als Kunden zu werben. Die Frage war, wie ich sie dazu bewegen konnte, von allein zu mir zu kommen.

Die Antwort lag in einem Buch, das Führungskräfte lesen würden.

In den Jahren, in denen meine Bücher über Qualitätsmanagement entstanden, war ich eine echte Führungskraft gewesen, hatte mit anderen Führungskräften gelebt und für sämtliche Verbrechen gebüßt, die begangen wurden.

Die Leute, die Qualitätsmanagement, Qualitätskontrolle, Qualitätssicherung, Zuverlässigkeit und all die anderen Konzepte lehrten und darüber schrieben, verfügten üblicherweise nicht über praktische Erfahrung auf Führungsebene.

Die amerikanischen Manager gewannen den Eindruck, die Ursache für die Qualitätsprobleme des Landes sei der amerikanische Arbeiter. In Wirklichkeit war das Management das Problem, denn es hatte sich in den Jahren des Erfolgs sowohl von der Belegschaft als auch von den Kunden entfernt.

Textilfabrikanten, die mit fehlerfreien Teppichböden aus dem Ausland konfrontiert wurden, beharrten weiterhin darauf, 15 Fehler pro 100 Meter seien der richtige Standard. Sie drängten den Staat, Maßnahmen zu ergreifen, um andere davon abzuhalten, bessere Qualität zu liefern.

Die Redner zum Thema Qualität erklärten, es gehe darum, härter an der Qualitätskontrolle zu arbeiten. Aber dieser Ansatz führte nirgendwohin. Er verteuerte lediglich die Produkte.

Also schrieb ich *Quality Is Free: The Art of Making Quality Certain.* Bei McGraw-Hill haßten sie den Titel und durchsuchten das gesamte Material vergeblich nach irgendwelchen Diagrammen oder Qualitätskontrollsystemen.

Die Mehrheit der Boardmitglieder zeigte keinerlei Interesse daran, das Land auf Qualitätskurs zu bringen.

Die meisten Spitzenmanager sind derart mit sich selbst beschäftigt, daß sie kaum in der Lage sind, sich um die Förderung ihrer Leute zu kümmern.

Ich entschied, es von vornherein so zu führen, daß es ein wunderbarer Arbeitsplatz und gleichzeitig profitabler als jedes andere Unternehmen in diesem Tätigkeitsbereich sein würde.

Wir werden die Formulierung und Erfüllung von Qualitätsforderungen ernst nehmen.

Alle Angestellten werden als Mitarbeiter bezeichnet, respektvoll behandelt und sorgfältig ausgewählt, und sie werden jede Möglichkeit zur persönlichen Weiterentwicklung erhalten.

Wir werden die Lehrer für das Quality College ausbilden oder unsere Klienten beraten, um ihnen die Gebote des Qualitätsmanagements zu vermitteln. Wir werden niemanden einstellen, der über Erfahrung in der Qualitätskontrolle verfügt.

Dies wird keine Consultingfirma, sondern ein Unternehmen für Managementausbildung sein.

Das Unternehmen wird keine Personalabteilung haben.

Wir werden ein Programm zur Altersvorsorge, einen Sparplan und eine faire Krankenversicherung schaffen.

Das Management wird gezwungen sein, sich mit der Realität des täglichen Lebens auseinanderzusetzen.

Wir werden ein monatliches Meeting des Familienrats abhalten, in dem alles offen zur Sprache kommen wird.

Kapitel 9

Die Führungskräfte, für die ich das Buch geschrieben hatte, lasen es tatsächlich und setzten die Konzepte in ihrer Arbeit um.

Die Experten für Qualitätskontrolle, vor allem die prominenten Berater und Lehrenden unter ihnen, lehnten das Buch rundweg ab. Einer sagte: „Der Clown hat ein Buch geschrieben."

Manche taten meine Arbeit als „Motivierungs- oder Anfeuerungsreden" für Arbeitnehmer ab. Ich habe nie verstanden, wie sie zu dieser Einschätzung gelangen konnten, da es weder in diesem noch in irgendeinem meiner anderen Bücher um dieses Thema geht.

Es herrschte die tief verwurzelte Überzeugung, daß Qualität mit variierenden Gütegraden gleichzusetzen war, und daß sie um so mehr kostete, je höher der angestrebte Gütegrad war.

Sie waren fixiert auf Dinge wie strategische Planung, Finanzmanagement, Kapitalrendite und die anderen Werkzeuge des konventionellen Industriemanagements.

Viele erklärten, sie würden ihre Fabriken auch mit Robotern führen, wenn dies möglich wäre.

Für diese Einstellung, die sich als äußerst destruktiv erwies, habe ich den Ausdruck „Mainframe-Denken" geprägt.

Ich lernte zu beurteilen, ob es einem bestimmten Unternehmen gelingen würde, seine Denkweise und Kultur in bezug auf die Qualität zu verändern.

Manchmal habe ich das Gefühl, daß das Hörvermögen bestimmter Leute schwindet, wenn sie in die obersten Etagen einer Organisation vordringen.

In dieser Zeit gab es zwei Arten von Unternehmen: die arroganten und die suchenden.

Diejenigen, die über eine große Schulungsabteilung oder eine starke Qualitätsfunktion verfügten, meinten jedoch meist, alles selbst machen zu können. Es klang ja so einfach.

Die Folge war, daß sie viele Jahre mit dem vergeblichen Versuch verschwendeten, die Mitarbeiter und nicht die Art des Managements zu ändern.

Sie arbeiteten mehrere Jahre lang an den falschen Dingen, weil sie zu stolz waren, sich von jemandem etwas sagen zu lassen.

Meine Unternehmenserfahrung war so umfassend, daß es kaum etwas gab, was mir fremd war.

Eines Tages, als das College etwa anderthalb Jahre alt war, rief mich einer der beeindruckendsten Menschen an, die ich je getroffen habe. Roger Milliken, Leiter und Eigentümer des Textilunternehmens Milliken Company. Er teilte mir mit, er habe *Qualität ist frei* gelesen und wolle nun anhand meiner Konzepte ein Unternehmen aufbauen.

Es war eine Freude, eine Gruppe von Leuten zu sehen, die nicht über Qualität debattieren wollten; sie wollten sie einfach durchsetzen.

Was die Klienten betrifft, so war ich immer stolz auf die Tatsache, daß wir nie Werbung betrieben und nie jemanden von uns aus kontaktierten.

Jedes Jahr wurde das Quality College von mehr als sechstausend Führungskräften und Managern besucht, und noch viel mehr Menschen verwendeten unsere Tonbänder und andere Unterlagen, die wir für den Unterricht im College entwickelt hatten.

Sollte dieses Projekt eines Tages ein richtiges Unternehmen sein, so würde es so gestaltet sein, daß die Leute stolz waren, dort zu arbeiten, und daß die Klienten jede erdenkliche Hilfe erhielten.

In dieser strategischen Phase stieß ich auf eine Liste, die Warren Buffet erstellt hatte, um ein „wundervolles Unternehmen" zu beschreiben.

Ich kombinierte alle diese Erkenntnisse mit den Lernerfahrungen, die ich im Lauf der Jahre gewonnen hatte und formulierte Ende 1979 eine Strategie.

Die Manager mußten verstehen, daß sie die Ursache des Problems waren, und alle Mitarbeiter der Unternehmen mußten sich dieselbe Vorstellung von Qualität zu eigen machen.

Wichtig waren die Konzepte, nicht die Techniken.

Statistische Prozeßregelung, Qualitätszirkel und andere beliebte Methoden hatten nichts mit der Ursache und Wirkung von Qualität zu tun. Sie waren nichts weiter als Werkzeuge, die sich, richtig angewandt, als nützlich erweisen konnten.

Ich baute das Quality College rund um die vier Gebote des Qualitätsmanagements auf, die ich im Lauf der Jahre entdeckt hatte.

Qualität bedeutet nicht Güte, sondern Erfüllung der Forderungen (Konformität).

Qualität entsteht nicht, indem man Fehler aufspürt, sondern indem man sie vermeidet.

Der anzustrebende Qualitätsstandard sind nicht akzeptable Qualitätsniveaus, sondern Null-Fehler.

Qualität wird nicht anhand von Indizes, sondern anhand des Preises der Abweichung gemessen.

Dort hielten wir im Oktober 1979 unser erstes Managementseminar ab; weitere folgten im November und im Dezember.

Der Herr schickte uns immer genau die richtige Person für PCA.

Einer der Vorteile unseres Standorts bestand darin, daß wir unsere Kursteilnehmer zum Mittagessen in die Park Avenue schicken konnten. Auf diese Weise verschafften wir ihnen ein bißchen Bewegung und vermittelten ihnen einen Eindruck vom örtlichen Flair.

Diese Zusammenarbeit ermöglichte es uns, pünktliche Null-Fehler-Lunches durchzuführen.

Die Kursteilnehmer (hauptsächlich Führungskräfte und Manager) erwarteten natürlich von uns, daß wir im Quality College mit gutem Beispiel vorangingen, wenn wir sie lehren wollten, wie man einen Betrieb richtig führt.

Bei der Auswahl unserer Mitarbeiter legten wir Wert darauf, daß die betreffende Person bestrebt war, alles schon beim ersten Mal richtig zu machen.

Beim Aufbau meines Unternehmens verfolgte ich vor allem ein Ziel: Ich legte besonderen Wert darauf, daß die Mitarbeiter bereit waren, echte Beiträge zu leisten, und ich verlangte, daß wir einander ebenso wie unsere Klienten mit Respekt behandelten.

Hochrangige Manager in Unternehmen waren nicht sehr nett zu den Angestellten der unteren Ebenen – zumindest hatte ich diese Erfahrung gemacht.

Es gibt nur sehr wenige Manager, die freiwillig die Zeit und Mühe investieren, um solche Kommunikationsveranstaltungen abzuhalten.

Ich wählte die Vortragenden aufgrund ihrer praktischen Managementerfahrung aus. Wer aus der Qualitätskontrolle kam, wurde abgewiesen.

Im September 1980 fuhren wir nach Greenbrier, um uns wieder einmal gründlich körperlich durchchecken zu lassen. Dr. Morehouse stellte fest, daß mein Elektrokardiogramm während des Belastungstests starke Veränderungen zeigte.

Der langen Rede kurzer Sinn: Ich mußte ins Krankenhaus, wo ich einer Kerzkatheteruntersuchung unterzogen wurde, gefolgt von einer Operation, bei der meine Herzkranzgefäße durch fünf Bypässe entlastet wurden.

Für viele Fachkräfte ist es eine Frage der Ehre, auf ihren Schreibtischen und Büromöbeln ungeordnete Papierstöße herumliegen zu lassen. Auf die Klienten jedoch macht Unordnung keinen guten Eindruck.

Bald hatten wir einen kontinuierlichen Zulauf von Unternehmen, die ihre Strategie mit uns besprechen wollten.

Für einige der arroganteren Unternehmen war es eine Beleidigung, daß sie nun Unterricht in Kommunikation nehmen sollten.

Aus diesem Grund schuf ich die Auszeichnung „Beacon of Quality" für alle Unternehmensangehörigen sowie eine spezielles Zertifikat für die Lehrkräfte.

Etwa zur Jahreshälfte begann sich die Rezession auf die Unternehmen auszuwirken. Also taten sie, was sie in solchen Situationen am häufigsten tun: Sie reduzierten sofort die Ausgaben für Schulung und Weiterbildung.

Mein Vorschlag lautete, wir sollten alle eine 20prozentige Gehaltskürzung in Kauf nehmen, anstatt 20 Prozent der Leute zu entlassen.

Ein Video handelte von einem Unternehmen namens Flypaper Company, das den Großteil seines Kapitals für Reisen rund um die Welt aufwendete, um nach Fliegen Ausschau zu halten, die schwächer waren als der Klebstoff, den es für seine Fliegenbänder produzierte.

Jeder Mensch hat seine eigenen Ziele, die oft nicht allzu produktiv sind.

Wir brauchten ein Unternehmen, keine Versammlungen.

Kapitel 10

Da QES ein neues Qualitätsschulungskonzept darstellte, wurde es von den Klienten nicht sofort angenommen.

Sie konnten den Part des „Lehrers" selbst übernehmen, und das Material würde gewährleisten, daß alle dasselbe lernten.

Die Experten neigen immer zu einer eingeschränkten Weltsicht.

Wir bemerkten bald, daß einige der Trainer in Klientenunternehmen die Arbeitsbücher kopierten oder die Seiten mit Plastik abdeckten, so daß sie mehrmals benutzt werden konnten.

Wir lagen noch immer im Clinch mit den Leuten von der Barnett Bank, die sich Sorgen um ihr Geld machten, obwohl wir keine einzige Zinszahlung versäumt hatten.

General Motors bot uns eine Zusammenarbeit an.

Mit dem Erfolg umzugehen ist schwieriger als die Bewältigung schwerer Zeiten. Die Leute hören nicht zu, wenn das Schiff in sicherem Gewässer dahingleitet, aber sie spitzen die Ohren, wenn die Rettungsboote zu Wasser gelassen werden.

Die Meetings begannen mit einem Gebet, und alle gingen gut miteinander um. Wir bekämpften die Probleme, nicht die Menschen.

Die Leute verfolgen alle ihre eigenen Ziele. Normalerweise sind sie es nicht gewöhnt, über ihren eigenen Tellerrand zu blicken.

Niemand außer dem Unternehmensleiter überblickt die gesamte Organisation.

In den vorangegangenen vier Jahren als Berater und Lehrer hatte ich die Erfahrung gemacht, daß die meisten Manager ihre Mitarbeiter eigentlich nicht sehr mochten.

Es war ihnen tatsächlich nicht bewußt, daß die Menschen ihr wichtigstes Kapital waren.

In *Qualität ohne Tränen* ging es mir vor allem darum, die Konzepte, die „vier Gebote“, wie ich sie nannte, klarer und detaillierter zu formulieren als bisher. Wer diese vier Gebote verstand, der würde wirklich verstehen, was Qualität bedeutete.

Die Manager sind so technikorientiert, daß Ideen kaum zu ihnen durchdringen.

Wir hatten uns die Verfahren und Richtlinien ausgedacht und sie in eine Strategie umgesetzt, die jeder verstehen konnte. Es gab keine plötzlichen Veränderungen; alles war geplant. Das bedeutete, daß es bei PCA all die panischen Anrufe und unerledigten Aufgaben nicht gab, die in anderen Unternehmen an der Tagesordnung sind.

Deshalb rief ich eine „Thanksgiving Week“ ins Leben, die wir von nun an jedes Jahr im April begingen. In dieser Woche dankten wir allen, die uns unser gutes Leben ermöglichten.

Es ist schwer, Menschen Dinge beizubringen, die sie nicht aus ihrer persönlichen Erfahrung kennen.

Ich begann mir auch Fragen über all die Leiter von Qualitätsmanagementseminaren zu stellen, die nie in ihrem Leben mit Qualitätsmanagement zu tun gehabt hatten.

Wir führten jährliche Absolvententreffen ein, um es den Klienten zu erleichtern, einander auf den neuesten Stand zu bringen. Alle Vortragenden waren Angehörige von Klientenunternehmen, die über ihre Erfahrungen sprachen. Die Ergebnisse waren ausgezeichnet.

Was wir lehrten, war eine Veränderung der Unternehmenskultur, die Engagement, Bildung und Handlungsbereitschaft beim Management erforderte. Doch die meisten Manager wünschten sich eine Reihe von Aktionsschritten, die sie an die Qualitäts- oder an die Personalabteilung delegieren konnten.

Eine gut gemanagte Aktivität unseres Unternehmens waren die Wohltätigkeitsaktivitäten.

Wir sagten, wir wollten das Geld „echten Menschen geben, die echten Menschen helfen“. Das ist schwieriger als es klingt.

Ab und zu deutete jemand an, wir sollten das Geld lieber den Aktionären zukommen lassen, als es zu verschenken. Ich pflegte darauf zu sagen, daß Gott uns mit Absicht zu denen gemacht hatte, die wir waren, und daß wir unserer Verpflichtung Ihm gegenüber nachkommen mußten. Wenn sie etwas anderes wollten, dann konnten sie ja selbst ein Unternehmen gründen, schlug ich vor.

Ich war der Meinung, daß wir uns überlegen sollten, an die Börse zu gehen. Das hatte vor uns noch kein Beratungsunternehmen gewagt.

Die Collegeseminare wurden von Leuten gehalten, die ihr Handwerk gelernt hatten, nicht von Professoren oder anderen Leuten, die ihre eigenen Interessen verfolgten.

„Gebührende Sorgfalt" bedeutet, daß alles, was man über eine Organisation sagt, bewiesen werden muß, so daß derjenige, der einen Kauf der Aktien in Erwägung zieht, sichergehen kann, die ganze Wahrheit zu erfahren.

Eigentlich hatte ich drei Gründe, an die Börse zu gehen: Erstens war ich davon überzeugt, daß das Unternehmen diese solide Basis der Mittelbeschaffung brauchte, so daß es nie wieder in die würdelose Situation kommen würde, in die uns damals unsere Bank gebracht hatte; zweitens würden die Mitarbeiter und die Mitglieder meiner Familie, die Aktien besaßen, nun selbständig sein, und ich würde nicht länger ein schlechtes Gefühl haben, weil sie Anteile hatten, die sie nicht verkaufen konnten; und drittens wollte ich, daß meine Familie Geld hatte, um unabhängig zu sein.

1985 hatte PCA fast 12.000 Führungskräfte und Manager durch das Quality College geschleust.

Kapitel 11

Es ist immer noch die größte Herausforderung, den Mitarbeiter eine anregende Umgebung und ein möglichst aufgeklärtes Management zu bieten.

Es ist schwierig durchzusetzen, daß die Menschen einander mit Höflichkeit und Respekt behandeln. Wenn das selbstverständlich wäre, hätte Shakespeare keinen Stoff für seine Theaterstücke gehabt.

Ein Buch zu schreiben ist eine Tätigkeit, die mir liegt. Die Ideen sprudeln nur so aus mir hervor, ich brauche keine anderen Bücher zu wälzen, um Ideen anderer Autoren aufzugreifen oder Fußnoten mit Zitaten zu füllen.

Bei PCA waren alle glücklich. Die Leute waren stolz, dort zu arbeiten. Die Firma war profitabel. Die Kunden mochten sie, weil sie professionelle Arbeit leistete. Der Grund dafür war, daß unsere Maßnahmen bewußt gesetzt und unsere Programme bewußt entwickelt wurden.

Wir hatten zum Beispiel ein Qualitätsverbesserungsteam, das jedes Jahr neu gewählt wurde. Das Team leistete gute Arbeit, aber seine Bemühungen wären fruchtlos geblieben, wenn die Unternehmenskultur nicht für Verbesserung offen gewesen wäre.

Alle, die unser Unternehmen besuchten, erkannten innerhalb der ersten halben Stunde, daß es anders war als die Unternehmen, die sie kannten.

Den Managern, die unsere Programme absolvierten, war zunächst nicht klar, woher das alles kam.

Ich wußte, daß sich das Unternehmen nach meinem Abgang ändern würde, und ich erkannte, daß langsam die Zeit für meinen Rückzug kam.

Ich war seit jeher so vorgegangen, daß ich etwas schuf, es entwickelte, es anderen vermittelte – und mich dann etwas anderem zuwandte.

Ich hasse Konflikte, bei denen Menschen einander unflätige Ausdrücke an den Kopf werfen, sich anbrüllen oder herumstreiten.

Aus diesem Grund setzte ich alles daran, um sicherzustellen, daß das Arbeitsumfeld in unserem Unternehmen friedlich und zielstrebig war.

Qualität in ein Unternehmen einzuführen ist ein Full-time-Job für den Unternehmensleiter.

Klientenunternehmen wollten Fallgeschichten hören; sie wollten wissen, wie es den anderen Unternehmen ergangen war, welche die von uns gelehrten Qualitätskonzepte und -verfahren implementiert hatten.

In Wirklichkeit ändert niemand seine Vorgehensweise grundlegend, nur weil er eine Fallgeschichte gehört hat. Die Leute halten dem Vortragenden sofort entgegen, für ihre Situation sei das Beispiel in dieser Form nicht relevant.

Da auch sie nur Menschen waren, waren sie nicht notwendigerweise daran interessiert, ihr Unternehmen zu verbessern; möglicherweise war ihnen wichtiger, welches Bild man sich von ihren eigenen Bemühungen machte.

Wenn ein neuer Mitarbeiter in die Unternehmenstätigkeit eingeführt wurde – an diesen Einführungen nahmen auch jene Klienten teil, die zu Aufbaukursen kamen – veranstaltete ich ein Mittagessen, bei dem ich das ADEPT-Konzept präsentierte.

A (accurate) steht für genau – wir tun, was wir angekündigt haben, und wenn wir Informationen geben, wissen wir, daß sie stimmen.

D steht für diskret – wir klatschen nicht über andere, und wir behandeln einander mit Höflichkeit und Respekt.

E steht für enthusiastisch – wir versuchen, begeisterungsfähige Leute einzustellen und dafür zu sorgen, daß ihre Begeisterung nicht erlischt.

P steht für produktiv – je mehr von uns es gibt, desto weniger gibt es zu verteilen.

T (thrifty) steht für sparsam – wir machen alles, was wir tun, erstklassig, aber es ist keine Tugend, Geld aus dem Fenster zu werfen.

Die Leute fragten mich, wie ich es aushielt, immer über dasselbe Thema zu sprechen. Dazu pflegte ich zu bemerken, daß das Publikum jedes Mal anders sei.

Der Schlüssel zu einem erfolgreichen Vortrag liegt nur zum Teil in den Händen des Redners.

Die meisten Organisatoren neigen dazu, den Vortragenden hinter ein Rednerpult zu stellen, eingezwängt zwischen Leuten, die auf dem Podium sitzen.

Ebenso ungünstig für einen Vortragenden sind visuelle Hilfen. Wie durchdacht oder attraktiv die Schaugraphiken auch sein mögen, sie lenken von der Botschaft ab, die der Vortragende vermitteln möchte.

Die Leute für bestimmte Projekte in Gruppen einzuteilen ist ebenfalls nicht hilfreich, wenn es um den Erwerb von Wissen geht. Der Vorteil ist allerdings, daß die Leute auf diese Art eine Zeitlang beschäftigt sind, was den Teilnehmern zu etwas Bewegung und dem Vortragenden zu einer wohlverdienten Ruhepause verhilft.

Wenn man selbst Vorsitzender, Gründer und Oberguru eines Unternehmens ist, erhält man nur schwer konstruktive Kritik.

Wir alle müssen einmal sterben, aber wenn wir auf uns achten, können wir den Zeitpunkt unseres Todes im allgemeinen hinausschieben.

Unternehmen müssen nicht sterben; aber sie tun es, und zwar in den meisten Fällen, indem sie Selbstmord begehen.

Meine Kritiker – insbesondere solche, die sich mit Qualität befassen – bemängeln oft, daß meine Ideen und die von mir vorgeschlagenen Vorgehensweisen zu simpel seien und daß in Wirklichkeit nichts so funktioniert.

Sie suchen keine Philosophie, die auf Ideen beruht, sondern ein Regelwerk, dem bestimmte Techniken und Verfahren zugrunde liegen.

Jene, die meine Ideen aufgreifen, sind Spitzenmanager, die bereits versucht haben, ohne vorgefertigte Lösungsansätze Qualität durchzusetzen.

Aber die Entscheidung darüber, wie gesund die betreffende Person sein will, liegt immer bei ihr selbst. Unternehmen haben mit demselben Problem zu kämpfen.

Das Gute für einen Autor ist, daß ihn die Leute überall ansprechen und ihm erzählen, was sie von seinen Büchern halten.

Es schien so, als brauchten wir einen Partner, damit PCA weltweit wachsen konnte.

Wir träumten davon, einen Partner zu finden, der bereits an Orten aktiv war, die für uns Neuland darstellten. Dieser könnte uns überall einführen und uns sein Telefon benutzen lassen.

Ich interessierte mich zunehmend für das Schreiben und Vortragen; die Führung des Unternehmens trat zunehmend in den Hintergrund.

Zu dieser Zeit schrieb ich: *Leading: The Art of Becoming an Executive.* Im meinem ewigen Streben, das Unmögliche möglich zu machen, versuchte ich, den Inhalt in einen Roman mit mehreren Helden und einer nachvollziehbaren Handlung zu verpacken.

Das Buch vermittelte auch eine neue, lebensnahe Philosophie über die Gebiete, mit denen Führungskräfte hauptsächlich befaßt sind: Finanzen, Qualität und Beziehungen.

Die Qualität stellte ich als Struktur, als Körper der Organisation dar; die Finanzen als ihren Blutkreislauf und die Beziehungen als ihre Seele.

Ich erhielt viele Einladungen, Vorträge zu halten, und obwohl mein Publikum an Qualität interessiert war, wollte es anscheinend nur wissen, worüber ich gerade nachdachte.

Das war gegenüber der Vergangenheit eine bemerkenswerte Veränderung. Nun waren die Leute an mir persönlich und nicht mehr ausschließlich am ABC der Qualität interessiert.

Ich stellte fest, daß viele leitende Managementteams besorgt darüber waren, daß ihre Qualitätsprogramme nirgendwo hinführten.

In dieser Sitzung betrachteten wir das Unternehmen so, als wären da keine Gebäude oder Menschen, sondern nur eine grüne Wiese.

Die Konzepte des Qualitätsmanagements eröffneten sich mir im Lauf der Jahre auf eine Weise, die andere Leute nicht nachvollziehen konnten.

Der Inhalt meiner Bücher beruht auf Geschichten aus dem wirklichen Leben, auf Geschichten, die ich selbst erlebt habe.

Kapitel 12

Die Autoren von College-Lehrbüchern über Qualität stellen meine Liste (mit den 14 Schritten) ebenso wie die von anderen Leuten erstellten Listen ungerührt in einen Kasten, als stellte sie das gesamte Ergebnis unserer Denkarbeit dar.

Viele Leute gehen an die Liste wie an eines jener Spiele heran, bei denen man Bonuspunkte sammeln muß.

Sie verschwenden kaum einen Gedanken daran, worum es in der Liste eigentlich geht oder auf die Wirkung, die mit den beschriebenen Maßnahmen oder „Schritten" erzielt werden soll.

Wenn Menschen wirklich etwas wollen, suchen sie nach einem Weg, um es zu erreichen.

Dasselbe gilt für die Geschichte der Politik, in der es um Gewinn und Erhalt der Macht geht.

Wenn man Qualitätsverbesserung als Prozeß betrachtet, stellt man fest, daß der eigentliche Grund für diese Bestrebung oft in einem frühen Stadium des Prozesses aus den Augen verloren wird.

Anstatt eine strahlende Zukunft in Wohlstand anzustreben, bleiben die Qualitätsmanagementexperten in der Erstellung von Analysen und Dokumentationen stecken und konzentrieren sich völlig auf den sorgfältigen Bau der Brücke, welche die Überquerung des Flusses ermöglichen soll.

Je detaillierter die Informationen sind, die man den Leuten gibt, desto weniger bringen sie zustande.

Der Vorteil eines formalen Prozesses, gleich in welchem Bereich, besteht darin, daß die Ergebnisse der bisherigen Überlegungen genützt werden können.

Qualität durchzusetzen erscheint zu Beginn stets leicht.

Oft erweisen sich die größten Problemfälle als nützliche Helfer.

Nicht jeder will, daß alles von Anfang an richtig gemacht wird.

Wenn es so sinnvoll ist, das Richtige von Anfang an richtig zu machen, wie kann es dann gängige Praxis sein, zuerst das Falsche und dann erst das Richtige zu machen?

Ein Team zu haben bedeutet nicht, daß die Spieler jedes Spiel spielen können.

Ich habe nie verlangt, ein solches Team solle das Verbesserungsprogramm leiten, sondern ich habe nur von Kommunikation gesprochen.

Dieses Ziel wird erreicht, indem die „Qualität“ bei den allmonatlichen Managementversammlungen ganz oben auf der Tagesordnung steht.

Anhand des Complete Transaction Rating läßt sich ein permanentes Meßsystem einrichten.

Mit der Bezeichnung „Preis der Abweichung“ konnten wir endlich Klarheit schaffen. Jede Transaktion im Unternehmen wird so durchgeführt, daß sie den Forderungen entweder entspricht oder nicht entspricht.

Qualitätsbewußtsein hat den Zweck, allen das Gefühl zu geben, daß sie als einzelne Teil dieser neuen Unternehmenseinstellung sind.

Zur Überzeugung ist keine Bewußtseinsveränderung notwendig. Es genügen Ausbildung und Erfahrung.

Die Idee eines formalen Systems von Korrekturmaßnahmen besteht darin, alle daran zu gewöhnen, Probleme zu lösen und Fehler zu vermeiden, anstatt zu lernen, mit den Problemen zu leben.

Beim Null-Fehler-Programm geht es nicht um Motivation, sondern schlicht und einfach um Kommunikation.

Das Komitee ist verantwortlich für die Kommunikation zwischen jenen, die den Leistungsstandard festlegen, und jenen, die ihn zu erfüllen haben.

Der eigentliche Zweck der Null-Fehler-Planung besteht darin, das Management in eine Position zu bringen, aus der es sich nicht mehr so leicht herauswinden kann. Wenn das Management die Möglichkeit hat, sich abhängig vom Grad der alltäglichen Belastungen und Schwierigkeiten zum Null-Fehler-Konzept zu bekennen oder auch nicht, wird das Konzept ein Mythos bleiben.

Die Vorgesetzten auf allen Ebenen, einschließlich des Unternehmensleiters, scheinen unter Gehirnschwäche zu leiden, wenn es darum geht, Leistungsstandards weiterzugeben oder den Mitarbeitern zu vermitteln, worum es bei ihrer Arbeit geht.

In den meisten Qualitätsschulungen geht es um Dinge, die beim Management den Eindruck erwecken, es bewege sich etwas. Die Leute brauchen ernsthafte Informationen, die sich auf das beziehen, womit sie ihr Geld verdienen.

Schulung und Ausbildung müssen geplant werden und dürfen nie enden.

Die Einführung eines Feiertages diente dazu, den Unternehmensangehörigen die Botschaft zu vermitteln, daß unser Unternehmen anders war.

Es gibt genug interessante Hinweise darauf, daß dies ein besonderer Tag ist. Die Leute sollen stolz sein, in dieser Firma zu arbeiten. Dieser Tag ist auch eine gute Gelegenheit, Preise zu verleihen, natürlich an Mitarbeiter, die von ihren Kollegen nominiert wurden.

Manche Leute halten solche Feiertage für lächerliches und oberflächliches Tamtam. Dieselben Leute gehen ohne Vorbehalte zu Hochzeiten, Taufen, Anerkennungsessen, Amtseinführungen oder ähnlichen Veranstaltungen.

Für viele Leute ist die Zielsetzung eine Art Zeremonie. In Wirklichkeit ist sie aber ein normaler Bestandteil unseres Lebens und unserer tagtäglichen Konversationen.

Die beste Methode, auf Ziele hinzuarbeiten, besteht darin, sie in Leistungsbewertungsgespräche einzubauen.

Aus diesem Grund sollte die Leistungsbewertung auf der Erreichung vereinbarter und eindeutig meßbarer Ziele erfolgen.

Das Konzept der Beseitigung der Fehlerursachen (error cause removal – ECR) besteht darin, dem einzelnen Mitarbeiter dabei zu helfen, Korrekturmaßnahmen zu veranlassen, die sich auf seine Arbeit auswirken.

Man sollte daran denken, daß das ECR-System der Kommunikation dient und daß der einzelne in den Zyklus eingebunden werden muß.

Auszeichnungen sollten sinnvoll sein. Sie sollten nicht finanzieller Natur sein, und sie brauchen nicht wertvoll zu sein.

Militärische Auszeichnungen sind eigentlich wertlos, aber sie werden geschätzt wegen der Art und Weise, wie sie verliehen und gehandhabt werden. Die Leute nominieren sich für solche Auszeichnungen nicht selbst.

Das ist das, was mich an den staatlichen Auszeichnungen für Qualität wie dem Baldrige Award so stört: Was kann dieser Preis wert sein, wenn man sich selbst nominieren und sogar für seine Beurteilung bezahlen muß?

Ich habe einmal mehr gelernt, daß die Leute mit Begeisterung bei der Sache sind, wenn sie das Gefühl haben, ein wesentlicher Bestandteil der Aktivität zu sein, und daß sie nachlässig werden, wenn ihnen Arbeit von oben auferlegt wird.

Ein kluger Chef hilft den Leuten, sich in aller Stille zu entfalten.

Ein Lebensstil, der das gewünschte Ergebnis bringen soll, erfordert ständige Wachsamkeit und andauernde Aktivität.

Wenn wir mit dem Auto unsere Oma besuchen fahren, erfordert dies ein gewisses Maß an Fortbewegung und Lenken. Wenn wir nur einmal in die falsche Richtung abbiegen, so bedeutet das, viel Mühe und Benzin für unzureichende Ergebnisse zu verschwenden.

Kapitel 13

Wie Menschen ändern auch Unternehmen ständig ihre Befindlichkeit.

Meine Analysen haben ergeben, daß es kein perfektes Unternehmen gibt. Es gibt viele, die vielleicht eine Zeitlang erfolgreich sind, aber nur wenige, die diesen Status verteidigen können.

Wir würden uns nicht auf die Dinge beschränken, die bekannt waren oder dem „Bewährungstest der Zeit" standgehalten hatten.

Daß etwas immer noch da ist, bedeutet nicht unbedingt, daß es sich als richtig oder brauchbar erwiesen hat. Die Menschen hegen oft Tausende von Jahren falsche Überzeugungen und verteidigen sie sogar mit Waffengewalt.

Wir müssen alles in heutiger Perspektive betrachten und entscheiden, wie realistisch und nützlich es in der Gegenwart ist.

Wenn wir Gehen oder Laufen als Methode der körperlichen Ertüchtigung wählen, brauchen wir eine Philosophie, die uns nach Beendigung unserer Übung an unseren Ausgangspunkt zurückbringt.

Die Liste der Ursachen für Herzkrankheiten ist sehr kurz. Die wichtigste Ursache für Lungenkrebs ist das Rauchen, also nur ein einziger einfacher Grund. Übergewicht und Streß führen zu hohem Blutdruck. Wenn man mehr Geld ausgibt, als man verdient, gerät man in finanzielle Schwierigkeiten. Die Ursachen sind einfach – doch sie zu beseitigen, erfordert Politik, Ausbildung und harte Arbeit.

So also sieht ein robustes Unternehmen aus:

Die Finanzabteilung konzentriert sich auf die Ergebnisse.

Das Management kennt die Kunden.

Die Mitarbeiter sind seit langem im Unternehmen und haben einen hohen CTR-Wert.

Ablenkungen werden vermieden.

Das Management verfolgt gemeinsame Ziele.

Wer seinen Mitarbeitern komfortable Gebäude und Büros zur Verfügung stellt, wird erkennen, daß die Leute nur schwer dazu zu bewegen sind, ihre Arbeitsstätte zu verlassen und sich an die Orte des eigentlichen Geschehens zu begeben.

Unternehmen, die den Preis der Abweichung (PdA) berechnen und bekanntgeben, lösen damit viele Vorbeugungsmaßnahmen aus. Das ist kein Gemeinplatz, sondern eine Tatsache.

Konzentrieren Sie sich auf das Ergebnis.

Wie wir leicht sehen können, liegt der Grund dafür, daß Unternehmen aus dem Tritt geraten, meist darin, daß sie den Kontakt zu ihren Kunden verloren haben.

Man betrachtet die Kunden meist als eine einzige, homogene Masse, die einheitlich gekleidet ist und geschlossen handelt.

Manager, die ihren Job und ihren guten Lebenslauf behalten wollen, müssen tatsächlich den Kontakt zu denen suchen, die ihre Produkte oder Dienstleistungen kaufen.

Um solche „Mitarbeiterveteranen“ mit hohen CTRs zu gewinnen, müssen bestimmte Schritte unternommen werden: Auswahl, Schulung, Ermutigung und Herstellung positiver Beziehungen.

Das Problem bei der Auswahl ist, daß das Management Talente oft nicht erkennt und die meisten Personalabteilungen nicht imstande wären, Einstein aus einer Bewerbergruppe herauszufiltern.

Schulung ist kein einmaliges Ereignis. Der Arbeitsinhalt verändert sich laufend, die Bürotechnologie entwickelt sich ständig weiter.

Ermutigung braucht nicht mehr zu sein als ein Schulterklopfen oder eine kleine Geste von Zeit zu Zeit.

Man muß sich darüber im klaren sein, daß sich die Mitarbeiter ihr gesamtes Arbeitsleben in einer defensiven Position befinden.

Die Leute wissen, wem sie vertrauen können.

Ich habe gesehen, wie Unternehmen untergingen, nachdem sie eine große Zentrale errichtet hatten.

Abweichungen und Variationen galten in diesem Bereich nicht als normaler Bestandteil des Lebens.

Anstatt Zeit und Geld dafür aufzuwenden, vereinbarte Forderungen zu umgehen, konzentrierten sich die Mitarbeiter darauf, die Arbeit ordentlich zu erledigen.

Wir können bewußt eine Managementumgebung schaffen, die ein „robustes Unternehmen“ hervorbringt.

Dabei kommt es eigentlich nur auf die Geschäftsleitung an.

Ein robustes Unternehmen ist eines, das alles managen kann. Sorgen Sie dafür, daß Ihr „alles“ es wert ist, gemanagt zu werden.

Kapitel 14

Ich wollte das Kapitel über „Qualität als Gewebe“ aus *Qualität ist frei* übernehmen, weil es eine interessante Geschichte hat. Außerdem ist das Programm sehr nützlich.

Es ist immer schwierig, qualifizierte Mitarbeiter dazu zu bewegen, Probleme anzusprechen und Lösungsvorschläge zu machen. „Qualität als Gewebe“ hat sich in dieser Hinsicht als wertvolles Instrument erwiesen.

Doch wie wird die Zukunft aussehen? Natürlich kann niemand die Zukunft genau vorhersagen, es gibt aber bestimmte Muster, die sich herauskristallisieren. Irgendwie scheint alles schon einmal dagewesen zu sein.

Wie können wir unsere Güter und Dienstleistungen auf der ganzen Welt verkaufen und darauf eine Volkswirtschaft aufbauen?

Kein Softwareentwickler, der auf sich hält, geht davon aus, ein Produkt mit null Fehlern zu entwickeln.

Eine Zeitlang werden sie damit durchkommen.

Wir werden uns in einer Welt wiederfinden, in der die Genauigkeit der Daten weitgehend für unsere Sicherheit, unser Glück und unsere Aktivitäten ausschlaggebend sein wird.

Ziel des nächsten Qualitätskreuzzugs wird es sein, die außerordentlich klugen Leute, welche die auf dem Informationssektor tätigen Unternehmen und Organisationen leiten, davon zu überzeugen, daß Fehler nicht unvermeidbar sind, daß das Null-Fehler-Konzept ein erstrebenswerter und erreichbarer Managementstandard ist, daß die Kosten der Nichtintegrität ungeheuer hoch sind, und daß man mit Problemen am besten umgeht, indem man sie vermeidet.

Klingt vertraut, nicht wahr?

INDEX

T

V

W

X

Z